COLEX READER | COLEX AUDIO

AF815423

ACCESO GRATUITO DURANTE UN AÑO AL eBOOK Y/O AUDIOLIBRO **ADQUIRIDOS A TRAVÉS DE AMAZON**

Si ha adquirido este libro a través de **Amazon**, puede solicitar acceso gratuito a su versión digital durante **un año de forma gratuita**. Siga estos pasos:

¿Cómo solicitarlo?

1. Envíe un **correo electrónico a info@colex.es** con el asunto: **«Solicitud de eBook - [Título del libro]»**.
2. **Adjunte la factura de compra** de Amazon como comprobante.
3. Indique en el cuerpo del correo:
   - Su **nombre completo.**
   - Su **dirección de correo electrónico.**
     (para activar su cuenta en **www.colex.es**, si aún no está registrada).
4. **Una vez verificada la compra, recibirá un código de activación** para canjear en www.colex.es

✓ Una vez se valide el código, aparecerá una ventana de confirmación y su eBook y/o audiolibro estará disponible **durante 1 año desde su activación** en la pestaña «Mis libros» en el menú de usuario.

— Para más información y acceso a su código, visite: www.colex.es —

* Los audiolibros están disponibles en las ediciones más recientes de nuestras obras. Se excluyen expresamente las colecciones «Códigos comentados», «Biblioteca digital» y los productos de www.vademecumlegal.es.

No se admitirá la devolución si el código promocional ha sido manipulado y/o utilizado.

IVA EN OPERACIONES INTERNACIONALES

Análisis práctico del IVA en las operaciones intracomunitarias, importaciones y exportaciones

IVA EN OPERACIONES INTERNACIONALES

Análisis práctico del IVA en las operaciones intracomunitarias, importaciones y exportaciones

3.ª EDICIÓN 2025

Obra realizada por el Departamento de Documentación de Iberley

Coordinador
Carlos David Delgado Sancho

COLEX 2025

© Editorial Colex, S.L.
Calle Costa Rica, número 5, 3º B (local comercial)
A Coruña, C.P. 15004
info@colex.es
www.colex.es

I.S.B.N.: 978-84-1194-957-6
Depósito legal: C 431-2025

SUMARIO

1.
EL IVA EN OPERACIONES INTRACOMUNITARIAS: ENTREGAS INTRACOMUNITARIAS DE BIENES

1.1. El hecho imponible en las entregas intracomunitarias de bienes

El hecho imponible en las operaciones de entrega intracomunitaria de bienes

Se regula en el artículo 25 de la LIVA y artículo 13 del RIVA.

Una **entrega intracomunitaria de bienes** consiste en la **entrega de bienes expedidos o transportados desde la Península o Baleares hasta otros Estados miembros de la Unión Europea distintos de España, siempre que el adquirente sea**:

- **Un empresario o profesional identificado a efectos del IVA en un Estado miembro distinto de España**.
- **Una persona jurídica que no actúe como empresario o profesional, pero que esté identificada a efectos del impuesto en un Estado miembro distinto de España**.

En caso de venta a un empresario o profesional miembro de la UE se produce la **inversión del sujeto pasivo** y, por tanto, la operación estará exenta de IVA en España y tributará en destino, de modo que el empresario o profesional comunitario que realiza la adquisición será el encargado de repercutirse el impuesto a sí mismo. El vendedor, por tanto, tendrá que emitir la factura sin IVA.

Para que la operación esté exenta en España se exige, desde el 1 de marzo de 2020, que:

- El comprador comunitario comunique al vendedor un NIF-IVA atribuido por un Estado miembro distinto de España (fundamental para aplicar la exención, si no hay NIF/IVA intracomunitario no hay entrega intracomunitaria de bienes).

- Además, el vendedor deberá recoger dicha operación en su declaración recapitulativa de operaciones intracomunitarias (modelo 349). El vendedor tendrá que verificarlo mediante su consulta en el Registro de Operadores Intracomunitarios. La AEAT ha habilitado un apartado en su página web para tal fin.
- Junto con los datos mínimos que deben tener las facturas, al facturar la entrega intracomunitaria sin IVA, habrá que incluir una referencia a la Directiva 2006/112/CE, del Consejo, de 28 de noviembre de 2006, o al artículo 25 de la LIVA, indicando que se trata de una entrega exenta. En el libro de registro de facturas expedidas habrá que incluir estas facturas.
- Las entregas de bienes habrán de ser objeto de expedición o transporte (si no hay transporte, no hay entrega intracomunitaria de bienes) para su puesta a disposición del comprador, iniciándose dicha expedición o transporte en la Península o Baleares. Con fecha 6 de febrero de 2020, se han incorporado al ordenamiento español los documentos que, a efectos de probar que se ha producido un transporte intracomunitario, considera el legislador comunitario deben aportarse. Por tanto, deben comprobarse los medios de prueba del transporte intracomunitario. Será válido cualquier medio de prueba admitido en derecho y, en particular, lo dispuesto en el artículo 13.2 del RIVA. Dicho artículo se remite, en concreto, a los elementos de prueba establecidos en cada caso, por el artículo 45 bis del Reglamento de Ejecución (UE) n.º 282/2011 del Consejo, de 15 de marzo de 2011, por el que se establecen disposiciones de aplicación de la Directiva 2006/112/CE, del Consejo, de 28 de noviembre de 2006, relativa al sistema común del IVA, según haya sido realizado por el vendedor, por el comprador o por cuenta de cualquiera de ellos.

Los **medios de prueba** previstos en el artículo 45 bis del Reglamento de Ejecución (UE) n.º 282/2011, de 15 de marzo de 2011, son los siguientes:

- Si los bienes fuesen expedidos o transportados por el vendedor (o por un tercero en su nombre):
  - Estará en posesión de, al menos, dos de los siguientes elementos de prueba no contradictorios (evidencia directa), extendidos por partes independientes:
    - » Carta o documento CMR firmados.
    - » Conocimiento de embarque.
    - » Factura de flete aéreo.
    - » Factura del transportista de los bienes.
  - O bien, tendrá que contar con cualquiera de los documentos anteriores, junto con uno de los siguientes elementos de prueba no contradictorios, de confirmación de la expedición o transporte ex-

tendidos por partes distintas e independientes entre sí del vendedor y del adquirente (evidencias indirectas):

» Una póliza de seguros relativa a la expedición o al transporte de los bienes o documentos bancarios que prueben el pago de la expedición o del transporte de los bienes.

» Documentos oficiales expedidos por una autoridad pública, como un notario, que acrediten la llegada de los bienes al Estado miembro de destino.

» Un recibo extendido por un depositario en el Estado miembro de destino que confirme el almacenamiento de los bienes en ese Estado miembro.

– Si los bienes fuesen expedidos o transportados por el comprador (o por un tercero en su nombre), además de las pruebas anteriores, el comprador tendrá que entregar al vendedor en el plazo de 10 días una declaración escrita que certifique la expedición o transporte de los bienes y en la que se mencione el Estado miembro de destino. Esa declaración escrita deberá indicar:

- La fecha de emisión.
- El nombre y la dirección del adquirente.
- La cantidad y naturaleza de los bienes.
- La fecha y lugar de entrega de los bienes.
- El número de identificación de los medios de transporte (en caso de entrega de medios de transporte).
- La identificación de la persona que acepte los bienes en nombre del adquirente.

La realización de estas operaciones supone la obligación de reflejarlas en el **modelo 303** de autoliquidación periódica del impuesto, y también habrá **que presentar el modelo 349 de declaración recapitulativa de operaciones intracomunitarias,** con información adicional y detallada de las entregas intracomunitarias realizadas.

La **exención descrita anteriormente no se aplicará** a las entregas de bienes efectuadas para aquellas personas cuyas adquisiciones intracomunitarias de bienes no estén sujetas al impuesto en el Estado miembro de destino, en virtud de los criterios contenidos en el artículo 14 de la LIVA, apartados Uno y Dos.

Tampoco se aplicará esta exención a las entregas de bienes acogidas al régimen especial de bienes usados, objetos de arte, antigüedades y objetos de colección.

Los **sujetos acogidos el régimen especial de recargo de equivalencia se verán obligados a ingresar el IVA cuando efectúen adquisiciones intracomunitarias, dado que no están de alta en la presentación periódica del impuesto del modelo 303.** Estos contribuyentes ingresarán el IVA utilizando un modelo no periódico en el trimestre en el que efectúen la operación (artículo 61.3 del RIVA), como establecen, por ejemplo, las consultas vinculantes de la Dirección General de Tributos (V2661-23), de 2 de octubre de 2023 y (V0811-22), de 19 de abril de 2022.

Por lo demás, estarán exentas del impuesto:

- Las entregas de medios de transportes nuevos, efectuadas en las condiciones antes indicadas, cuando los adquirentes en destino sean personas cuyas adquisiciones intracomunitarias de bienes no estén sujetas al impuesto en el Estado miembro de destino conforme a los apartados Uno y Dos del artículo 14 de la LIVA, o cualquier otra persona que no tenga la condición de empresario o profesional.
- Las entregas de bienes comprendidas en el artículo 9.3.° de la LIVA, a las que resultaría aplicable la exención del artículo 25.Uno de la LIVA si el destinatario fuese otro empresario o profesional.
- Las entregas de bienes efectuadas en el marco de un acuerdo de ventas de bienes en consigna en las condiciones previstas en el apartado dos del artículo 9 bis de la LIVA.

RESOLUCIÓN RELEVANTE

Sentencia del Tribunal de Justicia de la Unión Europea n.° C-676/22, de 29 de febrero de 2024, ECLI:EU:C:2024:186

Asunto: interpretación del artículo 138 de la Directiva 2006/112/CE, relativa al sistema común del IVA en relación con la exención de las entregas intracomunitarias de bienes.

«El artículo 138, apartado 1, de la Directiva 2006/112/CE del Consejo, de 28 de noviembre de 2006, relativa al sistema común del impuesto sobre el valor añadido, debe interpretarse en el sentido de que procede denegar la exención del impuesto sobre el valor añadido de un proveedor establecido en un Estado miembro, que haya entregado mercancías con destino a otro Estado miembro, cuando dicho proveedor no haya demostrado que las mercancías se entregaron a un destinatario que tuviese la condición de sujeto pasivo en este último Estado miembro y que, habida cuenta de las circunstancias de hecho y de la información facilitada por el proveedor, no se disponga de los datos necesarios para comprobar que dicho destinatario tuviera tal condición».

CUESTIÓN

Una fábrica de muebles, lámparas y objetos de decoración de Lugo realiza las operaciones indicadas a continuación. ¿Qué tipo de operación está realizando?

a) Expide una partida de muebles a un empresario de Milán que le suministra el NIF-IVA italiano.

Se trata de una entrega intracomunitaria de bienes exenta en el TAI español, al proporcionar el NIF-IVA y realizar el transporte, y una adquisición intracomunitaria de bienes sujeta y no exenta en Italia.

b) Vende en la fábrica a un turista suizo y a otro italiano unas lámparas decorativas.

Serían entregas en el interior sujetas y no exentas al IVA español. No obstante, el turista suizo podría pedir la devolución del IVA a la salida de España si cumple los requisitos de entrega de bienes en régimen de viajeros [exportación exenta, artículo 21.2.°.a) de la LIVA].

c) Vende mobiliario de oficina a una empresa de Ceuta.

No es una entrega intracomunitaria de bienes; tributa como exportación exenta, puesto que los muebles se envían a Ceuta.

d) Vende a una empresa portuguesa una partida de muebles (NIF-IVA portugués) que transporta a una oficina que el empresario portugués tiene en Badajoz.

Pese a que tiene NIF IVA y a realizar el transporte, no es una entrega intracomunitaria de bienes, pues los muebles no salen del TAI español.

e) Envía una partida de objetos de decoración a un empresario holandés que le comunica un NIF-IVA holandés. La AEAT le informa que dicho NIF-IVA no es correcto.

Debe solicitar la subsanación del posible error. Si el NIF-IVA holandés facilitado no es objeto de subsanación o sigue sin ser confirmado como correcto, deberá repercutir el IVA español y no aplicar la exención, puesto que, aunque se trata de una entrega intracomunitaria de bienes, no cumple los requisitos legales para aplicar la exención.

f) Pone en Lugo a disposición de un empresario de Burdeos (facilita NIF-IVA francés) una serie de muebles.

El empresario francés no le facilita la prueba del transporte de los muebles a Burdeos. Como en el caso anterior, no debe aplicar la exención, puesto que, pese a que se trata de una entrega intracomunitaria de bienes, no cumple los requisitos legales para aplicar la exención (en este caso, la prueba de la realización del transporte).

g) Entrega a una empresa danesa una mesa para el despacho del gerente, que fue adquirida a un anticuario, aplicando el régimen especial de bienes usados.

No es una entrega intracomunitaria de bienes exenta, al tratarse de bienes sujetos al régimen especial de bienes usados, tributan en origen.

Devengo en las entregas intracomunitarias de bienes

Dado que estas entregas están exentas, el devengo no determina el momento en el que debe efectuarse el pago del IVA correspondiente a la entrega, pero sí el momento en que deben cumplirse las demás obligaciones de carácter formal que lleva aparejada la realización de estas operaciones.

Existen varias reglas para la determinación del devengo de las entregas intracomunitarias de bienes:

- **Regla general**: en las entregas de bienes comprendidas en el artículo 25 de la LIVA, distintas de las señaladas en el apartado siguiente, el devengo del impuesto se producirá el día 15 del mes siguiente a aquel:
  - En el que se inicie la expedición o el transporte de los bienes con destino al adquirente.
  - En el que los bienes se pongan a disposición del adquirente, en las entregas de bienes efectuadas en las condiciones señaladas en el artículo 9 bis.Dos de la LIVA.

A efectos de los dos puntos anteriores, si con anterioridad a la citada fecha se hubiera expedido factura por dichas operaciones, el devengo tendrá lugar en la fecha de expedición de la misma.

- En el momento en que se produzca el incumplimiento de las condiciones a que se refiere el artículo 9 bis.Tres de la LIVA.
- Al día siguiente de la expiración del plazo de 12 meses a que se refiere el artículo 9 bis.Cuatro de la LIVA.

– **Regla especial para operaciones de tracto sucesivo**: en los suministros y, en general, en las operaciones de tracto sucesivo o continuado que constituyan entregas intracomunitarias de bienes comprendidas en los apartados Uno y Tres del artículo 25 de la LIVA, y no se haya pactado precio o cuando, habiéndose pactado, no se haya determinado el momento de su exigibilidad, o la misma se haya establecido con una periodicidad superior al mes natural, el devengo del impuesto se producirá el último día de cada mes por la parte proporcional correspondiente al período transcurrido desde el inicio de la operación, o desde el anterior devengo, hasta la citada fecha.

RESOLUCIÓN ADMINISTRATIVA

Consulta vinculante de la Dirección General de Tributos (V1535-22), de 27 de junio de 2022

Asunto: el devengo en las entregas intracomunitarias.

«2.- En relación con el devengo de las entregas intracomunitarias, debe señalarse que el artículo 75 de la Ley del Impuesto dispone que:

"Uno. Se devengará el Impuesto:

1.º En las entregas de bienes, cuando tenga lugar su puesta a disposición del adquirente o, en su caso, cuando se efectúen conforme a la legislación que les sea aplicable.

(...)

8.º En las entregas de bienes comprendidas en el artículo 25 de esta Ley, distintas de las señaladas en el número anterior, el devengo del Impuesto se producirá el día 15 del mes siguiente a aquél en el que se inicie la expedición o el transporte de los bienes con destino al adquirente.

No obstante, si con anterioridad a la citada fecha se hubiera expedido factura por dichas operaciones, el devengo del Impuesto tendrá lugar en la fecha de expedición de la misma.

Dos. No obstante lo dispuesto en el apartado anterior, en las operaciones sujetas a gravamen que originen pagos anticipados anteriores a la realización del hecho imponible el Impuesto se devengará en el momento del cobro total o parcial del precio por los importes efectivamente percibidos.

Lo dispuesto en el párrafo anterior no será aplicable a las entregas de bienes comprendidas en el artículo 25 de esta Ley.".

En consecuencia, ***no se producirá el devengo anticipado del Impuesto sobre el Valor Añadido, con ocasión de la percepción de un anticipo a cuenta de una entrega intracomunitaria de bienes****, en los términos del artículo 25 de la Ley del Impuesto.*

(...)

De tal modo que, tal y como ha manifestado este Centro directivo en la contestación vinculante de 5 de julio de 2019 y número V1746-19, cuando la consultante reciba un anticipo a cuenta de una entrega intracomunitaria de bienes, en los términos del artículo 25 de la Ley del Impuesto, no existirá obligación de expedir factura con ocasión de la percepción del citado anticipo, sin perjuicio de la factura que deba expedir por la realización de la entrega intracomunitaria de bienes, cuyo devengo se producirá en todo caso antes del día 16 del mes siguiente a aquél en el que se inicie la expedición o transporte de los bienes con destino al adquirente.

No obstante, en el caso de que la consultante realice una entrega intracomunitaria de bienes exenta por el artículo 25 de la Ley 37/1992, por la que expidiese factura con anterioridad al día 15 del mes siguiente al de inicio de la expedición o transporte de los bienes con destino al adquirente, que es la fecha límite de devengo prevista en el artículo 75.Uno.8º de la Ley del Impuesto, la citada expedición producirá por imperativo del mismo artículo 75.Uno.8º el devengo del Impuesto».

1.1.1. Operaciones asimiladas a entregas intracomunitarias

El hecho imponible en las operaciones asimiladas a entregas intracomunitarias

Conforme al artículo 9.3.º de la LIVA, se trata de aquellas **transferencias de bienes corporales efectuadas por un empresario que los tiene afectados a su actividad empresarial en un Estado miembro, con destino a otro Estado miembro para** afectarlos a su actividad empresarial en este último Estado. En realidad, no se trata de una entrega de bienes en el sentido de la LIVA, ya que no existe transmisión del poder de disposición sobre un bien corporal, pues dicho poder de disposición, antes y después de la transferencia, corresponde al mismo empresario.

A TENER EN CUENTA. No tendrán esta consideración las transferencias realizadas en el marco de un acuerdo de ventas de bienes en consigna en los términos del artículo 9 bis de la LIVA. También se excluyen determinados traslados de bienes que se utilicen para la realización de las operaciones que enumera el artículo 9.3.º de la LIVA en sus letras a) a h), que serán objeto de estudio en el siguiente apartado de la obra.

Esa transferencia de bienes constituye una **operación asimilada a una entrega de bienes, que resulta exenta del impuesto en el Estado de origen,** mientras que **la recepción del bien en el Estado de destino constituye una operación asimilada a una adquisición intracomunitaria**.

Conforme dispone el artículo 25.Tres de la LIVA, estarán exentas las operaciones asimiladas a entregas de bienes comprendidas en el artículo 9.3.º de la LIVA a las que resultaría aplicable la exención del apartado uno si el destinatario fuese otro empresario o profesional. No obstante, para aplicar la exención en este caso, el empresario o profesional que las realice deberá justificar, tal y como exige el artículo 13.4 del RIVA:

- El transporte o expedición de los bienes a otro Estado miembro de la UE.
- Que la correlativa adquisición intracomunitaria que se produce en el Estado miembro de destino sea gravada en dicho Estado.
- Que el Estado miembro de destino le ha atribuido un NIF a efectos del IVA.

CUESTIÓN

Ejemplo de operación asimilada a la entrega intracomunitaria.

Mercancía enviada en consignación (depósito) a un almacén a otro Estado miembro (sin perder la titularidad, la mercancía sigue figurando en el stock de la empresa proveedora) para posteriormente ser vendida en firme al cliente final. El objetivo es dar una respuesta de servicio que no se podría dar si la mercancía estuviese almacenada en España.

RESOLUCIONES ADMINISTRATIVAS

Consulta vinculante de la Dirección General de Tributos (V0165-23), de 7 de febrero de 2023

Asunto: el riesgo asumido sobre la mercancía determina la naturaleza de las operaciones asimiladas a entregas intracomunitarias.

«(...) el cliente portugués no asumía el riesgo sobre el producto depositado en las instalaciones del operador logístico desde el momento de su recepción motivo por el cual la entidad consultante no realizaba una entrega intracomunitaria de bienes y el cliente portugués una adquisición intracomunitaria de bienes sino que lo que existía era una operación asimilada a una entrega intracomunitaria de bienes por parte de la consultante (transfer) en el territorio de aplicación del Impuesto y en Portugal, una operación asimilada a una adquisición intracomunitaria de bienes, en su caso, previa a una entrega interior al cliente portugués.

En este sentido, cabe destacar, el criterio reiterado de este Centro directivo en supuestos similares, por todas, la contestación vinculante de 13 de octubre de 2017, número V2623-17:

"Consecuentemente con la jurisprudencia del Tribunal Europeo y con lo establecido en la doctrina de este Centro Directivo, entre otras consultas vinculantes cabe citar la de 27 de febrero de 2013, nº: V0611-13 y la de 20 de diciembre de 2007, nº: V2730-07, cabe concluir que la operación consultada (en la que los envíos desde Alemania se realizan a los almacenes del cliente final y en la que, también el cliente, desde el momento de la recepción, asume el riesgo sobre el producto depositado y dispone del mismo para su uso industrial o comercial, sin que su poder de disposición sobre las mercancías tenga limitación alguna, al menos esencial) constituye a juicio de este Centro directivo una entrega intracomunitaria en Alemania de la que será sujeto pasivo la empresa germana y una adquisición intracomunitaria de bienes sujeta al Impuesto sobre el Valor Añadido de la que será sujeto pasivo el cliente español, sin perjuicio de que la transmisión de la propiedad se pueda posponer en el tiempo. La consultante alemana no realizará, pues, una operación asimilada a una adquisición intracomunitaria de bienes en el territorio de aplicación del Impuesto.".

En este sentido y toda vez que el consultante indicaba en el escrito de consulta original que la mercancía, cuando sale de sus almacenes, responde a los pedidos realizados por los clientes finales portugueses, siendo las condiciones de venta "entrega en almacén de los clientes finales", y corriendo, por tanto, la consultante con el riesgo de la mercancía durante todo el transporte, este Centro directivo consideró que no existía una entrega intracomunitaria exenta del Impuesto sobre el Valor Añadido en virtud del artículo 25.Uno de la Ley sino una operación asimilada a la misma (transfer) exenta en virtud del artículo 25.Tres y 9.3° de dicha Ley.

En caso, no obstante, que el cliente portugués corriese con los riesgos sobre la mercancía desde el momento de su llegada a las instalaciones del operador logístico, con independencia de que la consultante se hiciera cargo del transporte final de dichas instalaciones a las del cliente portugués y que dicho operador logístico realizara tareas de agrupación de mercancías para la consultante, entonces debería entenderse que la consultante estaría efectuando una entrega intracomunitaria de bienes en virtud del artículo 25.Uno de la Ley del Impuesto. Este sería el caso, por ejemplo, si el cliente estuviera obligado a asegurar por su cuenta los bienes desde el almacén del operador logístico contra daños, perjuicios y pérdidas en casos fortuitos tal como concurre en la contestación vinculante número V2623-17, referida en párrafos anteriores. En este caso, se entiende, por tanto, que con la llegada de las mercancías a las instalaciones del operador logístico el cliente portugués obtendría el poder de disposición sobre las mercancías objeto de venta por parte del consultante».

Consulta vinculante de la Dirección General de Tributos (V0814-22), de 19 de abril de 2022

Asunto: supuesto de operación asimilada a una entrega comunitaria de bienes y obligaciones formales que conlleva.

«(...) una vez que las mascarillas ya han sido fabricadas por la consultante, siendo propiedad de la sucursal portuguesa, el transporte de las mismas desde el territorio de aplicación del Impuesto a Portugal determinará la realización por parte de la sucursal portuguesa de una operación de transferencia de bienes u operación asimilada a una entrega intracomunitaria de bienes exenta del Impuesto sobre el Valor Añadido, cumplidos los requisitos para la aplicación de la exención.

El correlato lógico de dicha entrega asimilada, de acuerdo con la normativa armonizada, será una operación asimilada a una adquisición intracomunitaria de bienes que estará sometida a gravamen en Portugal, si bien este Centro directivo no es competente para analizar la tributación de las operaciones asimiladas a las adquisiciones intracomunitarias de bienes efectuadas por la sucursal portuguesa en otros Estados miembros.

En cualquier caso, cabe destacar que, bajo esta operativa que se acaba de describir, la sucursal portuguesa deberá disponer de un Numero de Identificación Fiscal a efectos del Impuesto sobre el Valor Añadido (NIF-IVA) otorgado por las Administraciones tributarias de España y de los correspondientes Estados Miembros de destino (Portugal).

(...) tanto las operaciones asimiladas a entregas intracomunitarias de bienes (efectuadas en el territorio de aplicación del Impuesto por la sucursal portuguesa, en su caso) como las operaciones asimiladas a las adquisiciones intracomunitarias de bienes (efectuadas en el territorio de aplicación del Impuesto por la consultante) tendrán que ser objeto de declaración a través de la declaración recapitulativa de operaciones intracomunitarias.

El contenido de la declaración recapitulativa de operaciones intracomunitarias, modelo 349 ha sido aprobado por la Orden EHA/769/2010, de 18 de marzo, por la que se aprueba el modelo 349 de declaración recapitulativa de operaciones intracomunitarias, así como los diseños físicos y lógicos y el lugar, forma y plazo de presentación, se establecen las condiciones generales y el procedimiento para su presentación telemática, y se modifica la Orden HAC/3625/2003, de 23 de diciembre, por la que se aprueban el modelo 309 de declaración-liquidación no periódica del Impuesto sobre el Valor Añadido, y otras normas tributarias (BOE del 29 de marzo).

En cuanto a la inclusión de las operaciones asimiladas a las entregas intracomunitarias de bienes así como las operaciones asimiladas a las adquisiciones intracomunitarias de bienes en el modelo 303, este modelo se encuentra regulado por la Orden EHA/3786/2008, de 29 de diciembre, (BOE de 30 de diciembre), por la que se aprueban, entre otros, el modelo 303 Impuesto sobre el Valor Añadido, modificada por la Orden EHA/1033/2011, de 18 de abril, (BOE de 27 de abril), también modificada por Orden HAP/2215/2013, de 26 de noviembre, (BOE de 29 de noviembre) y por Orden HAP/2373/2014, de 9 de diciembre (BOE de 19 de diciembre).

En todo caso, en relación al detalle de cada una de las obligaciones formales que el consultante ha de cumplir, debe señalarse que, de conformidad con los artículos 85, 88 y 89 de la Ley 58/2003, de 17 de diciembre, General Tributaria (BOE del 18 de diciembre), así como los artículos 63 a 68 del Reglamento general de las actuaciones y procedimientos de gestión e inspección tributaria y de desarrollo de las normas comunes de los procedimientos de aplicación de los tributos aprobado por el Real Decreto 1065/2007, de 27 de julio (BOE del 5 de septiembre), relativos a la información y asistencia tributaria y, en concreto, a las consultas tributarias escritas, este Centro Directivo es competente para la contestación a las consultas tributarias escritas respecto del "régimen y la clasificación o calificación tributaria" que en su caso corresponda a los obligados tributarios consultantes».

1.1.2. Operaciones excluidas del concepto de entrega de bienes

Operaciones excluidas del concepto de entrega de bienes en las entregas intracomunitarias de bienes

Por razones técnicas o para evitar costes innecesarios, el artículo 9.3.° de la LIVA **excluye una serie de operaciones del concepto de «transferencia intracomunitaria»** (en adelante, *transfer).* Dichas exclusiones no tienen efecto desde el momento en el que dejen de cumplirse cualquiera de los requisitos que las condicionan.

> **A TENER EN CUENTA.** Tampoco tendrán tal consideración las transferencias realizadas en el marco de un acuerdo de ventas de bienes en consigna en los términos previstos en el artículo 9 bis de la LIVA.

A grandes rasgos, podemos afirmar que solo se incluyen en este concepto las siguientes operaciones:

- El envío de bienes para su almacenamiento en el Estado miembro de destino. La incertidumbre sobre el destino final de estos bienes y el momento en que se les dé ese destino justifica que se grave la correspondiente adquisición en destino, al objeto de controlar el seguimiento de los bienes.

- El envío de bienes de inversión cuando no sea deducible la totalidad de la cuota soportada por la adquisición gravada en destino.

A continuación, analizamos cada uno de los supuestos en los que la transferencia de bienes no se asimila a una entrega de bienes a los efectos del IVA español, que se recogen en las letras a) a h) del artículo 9.3.° de la LIVA. Son casos en los que la operación no estará sujeta al IVA español.

La **exclusión alcanzaría a aquellos traslados de bienes que se utilicen para la realización de las siguientes operaciones**:

- La entrega de bienes con instalación o montaje en el país de destino.
- La entrega de bienes a particulares como venta a distancia.
- La entrega de bienes a bordo de buques, aviones o trenes.
- La exportación o entrega intracomunitaria desde el Estado miembro de llegada.
- Una ejecución de obra realizada sobre bienes que son objeto de exportación o entrega intracomunitaria.
- Una prestación de servicios sobre bienes muebles cuando terminados los trabajos se devuelven al TAI español.
- Su uso temporal para la prestación de servicios en el Estado miembro de llegada.
- Su uso temporal por un período que no exceda de 24 meses cuando la importación del bien goce de exención total de los derechos de importación.
- Las entregas de gas, electricidad, calor o frío a través del sistema de distribución de gas o electricidad o de redes de calor o refrigeración.

RESOLUCIÓN ADMINISTRATIVA

Consulta vinculante de la Dirección General de Tributos (V3175-23), de 11 de diciembre de 2023

Asunto: consideración, a efectos del IVA, del envío de mercancía a Francia por una empresa española para luego ser expedida al cliente final establecido en Inglaterra.

«(...) la consultante envía su mercancía a un centro de irradiación ubicado en Francia para realizar un último tratamiento de rayos gamma y esterilización del producto. Desde Francia se exporta la mercancía a Inglaterra.

Respecto del envío de mercancías por parte de la consultante a Francia, habrá que tener en cuenta lo dispuesto en el artículo 9.3º de la Ley 37/1992 (...)

(...)

De acuerdo con dicho precepto, la transferencia de mercancías desde el territorio de aplicación del Impuesto hasta Francia, constituirá una operación asimilada a una entrega intracomunitaria de bienes sujeta a dicho tributo, salvo que se encontrará en alguno de los supuestos previstos en las letras a) a h) antes mencionadas.

En este último supuesto, el envío por parte de la consultante de las mercancías a Francia podría no constituir una transferencia del referido artículo 9.3º de la Ley 37/1992 si el envío de los bienes tiene por objeto la realización de una ejecución de obra, siempre que la obra fabricada o montada sea objeto de una entrega exenta en las condiciones del artículo 21 de la Ley 37/1992 (exportación de bienes).

En estas circunstancias la llegada de las mercancías a Francia no supondría la realización de una operación asimilada a las adquisiciones intracomunitarias de bienes con sujeción a la normativa y las condiciones que hayan establecido las autoridades francesas.

3.- No obstante, en el supuesto de que el envío de la mercancía a Francia suponga la realización de un transfer sujeto al Impuesto sobre el Valor Añadido deberá tenerse en cuenta que, de acuerdo con lo dispuesto en el artículo 25.Tres de la Ley 37/1992, dicha transferencia de bienes estará exenta del Impuesto cumplidos los requisitos señalados en el mismo.

(...)

Por otra parte, el correlato lógico de dicha operación asimilada a una entrega intracomunitaria de bienes será una operación asimilada a una adquisición intracomunitaria de bienes realizada en Francia sujeta al Impuesto en dicho Estado miembro, si bien este Centro directivo no es competente para analizar, como se ha señalado, la tributación de las operaciones asimiladas a las adquisiciones intracomunitarias de bienes efectuadas por la consultante en Francia.

En todo caso, la empresa consultante debería en las condiciones señaladas disponer de un número de identificación fiscal a efectos del Impuesto (NIF-IVA) otorgado por las Administraciones tributarias de España y de Francia, a efectos de la aplicación de la exención del artículo 25 de la Ley 37/1992.

En todo caso, corresponde a las autoridades tributarias francesas determinar los requisitos para la obtención de un NIF-IVA francés y la declaración de la operación asimilada a la adquisición intracomunitaria de bienes en dicho territorio.

4.- Por último, una vez que la mercancía se encuentra en Francia, el consultante va a exportar dicha mercancía a Reino Unido.

En la operativa anterior, no se producirá ningún hecho imponible por el que el Impuesto sobre el Valor Añadido se devengue en el territorio de aplicación del impuesto, sin perjuicio de las consecuencias fiscales que dicha operativa tenga en Francia y las obligaciones de identificación previstas por la normativa francesa».

Para entregas de bienes con instalación o montaje en el país de destino

Conforme a la letra a) del artículo 9.3.° de la LIVA, no tendrían la consideración de transferencias de bienes asimiladas a entregas de bienes a los efectos del IVA español, los traslados de bienes que se utilicen para entregas de dichos bienes realizadas por el sujeto pasivo **que se considerarían efectuadas en el interior del Estado miembro de destino de la expedición o transporte por aplicación del criterio del artículo 68.Dos.2.° de la LIVA**. Esto es, las entregas de bienes que hayan de ser objeto de instalación o montaje antes de su puesta a disposición, cuando la **instalación tenga lugar en dicho territorio y la instalación o montaje implique la inmovilización de los bienes entregados**.

Las entregas de dichos bienes se consideran realizadas fuera del ámbito del impuesto (en el Estado miembro donde se instalen los bienes o en el Estado miembro del destinatario de las ventas a distancia).

RESOLUCIÓN ADMINISTRATIVA

Consulta vinculante de la Dirección General de Tributos (V1289-20), de 7 de mayo de 2020

Asunto: posible existencia de una operación asimilada a la entrega de bienes cuando una entidad española fabrica equipos para el manejo de botellas de plástico que envía a otros Estados miembros, incluyendo normalmente el servicio de montaje y puesta en marcha en la fábrica del cliente. Además, la misma entidad también vende recambios y componentes para dicha maquinaria.

«(...) teniendo en cuenta que la maquinaria objeto de consulta va a ser instalada fuera del territorio de aplicación del Impuesto y que, aparentemente, va a implicar la inmovilización de la misma, dicha entrega de bienes, en estas circunstancias, no se entenderá realizada en el territorio de aplicación del Impuesto.

Por otra parte, en relación con el envío de los bienes que van a ser objeto de instalación y montaje a otro Estado miembro deberían quedar sujetos al Impuesto sobre el Valor Añadido en la medida que el inicio de la expedición o el transporte se inicia en el territorio de aplicación del Impuesto, de conformidad con lo establecido en los apartado Dos.1º.A) del referido artículo 68 de la Ley 37/1992, circunstancias que, según parece deducirse del escrito de consulta, se produciría también en los supuestos de los envíos de los recambios y componentes de la maquinaria.

No obstante, debe tenerse en cuenta que el artículo 9.3º de la Ley del Impuesto (...)

(...)

Por tanto, la consultante no realizará una operación asimilada a una entrega intracomunitaria de bienes con ocasión del envío de las piezas de la maquinaría y, en su caso, los recambios y componentes que van a ser objeto de instalación y montaje en las condiciones señaladas.

5.- Por otra parte, en aquellos supuestos de bienes que no vayan a ser objeto de instalación o montaje en el país de destino, como podrían ser los supuestos en que se limita a enviar la maquinaria o, en su caso, los recambios y componentes, su envío a otro Estado miembro supondrá la realización de una entrega de bienes sujeta al Impuesto sobre el Valor Añadido por ser el territorio de aplicación del Impuesto el lugar de inicio de la expedición o transporte con destino a otro Estado miembro.

No obstante, dichas entregas de bienes estarán exentas del Impuesto en las condiciones señaladas en el artículo 25 de la Ley 37/1992».

|| Para entregas de bienes a particulares como venta a distancia

Tampoco se consideran asimiladas a las entregas de bienes a los efectos del IVA español, las **transferencias de bienes que se utilicen para realizar entregas de dichos bienes por parte del sujeto pasivo que se considerarían efectuadas en el interior del Estado miembro de llegada de la expedición o del transporte conforme a los criterios de los apartados Tres y Cuatro del artículo 68** de la LIVA [segundo inciso del artículo 9.3.º.a) de la LIVA].

Dichos apartados Tres y Cuatro del artículo 68 de la LIVA señalan lo siguiente:

> «Tres. Se entenderán también realizadas en el territorio de aplicación del impuesto:
>
> a) Las ventas a distancia intracomunitarias de bienes cuando dicho territorio sea el lugar de llegada de la expedición o del transporte con destino al cliente.

La regla anterior no resultará de aplicación cuando se cumplan los siguientes requisitos:

a´) que las ventas sean efectuadas por un empresario o profesional que actúe como tal establecido únicamente en otro Estado miembro por tener en el mismo la sede de su actividad económica o su único establecimiento o establecimientos permanentes en la Comunidad o, en su defecto, el lugar de su domicilio permanente o residencia habitual; y

b´) que no se haya superado el límite previsto en el artículo 73 de esta Ley, ni se haya ejercitado la opción de tributación en destino prevista en dicho artículo, o sus equivalentes en la legislación del Estado miembro referido en la letra a´).

b) Las ventas a distancia intracomunitarias de bienes efectuadas por un empresario o profesional que actúe como tal establecido únicamente en el territorio de aplicación del impuesto por tener en el mismo la sede de su actividad económica, o su único establecimiento o establecimientos permanentes en la Comunidad, o, en su defecto, el lugar de su domicilio permanente o residencia habitual; y se cumplan los siguientes requisitos:

a´) cuando el territorio de aplicación del impuesto sea el lugar de inicio de la expedición o del transporte con destino al cliente;

b´) que no se haya superado el límite previsto en el artículo 73 de esta Ley, ni se haya ejercitado la opción de tributación en destino prevista en dicho artículo.

c) Las ventas a distancia de bienes importados de países o territorios terceros en un Estado miembro distinto del de llegada de la expedición o del transporte con destino al cliente, cuando el territorio de aplicación del impuesto sea el lugar de llegada de dicha expedición o transporte.

d) Las ventas a distancia de bienes importados de países o territorios terceros en el Estado miembro de llegada de la expedición o del transporte con destino al cliente cuando el territorio de aplicación del impuesto sea el lugar de llegada de dicha expedición o transporte, siempre que se declare el impuesto sobre el valor añadido de dichas ventas mediante el régimen especial del Título IX, Capítulo XI, Sección 4.ª de esta Ley.

Lo previsto en este apartado no resultará de aplicación a los bienes cuyas entregas hayan tributado conforme al régimen especial de bienes usados, objetos de arte, antigüedades y objetos de colección en el Estado miembro de inicio de la expedición o transporte.

Cuatro. No se entenderán realizadas en el territorio de aplicación del impuesto las entregas de bienes cuya expedición o transporte se inicie en dicho territorio con destino a otro Estado miembro de llegada de esa expedición o transporte al cliente final, cuando se trate de ventas a distancia intracomunitarias de bienes distintas de las referidas en la letra b) del apartado tres anterior.

Las ventas a distancia intracomunitarias de bienes referidas en la letra b) del apartado tres anterior no se entenderán realizadas, en ningún caso, en el territorio de aplicación del impuesto cuando los bienes sean objeto de los impuestos especiales y sus destinatarios sean las personas cuyas adquisiciones intracomunitarias de bienes no estén sujetas al impuesto en virtud de lo dispuesto en el artículo 14 de esta ley o en el precepto equivalente al mismo que resulte aplicable en el Estado miembro de llegada de la expedición o el transporte».

A TENER EN CUENTA. Los apartados Tres y Cuatro del artículo 68 de la LIVA reformados por parte del Real Decreto-Ley 7/2021, de 27 de abril, con entrada en vigor el 1 de julio de 2021. Además, el artículo 68.Cuatro de la LIVA también fue posteriormente modificado por la Ley 31/2022, de 23 de diciembre, de Presupuestos Generales del Estado para el año 2023, con efectos desde el 1 de enero de 2023 y vigencia indefinida, para definir de manera más clara las reglas de localización de las ventas a distancia intracomunitarias de bienes.

Para entregas de bienes a bordo de buques, aviones o trenes

Quedan excluidas, según el artículo 9.3.º.b) de la LIVA, las **transferencias de bienes que se utilicen para realizar entregas de dichos bienes realizadas por el sujeto pasivo a las que se refiere el artículo 68.Dos.4.º de la LIVA** (entregas de bienes efectuadas a los pasajeros a bordo de un buque, avión o tren, en el curso de la parte de un transporte realizada en el interior de la Comunidad, cuyo lugar de inicio esté dentro del ámbito espacial del impuesto y el lugar de llegada en otro punto de la Comunidad).

Para exportación o entrega intracomunitaria desde el Estado miembro de llegada

Se excluyen, asimismo, las **transferencias de bienes que se usen para efectuar entregas de dichos bienes realizadas por el sujeto pasivo en el interior del país en las condiciones previstas en el artículo 21 de la LIVA** (regula las exenciones en las exportaciones de bienes) y el **artículo 25 de la LIVA** (regula las exenciones en las entregas intracomunitarias). Así lo prevé el artículo 9.3.º.c) de la LIVA.

Se comprenden aquí las entregas de bienes destinados a otro Estado miembro para ser, desde allí, exportados o enviados a un tercer Estado miembro, esto es, sería un mero lugar de paso a un territorio posterior y que, en todo caso, no supone la utilización de los bienes en el Estado de tránsito o llegada. Estas entregas están exentas y no constituyen adquisición intracomunitaria de bienes en el primer Estado miembro de destino.

En este caso, las mercancías son remitidas desde el TAI al territorio de aplicación del impuesto de otro Estado miembro, manteniéndose en propiedad del empresario que las remite, para posteriormente ser trasladadas desde ese último Estado miembro a otro Estado miembro (entrega intracomunitaria exenta) o a un territorio tercero (exportación).

A TENER EN CUENTA. En este tipo de operaciones lo importante no es el plazo que medie entre la remisión a un Estado miembro y la salida del bien de ese Estado miembro con destino a otro Estado miembro o a la exportación, sino la intención de destinar, posteriormente, dichos bienes a una entrega intracomunitaria de bienes o a una exportación.

CUESTIÓN

Un fabricante de muebles, estanterías (metálicas o de madera), lámparas y objetos de decoración de Asturias, con una tienda en Lisboa, envía a Dinamarca muebles para almacenarlos en una nave alquilada. Una vez allí, unos los vende a particulares y empresarios daneses; otros, a empresarios suecos y a empresarios noruegos.

El envío de muebles para ser almacenados y vendidos a particulares y empresarios daneses es una transferencia sujeta y exenta del IVA español en concepto de operación asimilada a entrega de bienes; las posteriores entregas están sujetas al IVA danés.

Los muebles vendidos a empresarios suecos y noruegos no constituyen una transferencia de bienes [artículo 9.3.°.c) de la LIVA], al realizarse posteriormente en Dinamarca una EIB exenta (artículo 25 de la LIVA) o una exportación exenta (artículo 21 de la LIVA) .

Para una ejecución de obra realizada sobre bienes que son objeto de exportación o entrega intracomunitaria

También quedan excluidos, conforme al artículo 9.3.°.d) de la LIVA, aquellos **traslados de bienes que se utilicen para realizar una ejecución de obra para el sujeto pasivo, cuando los bienes sean utilizados por el empresario que la realice en el Estado miembro de llegada de la expedición o transporte de los citados bienes, siempre que la obra fabricada o montada sea objeto de una entrega exenta** conforme a los artículos 21 y 25 de la LIVA (esto es, entrega exenta por destinarse a la exportación o a otro Estado miembro).

Se trata de bienes (materiales, materias primas) enviados por un empresario establecido en España a otro Estado miembro, donde otro empresario, utilizando los materiales o componentes enviados, fabrica o monta un bien que se exporta o se envía a otro Estado miembro. Generalmente, la remisión a otro Estado sin vincular la mercancía al régimen aduanero tiene sentido cuando se van a realizar operaciones de transformación sobre las mercancías en el Estado miembro de llegada, con anterioridad a su remisión al Estado de destino definitivo.

En este sentido, la Dirección General de Tributos establece que las operaciones de transformación no rompen la unidad de destino definitivo de la exportación o entrega intracomunitaria en la remisión original.

RESOLUCIÓN ADMINISTRATIVA

Consulta vinculante de la Dirección General de Tributos (V0968-18), de 16 de abril de 2018

Asunto: aplicación del artículo 9.3.° de la LIVA en caso de que una empresa estadounidense contrate una entidad establecida en el TAI para fabricar ciertas piezas, suministrándole la materia prima; después las piezas se transportan por la entidad estadounidense a Italia, donde termina su proceso de acabado y, por último, una vez terminadas, se exportan desde Italia a Estados Unidos.

«Tratándose de una prestación de servicios, la expedición posterior de las piezas integradas por la entidad estadounidense a Italia constituiría, en principio, una operación asimilada a una entrega de bienes de conformidad con lo dispuesto en el artículo 9.3° de la Ley 37/1992 que dispone que tendrán dicha consideración las transferencias "por un sujeto pasivo de un bien corporal de su empresa con destino a otro Estado miembro, para afectarlo a las necesidades de aquélla en este último.".

No obstante, este mismo precepto, en su párrafo segundo, letra d), señala que quedarán excluidas del concepto de operación asimilada a entrega de bienes aquellas transferencias de bienes que vayan a ser objeto de "una ejecución de obra para el sujeto pasivo, cuando los bienes sean utilizados por el empresario que la realice en el Estado miembro de llegada de la expedición o transporte de los citados bienes, siempre que la obra fabricada o montada sea objeto de una entrega exenta con arreglo a los criterios contenidos en los artículos 21 y 25 de esta Ley.".

El artículo 21 de la Ley 37/1992 hace referencia a la exención de las entregas de bienes expedidos o transportados fuera de la Comunidad transponiendo el contenido del artículo 146 de la Directiva 2006/112/CE.

De acuerdo con lo anterior, si los bienes transportados por la entidad estadounidense a Italia son objeto en dicho Estado de una ejecución de obra y posterior remisión a un país tercero de acuerdo con el artículo 146 de la Directiva 2006/112/CE, como parece ocurrir en el supuesto objeto de consulta, el transporte de las piezas integradas a Italia efectuado por la entidad norteamericana no estaría gravado por el Impuesto sobre el Valor Añadido.

6.- En el caso en el que, conforme a lo dispuesto en los apartados anteriores de esta contestación, la ejecución de obra efectuada por la consultante debiera ser calificada como entrega de bienes, ésta se entendería realizada en el territorio de aplicación del Impuesto, de conformidad con el artículo 68.Dos.1º de la Ley 37/1992, pues las partes parecen haber acordado la expedición o transporte de las piezas desde el territorio de aplicación del Impuesto hasta Italia para su puesta a disposición a favor del adquirente».

CUESTIÓN

Un fabricante de muebles, estanterías (metálicas o de madera), lámparas y objetos de decoración de Asturias, con una tienda en Lisboa, remite a Italia desde la fábrica de Asturias una serie de piezas y materiales para que un empresario italiano monte los muebles. Una vez elaborados son vendidos a empresas suizas. ¿La operación se asimila a una entrega de bienes a los efectos del IVA español?

El envío de los materiales y piezas a Italia para que con ellos se realice una ejecución de obra no constituye una transferencia de bienes [artículo 9.3.º.d) de la LIVA], al destinarse los muebles a la realización de una exportación exenta (artículo 21 de la LIVA) .

Por otra parte, la prestación de servicio realizada por el empresario italiano estará sujeta al IVA español por aplicación de la regla de sede del destinatario (artículo 69.Uno.1.º de la LIVA).

Para una prestación de servicios sobre bienes muebles cuando terminados los trabajos se devuelven al TAI español

También se excluyen del concepto de transferencia intracomunitaria los traslados de bienes que se utilicen para la **realización de operaciones de prestación de un servicio para el sujeto pasivo, que tenga por objeto informes periciales o trabajos efectuados sobre dichos bienes en el Estado miembro de llegada** de la expedición o del transporte de los mismos, siempre que estos, después de los mencionados servicios, se **reexpidan con destino al sujeto pasivo en el territorio de aplicación del impuesto**. Entre dichos trabajos se comprenden las reparaciones y las ejecuciones de obra que deban calificarse como prestaciones de servicios de acuerdo con el artículo 11 de la LIVA. Así lo prevé la letra e) del artículo 9.3.º de la LIVA.

En este caso, los bienes remitidos no se afectarán a las actividades en el Estado de llegada, sino que van a ser objeto de determinados trabajos y, una vez finalizados, serán devueltos al territorio de aplicación del impuesto.

CUESTIÓN

Un fabricante de muebles, estanterías (metálicas o de madera), lámparas y objetos de decoración de Asturias, con una tienda en Lisboa envía a Portugal lámparas defectuosas para que sean objeto de reparación por un empresario de aquel país. Una vez reparadas, son remitidas de nuevo a Oviedo. ¿Existirá una transferencia de bienes asimilada a una entrega de bienes a los efectos del IVA español?

El envío de las lámparas no constituye una transferencia de bienes [artículo 9.3.°.e) de la LIVA], al ser de nuevo reexpedidas al TAI español.

Por otra parte, la prestación de servicio realizada por el empresario portugués estará sujeta al IVA español según la regla de sede del destinatario (artículo 69.Uno.1.° de la LIVA) .

Para su uso temporal para la prestación de servicios en el Estado miembro de llegada

Tampoco se considerará una transferencia de bienes asimilada a una entrega de bienes a los efectos del IVA español, según el artículo 9.3.°.f) de la LIVA, el **traslado de bienes que se realice para su utilización temporal, en el territorio del Estado miembro de llegada de la expedición o del transporte de los mismos, en la realización de prestaciones de servicios efectuadas por el sujeto pasivo establecido en España**.

En este supuesto, se incluyen tanto los bienes procedentes de un Estado miembro como los bienes procedentes de un territorio tercero.

La utilización temporal de dichos bienes, en el territorio del Estado miembro de llegada de la expedición o del transporte de los mismos, en la realización de prestaciones de servicios efectuadas por el sujeto pasivo establecido en España están excluidas de las operaciones asimiladas a entregas intracomunitarias. Se incluyen los envíos de material profesional o bienes de inversión que realiza el empresario para prestar determinados servicios en el Estado miembro de destino.

Para su uso temporal por un período que no exceda de 24 meses cuando la importación del bien goce de exención total de los derechos de importación

Según la letra g) del artículo 9.3.° de la LIVA, tampoco se asimilarán a entregas de bienes a los efectos del IVA, las transferencias de bienes efectuadas para la utilización temporal de dichos bienes, por un período que no exceda de 24 meses, en el territorio de otro Estado miembro, en el interior del cual la importación del mismo bien procedente de un país tercero para su utilización temporal se beneficiaría del régimen de importación temporal, con exención total de los derechos de importación. Estas importaciones temporales no están sujetas.

Para entregas de gas, electricidad, calor o frío a través del sistema de distribución de gas o electricidad o de redes de calor o refrigeración.

Por último, conforme a la letra h) del artículo 9.3.° de la LIVA, no constituirán transferencias de bienes asimiladas a entregas de bienes a los efectos del IVA español, **aquellas que se utilicen para las entregas de gas a través de**

una red de gas natural situada en el territorio de la Comunidad o de cualquier red conectada a dicha red, las entregas de electricidad o las entregas de calor o de frío a través de las redes de calefacción o de refrigeración, que se considerarían efectuadas en otro Estado miembro de la Comunidad con arreglo a los criterios establecidos en el artículo 68.Seis de la LIVA.

A TENER EN CUENTA. Esta letra h) del artículo 9.3.º de la LIVA fue objeto de modificación por el Real Decreto ley 7/2021, de 27 de abril, con entrada en vigor el 1 de julio de 2021, a los efectos de corregir el apartado al que se remite del artículo 68 de la LIVA en consonancia con la modificación que esa misma norma introdujo en él.

Las reglas de localización que prevé el artículo 68.Seis de la LIVA son dos:

- En las entregas efectuadas a un empresario o profesional revendedor, el lugar de realización sería la sede de su actividad económica o del establecimiento permanente del revendedor o, en su defecto, de su domicilio, siempre que dichas entregas tengan por destinatarios a dicha sede, establecimiento permanente o domicilio.
- En cualquier otra entrega, el lugar de realización de la operación sería aquel en el que su adquirente efectúe el uso o consumo efectivo, esto es, en destino.

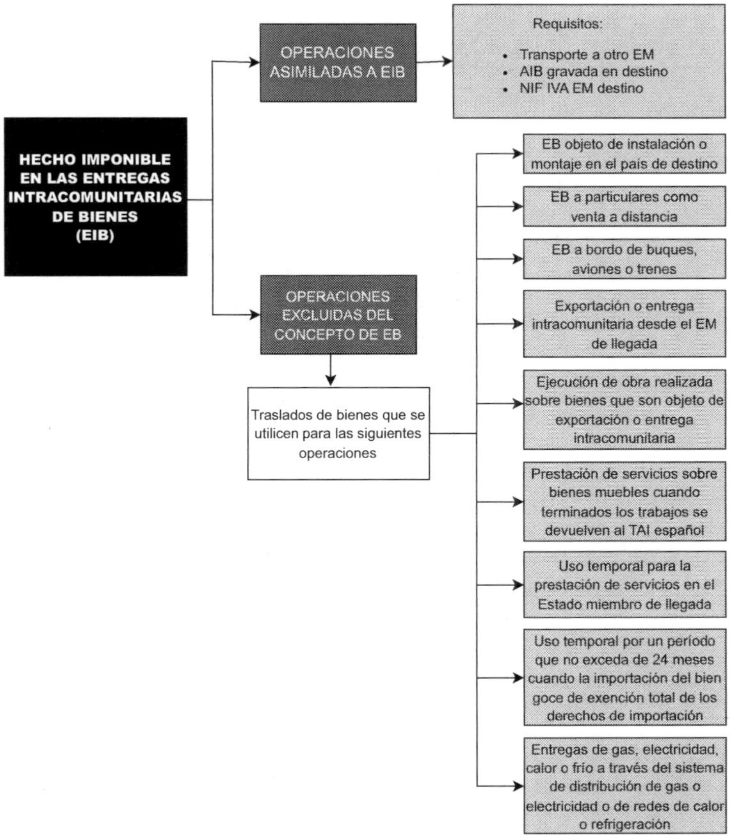

2.
EL IVA EN OPERACIONES INTRACOMUNITARIAS: ADQUISICIONES INTRACOMUNITARIAS DE BIENES

2.1. El hecho imponible en las adquisiciones intracomunitarias de bienes

El hecho imponible en las adquisiciones intracomunitarias de bienes

El capítulo 2 del título IV de la **Directiva 2006/112/CE del Consejo, de 28 de noviembre de 2006, relativa al sistema común del Impuesto sobre el Valor Añadido, regula las adquisiciones intracomunitarias de bienes en sus artículos 20 a 23, ambos inclusive.**

El artículo 20 de la citada Directiva define el concepto fundamental de esta modalidad del hecho imponible del IVA como:

> «(...) la obtención del poder de disposición como propietario de un bien mueble corporal expedido o transportado, con destino al adquirente, por el vendedor, por el adquirente o por cuenta de ellos, hacia un Estado miembro distinto del de partida de la expedición o del transporte del bien».

Por otro lado, el artículo 23 de esa misma Directiva exige a los Estados miembros que califiquen como adquisiciones intracomunitarias de bienes, las operaciones que, si se hubieran efectuado en su territorio por un sujeto pasivo, actuando como tal, hubiesen sido calificadas como entregas de bienes.

En suma, **las adquisiciones intracomunitarias de bienes sustituyen al concepto de entrega de bienes cuando se trata de traslados de la posesión de bienes, derechos corporales o asimilados entre sujetos pasivos de diferentes Estados miembros de la UE.**

La adquisición intracomunitaria de bienes necesita cuatro requisitos:

- El objeto del negocio ha de ser un bien mueble corporal o asimilado en el IVA.
- El adquirente ha de obtener el poder de disposición sobre tal bien y actuar, en principio, como empresario o profesional.
- Los bienes han de ser transportados desde otro Estado miembro al territorio de aplicación del impuesto por el transmitente, el adquirente o un transportista que actúe en nombre y por cuenta de cualquiera de ellos. Si no hubiese transporte desde otro Estado miembro se daría a la operación el tratamiento de entrega interior en el Estado en que se produzca.
- El transmitente debe ser empresario o profesional.

El problema de la prestación de servicios entre diferentes sujetos pasivos de Estados miembros se resuelve, básicamente, dada la desmaterialización de lo transmitido, mediante el establecimiento de reglas específicas de localización del hecho imponible prestación de servicios que llevan a su gravamen bien en el país de origen bien en el país de destino.

De conformidad con el artículo 13 de la LIVA están sujetas las siguientes operaciones realizadas en el ámbito espacial de aplicación del impuesto, que veremos a continuación:

- Las adquisiciones intracomunitarias de bienes efectuadas a título oneroso por empresarios, profesionales o personas jurídicas que no actúen como tales cuando el transmitente sea un empresario o profesional.
- Las adquisiciones intracomunitarias de medios de transporte nuevos, efectuadas a título oneroso por determinadas personas.

a) Las adquisiciones intracomunitarias de bienes efectuadas a título oneroso por empresarios, profesionales o personas jurídicas que no actúen como tales cuando el transmitente sea un empresario o profesional

Desde el 1 de marzo de 2020, se incluye en el concepto de adquisición intracomunitaria de bienes la obtención del poder de disposición sobre bienes muebles corporales en el marco de un acuerdo de ventas de bienes en consigna.

CUESTIONES

1. El Sr. X ha ido de viaje a Roma y se ha comprado un traje. ¿Cómo tributa la adquisición en el IVA?

Se trata de una operación entre particulares y, en consecuencia, tributa en destino, conforme al IVA italiano.

2. El Sr. X, que tiene un establecimiento de ropa en Galicia, adquiere diversos vestidos en Dior que se lleva en su coche desde París a Galicia. ¿Cómo se califica esta operación a efectos del IVA?

Dado que se trata de una operación entre empresarios ubicados en distintos Estados miembros de la UE y que la mercancía ha sido trasladada físicamente desde París a Galicia, nos encontraríamos ante una adquisición intracomunitaria de bienes.

3. El Sr. X, entrega mercancías a un empresario establecido en Alemania que, sin haberlas sacado del territorio español, las vende a otra empresa española. ¿Cómo se califica esta operación a efectos del IVA?

En este caso nos encontraríamos ante dos operaciones distintas:

- La primera es la venta de productos a la empresa alemana: en este caso no hay operación intracomunitaria, ya que las mercancías no salen del territorio español, por tanto, debe repercutirse el IVA español.
- La segunda es la venta en España por la empresa alemana: en este caso, también se trata de una operación interior sujeta al IVA, ya que no hay transporte fuera de España.

b) Las adquisiciones intracomunitarias de medios de transporte nuevos, efectuadas a título oneroso por las siguientes personas:

- Particulares personas físicas.
- Personas jurídicas que no actúan como empresarios o profesionales y que carecen de NIF-IVA.
- Empresarios que tributan en el régimen especial de la agricultura, ganadería y pesca y que no tienen NIF-IVA.
- Empresarios que realizan exclusivamente operaciones exentas del IVA y que no generan el derecho a la deducción del IVA soportado, desprovistos de NIF-IVA.

Cuando las personas citadas en los cuatro puntos anteriores efectúan adquisiciones de bienes en otros Estados miembros de la Unión Europea distintos de España, la tributación por IVA se localiza en el Estado de origen y no hay sujeción al IVA español por el concepto «adquisición intracomunitaria de bienes». Esto es así, salvo por lo que se refiere a las adquisiciones de medios de transporte nuevos; en este caso, la entrega está exenta del IVA en el Estado de origen y se grava la adquisición intracomunitaria en España.

A estos efectos, se **considerarán medios de transporte:**

- Los vehículos terrestres accionados a motor cuya cilindrada sea superior a 48 cm3 o su potencia exceda de 7,2 Kw.
- Las embarcaciones cuya eslora máxima sea superior a 7,5 metros, con excepción de aquellas a las que afecte la exención del artículo 22.Uno de la LIVA.
- Las aeronaves cuyo peso total al despegue exceda de 1.550 kilogramos, con excepción de aquellas a las que afecte la exención del artículo 22.Cuatro de la LIVA.

Los referidos medios de transporte tendrán la consideración de nuevos cuando, respecto de ellos, se dé cualquiera de las circunstancias que se indican a continuación:

- Que su entrega se efectúe antes de los tres meses siguientes a la fecha de su primera puesta en servicio o, tratándose de vehículos terrestres accionados a motor, antes de los seis meses siguientes a la citada fecha.

- Que los vehículos terrestres no hayan recorrido más de 6.000 kilómetros, las embarcaciones no hayan navegado más de 100 horas y las aeronaves no hayan volado más de 40 horas.

La adquisición de un medio de transporte nuevo adquirido en un país de la Unión Europea distinto de España está sujeta siempre al IVA en España cuando el medio de transporte es expedido a la Península o Baleares, con independencia de las condiciones del transmitente y del adquirente.

A TENER EN CUENTA. Para controlar que el adquirente es un sujeto pasivo del IVA, actuando como tal, se exige la identificación del destinatario mediante un número de identificación fiscal comunitario. Estos sujetos pasivos conforman el llamado Registro de Operadores Intracomunitarios (en adelante, ROI). La AEAT permite la consulta de los operadores intracomunitarios inscritos en el ROI a través de su página web, mediante el «Sistema de Intercambio de Información sobre el IVA» (en adelante, VIES).

CUESTIONES

1. ¿Dónde tributa un medio de transporte nuevo adquirido en un país de la UE y trasladado a España por un adquirente establecido en el TAI?

Las adquisiciones de medios de transporte nuevos están sujetas siempre en el Estado de destino, en este caso España. Por tanto, deberá liquidarse en el territorio de aplicación del impuesto el IVA devengado en la adquisición intracomunitaria.

En este sentido, puede acudirse a la consulta vinculante de la Dirección General de Tributos (V0817), de 13 de abril de 2020.

2. A efectos de calificar la adquisición intracomunitaria de un tractor agrícola nuevo como sujeta o no sujeta al IVA, ¿tiene el tractor la consideración de medio de transporte nuevo?

Sí. La norma que regula la circulación de vehículos a motor define al tractor agrícola como un vehículo especial autopropulsado. Por tanto, a efectos del IVA, tendrán la consideración de medios de transporte, tributando en destino, aquellos tractores cuya cilindrada sea superior a 48 cm3 o su potencia exceda de 7,2 kw, siempre que tengan la consideración de nuevos.

A los efectos, resulta interesante la consulta vinculante de la Dirección General de Tributos (V3488-20), de 2 de diciembre de 2020.

Operaciones excluidas del concepto de adquisiciones intracomunitarias

El artículo 13 de la LIVA establece una serie de supuestos de hecho en los que, a pesar de cumplirse todos los requisitos para incluirse dentro del hecho imponible, por diferentes circunstancias, generalmente de tipo técnico, se excluye la operación del concepto de adquisición intracomunitaria.

Así, dicho precepto apunta lo siguiente:

> «(...)
>
> No se comprenden en estas adquisiciones intracomunitarias de bienes las siguientes:
>
> a) Las adquisiciones de bienes cuya entrega se efectúe por un empresario o profesional que se beneficie del régimen de franquicia del Impuesto

en el Estado miembro desde el que se inicie la expedición o el transporte de los bienes.

b) Las adquisiciones de bienes cuya entrega haya tributado con sujeción a las reglas establecidas para el régimen especial de bienes usados, objetos de arte, antigüedades y objetos de colección en el Estado miembro en el que se inicie la expedición o el transporte de los bienes.

c) Las adquisiciones de bienes que se correspondan con las entregas de bienes que hayan de ser objeto de instalación o montaje comprendidas en el artículo 68, apartado dos, número 2.ª de esta Ley.

d) Las adquisiciones de bienes que se correspondan con las ventas a distancia comprendidas en el artículo 68.Tres.a) de esta Ley.

e) Las adquisiciones de bienes que se correspondan con las entregas de bienes objeto de Impuestos Especiales a que se refiere el artículo 68, apartado cinco, de esta Ley.

f) Las adquisiciones intracomunitarias de bienes cuya entrega en el Estado de origen de la expedición o transporte haya estado exenta del Impuesto por aplicación de los criterios establecidos en el artículo 22, apartados uno al once, de esta Ley.

g) Las adquisiciones de bienes que se correspondan con las entregas de gas a través de una red de gas natural situada en el territorio de la Comunidad o de cualquier red conectada a dicha red, las entregas de electricidad o las entregas de calor o de frío a través de las redes de calefacción o de refrigeración que se entiendan realizadas en el territorio de aplicación del impuesto de acuerdo con el artículo 68.Seis de esta Ley.

(...)».

A TENER EN CUENTA. Las letras d) y g) de este artículo 13.1.º de la LIVA fueron objeto de modificación para la adecuación de sus referencias normativas por parte del Real Decreto-ley 7/2021, de 27 de abril, con efectos desde el 1 de julio de 2021.

A continuación, analizamos cada una de las operaciones excluidas del concepto de adquisiciones intracomunitarias.

Entregas efectuadas por empresario o profesionales acogidos al régimen especial de franquicia

El régimen de franquicia es un régimen especial del impuesto, regulado en los artículos 282 y siguientes de la Directiva 2006/112/CE del Consejo, de 28 de noviembre de 2006. Su ámbito de aplicación es el de pequeñas empresas, aunque se establecen volúmenes máximos de la cifra de negocios muy reducidos, que realmente restringen este a las microempresas.

Se caracteriza por que los sujetos acogidos al mismo quedan exonerados de sus principales obligaciones en relación con el IVA: no repercuten el impuesto, no consignan las cuotas en la factura y tampoco se pueden deducir las cuotas soportadas.

A TENER EN CUENTA. La LIVA no prevé el régimen de franquicia del IVA, pero ha de tenerse en cuenta la Directiva (UE) 2020/285 del Consejo de 18 de febrero de 2020 (con plazo para su cumplimiento que terminaba el 31 de diciembre de 2024), la cual posibilita la implantación de este régimen, al señalar que «los Estados miembros podrán conceder una franquicia del impuesto..".. A fecha de cierre de este tema, España todavía no ha regulado esa posibilidad.

Las adquisiciones de bienes cuya entrega haya tributado con sujeción a las reglas establecidas para el régimen especial de bienes usados, objetos de arte, antigüedades y objetos de colección

El régimen especial de bienes usados (REBU) es un régimen especial del impuesto aplicable a empresarios revendedores de bienes usados o de otros bienes muebles, que han sido objeto de adquisición por estos a personas que no tienen la condición de empresario o a empresarios revendedores que no han repercutido separadamente el impuesto, al aplicar también el REBU, el régimen de franquicia si se tratase de bienes de inversión o por tratarse de una entrega exenta.

Con este régimen lo que se hace es incorporar al tráfico del IVA bienes que han sido objeto de un consumo final, esto es, bienes por los que se soportó el impuesto y no se dedujo.

La razón para la exclusión del régimen de adquisiciones intracomunitarias de bienes es puramente técnica. En la adquisición intracomunitaria el ingreso del impuesto se traslada del empresario o profesional que realiza las entregas de bienes o presta los servicios al adquirente.

En el ámbito intracomunitario de la compraventa de bienes acogidos a este régimen, la operación tributará en origen, no en destino.

Si el empresario español adquiere a no revendedores:

- Si el empresario en origen se beneficia del régimen de franquicia, la adquisición intracomunitaria de bienes no estaría sujeta a IVA y en la posterior reventa podría aplicar el REBU. Respecto al régimen de franquicia, supone que las entregas de bienes que se amparan en él no están sujetas al impuesto ni originan el derecho a la deducción; el empresario que las realiza no puede deducir el IVA soportado.
- Si la entrega en origen disfrutó de la exención por exclusión total del derecho a deducir, la adquisición intracomunitaria de bienes estaría exenta y en la reventa podría aplicar el REBU.
- Si la venta estuvo exenta y la adquisición intracomunitaria de bienes sujeta y no exenta, en la reventa se podría aplicar el REBU.

Si el empresario español adquiere a revendedores:

- Si la venta estuvo, conforme al régimen general, exenta en origen y la adquisición intracomunitaria de bienes sujeta y no exenta, la reventa no podrá aplicar el REBU.
- Si la venta se realizó conforme el REBU, tributaría en origen y la adquisición intracomunitaria de bienes no estaría sujeta. En este caso en la reventa sí se podrá aplicar el REBU.

RESOLUCIONES ADMINISTRATIVAS

Resolución del Tribunal Económico Administrativo Central n.º 1911/2022, de 28 de junio de 2024

Asunto: compatibilidad de REBU e ITPAJD.

«Criterio:

En los casos en los que un particular transmite un bien a una sociedad que lo revenderá en el ejercicio de su actividad empresarial, tales operaciones están sometidas al ITPAJD en su modalidad de transmisiones patrimoniales onerosas, conforme lo dispuesto en los apartados 1 y 5 del artículo 7 del TRLITPYAJD. Ello no resulta afectado por el hecho de que la posterior entrega esté sujeta al REBU, que es un régimen especial de tributación en las entregas de bienes, e independiente y compatible con la posible tributación por TPO de la entrega realizada por el particular y ningún precepto de la Ley del IVA ni, en concreto, de la regulación del REBU, impide exigir TPO en las adquisiciones realizadas en primer término a particulares.

Se reitera criterio de Resolución TEAC de 22 de mayo de 2024 (RG 325-2022)».

Consulta vinculante de Dirección General de Tributos (V3465-19), de 18 de diciembre de 2019

Asunto: adquisición de bienes deteriorados o dañados como consecuencia de un siniestro.

«Del escueto escrito de consulta parece deducirse que al menos, algunos de los bienes que adquiera el consultante para su reventa cumplen con los requisitos fijados en el artículo 136 de la Ley, reproducido anteriormente. En estas circunstancias, su entrega podría acogerse el régimen especial de los bienes usados, objetos de arte, antigüedades y objetos de colección.

En efecto, de las diferentes opciones que el consultante plantea en cuando al modo de adquirir los bienes parece lógico concluir que, cumplidos los requisitos del artículo 135 de la Ley, sí podrían acogerse a este régimen especial las entregas de los bienes adquiriros a particulares que no tengan la condición de empresario o profesional, dando así cumplimiento a lo fijado en la letra a) del artículo 135. Uno. 1º de la Ley del Impuesto.

En los demás supuestos, como cuando los bienes sean adquiridos a las aseguradoras, a personas jurídicas o a personas físicas que actúen como empresarios o profesionales, el consultante no ha aportado información suficiente para determinar si las posteriores entregas de los bienes serían susceptibles de poder acogerse al régimen especial de los bienes usados, objetos de arte, antigüedades y objetos de colección, en las condiciones señaladas».

CUESTIÓN

¿Cómo tributa la adquisición de un vehículo usado por un particular, en otro Estado miembro, trasladándolo posteriormente al TAI?

Si la adquisición se efectúa a un sujeto pasivo en el otro Estado, tributará por IVA en dicho Estado, ya que no se trata de un medio de transporte nuevo, sino de segunda mano.

Si la adquisición se efectúa a otro particular, no tributará por el IVA en ningún país. En este caso, tributará en España por el ITPyAJD.

Las adquisiciones de bienes que se correspondan con las entregas de bienes que hayan de ser objeto de instalación o montaje en destino

El artículo 68.Dos de la LIVA establece una regla especial de localización para los bienes que sean objeto de instalación y montaje por el proveedor, localizándose las entregas en el territorio de aplicación del impuesto cuando sea este el lugar donde se ultime la instalación y montaje de los bienes.

Para poder aplicar dicho precepto deben cumplirse los siguientes requisitos:

- La existencia de instalación y montaje por el proveedor.
- La inmovilización de los bienes.

A TENER EN CUENTA. Desde el 1 de enero de 2015, se suprimió el requisito de la limitación cuantitativa del coste de instalación, manteniéndose el requisito de que la entrega de bienes objeto de instalación o montaje se localizará en el territorio donde se ultime, siempre que dichos bienes queden inmovilizados, sin alusión alguna al coste de la instalación o montaje.

Esta regla va más allá, ya que no se considera como adquisición intracomunitaria de bienes la adquisición del poder de disposición de mercancías, remitidas al comprador desde otro Estado miembro, cuando las mercancías van a ser objeto de instalación y montaje en el lugar de llegada.

La razón de esta exclusión es puramente técnica, al localizar la entrega en el territorio de aplicación del IVA cuando la instalación y montaje se ultime en el mismo se está logrando el mismo objeto que cuando se establece el hecho imponible de la adquisición intracomunitaria de bienes, la tributación será en destino.

Las adquisiciones de bienes que se correspondan con las ventas a distancia

El régimen de ventas a distancia establece reglas especiales para determinadas operaciones:

- Cuando no se superen los umbrales determinados por los Estados miembros de destino, las ventas se localizarán en el Estado de origen o en el de llegada de las mercancías, a elección del empresario vendedor.
- Cuando se superen dichos umbrales se tributará necesariamente en el Estado miembro de destino.

Estas reglas son incompatibles con la aplicación del régimen de adquisiciones intracomunitarias, puesto que se produciría una doble imposición.

Si la operación no supera los umbrales y se decide localizar la entrega en el territorio del vendedor, la operación tributaría:

- Por un lado, en el Estado del establecimiento: al tratarse de una entrega de bienes como ventas a distancia.

- Por otro lado, en el Estado de llegada: al tratarse de una adquisición intracomunitaria de bienes.

Si, por el contrario, por opción o por superar los umbrales la operación se localiza en destino, tributaría:

- Por un lado, por la venta a distancia: al entenderse realizada en destino.
- Por otro lado, como una adquisición intracomunitaria: también en destino.

La solución a esta doble tributación es la exclusión de este régimen de las adquisiciones intracomunitarias de bienes.

Las adquisiciones de bienes objeto de impuestos especiales

Las entregas de bienes objeto de impuestos especiales, realizadas por empresarios establecidos fuera del territorio de aplicación del impuesto, mediante la remisión de la mercancía por el vendedor o por su cuenta, siempre que los destinatarios de las mismas sean las personas en el régimen especial de PERES o bien cualquier otra persona que no tenga la condición de sujeto pasivo, tributan en destino.

Esta regla es incompatible, al igual que los anteriores, con el régimen de adquisiciones intracomunitarias, ya que, al localizarse la operación en destino, se produciría en el Estado de destino una doble imposición económica, al localizar en ese Estado la venta y la adquisición intracomunitaria de bienes.

La solución a esta doble tributación es la exclusión de este régimen de las adquisiciones intracomunitarias de bienes.

Las adquisiciones intracomunitarias cuya entrega en el Estado de origen de la expedición o transporte haya estado exenta del impuesto por aplicación de los criterios establecidos en el artículo 22, apartados Uno al Once, de la LIVA

El artículo 22 de la LIVA recoge las exenciones en las operaciones asimiladas a las exportaciones, diferenciando dos grandes grupos:

- Por un lado, las operaciones relativas a buques y aeronaves afectos a la navegación internacional, las operaciones relativas a regímenes diplomáticos y consulares y de organismos internacionales y las operaciones realizadas por las fuerzas de la OTAN.
- Por otro lado, las entregas de oro, transportes de viajeros y prestaciones de intermediarios.

Las operaciones realizadas en el primer punto, aunque son efectuadas en el territorio de aplicación del impuesto, gozan de un estatuto extraterritorial, bien sea por las circunstancias en las que se da el consumo de los bienes, fuera del territorio de aplicación del impuesto, bien por el estatuto especial del consumidor (diplomáticos, organismos internacionales o fuerzas de la OTAN). En el segundo de los puntos nos encontramos ante supuestos especiales de operaciones exentas.

Las adquisiciones de bienes que se correspondan con las entregas de gas a través de una red de gas natural o de electricidad

A efectos de la aplicación del IVA, el gas, el calor, el frío, la electricidad y demás modalidades de energía se consideran como bienes corporales, tal y como establece el artículo 8.Uno de la LIVA. Ello supondría que los intercambios de estas mercancías siguiesen las reglas generales, tributando como adquisiciones intracomunitarias.

Sin embargo, como consecuencia de la liberalización y apertura de los mercados nacionales de energía a operadores de otros Estados, se vio que no se podía controlar la entrada y salida de energía a través de dichas redes, por lo que resultaba imposible aplicar el régimen general de los intercambios intracomunitarios de mercancías mencionados.

Como consecuencia de ello, se optó por aplicar las reglas de localización del artículo 68.Seis de la LIVA. Esto es:

- En las entregas efectuadas a un empresario o profesional revendedor, el lugar de localización será la sede de su actividad económica, el establecimiento permanente o el domicilio en el TAI del revendedor, siempre que dichas entregas tengan por destinatarios tales lugares. A estos efectos, se entenderá por empresario o profesional revendedor aquel cuya actividad principal respecto de las compras de gas, electricidad, calor o frío, consista en su reventa y el consumo propio de los mismos sea insignificante.
- En las demás entregas, se localizarán en el lugar en el que el adquirente efectúe el uso o consumo efectivo, es decir, lugar de destino. A estos efectos, se considerará que tal uso o consumo se produce en el citado territorio cuando en él se encuentre el contador en el que se efectúe su medición.

La solución fue la exclusión de este régimen de las adquisiciones intracomunitarias de bienes.

2.1.1. Concepto de adquisición intracomunitaria

¿Qué se entiende por adquisición intracomunitaria?

De conformidad con el artículo 15 de la LIVA, se entenderá por adquisición intracomunitaria de bienes:

- La obtención del poder de disposición sobre bienes muebles corporales expedidos o transportados al territorio de aplicación del impuesto, con destino al adquirente, desde otro Estado miembro, por el transmitente, el propio adquirente o un tercero en nombre y por cuenta de cualquiera de los anteriores.
- La obtención del poder de disposición sobre bienes muebles corporales en el marco de un acuerdo de ventas de bienes en consigna, en los términos previstos en el artículo 9 bis.Dos de la LIVA.

La idea central es que las adquisiciones intracomunitarias de bienes son entregas de bienes entre sujetos pasivos de dos Estados miembros de la Unión Europea, en las que existe un desplazamiento, un transporte, del bien entre los dos territorios.

El transmitente, sujeto pasivo en otro Estado miembro, nos pone a disposición la mercancía sin repercutir el IVA del país de origen y el adquirente, sujeto pasivo, liquida el IVA conforme a los tipos y reglas del país de destino.

Por su parte, el artículo 15.Dos de la LIVA, en paralelo al artículo 20.2 de la Directiva 2006/112/CE del Consejo, de 28 de noviembre de 2006, **califica como adquisición intracomunitaria de bienes, los supuestos en los que el adquirente sea una persona jurídica, por ejemplo, una entidad pública, que no actúe como sujeto pasivo del IVA (esto es, como empresario o profesional) e importe bienes de un tercer país no europeo a través de un Estado miembro de la UE distinto del Estado miembro de llegada, España.** En ese caso, se entiende como Estado de origen de la mercancía el país europeo donde se ha producido la entrada en práctica libre de la mercancía extracomunitaria.

La finalidad de la norma es que la operación tribute en el Estado miembro de llegada de los bienes.

CUESTIÓN

El Ayuntamiento de Zamora (persona jurídica) compra mobiliario en Rusia. El mismo se transporta primero por vía marítima, desembarcándose en el puerto de Rotterdam, y, seguidamente, se desplaza por vía terrestre hasta la ciudad de Zamora. Calificación de esta operación en el IVA en el TAI español.

En el TAI español existiría una adquisición intracomunitaria de bienes del artículo 15.Dos de la LIVA sujeta al IVA.

2.1.2. Operaciones asimiladas a las adquisiciones intracomunitarias de bienes

¿Qué se entiende por operaciones asimiladas a las adquisiciones intracomunitarias de bienes?

De conformidad con el artículo 16 de la LIVA, se considerarán operaciones asimiladas a las adquisiciones intracomunitarias de bienes a título oneroso:

- La afectación de bienes por un empresario.
- La afectación de bienes por la OTAN o las fuerzas armadas de un Estado miembro en el ámbito de la política común de seguridad y defensa.
- Otras adquisiciones que no provienen de una entrega.

|| La afectación de bienes por un empresario

El artículo 16.2.º de la LIVA establece que será operación asimilada a las adquisiciones intracomunitarias de bienes a título oneroso la afectación a las actividades de un empresario o profesional desarrolladas en el territorio de aplicación del impuesto de un bien expedido o transportado por ese empresario, o por su cuenta, desde otro Estado miembro en el que el referido bien haya sido producido, extraído, transformado, adquirido o importado por dicho empresario o profesional en el desarrollo de su actividad empresarial o profesional realizada en el territorio de este último Estado miembro.

Se trata de la recepción en destino de los bienes objeto de una transferencia de bienes. Las transferencias de bienes son operaciones asimiladas a las entregas intracomunitarias de bienes en origen (exentas) y se corresponden en destino con las operaciones asimiladas a las adquisiciones intracomunitarias de bienes.

La diferencia entre este tipo de operaciones y las adquisiciones intracomunitarias de bienes es que en este caso no se produce una transmisión del poder de disposición de los bienes, que se mantienen en poder y posesión del mismo empresario en el Estado de origen y de destino.

Se **exceptúan** las operaciones excluidas del concepto de transferencia de bienes según los criterios contenidos en el artículo 9.3.° de la LIVA.

No obstante, debemos destacar que el citado artículo 9.3.° de la LIVA establece una lista de supuestos en los que la remisión de las mercancías de un Estado miembro a otro no dará lugar a una transferencia de bienes y tampoco dará lugar a una operación asimilada a la adquisición intracomunitaria de bienes en el Estado miembro de llegada.

Artículo 9.3.° de la LIVA:

> «Se considerarán operaciones asimiladas a las entregas de bienes a título oneroso:
>
> (...)
>
> 3.° La transferencia por un sujeto pasivo de un bien corporal de su empresa con destino a otro Estado miembro, para afectarlo a las necesidades de aquella en este último. No tendrán esa consideración las transferencias realizadas en el marco de un acuerdo de ventas de bienes en consigna en los términos previstos en el artículo 9 bis de esta Ley.
>
> Quedarán excluidas de lo dispuesto en este número las transferencias de bienes que se utilicen para la realización de las siguientes operaciones.
>
> a) Las entregas de dichos bienes efectuadas por el sujeto pasivo que se considerarían efectuadas en el interior del Estado miembro de llegada de la expedición o del transporte por aplicación de los criterios contenidos en el artículo 68, apartado dos, número 2°., tres y cuatro, de esta Ley.
>
> b) Las entregas de dichos bienes efectuada por el sujeto pasivo a que se refiere el artículo 68, apartado dos, número 4.°, de esta Ley.
>
> c) Las entregas de dichos bienes efectuadas por el sujeto pasivo en el interior del país en las condiciones previstas en el artículo 21 o en el artículo 25 de esta Ley.
>
> d) Una ejecución de obra para el sujeto pasivo, cuando los bienes sean utilizados por el empresario que la realice en el Estado miembro de llegada de la expedición o transporte de los citados bienes, siempre que la obra fabricada o montada sea objeto de una entrega exenta con arreglo a los criterios contenidos en los artículos 21 y 25 de esta Ley.

e) La prestación de un servicio para el sujeto pasivo, que tenga por objeto informes periciales o trabajos efectuados sobre dichos bienes en el Estado miembro de llegada de la expedición o del transporte de los mismos, siempre que éstos, después de los mencionados servicios, se reexpidan con destino al sujeto pasivo en el territorio de aplicación del Impuesto.

Entre los citados trabajos se comprenden las reparaciones y las ejecuciones de obra que deban calificarse de prestaciones de servicios de acuerdo con el artículo 11 de esta Ley.

f) La utilización temporal de dichos bienes, en el territorio del Estado miembro de llegada de la expedición o del transporte de los mismos, en la realización de prestaciones de servicios efectuadas por el sujeto pasivo establecido en España.

g) La utilización temporal de dichos bienes, por un período que no exceda de veinticuatro meses, en el territorio de otro Estado miembro en el interior del cual la importación del mismo bien procedente de un país tercero para su utilización temporal se beneficiaría del régimen de importación temporal, con exención total de los derechos de importación.

h) Las entregas de gas a través de una red de gas natural situada en el territorio de la Comunidad o de cualquier red conectada a dicha red, las entregas de electricidad o las entregas de calor o de frío a través de las redes de calefacción o de refrigeración, que se considerarían efectuadas en otro Estado miembro de la Comunidad con arreglo a los criterios establecidos en el artículo 68.Seis de esta Ley.

Las exclusiones a que se refieren las letras a) a h) anteriores no tendrán efecto desde el momento en que dejen de cumplirse cualesquiera de los requisitos que las condicionan».

A TENER EN CUENTA. La letra h) de este artículo 9.3.º de la LIVA fue objeto de modificación para la adecuación de la referencia normativa que contiene, realizada por parte del Real Decreto-ley 7/2021, de 27 de abril, con efectos desde el 1 de julio de 2021.

RESOLUCIÓN ADMINISTRATIVA

Consulta vinculante de la Dirección General de Tributos (V1886-22), de 9 de agosto de 2022

Asunto: Asimilación a las adquisiciones intracomunitarias de bienes aunque no exista entrega de mercancías.

«(...) la recepción de bienes enviados por la consultante desde un Estado miembro (Países Bajos) o desde las tiendas de la consultante en otros Estados miembros, al territorio de aplicación del impuesto determina la realización por parte de la entidad británica de una operación asimilada a una adquisición intracomunitaria de bienes, de conformidad con lo establecido en el artículo 16 de la Ley 37/1992 que establece que:

"Se considerarán operaciones asimiladas a las adquisiciones intracomunitarias de bienes a título oneroso:

(...)

2.º La afectación a las actividades de un empresario o profesional desarrolladas en el territorio de aplicación del impuesto de un bien expedido o transportado por ese empresario, o por su cuenta, desde otro Estado miembro en el que el referido bien haya sido producido, extraído, transformado, adquirido o importado por dicho empresario o profesional en el desarrollo de su actividad empresarial o profesional realizada en el territorio de este último Estado miembro.

(...).".

En efecto, en las operaciones asimiladas a las adquisiciones intracomunitarias de bienes, aunque propiamente no exista entrega de las mercancías, es necesario su asimilación con el objeto de asegurar la neutralidad del Impuesto y la correcta tributación de tales operaciones en el Estado miembro de consumo y asegurar el correcto derecho a la deducción del adquirente, con independencia de que las operaciones entre la sucursal y su casa matriz sean operaciones internas en los términos señalados en el apartado anterior de esta contestación..

En el presente caso la entidad británica deberá disponer de un número de identificación a efectos del Impuesto sobre el Valor Añadido atribuido por la Administración tributaria española para declarar dichas operaciones asimiladas a las adquisiciones intracomunitarias de bienes».

CUESTIÓN

Un empresario portugués remite mercaderías desde Portugal a un empresario español, establecido en Cáceres. Ambos están identificados en sus respectivos países, donde desarrollan su explotación mercantil.

Nos encontramos ante una adquisición intracomunitaria de bienes sujeta en España al IVA.

La afectación de bienes por la OTAN o las fuerzas armadas de un Estado miembro en el ámbito de la política común de seguridad y defensa

Conforme al artículo 16.3.º de la LIVA, se considera una operación asimilada a la adquisición intracomunitaria de bienes a título oneroso la afectación realizada por:

- Las fuerzas de un Estado parte del Tratado del Atlántico Norte en el TAI, para su uso o el del elemento civil que los acompaña.
- O bien las fuerzas armadas de cualquier Estado miembro para uso de dichas fuerzas o del personal civil a su servicio, siempre que dichas fuerzas estén afectadas a un esfuerzo de defensa realizado para llevar a cabo una actividad de la Unión en el ámbito de la política común de seguridad y defensa, de los bienes que no han sido adquiridos por dichas fuerzas o elemento civil en las condiciones normales de tributación del IVA en la Comunidad, o cuando su importación no pudiera beneficiarse de la exención del impuesto establecida en el artículo 62 de la LIVA.

A TENER EN CUENTA. Este artículo fue modificado por la Ley 31/2022, de 23 de diciembre, de Presupuestos Generales del Estado para el año 2023, con efectos desde el 1 de julio de 2022. Con ello, pasa a considerarse también operación asimilada a la adquisición intracomunitaria de bienes la afectación realizada por las fuerzas armadas de cualquier Estado miembro para uso de dichas fuerzas o del personal civil a su servicio en el ámbito de la política común de seguridad y defensa, en los términos que acaban de exponerse.

Otras adquisiciones que no provienen de una entrega

El artículo 16.4.º de la LIVA recoge una cláusula de cierre, que considera como operación asimilada a las adquisiciones intracomunitarias de bienes a título oneroso cualquier adquisición de bienes en el TAI de España, resultante de una operación realizada en otro Estado miembro que, si se hubiese efectuado en el interior del país por un empresario o profesional, se habría calificado como entrega de bienes en virtud de lo dispuesto en el artículo 8 de la LIVA.

Se reconoce así la independencia fiscal de los Estados miembros. Si una operación se califica como prestación de servicios en el Estado miembro de origen, pero, de haberse realizado en el Estado miembro de destino, se hubiera calificado como entrega de bienes, la llegada de los bienes a este último Estado miembro originará una adquisición intracomunitaria. La calificación y tratamiento de las operaciones intracomunitarias prevista en la legislación del Estado miembro de origen no prejuzgan los que procedan por la legislación del Estado miembro de destino.

El Estado miembro al que llegue la expedición o transporte de bienes en el que se efectuó una adquisición intracomunitaria de bienes, en el sentido definido en el artículo 20 de la Directiva 2006/112/CE del Consejo, de 28 de noviembre de 2006, y el artículo 15 de la LIVA, ejercerá sus competencias fiscales con independencia del tratamiento por el IVA que se haya aplicado a la citada operación en el Estado miembro de origen. Además, la posible petición al proveedor de corrección del impuesto facturado y declarado en el Estado miembro de origen será tratada por dicho Estado con arreglo a las disposiciones nacionales.

RESOLUCIÓN ADMINISTRATIVA

Consulta vinculante de la Dirección General de Tributos (V1277-20), de 6 de mayo de 2020

Asunto: tributación en el IVA de las operaciones efectuadas entre una entidad británica y su sucursal española, así como consecuencias en dicha tributación con motivo de la salida del Reino Unido de la Unión Europea.

«4.- En cuanto a las consecuencias de la tributación de las operaciones anteriores materializada la salida del Reino Unido de la Unión Europea debe indicarse que, seguirá siendo de aplicación lo señalado en los puntos anteriores de esta contestación en relación con las prestaciones de servicios objeto de consulta.

También, el movimiento de bienes desde un Estado miembro hacia el territorio de aplicación el impuesto, seguirá teniendo la consideración de operación asimilada a una adquisición intracomunitaria de bienes durante el periodo transitorio en el que sigue siendo de aplicación la normativa comunitaria en el Reino Unido.

Sin embargo, desde la conclusión de dicho periodo transitorio el Reino Unido dejará de estar comprendido dentro del concepto de Comunidad, a los efectos del impuesto.

La principal consecuencia de lo anterior es que cualquier bien introducido en el territorio de aplicación el impuesto desde el territorio del Reino Unido, que pasará a ser considerado país tercero, constituirá la realización del hecho imponible importación, según se define en el artículo 18 de la Ley 37/1992».

2.1.3. Operaciones intracomunitarias no sujetas

Regulación de las operaciones intracomunitarias no sujetas a IVA

En el artículo 14 de la LIVA se recoge un régimen particular para determinadas personas o entidades. Se trata de un **régimen facultativo de no sujeción al impuesto de las adquisiciones intracomunitarias de bienes realizadas en las siguientes condiciones:**

- **Ámbito subjetivo**. Se aplica a las siguientes personas:
  - Los sujetos pasivos acogidos al régimen especial de la agricultura, ganadería y pesca, respecto de los bienes destinados al desarrollo de la actividad sometida a dicho régimen.
  - Los sujetos pasivos que realicen exclusivamente operaciones que no originan el derecho a la deducción total o parcial del impuesto.
  - Las personas jurídicas que no actúen como empresarios o profesionales.
- Se establece un **límite**, superado **el cual no actúa la no sujeción**. La no sujeción establecida solo se aplicará respecto de las adquisiciones intracomunitarias de bienes, efectuadas por las personas indicadas, cuando el importe total de las adquisiciones de bienes procedentes de los demás Estados miembros, excluido el impuesto devengado en dichos Estados, no haya alcanzado en el año natural precedente o durante el año en curso **10.000 euros**. En la aplicación del límite a que se refiere este apartado debe considerarse que el importe de la contraprestación relativa a los bienes adquiridos no podrá fraccionarse a estos efectos.
- Para el **cálculo del límite** indicado se computará el importe de la contraprestación de las entregas de bienes a que se refiere el artículo 8.Tres.1.° de la LIVA, cuando, por aplicación de las reglas comprendidas en el artículo 68 de la LIVA, se entiendan realizadas fuera del territorio de aplicación del impuesto.
- La no sujeción **se aplicará en el año natural** en curso **hasta alcanzar el citado límite**.
- **Quedan excluidas del régimen** las adquisiciones de medios de transporte nuevos y de los bienes que constituyen el objeto de los impuestos especiales, cuyo importe no se computará en el límite indicado anteriormente.
- No obstante, **las operaciones quedarán sujetas al impuesto cuando las personas que las realicen opten por la sujeción al mismo**, en la forma que se determina reglamentariamente. Esto es, la opción se ajustará a lo dispuesto en el artículo 3 del RIVA:
  - Mediante la presentación de la declaración censal, aunque también vale la opción tácita con la presentación de la declaración-liquidación del período en el que se ha realizado la adquisición.

- La opción abarcará como mínimo el tiempo que falte por transcurrir del año en curso y los dos años naturales siguientes y surtirá efectos durante los años posteriores hasta su revocación.
- La revocación podrá ejercitarse, una vez transcurrido el período mínimo antes indicado, mediante la oportuna declaración censal.

RESOLUCIÓN ADMINISTRATIVA

Consulta vinculante de la Dirección General de Tributos (V2422-22), de 23 de noviembre de 2022

Asunto: límite para la aplicación de la no sujeción establecida en el art. 14 de la LIVA.

«En este caso, y en virtud del artículo 14 de la Ley 37/1992, si la consultante no excede del límite de los 10.000 euros en sus adquisiciones intracomunitarias en el año precedente o, en cualquier caso, durante el año en curso, dichas adquisiciones intracomunitarias no estarían sujetas al Impuesto sobre el Valor Añadido.

De acuerdo con la normativa armonizada, las entregas tributarían en el Estado Miembro de origen de la expedición o transporte de los bienes, no siendo competente este Centro directivo para determinar si sería de aplicación alguna exención en este caso al tratarse de un hecho imponible realizado en otro Estado Miembro.

No obstante lo anterior, cuando el adquirente exceda de dicho umbral, y en todo, caso cuando opte por la tributación en destino como adquisición intracomunitaria de bienes, se producirá, con carácter general, un desdoblamiento de la operación intracomunitaria en dos hechos imponibles. Esto es, el adquirente realizaría una adquisición intracomunitaria de bienes sujeta al Impuesto sobre el Valor Añadido (con independencia de la aplicación de alguna exención como se analizará más adelante) mientras que, en origen, el proveedor realizaría una entrega intracomunitaria de bienes exenta, siempre y cuando el adquirente le hubiera comunicado un NIF-IVA español».

CUESTIÓN

Un agricultor dado de alta en régimen especial de agricultura va a realizar adquisiciones intracomunitarias a Portugal por importe inferior a 10.000 euros. ¿Dónde pagará el IVA de esos productos?

La repercusión e ingreso del IVA dependerá de dónde se entienda realizada la operación, en España o en Portugal. De conformidad con el artículo 14.Uno.1.° de la LIVA, al estar sujeta al REAGP y no superar los 10.000 euros, se produce una adquisición intracomunitaria de bienes no sujeta al IVA español.

En consecuencia, si en España no hay una adquisición intracomunitaria de bienes sujeta al IVA, en Portugal no se produce la exención en la entrega intracomunitaria de bienes destinados a otro Estado miembro, por lo que la factura de la empresa portuguesa llevará IVA portugués que se declarará en aquel país.

2.1.4. Exenciones en las adquisiciones intracomunitarias de bienes

¿Cuáles son las exenciones en las adquisiciones intracomunitarias de bienes en el IVA?

La LIVA, en su artículo 26, establece las exenciones para las adquisiciones intracomunitarias de bienes. Estas exenciones lo que tratan es de equiparar el régimen de las adquisiciones intracomunitarias de bienes a otras operaciones, sean interiores o importaciones.

Estas exenciones se encuentran recogidas en los artículos 140 y 141 de la Directiva 2006/112/CE del Consejo, de 28 de noviembre de 2006.

a. Adquisiciones intracomunitarias de bienes cuya entrega hubiera estado exenta o no sujeta

De conformidad con el artículo 26.Uno de la LIVA, estarán exentas del impuesto las adquisiciones intracomunitarias de bienes cuya entrega en el territorio de aplicación del impuesto hubiera estado, en todo caso, no sujeta o exenta, en virtud de lo dispuesto en los artículos 7, 20, 22, 23 y 24 de la LIVA.

La exención comprende:

- Las operaciones no sujetas por aplicación del artículo 7 de la LIVA.
- Las operaciones interiores exentas.
- Las operaciones asimiladas a las exportaciones exentas.
- Las operaciones relativas a las situaciones de depósito temporal y otras situaciones exentas.
- Las operaciones relativas a regímenes aduaneros y fiscales exentas.

De esta manera, se produce una equiparación en el trato fiscal de las operaciones interiores y las intracomunitarias. Aunque la entrega en origen esté exenta, también estará exenta la adquisición intracomunitaria en destino, de forma que el adquirente recibe los bienes en las mismas condiciones económicas que si los comprara en el interior.

b. Entregas intracomunitarias procedentes de una importación exenta

De conformidad con el artículo 26.Dos de la LIVA, estarán exentas del impuesto las adquisiciones intracomunitarias de bienes cuya importación hubiera estado, en todo caso, exenta del impuesto, en virtud de lo dispuesto en los artículos 27 a 67 de la LIVA.

Las mismas razones que en el apartado anterior justifican estas exenciones. Tampoco puede haber discriminación entre las adquisiciones procedentes de terceros países y las procedentes de la Comunidad Europea.

c. Operaciones triangulares

De conformidad con el artículo 26.Tres de la LIVA, estarán exentas del impuesto las operaciones triangulares. Las operaciones triangulares son una modalidad de comercio intracomunitario en la que intervienen tres actores o más (vendedor o proveedor, intermediario y cliente adquirente). La principal característica de este tipo de operación es que la mercancía se transporta directamente de origen a destino, sin pasar por el país del intermediario. Estas operaciones, de gran importancia en el tráfico intracomunitario, tienen una regulación especial, que permite simplificar la aplicación del impuesto.

En este caso, la adquisición está exenta cuando concurran los siguientes requisitos:

- Que se realicen por un empresario o profesional que:
  - No esté establecido ni identificado a efectos del Impuesto sobre el Valor Añadido en el territorio de aplicación del impuesto.
  - Y que esté identificado a efectos del Impuesto sobre el Valor Añadido en otro Estado miembro de la Comunidad.
- Que se efectúen para la ejecución de una entrega subsiguiente de los bienes adquiridos, realizada en el interior del territorio de aplicación del impuesto por el propio adquirente.
- Que los bienes adquiridos se expidan o transporten directamente a partir de un Estado miembro distinto de aquel en el que se encuentre identificado a efectos del IVA el adquirente y con destino a la persona para la cual se efectúe la entrega subsiguiente.
- Que el destinatario de la posterior entrega sea un empresario o profesional o una persona jurídica que no actúe como tal, a quienes no les afecte la no sujeción establecida para las adquisiciones intracomunitarias de bienes en el artículo 14 de la LIVA y que tengan atribuido un número de identificación a efectos del IVA suministrado por la Administración española, esto es, un NIF-IVA.

d. Adquisiciones intracomunitarias realizadas por no establecidos

De conformidad con el artículo 26.Cuatro de la LIVA, estarán exentas del impuesto las adquisiciones intracomunitarias de bienes respecto de las cuales se atribuya al adquirente, en virtud de lo dispuesto en los artículos 119 o 119 bis de la LIVA, el derecho a la devolución total del impuesto que se hubiese devengado por las mismas, por el procedimiento especial de devolución a no establecidos.

Estos preceptos establecen un procedimiento especial de devolución para empresarios no establecidos en el TAI, pero establecidos en otros Estados miembros de la Unión Europea, Canarias, Ceuta y Melilla (artículo 119 de la LIVA) o en otros Estados (artículo 119 bis de la LIVA) .

En coherencia con la Directiva 2008/9/CE del Consejo, de 12 de febrero de 2008, y la Directiva 86/560/CEE del Consejo, de 17 de noviembre de 1986, se reconoce a los sujetos pasivos no establecidos en España, pero establecidos en otros Estados miembros o países terceros, el derecho al reembolso del impuesto soportado en dicho territorio cuando se cumplan determinados requisitos contenidos en los artículos 119 y 119 bis de la LIVA. Las adquisiciones intracomunitarias de bienes realizadas por dichos sujetos pasivos están exentas cuando, de la aplicación de las normas indicadas, hubiera resultado el derecho a la devolución total del impuesto exigible correspondiente a tales adquisiciones intracomunitarias de bienes, sin perjuicio del cumplimiento de las obligaciones formales que procedan. La exención evita el procedimiento de devolución del impuesto y los costes que supone.

Dichas obligaciones formales son:

- El no establecido debe presentar declaración censal.
- Solicitar y obtener NIF para realizar la adquisición intracomunitaria de bienes.
- Presentar la declaración recapitulativa de determinadas operaciones intracomunitarias (modelo 349).

CUESTIÓN

¿Están sujetas las adquisiciones intracomunitarias de bienes realizadas en el territorio español de aplicación del IVA por una empresa establecida en las Islas Canarias, si posteriormente los bienes se venden a un empresario establecido en el territorio español de aplicación del IVA?

La adquisición realizada en el territorio de aplicación del IVA por la empresa establecida en las Islas Canarias es una adquisición intracomunitaria de bienes que estará exenta si la empresa canaria tiene derecho a la devolución total del IVA de acuerdo con los reglas del artículo 119 de la LIVA, que exige, entre otros requisitos, que quien solicite la citada devolución no efectúe en el TAI entregas distintas de aquellas en las que se produce inversión del sujeto pasivo, es decir, entregas en las que el sujeto pasivo es el destinatario de la operación, circunstancia esta que concurre en el caso planteado en el que el sujeto pasivo de la entrega realizada por la empresa canaria es un empresario establecido en TAI.

RESOLUCIONES ADMINISTRATIVAS

Resolución del Tribunal Económico-Administrativo Central n.º 6098/2023, de 27 de septiembre de 2024

Asunto: devoluciones a no establecidos.

«Criterio:

El pago de las facturas que documentan las operaciones por las que se soportan las cuotas cuya devolución se solicita no es un requisito expresamente establecido por el artículo 119 de la Ley del Impuesto, en relación con los requisitos contenidos en el Capítulo I del Título VIII de la misma ley para la deducibilidad de las cuotas soportadas.

La falta de justificación del pago de las facturas no es, por sí sola, suficiente para denegar la devolución de las cuotas soportadas por no acreditarse la realidad de las operaciones, sino que es preciso realizar un esfuerzo adicional en la comprobación que permita razonablemente concluir que las operaciones no se han realizado, de forma que las facturas incurren en falsedad, dado que documentarían operaciones inexistentes.

Criterio reiterado en la resolución de 27 de septiembre de 2024, RG 00-06872-2022».

Resolución del Tribunal Económico Administrativo Central n.º 4721/2022, de 14 de diciembre de 2023

Asunto: criterio para la aplicación del apartado séptimo del art. 119 de la LIVA, que fue modificado en 2021. Solicitud de información adicional.

«Criterio:

En los procedimientos de devolución a no establecidos que se inicien con posterioridad al 1 de julio de 2021 resulta de aplicación la redacción dada al artículo 119.Siete de la Ley del IVA por el Real Decreto-Ley 7/2021, de 27 de abril.

Conforme a la nueva redacción del artículo 119.Siete, en aquellos casos en los que, una vez presentada la solicitud de devolución conforme a lo previsto legalmente, la Administración necesite requerir mayor información para poder adoptar una resolución sobre la misma, se podrá llevar a cabo la comprobación en el seno del propio procedimiento de devolución a no establecidos.

Se reitera el criterio del RG: 00-01039-2023, de 22-11-2023».

Consulta vinculante de la Dirección General de Tributos (V1468-09), de 19 de junio de 2009

Asunto: sociedad canaria y sin establecimiento permanente en la península ni en ningún otro Estado miembro de la Unión adquiere mercancías a un proveedor alemán, el cual le repercute IVA; procedencia de solicitud de inclusión en el Registro de Operadores Intracomunitarios.

«El análisis de esta cuestión debe realizarse desde el contexto del artículo 214 de la Directiva 2006/112/CE del Consejo, de 28 de noviembre de 2006, relativa al sistema común del Impuesto sobre el Valor Añadido (DO L 347 de 11.12.2006), que regula la materia relativa a la identificación de las personas o entidades que apliquen dicho Impuesto y, en particular la atribución por la Administración de cada Estado miembro de un número de identificación individual por el referido tributo, entre otras finalidades, para acreditar su condición de empresario o profesional con derecho a la deducción del Impuesto sobre el Valor Añadido en relación con la realización de adquisiciones intracomunitarias de bienes y la aplicación de la correspondiente exención en las correspondientes entregas intracomunitarias (art. 138 Directiva 2006/112/CE).

(...)

Por lo tanto, la consultante que es sujeto pasivo en la adquisición intracomunitaria en las operaciones de compra de mercancías en régimen general a las que nos estamos refiriendo deberá, de manera particular, disponer de un número de identificación fiscal que será el que utilizará con su proveedor alemán a efectos de la exención de la entrega en Alemania, y deberá presentar la declaración recapitulativa de operaciones intracomunitarias, modelo 349.

(...)

La consultante canaria no establecida en el territorio de aplicación del Impuesto comunitario, tendría derecho a la devolución del Impuesto si durante el período al que se refiera la solicitud no realiza en el citado territorio operaciones distintas a las que se establecen en el punto 2º, del artículo 119 citado.

En el caso objeto de consulta la consultante no establecida realiza entregas en régimen general del Impuesto, de las que serían sujetos pasivos, sus clientes establecidos en el territorio de aplicación del Impuesto, por lo que si no hay otras operaciones no contempladas en el escrito remitido, la consultante realizaría operaciones intracomunitarias exentas conforme al artículo 26, cuatro. Lo que no impide que dichas operaciones intracomunitarias, aunque exentas, deban declararse por la consultante en el modelo 349, como anteriormente se expuso».

2.1.5. Entregas de bienes facilitadas a través de una interfaz digital

La exención prevista en el nuevo artículo 20 bis de la LIVA

A TENER EN CUENTA. El Real Decreto-ley 7/2021, de 27 de abril, crea el artículo 20 bis de la LIVA. Dicho artículo entró en vigor el 1 de julio de 2021.

Estarán exentas del IVA, en el supuesto previsto en el artículo 8 bis.b) de la LIVA, las entregas de bienes efectuadas a favor del empresario o profesional que facilite la entrega a través de la interfaz digital, cuando dichas entregas se entiendan realizadas en el TAI.

2.2. Lugar de realización de las adquisiciones intracomunitarias de bienes

¿En qué lugar se entenderán realizadas las adquisiciones intracomunitarias de bienes a efectos del IVA?

De conformidad con el artículo 71 de la LIVA, se entenderán realizadas en el territorio de aplicación del impuesto:

- **Regla general**: las adquisiciones intracomunitarias de bienes se consideran realizadas en el territorio de aplicación del impuesto cuando se encuentre en este territorio el lugar de la llegada de la expedición o transporte con destino al adquirente.
- **Regla particular**: también se consideran realizadas en el territorio de aplicación del impuesto las adquisiciones intracomunitarias a que se refiere el artículo 13.1.º de la LIVA cuando el adquirente haya comunicado al vendedor el número de identificación a efectos del IVA (NIF-IVA) atribuido por la Administración española, en la medida en que no hayan sido gravadas en el Estado miembro de llegada de la expedición o del transporte cuando este es distinto.

El transporte de bienes en las operaciones intracomunitarias

Respecto del lugar de realización de los transportes intracomunitarios de bienes cuyo destinatario no sea un empresario o profesional actuando como tal, el artículo 72 de la LIVA señala que se considerarán realizados en el TAI cuando se inicien en el mismo.

A los efectos de lo dispuesto en la LIVA, se entenderá por:

- Transporte intracomunitario de bienes: el transporte de bienes cuyos lugares de inicio y de llegada estén situados en los territorios de dos Estados miembros diferentes.
- Lugar de inicio: el lugar donde comience efectivamente el transporte de los bienes, sin tener en cuenta los trayectos efectuados para llegar al lugar en que se encuentren los bienes.
- Lugar de llegada: el lugar donde se termine efectivamente el transporte de los bienes.

El lugar de inicio es el único criterio a considerar para localizar estos servicios, siempre que se presten a consumidores finales. Si el servicio se presta a empresarios se aplica la regla general de los servicios, esto es, el lugar donde radique la sede o establecimiento permanente del destinatario para el que se preste el servicio.

|| Medios de prueba

Con efectos del 1 de enero de 2021, el Reglamento de Ejecución (UE) 2018/1912 del Consejo, de 4 de diciembre de 2018, introdujo el artículo 45 bis en el Reglamento de Ejecución (UE) n.º 282/2011 del Consejo, de 15 de marzo de 2011.

De conformidad con el citado artículo 45 bis, serán medios de prueba de la expedición o del transporte:

- Los documentos relacionados con la expedición o el transporte de los bienes, tales como una carta o documento CMR (documento jurídico que constituye el contrato de transporte por carretera que existe entre el exportador y el transportista en base al Convenio CMR de Ginebra de 19 de mayo de 1956) firmados, un conocimiento de embarque, una factura de flete aéreo o una factura del transportista de los bienes.
- Los documentos siguientes:
  - Póliza de seguros relativa a la expedición o al transporte de los bienes, o documentos bancarios que prueben el pago de la expedición o del transporte de los bienes.
  - Documentos oficiales expedidos por una autoridad pública, como un notario, que acrediten la llegada de los bienes al Estado miembro de destino.
  - Recibo extendido por un depositario en el Estado miembro de destino que confirme el almacenamiento de los bienes en ese Estado miembro.

A los efectos de la aplicación de las exenciones establecidas en el artículo 138 de la Directiva 2006/112/CE del Consejo, de 28 de noviembre de 2006, **se presume que los bienes han sido expedidos o transportados a partir de un Estado miembro a un destino situado fuera de su territorio, pero dentro de la Comunidad, en cualquiera de los casos siguientes**:

- Cuando el vendedor indica que los bienes han sido expedidos o transportados por él o por un tercero en su nombre.
- Cuando el vendedor está en posesión de una declaración escrita del adquirente que certifique que los bienes han sido expedidos o transportados por él o por un tercero en su nombre, y en la que se mencione el Estado miembro de destino de las mercancías. Esta declaración debe contener:
  - Fecha de emisión.
  - Nombre y la dirección del adquiriente.
  - Cantidad y naturaleza de los bienes.

- Fecha y lugar de entrega de los bienes.
- Número de identificación de los medios de transporte (en caso de entrega de medios de transporte).
- Identificación de la persona que acepte los bienes en nombre del adquiriente.

El adquiriente presentará al vendedor esta declaración escrita en el plazo máximo del décimo día del mes siguiente a la entrega.

En ambos casos, el vendedor debe estar en posesión de:

- Al menos dos de los documentos relacionados con la expedición o el transporte de los bienes extendidos por dos partes distintas que sean independientes entre sí, del vendedor y del adquiriente.
- O bien de uno de dichos documentos relacionados con la expedición o el transporte de los bienes junto con uno de los otros documentos probatorios señalados de confirmación de la expedición o del transporte que hayan sido extendidos por dos partes distintas que sean independientes entre sí, del vendedor y del adquiriente.

Las autoridades tributarias podrán refutar esta presunción.

CUESTIÓN

Un español traslada sus muebles de París a Oviedo, contratando el transporte con una empresa de mudanzas francesa.

Se trata de un transporte intracomunitario que se entiende realizado en Francia, pues es donde se inicia (de conformidad con el artículo 72.Uno de la LIVA) . Se grava, por tanto, con el IVA francés.

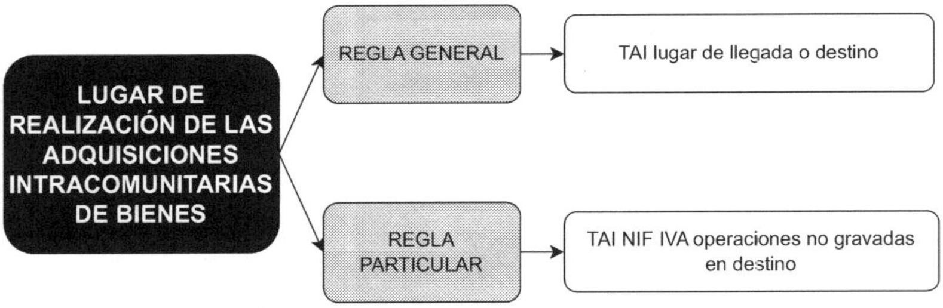

2.3. Devengo, base imponible y sujeto pasivo del IVA en las adquisiciones intracomunitarias de bienes

¿Cuándo se devenga el IVA en las adquisiciones intracomunitarias de bienes?

El artículo 76 de la LIVA regula el devengo en las adquisiciones intracomunitarias de bienes, remitiendo al devengo de las entregas intracomunitarias de bienes en origen que da lugar a las adquisiciones intracomunitarias de bienes en destino.

En las adquisiciones intracomunitarias de bienes, el impuesto se devengará en el **momento en que se consideren efectuadas las entregas de bienes similares, de conformidad con lo dispuesto en el artículo 75 de la LIVA.**

Con carácter general, el devengo de las entregas intracomunitarias de bienes, de conformidad con el artículo 75.Uno.8.° de la LIVA, se producirá el **día 15 del mes siguiente a aquel**:

- En el que se inicie la expedición o el transporte de los bienes con destino al adquirente.
- En el que los bienes se pongan a disposición del adquirente en el marco de las entregas de bienes de acuerdos de venta de bienes en consigna.
- En el momento en que se produzca el incumplimiento de las condiciones a que se refiere el apartado Tres del artículo 9 bis de la LIVA.
- Al día siguiente de la expiración del plazo de 12 meses a que se refiere el apartado Cuatro del artículo 9 bis de la LIVA.

No obstante, en los dos primeros casos, si con anterioridad a ese momento se expidiera factura, el devengo del impuesto se produce en la fecha de expedición de la misma.

> **A TENER EN CUENTA.** A partir del 1 de julio de 2021, como consecuencia de la transposición normativa de las Directrices de la UE realizada por el Real Decreto-ley 7/2021, de 27 de abril, el devengo de las entregas intracomunitarias de bienes facilitadas a través de una interfaz digital se producirá con la aceptación del pago del cliente.

El artículo 75.Uno.7.° de la LIVA establece otra regla especial de devengo: en los suministros que constituyan entregas intracomunitarias de bienes u operaciones asimiladas, cuando no se haya pactado precio o cuando, habiéndose pactado, no se haya determinado el momento de su exigibilidad, o la misma se haya establecido con una periodicidad superior al mes natural, el devengo del impuesto se producirá el último día de cada mes por la parte proporcional correspondiente al período transcurrido desde el inicio de la operación, o desde el anterior devengo, hasta la citada fecha.

No obstante lo dispuesto en este apartado, en las adquisiciones intracomunitarias de bienes no será de aplicación el apartado Dos del artículo 75 de la LIVA, relativo al devengo de las operaciones que originen pagos anticipados anteriores a la realización de dichas adquisiciones. Esto es, **no se produce el devengo cuando se produzcan pagos anticipados anteriores a las adquisiciones.** Sobre esto se ha pronunciado la Dirección General de Tributos en diversas ocasiones, entre otras, en las consultas vinculantes (V0153-23), de 6 de febrero de 2023, o (V1898-20), de 11 de junio de 2020.

CUESTIÓN

Un empresario español adquiere a otro alemán el 12 de diciembre unas mercancías, abonando en dicho momento un 20 % del precio pactado. El envío de la mercancía se produce el 14 de enero, expidiéndose la factura, pero por diversas causas las mercancías no llegan al empresario hasta el 2 de febrero. ¿En qué momento se produce el devengo del impuesto?

El 14 de enero, dado que es el momento en que se expide la factura y todavía no han transcurrido los plazos correspondientes desde que se inició la expedición de las mercancías.

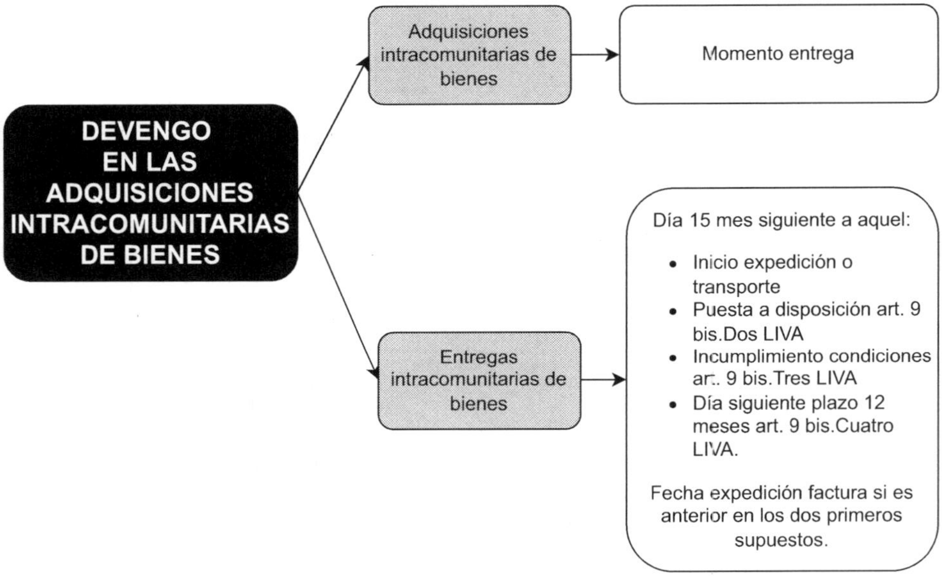

¿Cómo se determina la base imponible del IVA en las adquisiciones intracomunitarias de bienes?

La base imponible de las adquisiciones intracomunitarias de bienes **se determinará según lo dispuesto para las entregas de bienes y prestaciones de servicios,** tal y como dispone el artículo 82 de la LIVA.

Esta remisión supone que, con carácter general, la **base imponible** se identifique con la **contraprestación**, incluyendo además como parte de la misma todos aquellos gastos conexos que suponen retribución de la entrega realizada, tal y como se detalla en el artículo 78 de la LIVA. Así, la base imponible del impuesto estará constituida por el importe total de la contraprestación de las operaciones sujetas al mismo procedente del destinatario o de terceras personas. **Se incluyen en la contraprestación:**

- Los gastos de comisiones, portes y transporte, seguros, primas por prestaciones anticipadas y cualquier otro crédito efectivo a favor de quien realice la entrega o preste el servicio, derivado de la prestación principal o de las accesorias a la misma.

- Las subvenciones vinculadas directamente al precio de las operaciones sujetas al impuesto.
- Los tributos y gravámenes de cualquier clase que recaigan sobre las mismas operaciones gravadas, excepto el propio Impuesto sobre el Valor Añadido.
- Las percepciones retenidas con arreglo a derecho por el obligado a efectuar la prestación en los casos de resolución de las operaciones sujetas al impuesto.
- El importe de los envases y embalajes, incluso los susceptibles de devolución, cargado a los destinatarios de la operación, cualquiera que sea el concepto por el que dicho importe se perciba.
- El importe de las deudas asumidas por el destinatario de las operaciones sujetas como contraprestación total o parcial de las mismas.

No obstante, se establecen **tres reglas particulares:**

- Operaciones asimiladas a las adquisiciones intracomunitarias en caso de afectación a las actividades de un empresario o profesional del artículo 16.2.º de la LIVA: se determinará conforme a las reglas previstas para el autoconsumo de bienes.
- Cuando se obtenga la devolución de los impuestos especiales en el Estado miembro de origen de la expedición o transporte: se procede a la regularización de la situación tributaria sin que suponga modificación de los importes que figuren en la declaración recapitulativa de operaciones intracomunitarias.
- Se considerarán realizadas en el TAI las adquisiciones intracomunitarias de bienes, efectuadas a título oneroso por empresarios, profesionales o personas jurídicas que no actúen como tales si el transmitente es un empresario o profesional, cuando el adquirente haya comunicado al vendedor el NIF-IVA atribuido por la Administración española, en la medida en que no hayan sido gravadas en el Estado miembro de llegada de la expedición o del transporte. En tales casos, la base imponible será la correspondiente a las adquisiciones intracomunitarias que no se hayan gravado en el Estado miembro de llegada de la expedición o del transporte de los bienes.

Se establece una precisión especial para las operaciones asimiladas por afectación de los bienes a las actividades en Estado miembro distinto del de su adquisición, remitiéndose al artículo 79.Tres de la LIVA, el cual contiene la regla especial de los autoconsumos.

Según el citado precepto, serán de aplicación las siguientes reglas para la determinación de la base imponible:

- Si los bienes fuesen entregados en el mismo estado en que fueron adquiridos sin haber sido sometidos a proceso alguno de fabricación, elaboración o transformación por el propio sujeto pasivo, o por su cuenta, la base imponible será la que se hubiese fijado en la operación por la que se adquirieron dichos bienes. Tratándose de bienes importados, la base imponible será la que hubiera prevalecido para la liquidación del impuesto a la importación de los mismos.

- Si los bienes entregados se hubiesen sometido a procesos de elaboración o transformación por el transmitente o por su cuenta, la base imponible será el coste de los bienes o servicios utilizados por el sujeto pasivo para la obtención de dichos bienes, incluidos los gastos de personal efectuados con la misma finalidad.
- No obstante, si el valor de los bienes entregados hubiese experimentado alteraciones como consecuencia de su utilización, deterioro, obsolescencia, envilecimiento, revalorización o cualquier otra causa, se considerará como base imponible el valor de los bienes en el momento en que se efectúe la entrega.

RESOLUCIÓN ADMINISTRATIVA

Consulta vinculante de la Dirección General de Tributos (V1534-23), de 5 de junio de 2023

Asunto: inclusión del impuesto especial sobre los envases de plástico no reutilizables en la base imponible del IVA.

«(...) la base imponible de una operación está constituida por el importe total de la contraprestación, es decir, en general, el precio pagado por el bien o servicio recibido, incluyendo según el número 4º, los tributos o gravámenes que recaigan sobre dichas operaciones.

No obstante dicha disposición, la sujeción al Impuesto debe interpretarse de forma conjunta con lo señalado en el artículo 78.Uno de la Ley 37/1992, de tal forma que sólo se extiende a aquellos tributos que tengan relación con la entrega del bien o la prestación del servicio que necesariamente deban quedar integrados como parte de la contraprestación de la operación.

A estos efectos, tal y como el Tribunal de Justicia de la Unión Europea ha señalado reiteradamente, se puede concluir que solo se incluye como contraprestación aquello que se encuentre en directa relación con la entrega del bien o el servicio prestado (Sentencias de 23 de noviembre de 1988, Naturally Yours Cosmetics (230/87, apartado 11 y de 2 de junio de 1994, Empire Stores (C-33/93), apartado 12, entre otras).

Por tanto, para incluir un tributo en el valor del bien o servicio prestado la cuestión decisiva es que el tributo de que se trate en cada caso recaiga sobre la misma operación a cuya realización se vincula el devengo del Impuesto. En caso contrario, se podría concluir la no inclusión del tributo en la base imponible.

En este sentido, el Tribunal de Justicia de la Unión Europea analizó la teoría del vínculo directo entre un tributo y la operación gravada en su sentencia de 1 de junio de 2006, asunto Danske Bilomportorer, C-98/05. En particular se analizó la posible inclusión del impuesto de matriculación en la base imponible del Impuesto sobre el Valor Añadido en aquellos supuestos en los que el distribuidor del vehículo abonaba el impuesto de matriculación por cuenta del comprador y, posteriormente, se lo trasladaba.

(...)

De acuerdo con dicha jurisprudencia se puede concluir que la inclusión de un tributo en la base imponible requiere de la existencia de un vínculo directo entre el tributo en cuestión y la entrega del bien o servicio a cuya realización se vincula el devengo del tributo.

Esta doctrina ha sido recogida por este Centro directivo en diversas contestaciones entre las que se pueden señalar la contestación vinculante de 2 de marzo de 2017, número V0551-17, o la contestación vinculante de 24 de enero de 2017, número V0158-17.

(...)

Por lo tanto, en relación con el objeto de consulta y respecto de la inclusión del Impuesto especial sobre los envases de plástico no reutilizables en la base imponible del Impuesto sobre el Valor añadido que grave las adquisiciones intracomunitarias de bienes realizadas por la entidad consultante, cabría concluir que dicho impuesto especial sí debe formar parte de dicha base imponible».

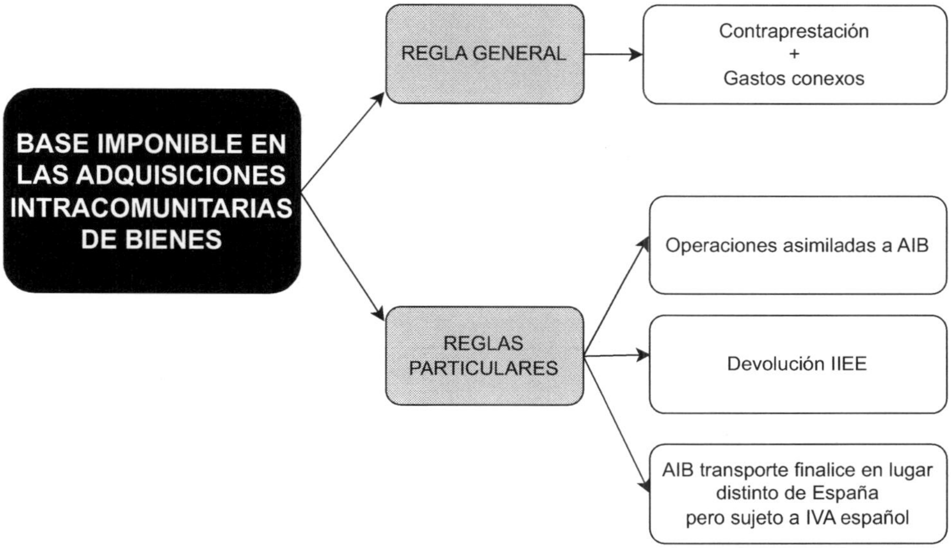

¿Quién será el sujeto pasivo en las adquisiciones intracomunitarias de bienes?

Tal y como regula el artículo 85 de la LIVA, en las adquisiciones intracomunitarias de bienes los sujetos pasivos del impuesto serán quienes las realicen, es decir, los adquirentes de los bienes o servicios, de conformidad con lo previsto en el artículo 71 de la LIVA. Esto es, el destinatario de los bienes con lugar de llegada de los bienes en España, o el adquirente que haya comunicado al vendedor su NIF-IVA español, salvo que se acredite que la adquisición se ha gravado en el otro Estado miembro de llegada real de los bienes.

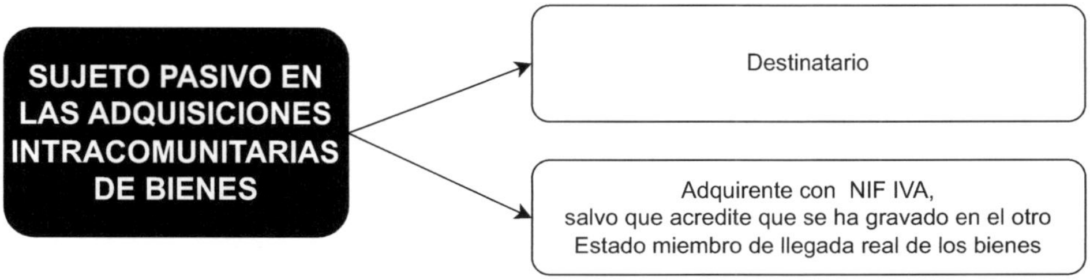

2.4. Las operaciones triangulares en el comercio intracomunitario

¿Qué se entiende por operación triangular?

Una operación triangular es una modalidad de comercio intracomunitario en la que se produce una serie de entregas de mercancías mientras que hay un único transporte de las mismas.

En este tipo de operaciones **intervienen un vendedor o proveedor, uno o varios intermediarios, así como un comprador o adquirente**:

- El vendedor o proveedor vende mercancías a un intermediario, establecido en otro Estado, y las expide al adquirente.
- El intermediario compra las mercancías sin recibirlas físicamente y las vende al adquirente de las mismas.
- El adquirente compra las mercancías al intermediario, que son expedidas por el vendedor.

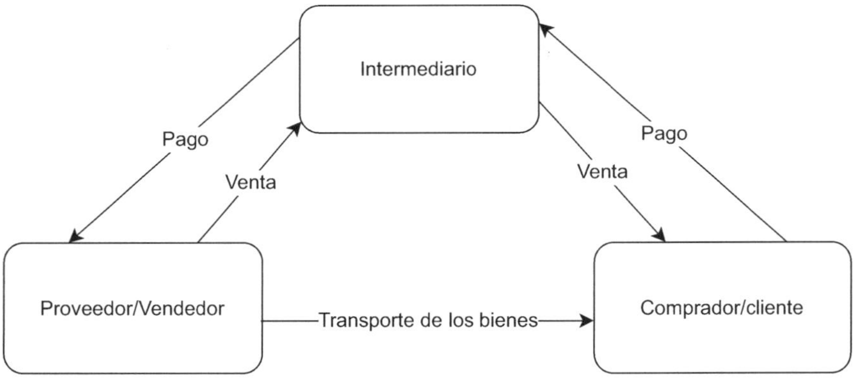

La operación triangular se define desde la perspectiva de la empresa intermediaria, ya que para los otros intervinientes se trata de una venta y de una compra, respectivamente, sin ninguna implicación más. **La empresa intermediaria debe actuar en nombre propio, pues si actuara por cuenta del fabricante se trataría de una simple operación de comisión.**

En la práctica, en las operaciones triangulares podemos observar:

- **Operaciones triangulares intracomunitarias**: cuando las tres empresas intervinientes en la operación triangular pertenecen a Estados miembros de la Unión Europea (UE).
- **Operaciones triangulares extracomunitarias mixtas**: cuando el fabricante o el comprador final pertenecen a un país tercero fuera de la UE mientras que las otras dos son comunitarias.

- **Operaciones triangulares extracomunitarias puras**: cuando tanto el fabricante como el comprador final se encuentran ubicados fuera de la Comunidad.

A partir de esta distinción procedemos a analizar la operativa fiscal de cada una de estas operaciones desde la perspectiva del intermediario, suponiendo que este se encuentra ubicado en España.

|| Operaciones triangulares intracomunitarias

Como ya señalamos, de conformidad con el artículo 26.Tres de la LIVA, estarán exentas del IVA las adquisiciones intracomunitarias cuando se den los siguientes requisitos:

- Que se realicen por un empresario o profesional que no esté establecido ni identificado a efectos del IVA en el TAI y esté identificado a efectos del IVA en otro Estado miembro.
- Que se efectúen para la ejecución de una entrega subsiguiente de los bienes adquiridos, realizada en el interior del TAI por el propio adquirente.
- Que los bienes adquiridos se expidan o transporten directamente a partir de un Estado miembro distinto de aquel en el que se encuentre identificado a efectos del IVA el adquirente y con destino a la persona para la cual se efectúe la entrega subsiguiente.
- Que el destinatario de la posterior entrega sea un empresario o profesional o una persona jurídica que no actúe como tal, a quienes no les afecte la no sujeción establecida para las adquisiciones intracomunitarias de bienes y que tengan atribuido un NIF-IVA.

La finalidad de esta exención es simplificar y agilizar el tráfico intracomunitario, evitando que el intermediario tenga que cumplir en el Estado miembro de llegada de la mercancía con una serie de obligaciones formales que complicarían su operatividad y evitar costes financieros.

CUESTIÓN

Empresario V (vendedor), establecido en Alemania, vende una mercancía a I (intermediario), establecido en Francia, y este a A (adquirente), establecido en España, realizándose el transporte directamente desde Alemania por parte de V a España. ¿Cómo tributará la operación?

El devengo del IVA se produce conforme a las normas de desplazamiento, que fijan la tributación en el lugar donde efectivamente se produce la adquisición. En este caso, la adquisición se produce en España, donde A recibe los bienes, por tanto, el que realiza inversión de sujeto pasivo y se autorrepercute el IVA, es el comprador.

La compra de I a V es una operación exenta, ya que el empresario V no puede repercutir el impuesto porque la mercancía no llega a su cliente, el empresario I, sino al cliente de este. Igualmente, será una operación exenta la entrega de la mercancía de V a A.

I emitirá una factura sin IVA por la venta del bien y recibirá, a su vez, una factura también sin IVA por la compra a V.

Operaciones triangulares extracomunitarias mixtas

Este tipo de operaciones se dan cuando el proveedor o el adquirente final pertenecen a un país de fuera de la Unión Europea, mientras que los otros intervinientes sí están establecidos en Estados miembros.

Si el **proveedor está establecido en un país tercero e intermediario y comprador final en un Estado miembro de la UE:**

- La compra por el intermediario se considerará una importación en el Estado miembro de destino de la mercancía, por lo que no está sujeta al IVA.
- La venta del intermediario al adquirente originará un hecho imponible gravado por el Estado miembro en el que se efectúa la entrega, al localizarse allí la operación. No se considera una entrega intracomunitaria al no existir transporte entre dos países comunitarios.

Si el **proveedor e intermediario están establecidos en un Estado miembro de la UE y el comprador final en un país tercero**:

- La compra del intermediario al proveedor estará exenta de IVA por no realizarse el transporte de la mercancía a un Estado miembro y estar destinada a la exportación.
- La venta del intermediario al adquirente es una exportación y, por tanto, exenta de IVA.

RESOLUCIÓN ADMINISTRATIVA

Consulta vinculante de la Dirección General de Tributos (V1749-21), de 4 de junio de 2021

Asunto: inaplicación de la normativa relativa a las operaciones triangulares cuando el proveedor es un tercer Estado.

«(...) las operaciones triangulares consisten en una entrega de bienes efectuadas por un proveedor a un intermediario (en el caso de consulta, la consultante), identificados ambos en dos Estados Miembros distintos, con transporte de los bienes a un tercer Estado Miembro, en el cual el intermediario realiza una adquisición intracomunitaria de bienes seguida de una entrega al cliente final y no encontrándose el intermediario identificado en dicho Estado Miembro.

Por lo tanto, para que exista operación triangular deben intervenir tres sujetos distintos (el proveedor, el adquirente y un intermediario) produciéndose una serie de entregas sucesivas entre los distintos operadores, pero existiendo un único transporte de los bienes que es el que realiza el proveedor al adquirente final desde un Estado miembro a otro.

Lo anterior implica que en la medida que Reino Unido pasa a tener la consideración de tercer Estado a efectos del Impuesto sobre el Valor Añadido, no será de aplicación las disposiciones normativas relativas a la realización de operaciones triangulares ni tampoco la simplificación en materia de registro a efectos del Impuesto sobre el Valor Añadido y cumplimiento de obligaciones formales asociadas a su realización».

Operaciones triangulares extracomunitarias puras

Estas operaciones se producen cuando el intermediario está establecido en un Estado miembro de la UE, pero el proveedor y el adquirente están establecidos en un tercer país no miembro de la UE.

La compra del intermediario al proveedor no se considerará importación al no haber transporte a España y no estará sujeta al IVA por estar localizada en un país tercero.

La venta del intermediario al adquirente no estará sujeta al IVA por no estar localizada en el TAI.

RESOLUCIÓN RELEVANTE

Sentencia del Tribunal de Justicia de la Unión Europea n.º C-247/21, de 8 de diciembre de 2022, ECLI:EU:C:2022:966

Asunto: la no inclusión de la mención «inversión del sujeto pasivo» en la factura emitida por el intermediario supone el incumplimiento de los requisitos establecidos en la Directiva del IVA.

«(...) en el marco específico del régimen de excepción aplicable a las operaciones triangulares, el adquirente intermedio de una operación triangular no puede sustituir la mención "inversión del sujeto pasivo" por otra indicación, dado que el artículo 226, punto 11 bis, de la Directiva del IVA exige expresamente dicha mención.

(...)

*56 Habida cuenta de las consideraciones anteriores, procede responder a la primera cuestión prejudicial que el artículo 42, letra a), de la Directiva del IVA, en relación con el artículo 197, apartado 1, letra c), de la Directiva, debe interpretarse en el sentido de que, **en el marco de una operación triangular, el adquirente final no ha sido válidamente designado como deudor del IVA en caso de que la factura emitida por el adquirente intermedio no contenga la mención "inversión del sujeto pasivo"**, prevista en el artículo 226, punto 11 bis, de la Directiva.*

Segunda cuestión prejudicial

57 Mediante su segunda cuestión prejudicial, el órgano jurisdiccional remitente pregunta, en esencia, si el artículo 226, punto 11 bis, de la Directiva del IVA debe interpretarse en el sentido de que la omisión, en una factura, de la mención "inversión del sujeto pasivo" exigida por esa disposición puede rectificarse posteriormente añadiendo la indicación de que la factura se refiere a una operación triangular intracomunitaria y de que la deuda fiscal se traslada al destinatario de la entrega.

(...)

61 Por consiguiente, no cabe rectificar la factura cuando falta un requisito para la aplicación del régimen de excepción relativo a las operaciones triangulares, como la mención exigida en el artículo 226, punto 11 bis, de la Directiva del IVA. Como señala la Abogada General en los puntos 57 y 61 de sus conclusiones, el cumplimiento a posteriori de un requisito de aplicación necesario para el traslado de la deuda del IVA al destinatario de una entrega no constituye una rectificación. Se trata de la primera expedición de la factura requerida, que no puede tener efectos retroactivos.

*62 Habida cuenta de las anteriores consideraciones, procede responder a la segunda cuestión prejudicial que el artículo 226, punto 11 bis, de la Directiva del IVA debe interpretarse en el sentido de que la **omisión, en una factura, de la mención "inversión del sujeto pasivo" exigida por esa disposición no puede rectificarse posteriormente añadiendo la indicación de que la factura se refiere a una operación triangular intracomunitaria y de que la deuda fiscal se traslada al destinatario** de la entrega».*

2.5. La venta de bienes en consigna

Nueva regulación sobre la venta de bienes en consigna a efectos del IVA

Hasta el 29 de febrero de 2020, cuando una empresa española vendía los bienes (previamente transferidos a su almacén en otro Estado miembro) a un cliente comunitario en dicho Estado miembro, la entrega era una operación interior en dicho país, puesto que la transferencia previa ya tenía la calificación de entrega intracomunitaria.

El Real Decreto-ley 3/2020, de 4 de febrero, modificó con efectos de 1 de marzo de 2020 la LIVA, incorporando a nuestro ordenamiento interno las reglas armonizadas de tributación en el IVA de los denominados acuerdos de venta de bienes en consigna.

De conformidad con el artículo 9 bis.Uno de la LIVA, **se entenderá por acuerdo de ventas de bienes en consigna** aquel en el que se cumplan los siguientes requisitos:

- Expedición o transporte de los bienes a otro Estado miembro, por el vendedor o por un tercero en su nombre y por su cuenta, con el fin de que esos bienes sean adquiridos en un momento posterior a su llegada por otro empresario o profesional habilitado, conforme al acuerdo previo entre las partes (a diferencia de una entrega intracomunitaria de bienes normal o típica, en este caso la expedición o transporte solo puede ser por cuenta del proveedor).
- El vendedor no debe tener la sede de su actividad económica o un establecimiento permanente en el Estado miembro de llegada de los bienes, en cuyo caso podríamos estar, como regla general, ante una transferencia del artículo 9.3 de la LIVA.
- El empresario o profesional adquirente debe estar identificado a efectos del IVA en el Estado miembro de llegada de los bienes, y ese número de identificación fiscal, así como su nombre y apellidos, razón o denominación social completa, han de ser conocidos por el vendedor en el momento del inicio de la expedición o transporte; estableciéndose así la obligación por parte del futuro adquirente de los bienes de suministrar esta información al proveedor, con lo que se pretende dar seguridad jurídica al régimen tributario de este tipo de operaciones. En cuanto a la condición del destinatario, este debe ser empresario o profesional y, dado que nos encontramos ante operaciones intracomunitarias, surge la duda de si se incluyen también las personas jurídicas que no actúen como empresarios, dado que estas pueden realizar adquisiciones intracomunitarias de bienes.
- El vendedor debe incluir el envío de los bienes en el libro registro de determinadas operaciones intracomunitarias y en la declaración recapitulativa de operaciones intracomunitarias, estando así ante obligaciones de carácter formal.

Por tanto, **desde el 1 de marzo de 2020, las operaciones descritas tienen el siguiente tratamiento según el artículo 9 bis introducido en la LIVA (acuerdo de ventas de bienes en consigna):**

- Expedición de los bienes al otro Estado miembro: en esta fase, la empresa española no tendrá que realizar declaración alguna. Tampoco tiene que emitir factura por la transferencia.
- Adquisición de los bienes por un cliente del otro Estado miembro: en este momento, la empresa española debe emitir una factura de entrega intracomunitaria de bienes e informar la operación como tal en el modelo 349. Simultáneamente, el cliente comunitario declarará en su Estado miembro una adquisición intracomunitaria a la empresa española.

Sin embargo, para que se aplique este mecanismo (que simplifica las obligaciones formales relativas a las transferencias de bienes) deberán concurrir los siguientes requisitos (en caso contrario, se aplicará la regulación sobre transferencias de bienes recogida en el artículo 9.3.° de la LIVA):

- Debe existir un acuerdo previo de ventas de bienes en consigna entre el vendedor español y su cliente comunitario (este requisito lógicamente se incumple si la empresa española transfiere bienes a su almacén en otro Estado miembro, sin conocer el adquirente último de los mismos).
- La entrega debe tener lugar dentro de los 12 meses siguientes al envío (transferencia) de los bienes.
- El vendedor que transfiere los bienes al otro Estado miembro no debe disponer de sede o establecimiento permanente en dicho Estado miembro (este requisito se cumplirá si la empresa española solo dispone de un almacén en el otro Estado miembro destino, realizando la venta desde la sede española).
- El comprador (cliente comunitario) debe disponer de un NIF-IVA del otro Estado miembro.
- El vendedor debe incluir la venta en su libro registro de operaciones intracomunitarias (con los requisitos del artículo 66 del RIVA) y debe declarar la operación de venta de bienes en consigna en el modelo 349 como entrega intracomunitaria.

Por tanto, **desde marzo de 2020 existe una obligación formal adicional: el registro de las ventas de bienes en consigna del artículo 9 bis de la LIVA.**

|| Plazo para efectuar la entrega y tributación

Cuando el adquirente o su sustituto adquieran los bienes en el plazo de los 12 meses siguientes a la llegada de los bienes al territorio del Estado miembro de destino en el marco del acuerdo de ventas de bienes en consigna, se entenderá que se produce:

- Una entrega intracomunitaria de bienes exenta en el TAI (artículo 25 de la LIVA) .

- Una adquisición intracomunitaria de bienes en el Estado miembro de llegada (cuyo sujeto pasivo será el adquirente, quien deberá declarar este hecho imponible).

Supuestos en los que se produce una transferencia de bienes del artículo 9.3.° de la LIVA y, por tanto, no opera la tributación como venta en consigna

Se incluyen dos supuestos, consecuencia del incumplimiento de las condiciones anteriores:

- Cuando dentro del plazo de 12 meses se incumplan las condiciones fijadas en el artículo 9 bis.Uno de la LIVA y, en particular:
  - Cuando los bienes no hayan sido adquiridos por el empresario al que iban destinados.
  - Cuando fueran expedidos o transportados a un destino distinto del Estado miembro al que inicialmente iban destinados según el acuerdo de bienes en consigna.
  - En caso de destrucción, pérdida o robo de los bienes.
- Al día siguiente de la expiración del plazo de 12 meses desde la llegada de los bienes al Estado miembro de destino sin que el empresario que iba a adquirirlos o su sustituto hayan adquirido el poder de disposición sobre los bienes.

RESOLUCIÓN ADMINISTRATIVA

Consulta vinculante de la Dirección General de Tributos (V1578-21), de 26 de mayo de 2021

Asunto: no se produce una transferencia de bienes (art. 9.3 LIVA) cuando se produzcan "pequeñas pérdidas" en relación con la venta de bienes en consigna.

«En relación con estos supuestos de pérdida, destrucción o robo, las "Notas Explicativas sobre los cambios introducidos en materia de IVA en la UE con respecto a los acuerdos sobre existencias de reserva, las operaciones en cadena y la exención aplicable a las entregas intracomunitarias de bienes («Soluciones rápidas 2020»)", publicadas en 2019, señalan lo siguiente:

"Existencias de reserva: Cómo hacer frente a las pequeñas pérdidas.

El Comité del IVA acuerda casi por unanimidad que las pequeñas pérdidas de bienes en el marco de los acuerdos sobre de existencias de reserva (artículo 17 bis de la Directiva sobre el IVA) derivadas de la propia naturaleza de los bienes, de circunstancias imprevisibles o de una autorización o instrucción de las autoridades competentes no darán lugar a una transferencia de dichos bienes en el sentido del artículo 17 de la Directiva sobre el IVA.

Además, el Comité del IVA acuerda, por una amplia mayoría, que, a efectos de dichos acuerdos sobre existencias de reserva, se entenderá por «pequeñas pérdidas» las pérdidas que asciendan a menos del 5 % en términos de valor o de cantidad del total de las existencias en la fecha, tras la llegada al lugar de almacenamiento, en que los bienes sean efectivamente sustraídos o destruidos o, si es imposible determinar esa fecha, en la fecha en que se descubrió que los bienes se habían destruido o habían desaparecido.".

En consecuencia con lo anterior, en aquellos casos en los que, a efectos de dichos acuerdos de ventas de bienes en consigna, se produzcan destrucciones, pérdidas o robos de las mercancías enviadas por cada proveedor en una cantidad inferior al cinco por ciento de las unidades de las mismas en el período de doce meses al que hace referencia el artículo 9 bis.Tres de la Ley 37/1992, dichos supuestos tendrán la consideración de "pequeñas pérdidas" y, por lo tanto, no se entenderá que se ha producido una transferencia de bienes a la que se refiere el artículo 9.3.° de dicha Ley respecto de las mismas, siempre que dichas circunstancias hayan sido debidamente acreditadas por el empresario o profesional propietario de los bienes».

|| Excepciones a la regla anterior

No obstante lo anterior, se consideran cumplidos los requisitos en los siguientes casos:

- Cuando dentro del plazo de los 12 meses los bienes sean adquiridos por un empresario o profesional que sustituya al inicial, con cumplimiento de las condiciones que se le requerían al primero, existiendo por tanto una novación subjetiva en la posición del adquirente, y continuándose con la venta en consigna en las condiciones previstas, por lo que no se modificará la tributación como ventas en consigna siempre que se cumplan las restantes condiciones.
- Cuando dentro del mismo plazo de los 12 meses, no se haya transmitido el poder de disposición y los bienes sean devueltos al Estado miembro de procedencia, en cuyo caso no existe ni venta en consigna ni transferencia intracomunitaria.

Tanto en este caso como en el anterior se exige la inclusión de estas circunstancias en el libro registro de determinadas operaciones intracomunitarias.

|| Libro registro

La LIVA **exige que los empresarios que suscriban un acuerdo de ventas de bienes en consigna y quienes sustituyan a aquel a quien estaban inicialmente destinados los bienes lleven un libro registro de determinadas operaciones intracomunitarias.**

Se trata de un requisito sustantivo para la consideración de la transferencia de bienes a otro Estado miembro y posterior entrega interior como una sola operación.

Este libro registro viene regulado en el artículo 66 del RIVA.

El vendedor en este tipo de operaciones deberá anotar en el libro registro de determinadas operaciones intracomunitarias los siguientes datos:

- El Estado miembro a partir del cual los bienes han sido transportados y la fecha de expedición o transporte.
- El número de identificación a efectos del IVA del empresario o profesional al que van destinados los bienes asignados por la Administración tributaria del Estado miembro al que se expiden o transportan.
- El Estado miembro al que se expiden o transportan los bienes, el NIF-IVA del depositario de los bienes en caso de ser distinto al empresario

o profesional mencionado en el punto anterior, la dirección del almacén y la fecha de llegada al mismo.

- El valor, la descripción y la cantidad de los bienes que han llegado al almacén.
- El número de identificación a efectos del IVA del empresario que sustituye al destinatario inicial de los bienes y la fecha en la que tenga lugar la sustitución.
- La descripción, base imponible, cantidad y precio unitario de los bienes entregados, fecha de entrega y número de identificación a efectos del IVA del empresario o profesional adquirente.
- La descripción, base imponible, cantidad y precio unitario de los bienes cuyo movimiento dé lugar a una transferencia por incumplimiento de los requisitos de las ventas en consigna, fecha en que se produjeron las circunstancias y motivo.
- La descripción, cantidad y valor de los bienes que, en su caso, hayan sido devueltos y fecha de devolución.

A TENER EN CUENTA. El Real Decreto 366/2021, de 25 de mayo, modificó el apartado 5.° del artículo 66.2.B).a) del RIVA, con entrada en vigor el 27 de mayo de 2021, para incorporar la exigencia de que se consigne en el libro registro la fecha en que se produzca la sustitución del destinatario inicial de los bienes.

Por su parte, **el empresario o profesional al que vayan destinados los bienes o su sustituto deberán hacer constar,** en todo caso, los siguientes datos:

- El NIF-IVA del vendedor.
- La descripción y cantidad de los bienes enviados para ser puestos a su disposición.
- La descripción, base imponible, cantidad y precio unitario de los bienes adquiridos y fecha en que se realiza la adquisición intracomunitaria.

En caso de ser **depositario de los bienes**, deberá además registrar:

- La fecha de llegada al almacén de los bienes.
- La descripción, cantidad y valor de los bienes que son retirados del almacén por el vendedor y dejan de estar a su disposición, así como la fecha en que se retiran.
- La descripción, cantidad y valor de los bienes destruidos o desaparecidos del almacén y la fecha en que se produce o descubre tal circunstancia.

A TENER EN CUENTA. El Real Decreto 366/2021, de 25 de mayo, modificó los apartados 5.° y 6.° del artículo 66.2.B).b) del RIVA, con entrada en vigor el 27 de mayo de 2021, para exigir que, además de especificarse la descripción y cantidad de los bienes retirados, destruidos o desaparecidos del almacén, también se consignase su valor en tales supuestos.

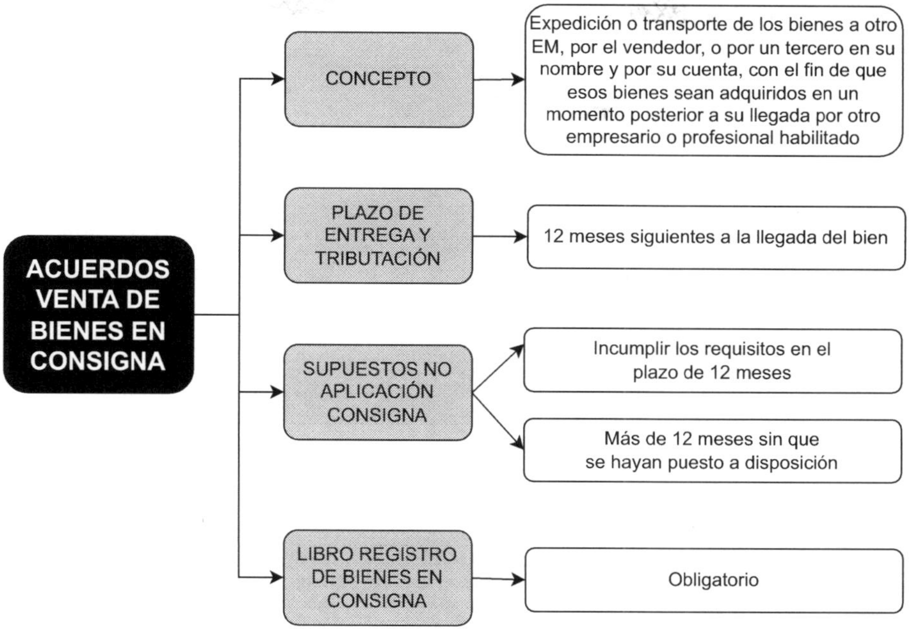

2.6. Las ventas en cadena en el IVA

¿Qué se entiende por ventas en cadena?

Las ventas en cadena son operaciones que han dado lugar a que **el Tribunal de Justicia de la Unión Europea (TJUE) se haya pronunciado en diversas ocasiones**, queriendo ahora el legislador europeo simplificar su tratamiento y dar seguridad jurídica a las relaciones comerciales entre los territorios de los Estados miembros.

La Directiva (UE) 2018/1910 del Consejo, de 4 de diciembre de 2018, introdujo un nuevo artículo 36 bis en la Directiva 2006/112/CE, de 28 de noviembre de 2006, del IVA, con efectos del 1 de enero de 2020.

Paralelamente, el Real Decreto-ley 3/2020, de 4 de febrero, introdujo en la LIVA modificaciones en la regulación de las operaciones en cadena en las que entre el proveedor y el adquirente final existen uno o más intermediarios, con efectos desde el 1 de marzo de 2020.

Se denomina ventas en cadena a las operaciones que se efectúan cuando unos mismos bienes, que van a ser enviados o transportados con destino a otro Estado miembro directamente por el primer proveedor al adquirente final de la cadena, son objeto de entregas sucesivas entre diferentes empresarios o profesionales, de forma que los bienes serán entregados al menos a un primer intermediario que, a su vez, los entregará a otros intermediarios o al cliente final de la cadena, existiendo un único transporte intracomunitario.

Debemos advertir que la enorme casuística que se da en el ámbito mercantil produce situaciones de compleja resolución, si bien los criterios y reglas que ahora se recogen, junto con los principios que el Tribunal de Justicia de la Unión Europea ha señalado para este tipo de operaciones, ayudarán a solventar el hipotético conflicto.

En el artículo 68.Dos.1.°.B) de la LIVA, en consonancia con el artículo 36 bis de la Directiva 2006/112, de 28 de noviembre de 2006, se establece una regla para determinar el lugar de realización de las entregas de bienes en este tipo de operaciones. Así, en las entregas de bienes sucesivas con un único transporte intracomunitario, este se imputará a la entrega realizada al operador intermediario. No obstante, dicha regla general no será de aplicación cuando el operador intermediario comunique a su proveedor su NIF-IVA del Estado miembro de expedición o transporte de los bienes, en estos casos, el transporte intracomunitario se imputará a la entrega realizada por el operador intermediario.

Con el fin de evitar diferentes interpretaciones entre los Estados miembros, impedir la doble imposición o la ausencia de imposición y reforzar la seguridad jurídica de los operadores, **cuando la expedición o transporte de los bienes se efectúe desde España y estos se transporten a otro Estado miembro, el transporte se entenderá vinculado:**

- A la entrega de bienes efectuada por el proveedor a favor del intermediario, que constituirá una entrega intracomunitaria de bienes exenta, conforme al artículo 25 de la LIVA. Para ello, el intermediario habrá comunicado un número de identificación fiscal facilitado por un Estado miembro distinto de España.

- A la entrega efectuada por el intermediario al cliente cuando el intermediario haya comunicado a su proveedor un NIF-IVA suministrado por el Reino de España. La entrega del proveedor al intermediario constituirá una entrega interior sujeta y no exenta del IVA, y la entrega efectuada por el intermediario a su cliente será una entrega intracomunitaria exenta.

Consecuencia de lo expuesto es que las demás entregas de la cadena podrán calificarse como ventas interiores, exigiéndose la identificación del proveedor a efectos del IVA en el Estado miembro de la entrega de los bienes.

Por otra parte, se delimita el concepto de intermediario como aquel empresario o profesional distinto del primer proveedor, que expida o transporte los bienes directamente, o por un tercero en su nombre y por su cuenta.

Las reglas previstas para las ventas en cadena no serán aplicables a las entregas de bienes facilitadas a través de una interfaz digital reguladas en el artículo 8 bis de la LIVA. Esta previsión fue incorporada al artículo 68.Dos.1.°.B) de la LIVA por parte del Real Decreto-ley 7/2021, de 27 de abril, con efectos desde el 1 de julio de 2021.

CUESTIÓN

Supongamos una venta de bienes de una empresa (A) a otra empresa (B) y sucesivamente de B a una tercera (C), en la que los bienes son transportados desde España a C en Francia.

En este caso, la regla general es que el transporte se habrá de imputar a la entrega entre A y B (que, por tanto, quedará exenta de IVA). B hará una adquisición intracomunitaria en Francia, de forma que la entrega entre B y C quedará así localizada en Francia.

Sin embargo, si B facilita a A un NIF-IVA español, el transporte se habrá de atribuir a la segunda entrega, de forma que la entrega entre A y B se tratará como venta interior en España sin exención y la venta entre B y C dará lugar a una entrega intracomunitaria en España y una adquisición intracomunitaria por C en Francia.

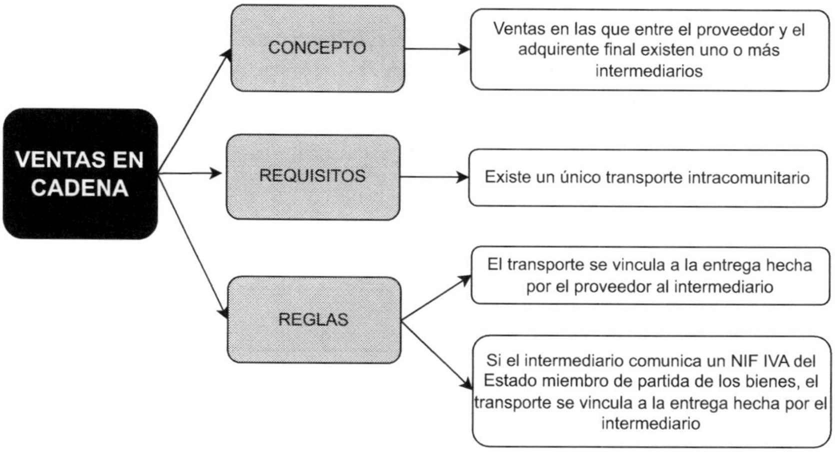

2.7. Regímenes especiales en las operaciones intracomunitarias

¿Cuáles son los regímenes especiales en las operaciones intracomunitarias?

La regulación del IVA en materia de comercio intracomunitario tiene una serie de excepciones que atenúan la regla general de la tributación en destino en caso de entregas intracomunitarias de bienes. La normativa española, por transposición de la Directiva 2006/112/CE del Consejo, de 28 de noviembre de 2006, y por lo que aquí interesa, prevé los siguientes regímenes especiales:

- Régimen especial de determinadas personas:
  - Los sujetos pasivos acogidos al régimen especial de la agricultura, ganadería y pesca, respecto de los bienes destinados al desarrollo de la actividad sometida a dicho régimen.

  - Los sujetos pasivos que realicen exclusivamente operaciones que no originen el derecho a la deducción total o parcial del impuesto.
  - Las personas jurídicas que no actúen como empresarios o profesionales.
- Régimen especial de ventas a distancia.
- Régimen especial de medios de transporte nuevos.

2.7.1. Régimen aplicable a determinadas personas y entidades

¿En qué consiste el régimen aplicable a las personas y entidades del artículo 14.Uno de la LIVA?

Conforme al artículo 14 de la LIVA, **no estarán sujetas en destino (en España) al IVA, las adquisiciones intracomunitarias en las que se cumplan ciertos requisitos y se realicen por las personas o entidades siguientes:**

- Los sujetos pasivos (empresarios o profesionales) acogidos al régimen especial de la agricultura, ganadería y pesca, respecto de los bienes destinados al desarrollo de la actividad sometida a dicho régimen.
- Los sujetos pasivos (empresarios o profesionales) que realicen exclusivamente operaciones que no originan el derecho a la deducción total o parcial del impuesto, esto es, quienes realizan operaciones no sujetas o exentas.
- Las personas jurídicas que no actúen como empresarios o profesionales. Por ejemplo: un ayuntamiento actuando en el cumplimiento de su función pública.

La no sujeción establecida solo se aplicará respecto de las adquisiciones intracomunitarias de bienes, efectuadas por las personas indicadas, cuando el importe total de las adquisiciones de bienes procedentes de los demás Estados miembros, excluido el impuesto (el IVA) devengado en dichos Estados, no haya alcanzado en el año natural precedente los 10.000 euros.

La no sujeción se aplicará en el año natural en curso hasta alcanzar el citado importe.

En virtud del artículo 14 de la LIVA, se produce un giro radical con respecto a la regla general, en el sentido de cuando los empresarios o **profesionales que realizan las adquisiciones intracomunitarias estén acogidos al régimen especial de la agricultura, ganadería y pesca o sean sujetos pasivos exentos limitados, sin olvidarnos de las personas jurídicas que no actúen como empresarios o profesionales, la tributación se produce en origen, lo que implica que la entrega intracomunitaria no queda exenta por no estar la adquisición intracomunitaria sujeta y por tanto el tipo de IVA que soporta el bien es el correspondiente al país del vendedor.**

En todo caso, hay que matizar que, para que se vuelque la regla general, es necesario que el volumen total de adquisiciones procedentes de los demás Estados miembros no supere en el año natural precedente el importe de 10.000 euros, y que, cuando dicho importe no se ha sobrepasado, no haya optado el comprador por la tributación en destino **respecto de las adquisiciones intracomunitarias que en el ejercicio actual no superen el umbral de los 10.000 euros.**

Estas personas no pueden deducirse el IVA soportado por sus adquisiciones, que será considerado un mayor coste de las mismas, lo que desplazará sus compras a los Estados miembros con tipos más reducidos, pero solo podrán hacerlo hasta los límites fijados por cada Estado miembro.

Las personas a las que se aplica este régimen particular no están obligadas a registrase en el registro de operadores intracomunitarios por las operaciones que realicen al amparo del mismo; deben registrarse en cuanto sus adquisiciones intracomunitarias superen el umbral fijado y estén sujetas al IVA.

Sin embargo, deberán registrarse y tener asignado un NIF a efectos del IVA cuando sean destinatarias de servicios prestados por otro sujeto pasivo establecido en otro Estado miembro y cuyo deudor sea el destinatario. En estos casos, la asignación del NIF a efectos del IVA no impedirá que quienes tengan derecho a ello puedan seguir optando por la no sujeción al impuesto por las adquisiciones intracomunitarias que realicen dentro de los límites fijados para el régimen especial. No obstante, si comunicasen ese NIF a sus proveedores se considera que han ejercido la opción por la tributación en destino.

La opción abarcará un período mínimo de dos años.

CUESTIONES

1. Tributación de las adquisiciones intracomunitarias de bienes realizadas por las personas indicadas en el artículo 14.Uno de la LIVA establecidas en España. Si el valor de las adquisiciones intracomunitarias en el año X es inferior a 10.000 euros. ¿Cómo tributan en el año X+1?

Al no superar el límite de los 10.000 euros tributarán en origen, hasta que alcancen los 10.000 euros, y una vez alcanzada dicha cifra tributarán en destino.

2. Tributación de las adquisiciones intracomunitarias de bienes realizadas por las personas indicadas en el artículo 14.Uno de la LIVA establecidas en España. Si el valor de las adquisiciones intracomunitarias en el año X es superior a 10.000 euros. ¿Cómo tributan en el año X+1?

Al superar el límite de los 10.000 euros, tributarán en destino todas las operaciones realizadas por dichos sujetos pasivos.

Para el cálculo del límite indicado, en el cual debe tenerse en cuenta que el importe de la contraprestación relativa a los bienes adquiridos no podrá fraccionarse a estos efectos, se computará el importe de la contraprestación de las entregas de bienes a que se refiere el art. 8.Tres.1.º de la LIVA cuando, por aplicación de las reglas comprendidas en el artículo 68 de la LIVA, se entiendan realizadas fuera del territorio de aplicación del impuesto.

Así, si el valor de un solo bien excede del límite establecido por cada Estado, la adquisición del mismo tributará en destino (en España) por su totalidad.

Quedan excluidas del régimen particular las adquisiciones intracomunitarias de bienes de medios de transporte nuevos y de los bienes que constituyen el objeto de los impuestos especiales, que siempre tributarán en destino. Además, el importe de estas adquisiciones no se computará a efectos del límite indicado anteriormente.

Opción por la tributación en destino

De conformidad con el artículo 3 del RIVA, no obstante lo dispuesto hasta ahora, las personas o entidades comprendidas en este régimen pueden optar por la sujeción al IVA, esto es, pueden tributar en destino, por todas las adquisiciones intracomunitarias de bienes que realicen, aunque no hubiesen superado, en el año natural en curso o en el precedente, el límite de los 10.000 euros

La opción por la tributación exigirá que el interesado solicite un NIF a efectos del IVA de la Administración, que debe facilitarse al proveedor para que este aplique el régimen general a la entrega, esto es, exención en origen, y quede así sujeta la correspondiente adquisición intracomunitaria de bienes en destino.

El ejercicio de esta opción se sujeta a las siguientes reglas:

- Puede efectuarse en cualquier momento, mediante la presentación de la oportuna declaración censal (modelo 036) o, incluso, en ausencia de la misma, se entenderá ejercitada en el momento en que se presente la declaración o liquidación correspondiente a las adquisiciones intracomunitarias de bienes efectuadas en el período a que se refiere la misma, esto es, cuando se presente una liquidación no periódica correspondiente (modelo 309) en la que se declaran sujetas en destino las referidas adquisiciones, o incluyéndolas en el modelo 303, cuando se trate de empresarios obligados a su presentación trimestral o mensual.
- Afectará a la totalidad de las adquisiciones intracomunitarias de bienes realizadas.
- Abarcará, como mínimo, el tiempo que falte por transcurrir del año en curso y los dos años naturales siguientes, surtiendo efectos durante los años posteriores, siempre que no se proceda a su revocación.
- Su revocación podrá ejercitarse transcurrido el período mínimo de dos años. Para ello será necesario presentar una nueva declaración censal. Esta misma declaración sirve también para comunicar que el importe total de las adquisiciones intracomunitarias de bienes realizadas en el año anterior o en el año en curso excede del límite establecido.

En resumen, este régimen facilita la aplicación del IVA a las personas indicadas, para quienes el régimen general complicaría demasiado su gestión, dada la escasa organización administrativa que cabe supone para este grupo de personas. Asimismo, la opción por el régimen general, esto es, por la tributación en destino, que se hará normalmente buscando tipos impositivos más reducidos, debe impulsar el acercamiento de dichos tipos.

RESOLUCIÓN ADMINISTRATIVA

Consulta vinculante de la Dirección General de Tributos (V2422-22), de 23 de noviembre de 2022

Asunto: aplicación del art. 14 de la LIVA en las adquisiciones intracomunitarias.

«(...) la consultante, adquirente, podría comunicar al proveedor que se encuentra dentro del ámbito de aplicación del artículo 14 de la Ley 37/1992 (transposición del artículo 3 de la Directiva 2006/112/CE) y que, por tanto, sus adquisiciones intracomunitarias no van a estar sujetas al Impuesto sobre el Valor Añadido. En este caso, la operación tributaria como una entrega interior en el Estado Miembro de origen de la expedición o el transporte, sujeta al correspondiente Impuesto sobre el Valor Añadido, no siendo competente este Centro directivo para pronunciarse sobre la aplicación las exenciones a dichas operaciones.

O bien, podría optar por la tributación en destino de la operación, en cuyo caso, si no le suministrase NIF-IVA español, la operación se calificaría como venta a distancia intracomunitaria de bienes sujeta al Impuesto sobre el Valor Añadido.

Téngase en cuenta que, con independencia de que se exceda o no el umbral de 10.000 euros en las adquisiciones efectuadas por la consultante, desde el momento en que la consultante comunique un NIF-IVA a español a su proveedor, parece razonable concluir que este último deberá entender que el envío de los bienes al territorio de aplicación del Impuesto se realiza en el ámbito de las operaciones intracomunitarias de bienes efectuadas entre empresarios, lo que dará lugar a una entrega sujeta y exenta en origen por parte del proveedor y a una adquisición intracomunitaria de bienes sujeta en destino efectuada por la consultante, en las condiciones señaladas».

CUESTIÓN

Un agricultor dado de alta en régimen especial de agricultura va a realizar adquisiciones intracomunitarias a Portugal por importe inferior a 10.000 euros. ¿Dónde abonará el IVA de esos productos?

El artículo 14.Uno.1.° de LIVA dispone que no estarán sujetas al impuesto las adquisiciones intracomunitarias de bienes realizadas por «los sujetos pasivos acogidos al Régimen Especial de la Agricultura, Ganadería y Pesca respecto de los bienes destinados al desarrollo de la actividad sometida a dicho régimen». Y el apartado Dos del citado artículo 14 del LIVA establece que la no sujeción del apartado anterior solo se aplicará respecto de las adquisiciones intracomunitarias de bienes cuando el importe total de las adquisiciones de bienes procedentes de los demás Estados miembros no haya alcanzado en el año natural precedente los 10.000 euros. Por lo tanto, del enunciado del supuesto y de los artículos citados se deduce que estamos ante una adquisición no sujeta al IVA español.

En esa medida, dado que no se ha sobrepasado el límite de los 10.000 euros, tributará en Portugal.

No obstante, si el empresario español hubiese notificado un NIF-IVA al proveedor, por haber ejercido la opción por la tributación en destino, de conformidad con el artículo 3 del RIVA, la operación tributaría en España.

2.7.2. Régimen especial de ventas a distancia

¿En qué consiste el régimen de ventas a distancia?

El régimen de ventas a distancia es un **régimen particular que afecta a las entregas de bienes realizadas en determinadas condiciones y en el que se aplican reglas especiales para su localización.**

A efectos del IVA, podemos **distinguir entre ventas a distancia intracomunitarias y ventas a distancia de importación.** Así, de conformidad con el artículo 8 de la LIVA, en consonancia con el artículo 14 de la Directiva 2006/112/CE del Consejo, de 28 de noviembre de 2006, se entenderá por:

- **Ventas a distancia intracomunitarias de bienes**, las entregas de bienes que hayan sido expedidos o transportados por el vendedor, directa o indirectamente, o por su cuenta, a partir de un Estado miembro distinto del de llegada de la expedición o del transporte con destino al cliente, cuando se cumplan las siguientes condiciones:
    - Que los destinatarios de las citadas entregas sean las personas cuyas adquisiciones intracomunitarias de bienes no estén sujetas al impuesto en virtud de lo dispuesto en el artículo 14 de la LIVA, o en el precepto equivalente al mismo que resulte aplicable en el Estado miembro de llegada de la expedición o el transporte, o bien cualquier otra persona que no tenga la condición de empresario o profesional actuando como tal.
    - Que los bienes objeto de dichas entregas no sean medios de transporte nuevos (de conformidad con el artículo 13.2.° de la LIVA) ni bienes entregados previo montaje o instalación, con o sin prueba de puesta en funcionamiento, por el proveedor o por su cuenta (conforme al artículo 68.Dos.2.° de la LIVA) .
- **Ventas a distancia de bienes importados de países o territorios terceros**, las entregas de bienes que hayan sido expedidos o transportados por el vendedor, directa o indirectamente, o por su cuenta, a partir de un país o territorio tercero con destino a un cliente situado en un Estado miembro, cuando se cumplan las siguientes condiciones:
    - Que los destinatarios de las citadas entregas sean las personas cuyas adquisiciones intracomunitarias de bienes no estén sujetas al impuesto en virtud de lo dispuesto en el artículo 14 de la LIVA, o en el precepto equivalente al mismo que resulte aplicable en el Estado miembro de llegada de la expedición o el transporte, o bien cualquier otra persona que no tenga la condición de empresario o profesional actuando como tal.
    - Que los bienes objeto de dichas entregas no sean medios de transporte nuevos (de conformidad con el artículo 13.2° de la LIVA) ni bienes entregados previo montaje o instalación, con o sin prueba de puesta en funcionamiento, por el proveedor o por su cuenta (conforme al artículo 68.Dos.2.° de la LIVA) .

El artículo 68.Tres de la LIVA, en consonancia con el artículo 33 de la Directiva 2006/112/CE del Consejo, de 28 de noviembre de 2006, determina que se **entenderán realizadas en el territorio de aplicación del impuesto las entregas de bienes cuando concurran los siguientes requisitos:**

- En las **ventas a distancia intracomunitarias** de bienes, cuando dicho **territorio sea el lugar de llegada de la expedición o del transporte con destino al cliente**. Sin embargo, no se entenderán realizadas en el TAI, **por excepción a lo expuesto**, las ventas que cumplan los siguientes requisitos **conjuntamente**:
  - Que sean **efectuadas por un empresario o profesional que actúe como tal establecido únicamente en otro Estado miembro** por tener en el mismo la sede de su actividad económica o su único establecimiento o establecimientos permanentes en la Comunidad o, en su defecto, el lugar de su domicilio permanente o residencia habitual.
  - Que **no se haya superado el límite de 10.000 euros** para el importe total (excluido el impuesto) de dichas entregas de bienes y/o prestaciones de servicios realizadas en la Comunidad, durante el año natural precedente, o su equivalente en su moneda nacional (límite previsto en el artículo 73 de la LIVA) **y no se haya ejercitado la opción de tributación en destino** de conformidad con dicho artículo o sus equivalentes en la legislación del Estado miembro referido en el punto anterior.
- Las **ventas a distancia intracomunitarias de bienes efectuadas por un empresario o profesional que actúe como tal establecido únicamente en el TAI** por tener en el mismo la sede de su actividad económica, o su único establecimiento o establecimientos permanentes en la Comunidad, o, en su defecto, el lugar de su domicilio permanente o residencia habitual; y se cumplan los siguientes requisitos:
  - Cuando el territorio de aplicación del impuesto sea el lugar de inicio de la expedición o del transporte con destino al cliente.
  - Que no se haya superado el límite de 10.000 euros para el importe total (excluido el impuesto) de dichas entregas de bienes y/o prestaciones de servicios realizadas en la Comunidad, durante el año natural precedente, o su equivalente en su moneda nacional (límite previsto en el artículo 73 de la LIVA) y no se haya ejercitado la opción de tributación en destino.
- **Las ventas a distancia de bienes importados de países o territorios terceros en un Estado miembro distinto del de llegada de la expedición o del transporte con destino al cliente**, cuando el territorio de aplicación del impuesto sea el lugar de llegada de dicha expedición o transporte.
- **Las ventas a distancia de bienes importados de países o territorios terceros en el Estado miembro de llegada de la expedición o del transporte con destino al cliente cuando el territorio de aplicación del impuesto sea el lugar de llegada de dicha expedi-**

ción o transporte, siempre que se declare el IVA de dichas ventas mediante el régimen especial aplicable a las ventas a distancia de bienes importados de países o territorios terceros (régimen de importación), regulado en los artículos 163 quinvicies a 163 octovicies de la LIVA.

Estas previsiones no resultarán de aplicación a los bienes cuyas entregas hayan tributado conforme al régimen especial de bienes usados, objetos de arte, antigüedades y objetos de colección en el Estado miembro de inicio de la expedición o transporte.

> **A TENER EN CUENTA**. El artículo 68.Tres de la LIVA fue modificado por el Real Decreto-ley 7/2021, de 27 de abril, con efectos desde el 1 de julio de 2021.

Por tanto, como regla general, será el lugar de entrega el lugar de llegada de la expedición o del transporte con destino al cliente, siempre que, en el caso de ventas a distancia de bienes importados de terceros territorios o terceros países, se declare el IVA conforme al régimen especial.

Podrán acogerse al régimen especial aplicable a las ventas a distancia de bienes importados de países o territorios terceros los empresarios o profesionales que realicen ventas a distancia de bienes importados de terceros países o territorios en envíos cuyo valor intrínseco no exceda de 150 euros (se exceptúan aquellos productos que sean objeto de impuestos especiales), siempre que sean:

- Empresarios o profesionales establecidos en la Comunidad, Islas Canarias, Ceuta o Melilla.
- Empresarios o profesionales, establecidos o no en la Comunidad, que estén representados por un intermediario establecido en la Comunidad. A estos efectos, no será posible designar más de un intermediario a la vez.
- O empresarios o profesionales establecidos en un país tercero con el que la Unión Europea haya celebrado un acuerdo de asistencia mutua con un ámbito de aplicación similar al de la Directiva 2010/24/UE del Consejo, de 16 de marzo de 2010, y al del Reglamento (UE) n.º 904/2010, del Consejo, de 7 de octubre de 2010, y que realicen ventas a distancia de bienes procedentes de ese país tercero.

> **A TENER EN CUENTA**. El artículo 163 quinvicies de la LIVA, que regula el ámbito de aplicación de este régimen especial aplicable a las ventas a distancia de bienes importados de países o territorios terceros, fue modificado por la Ley 13/2023, de 24 de mayo, con entrada en vigor el 26 de mayo de 2023. Con ello, se permite a los empresarios y profesionales con sede de actividad en las Islas Canarias, Ceuta o Melilla, acogerse a dicho régimen sin necesidad de contar con un representante establecido en la Comunidad, en cuyo caso, será España el Estado miembro de identificación a efectos del régimen.

Este régimen especial se aplicará a todas las ventas a distancia de bienes importados de países o territorios terceros efectuadas por el empresario o profesional.

CUESTIÓN

Empresa española, que realiza ventas a través de internet a Francia, a consumidores finales. Durante el ejercicio anterior las ventas fueron de 8.000 euros, en el año actual lleva 7.000 euros y su próxima venta es de 4.000 euros. Determinar la tributación de la empresa española en relación con las ventas realizadas en el año actual.

En el año anterior al ser solo 8.000 euros, la empresa española puede seguir aplicando a sus clientes particulares franceses el IVA español.

Sin embargo, para el ejercicio actual, si no optó por la renuncia del régimen, deberá de darse de alta ya en la agencia tributaria Francesa, porque la operación de 4.000 euros hace que su cifra de ventas del año actual exceda de 10.000 euros. Dicha operación de 4.000 euros, tras la preceptiva alta en el IVA en Francia, deberá de tributar en un modelo francés de declaración de IVA, y, en su caso, también deberá realizar la declaración recapitulativa anual. La empresa obtendrá un VAT francés, que deberá de indicar en sus facturas enviadas a los consumidores finales franceses y deberá de cumplir las normas específicas del reglamento de facturación francés.

|| Opción por la tributación en destino

Los empresarios que realicen ventas a distancia tienen la facultad de optar por la tributación en destino de todas las ventas efectuadas en un Estado miembro determinado, aunque el volumen de estas ventas no haya alcanzado el límite establecido por dicho Estado.

La tributación en origen, en destino y el ejercicio de la opción, deberán comunicarse a la Administración en las correspondientes declaraciones censales de alta y modificación. La opción producirá efectos, como mínimo, por dos años naturales, debiendo ser reiterada por el interesado una vez transcurridos; en caso contrario, la opción queda automáticamente revocada.

2.7.3. Régimen de la Unión

El régimen especial de la sección 3.ª del capítulo XI del título IX de la LIVA

El **régimen especial aplicable a los servicios prestados por empresarios o profesionales establecidos en la Comunidad, pero no en el Estado miembro de consumo, a destinatarios que no tengan la condición de empresarios o profesionales actuando como tales, a las ventas a distancia intracomunitarias de bienes y a las entregas interiores de bienes realizadas en las condiciones previstas en el artículo 8 bis.b) de la LIVA** se regula en los artículos 163 unvicies a 163 quatervicies de la LIVA. Podrán acogerse al mismo los empresarios o profesionales establecidos en la Comunidad, pero no en el Estado miembro de consumo, que presten servicios que se consideren prestados en este último, a destinatarios que no tengan la condición de empresario o profesional actuando como tales. De igual forma se podrán acoger a este régimen los empresarios o profesionales que realicen ventas a distancia intracomunitarias de bienes o entregas interiores de bienes en las condiciones previstas en el artículo 8 bis.b) de la LIVA.

El régimen especial se aplicará a todas las **prestaciones de servicios** que:

- **Deban entenderse efectuadas en la Comunidad**, de acuerdo con la LIVA o sus equivalentes en las legislaciones de otros Estados miembros.
- **Y se presten en un Estado miembro distinto a aquel en el que tenga establecida la sede de su actividad económica o un establecimiento permanente** el empresario o profesional.

También resultará de aplicación a todas **las entregas de bienes** a las que resulte de aplicación este régimen especial que sean efectuadas por los empresarios o profesionales que se acojan al mismo.

En todo caso, este régimen especial no resultará aplicable a las prestaciones de servicios realizadas en el TAI por empresarios o profesionales que tengan la sede de su actividad económica o un establecimiento permanente en el mismo. A dichas prestaciones de servicios les resultará aplicable el régimen general del impuesto.

A efectos de este régimen se considera:

- **Empresario o profesional no establecido en el Estado miembro de consumo**: todo empresario o profesional que tenga establecida la sede de su actividad económica en el territorio de la Comunidad o que posea en ella un establecimiento permanente, pero que no tenga establecida dicha sede en el territorio del Estado miembro de consumo ni posea en él un establecimiento permanente.
- **Estado miembro de identificación**: el Estado miembro en el que el empresario o profesional tenga establecida la sede de su actividad económica. Cuando el empresario o profesional no tenga establecida la sede de su actividad económica en la Comunidad, se atenderá al único Estado miembro en el que tenga un establecimiento permanente o, en caso de tener establecimientos permanentes en varios Estados miembros, al Estado por el que opte el empresario o profesional de entre los Estados miembros en que disponga de un establecimiento permanente. Cuando el empresario o profesional no tenga establecida la sede de su actividad económica ni tenga establecimiento permanente alguno en la Comunidad, el Estado miembro de identificación será aquel en el que se inicie la expedición o el transporte de los bienes. Si hubiera más de un Estado miembro en el que se iniciase la expedición o el transporte de los bienes, el empresario o profesional deberá optar por uno de ellos. La opción por un Estado miembro, que tendrá una validez mínima de tres años naturales (incluyendo el año a que se refiere la opción ejercitada), vinculará al empresario o profesional en tanto no sea revocada por el mismo.
- **Estado miembro de consumo**:
  - En el caso de las prestaciones de servicios, el Estado miembro en el que se considera que tiene lugar la prestación de servicios, de conformidad con lo dispuesto en la LIVA o sus equivalentes en las legislaciones de otros Estados miembros.

- En el caso de ventas a distancia intracomunitarias de bienes, el Estado miembro de llegada de la expedición o el transporte de los bienes con destino al cliente.
- En el caso de entregas de bienes por parte de un empresario o profesional que facilite tales entregas a través de una interfaz digital de conformidad con lo previsto en el artículo 8 bis.b) de la LIVA, cuando la expedición o el transporte de los bienes entregados comience y acabe en el mismo Estado miembro, dicho Estado miembro.

Obligaciones formales

En caso de que España sea el Estado miembro de identificación, el empresario o profesional que realice operaciones acogidas a este régimen especial quedará obligado a:

a) Disponer del número de identificación fiscal.

b) Declarar la fecha de inicio, modificación o cese de sus operaciones comprendidas en este régimen especial.

Dicha declaración se presentará por vía electrónica.

c) Presentar por vía electrónica una declaración-liquidación del IVA por cada trimestre natural.

Ello, independientemente de que haya realizado operaciones a las que se les aplique el presente régimen especial. La declaración-liquidación se presentará durante el mes siguiente al del período al que se refiere la misma. Esta declaración-liquidación deberá contener:

- El número de identificación fiscal que le haya sido asignado por la Administración tributaria.
- Por cada Estado miembro de consumo en que se haya devengado el impuesto, el valor total, excluido el IVA que grave la operación, de las operaciones gravadas por este régimen durante el período al que se refiere la declaración.
- La cantidad global del impuesto correspondiente a cada Estado miembro desglosado por tipos impositivos.
- El importe total, resultante de la suma de todas las operaciones, que debe ser ingresado en España.

Cuando los bienes se expidan o transporten desde Estados miembros distintos de España, la declaración-liquidación deberá incluir el valor total (excluido el IVA que grave la operación) durante el período al que se refiere la misma, la cantidad global del impuesto correspondiente (desglosado por tipos impositivos) y el importe total, resultante de la suma de todas estas, por cada Estado miembro desde el que se hayan expedido o transportado tales bienes para las siguientes entregas a las que resulte aplicable este régimen:

- Las ventas a distancia intracomunitarias de bienes distintas de las realizadas con arreglo al artículo 8 bis.b) de la LIVA o su equivalente en la legislación de dicho Estado miembro. En este caso, la declaración-liquidación incluirá también el número de identificación individual a efectos del IVA o el NIF asignado por cada Estado miembro desde el que se hayan expedido o transportado tales bienes.

- Las ventas a distancia intracomunitarias de bienes y las entregas de bienes cuando la expedición o transporte de dichos bienes comience y acabe en el mismo Estado miembro efectuadas por un empresario o profesional de conformidad con lo dispuesto en artículo 8 bis.b) de la LIVA o su equivalente en la legislación de dicho Estado miembro. En este supuesto, la declaración-liquidación incluirá también el número de identificación individual a efectos del IVA o el NIF asignado por cada Estado miembro desde el que se hayan expedido o transportado tales bienes, cuando se disponga del mismo.

La declaración-liquidación incluirá la información a que se hace referencia desglosada por Estado miembro de consumo.

Cuando el empresario o profesional tenga uno o más establecimientos permanentes en Estados miembros distintos de España, desde los que preste los servicios a que se refiere este régimen especial, deberá incluir en sus declaraciones-liquidaciones el importe total de dichas prestaciones de servicios, por cada Estado miembro en que tenga un establecimiento permanente, junto con el número de identificación individual a efectos del IVA, o el número de identificación fiscal de dicho establecimiento permanente, y desglosado por Estado miembro de consumo.

Cualquier modificación posterior de las cifras contenidas en las declaraciones-liquidaciones presentadas, deberá efectuarse, en el plazo máximo de tres años a partir de la fecha en que debía presentarse la declaración-liquidación inicial, a través de una declaración-liquidación periódica posterior.

d) Ingresar el impuesto correspondiente a cada declaración-liquidación haciendo referencia a la declaración específica a la que corresponde.

El importe se ingresará en euros en la cuenta bancaria designada por la Administración tributaria, dentro del plazo de presentación de la declaración.

e) Mantener un registro de las operaciones incluidas en este régimen especial.

Este registro deberá llevarse con la precisión suficiente para que la Administración tributaria del Estado miembro de consumo pueda comprobar si la declaración-liquidación es correcta. Además, este registro estará a disposición tanto del Estado miembro de identificación como del de consumo en los términos previstos en el artículo 47 decies del Reglamento (UE) n.º 904/2010 del Consejo de 7 de octubre de 2010.

El empresario o profesional deberá conservar este registro durante un período de 10 años desde el final del año en que se hubiera realizado la operación.

e) Expedir y entregar factura.

El empresario o profesional que considere España como Estado miembro de identificación deberá presentar, exclusivamente en España, las declaraciones-liquidaciones e ingresar, en su caso, el importe del impuesto correspondiente a todas las operaciones a que se refiere este régimen especial realizadas en todos los Estados miembros de consumo.

Derecho a la deducción de cuotas soportadas

Los empresarios o profesionales que se acojan a este régimen especial no podrán deducir en la declaración-liquidación cantidad alguna por las cuotas soportadas en la adquisición o importación de bienes y servicios que se destinen a la realización de las operaciones a que se refiere este régimen. No obstante, tendrán derecho a la devolución de las cuotas del IVA soportadas en la adquisición o importación de bienes y servicios que se destinen a la realización de las operaciones a que se refiere este régimen especial que deban entenderse realizadas en el Estado miembro de consumo, conforme al procedimiento previsto en la normativa del Estado miembro de consumo. En concreto, aquellos sujetos a este régimen que estén establecidos en el TAI podrán solicitar la devolución de las cuotas soportadas (excepto de las realizadas en el propio TAI) a través del procedimiento previsto en el artículo 117 bis de la LIVA.

Si **España es el Estado miembro de consumo,** los acogidos a este régimen podrán ejercer el derecho a devolución de las cuotas del IVA soportadas en la adquisición o importación de bienes y servicios que deban entenderse realizadas en el TAI, siempre que dichos bienes y servicios sean destinados a la realización de las operaciones a que se refiere este régimen. A estos efectos, no se exigirá que esté reconocida la existencia de reciprocidad de trato a favor de los empresarios o profesionales establecidos en el TAI. Los empresarios o profesionales que se acojan a lo dispuesto en el artículo 163 tervicies de la LIVA no estarán obligados a nombrar representante ante la Administración tributaria a estos efectos. Para los empresarios o profesionales que se encuentren establecidos en otro Estado miembro, el procedimiento para el ejercicio de este derecho será el previsto en el artículo 119 de la LIVA.

En el caso de empresarios o profesionales no establecidos en la Comunidad, el procedimiento para el ejercicio de este derecho será el previsto en el artículo 119 bis de la LIVA y, para aquellos que estén establecidos en las Islas Canarias, Ceuta o Melilla, el procedimiento será el previsto en el artículo 119 de la LIVA.

Si España es el Estado miembro de identificación, los empresarios o profesionales que estén establecidos en el TAI podrán deducir las cuotas del IVA soportadas en la adquisición o importación de bienes y servicios utilizados en la realización de las operaciones acogidas al presente régimen conforme al régimen general del impuesto.

Los acogidos a este régimen especial que realicen en el TAI operaciones a las que se refiere este régimen especial y otras distintas que determinen la obligación de registrarse y de presentar declaraciones-liquidaciones en dicho territorio, deberán deducir las cuotas soportadas en la adquisición o importación de bienes y servicios que se entiendan realizadas en dicho territorio y sean utilizados en la realización de las operaciones a que se refiere este régimen especial a través de las declaraciones-liquidaciones correspondientes que deban presentar en el TAI.

RESOLUCIÓN ADMINISTRATIVA

Consulta vinculante de la Dirección General de Tributos (V2108-24), de 27 de septiembre de 2024

Asunto: el régimen de la Unión y las ventas a distancia intracomunitarias de bienes.

«Este régimen es transposición de lo previsto en los artículos 369 bis a 369 duodecies de la Directiva 2006/112/CE.

Este régimen permite a los empresarios que realicen ventas a distancia intracomunitarias de bienes declarar y pagar el Impuesto sobre el Valor Añadido en cada uno de los Estados miembros a través de un sistema de ventanilla única (OSS, en su acrónimo inglés).

Este sistema de ventanilla única requiere la elección de un Estado miembro de identificación en donde presentar las declaraciones.

No obstante, para los empresarios o profesionales, como parece ser el caso de la consultante, que no tengan su sede de actividad económica ni un establecimiento permanente en la Comunidad pero el inicio de la expedición o transporte sea exclusivamente territorio de aplicación del Impuesto, el artículo 163 unvicies.Tres.c) de la Ley 37/1992, señala que el Reino de España será su Estado miembro de identificación.

(...)

Por último, en cuanto a las ***obligaciones formales que acarrea dicho régimen especial,*** *el artículo 61 sexiesdecies del Reglamento del Impuesto señala, para el régimen de la Unión, lo siguiente:*

"1. Los empresarios y profesionales acogidos al régimen exterior de la Unión y al régimen de la Unión han de llevar un registro de las operaciones incluidas en estos regímenes especiales, con el detalle suficiente para que la Administración tributaria del Estado miembro de consumo pueda comprobar los datos incluidos en las declaraciones del Impuesto. A tal efecto, dicho registro deberá contener la siguiente información:

a) el Estado miembro de consumo en el que hayan realizado las operaciones;

b) el tipo de prestación de servicios realizada o la descripción y la cantidad de los bienes entregados;

c) la fecha de realización de la operación;

d) la base imponible con indicación de la moneda utilizada;

e) cualquier aumento o reducción posterior de la base imponible;

f) el tipo del Impuesto aplicado;

g) el importe adeudado del Impuesto con indicación de la moneda utilizada;

h) la fecha y el importe de los pagos recibidos;

i) cualquier anticipo recibido antes de la realización de la operación;

j) la información contenida en la factura, en caso de que se haya emitido;

k) la información utilizada para determinar el lugar de establecimiento del cliente, o su domicilio o residencia habitual, tratándose de prestaciones de servicios, y, en el caso de bienes, la información utilizada para determinar el lugar donde comienza y termina la expedición o el transporte de los mismos;

l) cualquier prueba de posibles devoluciones de bienes, incluida la base imponible y el tipo del impuesto aplicado.".

Este régimen especial ha sido objeto de desarrollo por las siguientes Órdenes ministeriales:

- *la Orden HAC/610/2021, de 16 de junio, que regula el modelo 369 de autoliquidación para los regímenes especiales en donde la consultante tendrá que declarar la totalidad de ventas a distancia intracomunitarias de bienes que realice, y*
- *la Orden HAC/611/2021, de 16 de junio, que regula el formulario 035 de declaración censal que tendrá que presentar la consultante en caso de acogerse a dicho régimen especial y en donde deberá declarar el inicio, modificación o cese en la aplicación del régimen especial».*

2.7.4. Régimen especial de medios de transporte

¿En qué consiste el régimen especial de medios de transporte nuevos?

En este régimen particular y especial, de conformidad con el artículo 13.2.º de la LIVA, las adquisiciones intracomunitarias de bienes que sean medios de transporte nuevos a título oneroso estarán sujetas al IVA, cualquiera que sea la condición del vendedor, cuando el adquirente sea alguna de las siguientes personas:

- Particulares personas físicas.
- Personas jurídicas que no actúan como empresarios o profesionales y que carecen de NIF-IVA.
- Empresarios que tributan en el régimen especial de la agricultura, ganadería y pesca y que no tienen NIF-IVA.
- Empresarios que realizan exclusivamente operaciones exentas del IVA y que no generan el derecho a la deducción del IVA soportado, desprovistos de NIF-IVA.

Por tanto, cuando esas personas efectúan adquisiciones de medios de transporte nuevos, la entrega está exenta del IVA en el Estado de origen y se grava la adquisición intracomunitaria en España, al contrario de la regla general por la que cualquier otro tipo de bienes estaría sujeto en origen.

A efectos de este régimen, **tienen la consideración de medios de transporte**:

- Los vehículos terrestres accionados a motor cuya cilindrada sea superior a 48 cm3 o su potencia exceda de 7,2 kW.
- Las embarcaciones cuya eslora máxima sea superior a 7,5 metros, con excepción de aquellas a las que afecte la exención prevista para las embarcaciones afectas a navegación marítima internacional, al salvamento, a la asistencia marítima o a la pesca costera y de los buques de guerra, que están excluidas del concepto de adquisiciones

intracomunitarias de bienes (artículo 22.Uno de la LIVA, operaciones con buques asimiladas a la exportación).

- Las aeronaves cuyo peso total al despegue exceda de 1.550 kilogramos, con excepción de las afectadas por la exención prevista para las aeronaves utilizadas por compañías dedicadas a la navegación aérea internacional y por entidades públicas en el cumplimiento de sus funciones públicas (artículo 22.Cuatro de la LIVA, operaciones con aeronaves asimiladas a la exportación).

Los referidos medios de transporte **tendrán la consideración de nuevos** cuando, respecto de ellos, se dé cualquiera de las circunstancias siguientes:

- Que su entrega se efectúe antes de los tres meses siguientes a la fecha de su primera puesta en servicio o, tratándose de vehículos terrestres accionados a motor, antes de los seis meses siguientes a la citada fecha.
- Que los vehículos terrestres no hayan recorrido más de 6.000 kilómetros, las embarcaciones no hayan navegado más de 100 horas y las aeronaves no hayan volado más de 40 horas.

La fecha de puesta en servicio es la correspondiente a la primera matriculación, definitiva o provisional, en el interior de la Unión Europea y, en su defecto, la que se hiciera constar en el contrato de seguro más antiguo, referente al medio de transporte de que se trate, que cubriera la eventual responsabilidad civil de su utilización o la que resulte de cualquier otro medio de prueba admitido en derecho, incluida la consideración de su estado de uso (artículo 2.1.º del RIVA) .

Este régimen particular afecta al vendedor del medio de transporte nuevo, que adquiere la condición de empresario o profesional por la entrega de dicho bien y solo por ella, aunque no realice actividades empresariales o profesionales.

Este régimen no es de aplicación a las operaciones intracomunitarias con vehículos usados. En este caso, se aplicarán las disposiciones de carácter general establecidas en el impuesto y en el régimen especial de bienes usados.

CUESTIONES

1. Un vehículo automóvil cuya primera puesta en servicio fue el día 30-03-2022 y se entrega a otro Estado miembro el día 30-08-2022 con 25.000 km, ¿se considera medio de transporte nuevo?

Sí, pues se ha entregado antes de los seis meses, con independencia de los kilómetros recorridos.

2. Una motocicleta con cilindrada inferior a 48 c.c. es adquirida el 30-03-2022 y enviada a Portugal con 3.000 km. el 30-07-2020. ¿Se considera medio de transporte nuevo a los efectos antes indicados?

No, al tener menos de 48 c.c. o cm3.

3. Un camión de transporte adquirido el 30-11-2021 y vendido a un belga el 30-10-2022 con 5.500 km, ¿se considera medio de transporte nuevo?

Sí, pues, aunque han transcurrido más de seis meses desde su primera puesta en servicio, no ha recorrido más de 6.000 km.

4. Un yate de recreo con eslora de 8 metros, cuya primera puesta en servicio fue el 28-02-2022 en Gijón, se ha entregado a un empresario italiano el día 30-06-2022 con 120 horas de navegación, ¿se considera medio de transporte nuevo?

No, ya que se ha entregado después de los tres meses siguientes a su primera puesta en servicio y con más de 100 horas de navegación.

2.8. Las operaciones intracomunitarias en los regímenes especiales

¿Cómo tributan las operaciones intracomunitarias cuando proceda alguno de los regímenes especiales que prevé la LIVA?

La aplicación a las adquisiciones intracomunitarias de los regímenes especiales del impuesto presenta determinadas especialidades. Sin embargo, existen algunos regímenes cuya aplicación es la misma y, por ello, no van a ser objeto de análisis en este punto. Dichos regímenes son:

- Régimen especial de las agencias de viaje.
- Régimen especial aplicable a los servicios prestados por vía electrónica.
- Régimen especial del grupo de entidades.

2.8.1. Régimen simplificado

El régimen simplificado del IVA es un régimen especial aplicable a pequeños empresarios y personas físicas que realizan una serie de actividades determinadas, regulado en los artículos 122 y siguientes de la LIVA. Este régimen se aplica conjuntamente con el método de estimación objetiva del IRPF.

La principal característica de este régimen es la simplificación en el cálculo de las cuotas repercutidas, que no se determinan por las operaciones realizadas, sino mediante la aplicación de unos signos, índices y módulos, recogidos por orden ministerial. En concreto, para el año 2025 habrá que acudir a la Orden HAC/1347/2024, de 28 de noviembre, por la que se desarrollan para el año 2025 el método de estimación objetiva del Impuesto sobre la Renta de las Personas Físicas y el régimen especial simplificado del Impuesto sobre el Valor Añadido.

Los empresarios acogidos a este régimen repercuten el impuesto, soportan la repercusión y liquidan el impuesto, determinando las cuotas repercutidas en función de esos signos, índices y módulos, los cuales varían en función de la actividad desarrollada. Del importe de las cuotas devengadas (calculadas en base a esos signos, índices o módulos) podrá deducirse el importe de las cuotas soportadas o satisfechas por operaciones corrientes relativas a bienes o servicios afectados a la actividad por la que el empresario o profesional esté acogido a este régimen especial; no obstante, la deducción de las mismas se ajustará a las siguientes reglas:

- No serán deducibles las cuotas soportadas por los servicios de desplazamiento o viajes, hostelería y restauración en el supuesto de empresarios o profesionales que desarrollen su actividad en local determinado.
- Las cuotas soportadas o satisfechas solo serán deducibles en la declaración-liquidación correspondiente al último período impositivo del año en el que deban entenderse soportadas o satisfechas, por lo que, con independencia del régimen de tributación aplicable en años sucesivos, no procederá su deducción en un período impositivo posterior.
- Cuando se realicen adquisiciones o importaciones de bienes y servicios para su utilización en común en varias actividades por las que el empresario o profesional esté acogido a este régimen especial, la cuota a deducir en cada una de ellas será la que resulte del prorrateo en función de su utilización efectiva. Si no fuese posible aplicar dicho procedimiento, se imputarán por partes iguales a cada una de las actividades.
- Podrán deducirse las compensaciones agrícolas a que se refiere el artículo 130 de la LIVA, satisfechas por los empresarios o profesionales por la adquisición de bienes o servicios a empresarios acogidos al régimen especial de la agricultura, ganadería y pesca.
- Tendrán derecho, en relación con las actividades por las que estén acogidos a este régimen especial, a deducir el 1 % del importe de la cuota devengada por operaciones corrientes, en concepto de cuotas soportadas de difícil justificación.

Al importe resultante se añadirán las cuotas devengadas por las siguientes operaciones:

- Las adquisiciones intracomunitarias de bienes.
- Las operaciones a que se refiere el artículo 84.Uno.2.º de la LIVA.
- Las entregas de activos fijos materiales y las transmisiones de activos fijos inmateriales.

De este resultado se deducirá el importe de las cuotas soportadas o satisfechas por la adquisición o importación de activos fijos.

El ejercicio de este derecho a la deducción se efectuará en los términos que reglamentariamente se establezcan.

No obstante, la liquidación del impuesto correspondiente a las importaciones de bienes destinados a ser utilizados en actividades por las que el empresario o profesional esté acogido a este régimen especial se efectuará con arreglo a las normas generales establecidas para la liquidación de las importaciones de bienes.

2.8.2. Régimen especial de la agricultura, ganadería y pesca

No estarán sujetas al IVA español, conforme al artículo 14.Uno de la LIVA, aquellas adquisiciones intracomunitarias de bienes llevadas a cabo por los siguientes sujetos:

- Los sujetos pasivos acogidos al régimen especial de la agricultura, ganadería y pesca, respecto de los bienes destinados al desarrollo de la actividad sometida a dicho régimen.
- Los sujetos pasivos que realicen exclusivamente operaciones que no originen el derecho de deducción total o parcial del impuesto.
- Las personas jurídicas que no actúen como empresario o profesional.

Solo se aplicará la mencionada no sujeción respecto de las adquisiciones intracomunitarias de bienes, efectuadas por las personas indicadas, cuando el importe total de las adquisiciones de bienes procedentes de los demás Estados miembros, excluido el IVA devengado en los mencionados Estados, no haya alcanzado en el año natural corriente o precedente los 10.000 euros.

De la misma manera, estarán sujetas al IVA español, aquellas adquisiciones intracomunitarias de bienes llevadas a cabo por los sujetos anteriores, siempre que el importe total de las adquisiciones procedentes de los demás Estados miembros, excluido el IVA devengado en dichos Estados, sea superior en el año natural precedente o el año en curso, a 10.000 euros, o siendo inferior, se opte por tributar en destino (a través de la declaración censal).

Como regla general, cuando los empresarios sujetos al régimen especial de agricultura, ganadería y pesca compran bienes o reciben servicios para sus explotaciones, soportan un IVA y no lo deducen. Pero, cuando realizan una adquisición intracomunitaria de bienes, el sujeto pasivo es el adquirente, no el transmitente, por lo que, para que estas operaciones tengan el mismo tratamiento que las operaciones interiores, el empresario acogido al régimen especial de agricultura, ganadería y pesca debe autoliquidar la adquisición intracomunitaria de bienes e ingresar el importe de la cuota devengada, mediante una declaración no periódica, recogida en el modelo 309, ya que no dispone del derecho a la deducción de las cuotas soportadas.

Los sujetos pasivos acogidos a este régimen especial no estarán sometidos, en lo que concierne a las actividades incluidas en el mismo, a las obligaciones de liquidación, repercusión o pago del impuesto, ni de las de registro y contabilización, tal y como establece el artículo 129 de la LIVA. Esta regla será de aplicación a las entregas de bienes de inversión distintos de los bienes inmuebles, utilizados exclusivamente en las referidas actividades. Sin embargo, se exceptúan de la citada exención de obligaciones formales las siguientes operaciones:

- Las importaciones de bienes.
- Las adquisiciones intracomunitarias de bienes.
- Las operaciones a que se refiere el artículo 84.Uno.2.° de la LIVA.

2.8.3. Régimen especial de los bienes usados, objetos de arte y colección

El REBU es un régimen optativo (voluntario) aplicado a entregas efectuadas por revendedores de bienes usados, antigüedades, objetos de arte y de colección, siempre que se den determinados requisitos y se haya optado por dicho régimen.

Se puede definir como un régimen especial del IVA pensado para equilibrar el impuesto y evitar pagar un gravamen que no se ha podido deducir en la compra, ya que los bienes usados que se venden bajo este régimen son adquiridos a sujetos pasivos que no han podido deducirse previamente el IVA cuando compraron esos bienes.

En el ámbito intracomunitario de la compraventa de bienes acogidos a este régimen, la operación tributará en origen, no en destino.

Este régimen se caracteriza por una forma especial de determinar la base imponible para calcular el IVA devengado en cada autoliquidación. La base imponible en estos casos se obtiene por el margen de beneficio, por lo que los empresarios acogidos a este régimen no repercuten separadamente la cuota, indicando en sus facturas que son IVA incluido, cuota repercutida que no será deducible por el adquirente.

La aplicación del REBU excluye las operaciones del régimen de adquisiciones intracomunitarias de bienes. En este tipo de operaciones, el ingreso del impuesto se traslada al empresario o profesional que realiza las entregas de bienes o presta los servicios al adquirente. Esto es, en el ámbito intracomunitario de la compraventa de bienes acogidos a este régimen, la operación tributará en origen, no en destino.

Sin embargo, el artículo 135 de la LIVA permite la renuncia al REBU operación por operación. Esto implica que una entrega concreta pase a tributar en el régimen general, lo que si el bien es remitido a otro Estado miembro, supone que en origen se califique como una operación exenta y en destino como una adquisición intracomunitaria de bienes.

2.8.4. Régimen especial del oro de inversión

En el régimen especial del oro de inversión **están exentas,** salvo renuncia a la exención por parte del transmitente (cuando concurran una serie de condiciones), las siguientes operaciones:

- Las **entregas de oro de inversión**. Se incluyen, en concepto de entregas, los préstamos y las operaciones de permuta financiera, así como las operaciones derivadas de contratos de futuro o a plazo, siempre que tengan por objeto oro de inversión e impliquen la transmisión del poder de disposición.
- Las **adquisiciones intracomunitarias** de oro de inversión
- Las **importaciones** de oro de inversión.

Sin embargo, no se aplica esta exención:

- A las prestaciones de servicios que tengan por objeto oro de inversión (excepto determinados servicios de mediación)
- A las adquisiciones intracomunitarias de oro de inversión precedidas de una entrega en el Estado miembro de origen en la que se hubiera renunciado a la exención por este régimen especial.

Se consideran oro de inversión, en virtud de lo dispuesto en el artículo 140 de la LIVA:

- Los lingotes o láminas de oro de ley igual o superior a 995 milésimas y cuyo peso se ajuste a lo dispuesto en el apartado noveno del anexo de la LIVA.
- Las monedas de oro que reúnan los siguientes requisitos:
  - Que sean de ley igual o superior a 900 milésimas.
  - Que hayan sido acuñadas con posterioridad al año 1800.
  - Que sean o hayan sido moneda de curso legal en su país de origen.
  - Que se comercialicen habitualmente por un precio no superior en un 80 % al valor de mercado del oro contenido en ellas.

Se entiende que estos requisitos se cumplen en relación con las monedas de oro incluidas en la relación publicada en el Diario Oficial de la Unión Europea antes del 1 de diciembre de cada año. Dichas monedas se considera que cumplen los requisitos exigidos para ser consideradas como oro de inversión durante el año natural siguiente a aquel en que se publique dicha relación o en los años sucesivos mientras no se modifiquen las publicadas con anterioridad.

El artículo 140 ter.Uno de la LIVA establece la posibilidad de renunciar a la exención aplicable a las entregas de oro de inversión, por parte del transmitente, siempre que:

- El transmitente se dedique con habitualidad a la realización de actividades de producción de oro de inversión o de transformación de oro que no sea de inversión en oro de inversión y siempre que la entrega tenga por objeto oro de inversión resultante de las actividades citadas.
- El adquirente sea un empresario o profesional que actúe en el ejercicio de sus actividades empresariales o profesionales.

La renuncia a la exención permitirá la deducción de las cuotas soportadas en el transmitente y, además, permitirá, en el caso de que el oro sea objeto de una entrega con destino a otro Estado miembro, la aplicación de la exención prevista en el artículo 25 de la LIVA para las entregas intracomunitarias, siendo una exención plena. En consecuencia, el empresario adquirente deberá declarar la operación como una adquisición intracomunitaria de bienes sin exención.

CUESTIÓN

Una entidad se dedica a la intermediación de la compraventa de oro de inversión y plata con una pureza del 99,9 %. ¿Cómo tributará en el IVA?

Cuando el prestador del servicio de mediación en oro de inversión haya renunciado a la exención, en los términos previstos en el artículo 140 ter de la LIVA, el servicio de mediación estará sujeto y no exento, siendo sujeto pasivo de dicha prestación el empresario prestador del servicio, en la medida en que el artículo 140 quinque de la LIVA solo es aplicable a entregas de bienes de oro de inversión y no a prestaciones de servicios.

RESOLUCIÓN ADMINISTRATIVA

Consulta vinculante de la Dirección General de Tributos (V0848-15), de 17 de marzo de 2015

Asunto: tributación de las operaciones realizadas por un intermediario de la compraventa de oro de inversión y plata con una pureza del 99,9 % que además realiza servicios de depósito y custodia de dichos metales preciosos, así como alquiler de cajas de seguridad.

«1º. El régimen especial aplicable a las operaciones con oro de inversión tendrá carácter obligatorio. Por tanto, siempre que se presten servicios de mediación de oro de inversión, tal como este se define en el artículo 140 de la Ley 37/1992, dicha operación estará exenta por aplicación de lo dispuesto en el artículo 140 bis de la Ley del Impuesto, salvo renuncia a la exención en los términos previstos en el artículo 140 ter de la misma Ley.

Por tanto, cuando el servicio de mediación en oro de inversión esté exento del Impuesto, y no se haya producido la renuncia a la misma por el prestador, éste será el sujeto pasivo de la operación, no debiendo repercutir cuota alguna.

2º. Cuando el prestador del servicio de mediación en oro de inversión haya renunciado a la exención, en los términos previstos en el artículo 140 ter de la Ley, el servicio de mediación estará sujeto y no exento siendo sujeto pasivo de dicha prestación el empresario prestador del servicio en la medida en que el artículo 140 quinque de la Ley sólo es aplicable a entregas de bienes de oro de inversión y no a prestaciones de servicios.

3º. Los servicios de mediación en la compraventa de plata estarán sujetos y no exentos del Impuesto sobre el Valor Añadido, siendo sujeto pasivo de dichos servicios la entidad consultante quien deberá repercutir el importe del Impuesto sobre el destinatario de la operación.

4º. Los servicios de alquiler de cajas de seguridad y de depósito y custodia de metales preciosos quedarán sujetos y no exentos del Impuesto sobre el Valor Añadido, por ser operaciones a las que no se les aplica la exención del artículo 20.Uno.18º de la Ley 37/1992».

2.8.5. Régimen especial del recargo de equivalencia

El objeto de este régimen especial es simplificar los trámites para el sujeto pasivo acogido al mismo en tanto que no está obligado, salvo en determinados supuestos que expondremos a continuación, a autoliquidar el impuesto.

La norma lo configura como **un régimen obligatorio**, no susceptible de renuncia, **aplicable exclusivamente a los comerciantes minoristas**, entendiendo por tales a los definidos en el artículo 149 de la LIVA. Este régimen supone que, en las compras, los proveedores de los comerciantes minoristas les repercuten y tienen obligación de ingresar el recargo de equivalencia, además del IVA.

En sus operaciones comerciales, así como en las transmisiones de bienes o derechos utilizados exclusivamente en dicha actividad, dichos sujetos deben repercutir el IVA a sus clientes, pero no el recargo. No obstante, no están obligados a consignar estas cuotas repercutidas en una autoliquidación ni a ingresar el impuesto, con exclusión de las entregas de bienes inmuebles sujetas y no exentas, por las que el transmitente ha de repercutir, liquidar e ingresar las cuotas del impuesto devengadas.

Estos sujetos pasivos no pueden deducir el IVA soportado por las adquisiciones o importaciones de bienes de cualquier naturaleza o por los servicios que les hayan sido prestados en la medida en que dichos bienes o servicios se utilicen en la realización de las actividades a las que afecte este régimen especial, tal y como regula el artículo 154.Dos de la LIVA. Pero no estarán obligados a efectuar la liquidación ni el pago del impuesto en relación con las operaciones comerciales por ellos efectuadas a las que resulte aplicable este régimen especial, ni por las transmisiones de los bienes o derechos utilizados exclusivamente en dichas actividades, con exclusión de las entregas de bienes inmuebles sujetas y no exentas, por las que el transmitente habrá de repercutir, liquidar e ingresar las cuotas del impuesto devengadas.

Cuando el comerciante minorista en régimen de recargo de equivalencia realiza adquisiciones intracomunitarias, importaciones y adquisiciones de bienes en los que el minorista sea sujeto pasivo, este tiene obligación de liquidar y pagar el impuesto y el recargo.

Los sujetos pasivos sometidos a este régimen especial quedan obligados a liquidar el impuesto en caso de realizar adquisiciones intracomunitarias de bienes, ya que son el sujeto pasivo de estas operaciones, tal y como establece el artículo 156 de la LIVA:

> «El recargo de equivalencia se exigirá en las siguientes operaciones que estén sujetas y no exentas del Impuesto sobre el Valor Añadido:
>
> 1.º Las entregas de bienes muebles o semovientes que los empresarios efectúen a comerciantes minoristas que no sean sociedades mercantiles.
>
> 2.º Las adquisiciones intracomunitarias o importaciones de bienes realizadas por los comerciantes a que se refiere el número anterior.
>
> 3.º Las adquisiciones de bienes realizadas por los citados comerciantes a que se refiere el artículo 84, apartado uno, número 2.º de esta Ley».

Si bien, en el caso de realizar adquisiciones intracomunitarias en donde el proveedor emite la factura sin IVA (ni recargo) al producirse la inversión del sujeto pasivo, los comerciantes minoristas sometidos a este régimen especial deben presentar el modelo 309 de autoliquidación complementaria e ingresar el IVA más el recargo correspondiente, sin que puedan deducirse importe alguno por esta operación.

Siempre que un sujeto pasivo sometido al régimen especial del recargo de equivalencia compre mercancías a un país miembro de la Unión Europea, se produce una adquisición intracomunitaria de bienes localizada en el TAI y correlativamente una entrega intracomunitaria de bienes exenta en el país de salida de los bienes, teniendo el comerciante minorista la obligación de presentar el modelo 309 declarando esta operación intracomunitaria e ingresando el IVA más el recargo de equivalencia.

A su vez, la correcta aplicación de la tributación en el IVA de las operaciones intracomunitarias requiere la existencia de un adecuado intercambio de información entre los Estados miembros; para los empresarios y profesionales españoles conlleva la presentación de la declaración recapitulativa de operaciones intracomunitarias (modelo 349), en la que se declaran entregas y adquisiciones de bienes y prestaciones de servicios y ha de presentarla todo empresario o profesional que realice entregas o adquisiciones intracomunitarias de bienes, cualquiera que sea su régimen de tributación a efectos del IVA. En el caso de que le falten datos deberá presentar el modelo 347.

2.8.6. Régimen especial del criterio de caja

Con efectos desde el 1 de enero de 2014, el artículo 23 de la Ley 14/2013, de 27 de septiembre, de apoyo a los emprendedores y su internacionalización, introdujo el régimen especial del criterio de caja en el capítulo X del título IX de la LIVA (artículo 163 decies y siguientes de la LIVA) .

Este nuevo régimen especial de carácter optativo permite a los sujetos pasivos retrasar el devengo y la consiguiente declaración e ingreso del IVA repercutido hasta el momento del cobro a sus clientes, aunque se retardará, igualmente, la deducción del IVA soportado en sus adquisiciones hasta el momento en que efectúe el pago a sus proveedores (criterio de caja doble); todo ello con la fecha límite del 31 de diciembre del año inmediato posterior a aquel en que las operaciones se hayan efectuado.

El artículo 163 duodecies de la LIVA establece los requisitos objetivos de la aplicación de este régimen, indicando que se referirá a todas las operaciones realizadas por el sujeto pasivo. Sin embargo, en su apartado Dos recoge que **quedan excluidas de este régimen, entre otras, las adquisiciones intracomunitarias de bienes**:

> «Dos. Quedan excluidas del régimen especial del criterio de caja las siguientes operaciones:
>
> a) Las acogidas a los regímenes especiales simplificado, de la agricultura, ganadería y pesca, del recargo de equivalencia, del oro de inversión, aplicable a los servicios prestados por vía electrónica y del grupo de entidades.
>
> b) Las entregas de bienes exentas a las que se refieren los artículos 21, 22, 23, 24 y 25 de esta Ley.
>
> c) Las adquisiciones intracomunitarias de bienes.
>
> d) Aquellas en las que el sujeto pasivo del Impuesto sea el empresario o profesional para quien se realiza la operación de conformidad con los números 2.°, 3.° y 4.° del apartado uno del artículo 84 de esta Ley.

e) Las importaciones y las operaciones asimiladas a las importaciones.
f) Aquellas a las que se refieren los artículos 9.1.° y 12 de esta Ley».

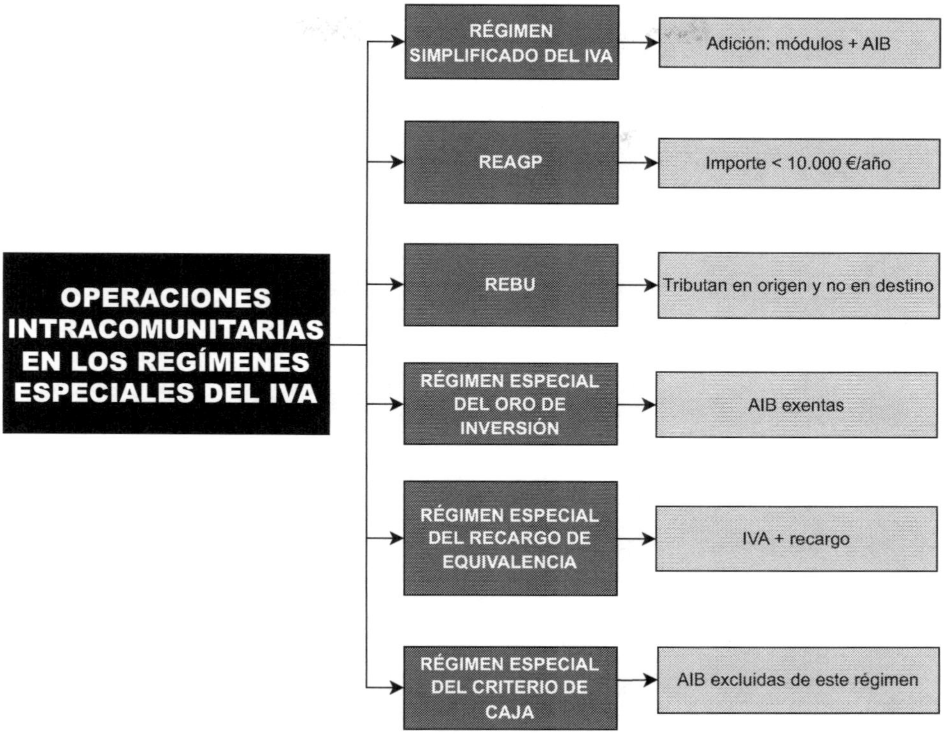

3.
LAS PRESTACIONES INTRACOMUNITARIAS DE SERVICIOS

El hecho imponible de las prestaciones intracomunitarias de servicios

A los efectos del IVA, se entiende por prestación de servicios toda **operación sujeta a dicho tributo que, conforme a la LIVA, no tenga la consideración de entrega, adquisición intracomunitaria o importación de bienes** (artículo 11.Uno de la LIVA) . A estos efectos:

- Por prestaciones intracomunitarias de servicios se entienden los servicios prestados por un empresario establecido en el territorio de aplicación del impuesto (TAI), para destinatarios que sean empresarios o profesionales o personas jurídicas con NIF-IVA de otros Estados miembros y que estén sujetos al IVA en ese otro Estado miembro, siendo sujeto pasivo el destinatario, por inversión. No procede por tanto la repercusión del tributo por parte del prestador del servicio.
- Las adquisiciones intracomunitarias de servicios son aquellas prestaciones de servicios sujetas y no exentas en el territorio de aplicación del impuesto que sean prestadas por un empresario o profesional establecido en un país de la UE, pero fuera del TAI. Estas prestaciones y adquisiciones intracomunitarias de servicios no constituyen en sí un hecho imponible diferente a efectos del IVA, ya que corresponden al concepto general. Asimismo, tampoco se benefician de ninguna exención, al contrario de lo que sucede con las entregas intracomunitarias de bienes.

Los empresarios que efectúen o reciban tales servicios deben inscribirse en un registro específico, que es el mismo en el que deben inscribirse aquellos que efectúen entregas y adquisiciones intracomunitarias de bienes.

Sujeto pasivo y devengo

Como norma general, cuando se realizan operaciones sujetas a IVA, el obligado a repercutir la cuota del impuesto y a ingresar su importe en el Tesoro (el sujeto pasivo) es el empresario o profesional que realiza la entrega de bienes o la prestación de servicios. Sin embargo, en algunos casos, la LIVA le exime de esta obligación, que pasa a recaer en la persona que adquiere los bienes o el destinatario de los servicios. Son los supuestos de inversión del sujeto pasivo (artículo 84.Uno de la LIVA) .

Esta norma tiene como objeto evitar que los empresarios y profesionales satisfagan IVA en un país en el que no están establecidos. De este modo, se ahorran trámites, ingresos y devoluciones entre distintos países. La inversión de sujeto pasivo se utiliza principalmente en las operaciones intracomunitarias, es decir, en las adquisiciones de bienes o servicios efectuadas por empresarios o profesionales a Estados miembros de la Unión Europea.

Con carácter general, el devengo del impuesto se produce, y el impuesto se hace exigible, en el momento en el que se efectúe o ejecute la prestación de servicios.

Lugar de realización en las prestaciones de servicios a no establecidos y sujeción al impuesto

El artículo 69 de la LIVA especifica las reglas generales de localización en caso de realización de las prestaciones de servicios.

De ellas, podemos extraer las siguientes conclusiones:

- Si el **destinatario del servicio es empresario o profesional que actúe como tal**, se entenderá prestado donde dicho empresario o profesional se encuentre establecido. Si la sede de actividad o establecimiento permanente de dicho empresario o profesional se encuentran en el territorio de aplicación del IVA, la prestación de servicios estará sujeta al IVA español.

Prestador→Destinatario empresario/profesional → Sede destinatario.

- En cambio, si el **destinatario es un consumidor final**, sigue aplicándose la regla general antes existente, es decir, la localización en sede del prestador, por lo que, si la sede de actividad o establecimiento permanente desde el que se lleve a cabo la operación se encuentra en el TAI, la operación quedará sujeta al IVA español.

Prestador→Destinatario consumidor final→Sede prestador.

Ahora bien, **por excepción a lo previsto en este segundo punto, no se entenderán realizados en el TAI español los servicios que enumera el artículo 69.Dos de la LIVA** cuando su destinatario no sea un empresario o profesional actuando como tal y esté establecido o tenga su domicilio o residencia habitual fuera de la Comunidad, salvo en el caso de que dicho destinatario esté establecido o tenga su domicilio o residencia habitual en las Islas Canarias, Ceuta o Melilla. Entre otros, tal y como ya se estudió en otros apartados de esta obra, en este punto se recogen servicios como los de publicidad, traducción, arrendamiento de muebles corporales (salvo que tengan por objeto cualquier medio de transporte y los contenedores), la cesión de personal, etc.

|| Reglas especiales de localización en las prestaciones de servicios

Además del artículo 69 de la LIVA, que recoge las reglas generales para determinar el lugar de realización de las prestaciones de servicios, los artículos 70 y 72 contemplan una serie de reglas especiales.

Así, el artículo 70 de la LIVA recoge normas especiales para establecer cuándo se consideran efectuadas en el TAI determinadas prestaciones de servicios. Al margen de las reglas ya analizadas en otros puntos de esta guía, en este apartado resulta especialmente relevante lo que prevé su apartado Dos, que especifica que **se consideran prestados en el TAI los servicios que se enumeran** a continuación **cuando, conforme a las reglas de localización aplicables a estos servicios, no se entiendan realizados en la Comunidad, Islas Canarias, Ceuta o Melilla, pero su utilización o explotación efectivas se realicen en dicho territorio**:

- Los **enunciados en el artículo 69.Dos de la LIVA, cuyo destinatario no tenga la consideración de empresario o profesional actuando como tal.**

- Los **de arrendamiento de medios de transporte.**

A TENER EN CUENTA. Esta redacción del artículo 70.Dos de la LIVA es fruto de la modificación introducida por parte de la Ley 13/2023, de 24 de mayo, con entrada en vigor el 26 de mayo de 2023. Así, se excluye, en relación con las reglas referentes al lugar de realización de las prestaciones de servicios, la aplicación de la denominada regla de «utilización efectiva» a las operaciones financieras y de seguros efectuadas entre empresarios y profesionales. También cabe destacar que, con carácter previo a esta norma, la Ley 31/2022, de 23 de diciembre, con efectos desde el 1 de enero de 2023; reforma que supuso, fundamentalmente, la supresión de su aplicación en el caso de prestaciones de servicios entre empresarios en sectores y actividades generadoras del derecho a la deducción para no limitar la competitividad internacional de las empresas españolas (manteniéndose en sectores que no generasen tal derecho, como el de los seguros o el financiero) y su extensión a los servicios intangibles a consumidores finales para asegurar la tributación en destino.

Por otra parte, el artículo 72 de la LIVA regula el **lugar de realización de los transportes intracomunitarios de bienes cuyo destinatario no sea un empresario o profesional** actuando como tal. A tales efectos, se entiende por transporte intracomunitario de bienes aquel cuyos lugares de inicio y de llegada estén situados en los territorios de dos Estados miembros diferentes. El lugar de inicio del transporte será el lugar donde comience efectivamente dicho transporte, sin tenerse en cuenta los trayectos efectuados para llegar al lugar en el que se encuentren los bienes, y el de llegada será aquel en el que termine efectivamente el transporte de los bienes. Pues bien, dichos transportes se considerarán realizados en el TAI español cuando se inicien en el mismo.

RESOLUCIÓN RELEVANTE

Sentencia del Tribunal Supremo n.º 117/2024, de 25 de enero de 2024, ECLI:ES:TS:2024:429

Asunto: localización del hecho imponible del IVA en relación con servicios electrónicos de naturaleza publicitaria.

«Reafirmamos la jurisprudencia fijada en nuestras sentencias de 16 y 17 de diciembre de 2019 (rec. 6477/2018, ECLI:ES:TS:2019:4102 y rec. 6274/2018, ECLI:ES:TS:2019:4073) sobre el concepto de "utilización o explotación efectiva" previsto en el artículo 70. Dos de la Ley del IVA con relación a servicios de publicidad, prestados por vía electrónica a través de internet, en el sentido de que la sujeción al impuesto se producirá cuando tales servicios tengan como destinatarios de los mensajes a internautas situados en el territorio de aplicación del impuesto».

RESOLUCIÓN ADMINISTRATIVA

Consulta vinculante de la Dirección General de Tributos (V1094-24), de 22 de mayo de 2024

Asunto: la prestación de servicios jurídicos través de embajadas y consulados a particulares residentes fuera de la UE se encuentran incluidos en el art. 70.Dos de la LIVA.

«3.- Con independencia de lo anterior, y en relación con los servicios de consultoría y asesoramiento a futuras madres que tengan la condición de consumidoras finales y estén establecidas fuera de la Comunidad, Canarias, Ceuta y Melilla, podría resultar de aplicación lo establecido en el artículo 70, apartado dos, de la Ley 37/1992, con la nueva redacción dada por la disposición final 1.2.1 de la Ley 13/2023, de 24 de mayo (BOE de 25 de mayo), que establece un criterio de gravamen económico basado en la utilización o explotación efectiva de determinados servicios para los cuales las reglas referentes al lugar de realización de las prestaciones de servicios determinarían la no sujeción al Impuesto y que dispone lo siguiente:

"Dos. Asimismo, se considerarán prestados en el territorio de aplicación del Impuesto los servicios que se enumeran a continuación cuando, conforme a las reglas referentes al lugar de realización aplicables a estos servicios, no se entiendan realizados en la Comunidad, Islas Canarias, Ceuta o Melilla, pero su utilización o explotación efectivas se realicen en dicho territorio:

1.º Los enunciados en el apartado dos del artículo 69 de esta ley, cuyo destinatario no tenga la consideración de empresario o profesional actuando como tal.

2.º Los de arrendamiento de medios de transporte.".

A estos efectos, los servicios de asesoramiento objeto de consulta, se encuentran entre los incluidos en el referido artículo 70.Dos de la Ley 37/1992 ya que el artículo 69, apartado dos, en su letra d) incluye los servicios de asesoramiento».

4.
ASPECTOS FORMALES DE LAS OPERACIONES INTRACOMUNITARIAS

¿Qué obligaciones formales han de cumplir los operadores intracomunitarios?

Conforme a lo dispuesto en el artículo 164.Uno de la LIVA, los empresarios y profesionales que llevan a cabo operaciones intracomunitarias **deben cumplir una serie de obligaciones formales**, entre las cuales se encuentran las siguientes:

- Presentar las declaraciones relativas al comienzo, modificación y cese de las actividades que determinen su sujeción al impuesto.
- Solicitar de la Administración tributaria el número de identificación fiscal y comunicarlo, así como acreditarlo en los supuestos que se establezcan.
- Expedir y entregar factura de todas sus operaciones, ajustadas a lo establecido reglamentariamente.
- Llevar la contabilidad y los registros que se establezcan, sin perjuicio de lo previsto en el Código de Comercio y demás normas contables.
- Presentar periódicamente o a requerimiento de la Administración tributaria, la información relativa a sus operaciones económicas con terceras personas.
- Presentar las declaraciones correspondientes e ingresar el importe resultante cuando corresponda (declaraciones correspondientes a los modelos 303, 309, 340, 347 o 349).
- Nombrar un representante a efectos del cumplimiento de las obligaciones impuestas en la LIVA cuando se trate de sujetos pasivos no establecidos en la Unión Europea, salvo que se encuentren establecidos en las Islas Canarias, Ceuta o Melilla, o en un Estado con el que existan instrumentos de asistencia mutua análogos a los instituidos en la Comunidad.
- Cumplir con las obligaciones estadísticas cumplimentando el modelo INTRASTAT.

|| Expedición y remisión de las facturas intracomunitarias

(Artículos 164.Dos y 165 de la LIVA)

Los empresarios o profesionales están obligados a expedir y entregar factura y copia de esta por las entregas de bienes y prestaciones de servicios que realicen en desarrollo de su actividad, tal y como exige el artículo 164. Dos de la LIVA.

La expedición de facturas por el empresario o profesional, por su cliente o por un tercero, en nombre y por cuenta del citado empresario o profesional, podrá realizarse por cualquier medio, en papel o en formato electrónico, siempre que, en este último caso, el destinatario de las facturas haya dado su consentimiento. La factura, en papel o electrónica, deberá garantizar la autenticidad de su origen, la integridad de su contenido y su legibilidad, desde la fecha de expedición y durante todo el período de conservación.

A TENER EN CUENTA. Los artículos 1 y 2 bis de la Ley 56/2007, de 28 de diciembre, imponen la facturación electrónica en la contratación con el sector público y, en el sector privado, la obligación de las empresas prestadoras de ciertos servicios de expedir de remitir factura electrónica en sus relaciones con empresas y particulares que aceptasen recibirlas o que las solicitasen expresamente (por ejemplo, en el marco de los servicios de comunicaciones electrónicas o de suministros de agua o gas al por menor a consumidores). A su vez, la Ley 18/2022, de 28 de septiembre, amplió dicha obligación de expedir y remitir facturas electrónicas en el sector privado a todos los empresarios y profesionales en sus relaciones comerciales con otros empresarios y profesionales; si bien esta medida no producirá efectos hasta que transcurran uno o dos años de la aprobación del desarrollo reglamentario correspondiente (según se trate de empresarios o profesionales cuya facturación anual sea superior a ocho millones de euros o del resto de ellos, respectivamente), quedando además condicionada su entrada en vigor a la obtención de la excepción comunitaria a los artículos 218 y 232 de la Directiva 2006/112/CE del Consejo, de 28 de noviembre de 2006.

Reglamentariamente se determinarán los requisitos a los que deba ajustarse la expedición, remisión y conservación de facturas.

En particular, también existirá obligación de expedir factura en los siguientes dos supuestos:

- Para los empresarios y profesionales acogidos a los **regímenes especiales del impuesto**.
- En los casos de realización de **operaciones no sujetas y sujetas pero exentas del impuesto, como regla general.**

Es obligatorio expedir factura en todo caso, en las siguientes operaciones (artículo 2.2 del Real Decreto 1619/2012, de 30 de noviembre, por el que se aprueba el Reglamento por el que se regulan las obligaciones de facturación):

- Las operaciones en las que el destinatario sea un empresario o profesional que actúe como tal, así como cualesquiera otras en las que el destinatario así lo exija para el ejercicio de cualquier derecho de naturaleza tributaria.

- Las entregas intracomunitarias de bienes destinados a otro Estado miembro a que se refiere el artículo 25 de la LIVA.
- Las entregas de bienes a que se refieren los artículos 68.Tres.a) de la LIVA (ventas a distancia intracomunitarias de bienes) y 68.Cinco de la LIVA (entregas de bienes objeto de impuestos especiales efectuadas en las condiciones del precepto anterior) cuando por aplicación de las reglas de dichos artículos se entiendan realizadas en el TAI. Sin embargo, cuando a estas entregas les resulte de aplicación el régimen especial de la Unión y el Estado miembro de identificación no sea España, será el Estado de identificación quien determine si existe obligación de expedir factura.
- Las entregas de bienes expedidos o transportados fuera de la Comunidad a que se refieren los números 1.° y 2.° del artículo 21 de la LIVA, excepto las realizadas en las tiendas libres de impuestos del artículo 21.2.°.B) de la LIVA.
- Las entregas de bienes que han de ser objeto de instalación o montaje antes de su puesta a disposición a que se refiere el artículo 68.Dos.2.° de la LIVA.
- Aquellas de las que sean destinatarias personas jurídicas que no actúen como empresarios o profesionales, con independencia de que se encuentren establecidas en el territorio de aplicación del impuesto o no, o las Administraciones públicas.

Asimismo, **también deberá emitirse factura por los pagos recibidos con anterioridad** de las entregas de bienes o prestaciones de servicios (anticipos) por las que deba cumplirse esta obligación, **a excepción de las entregas intracomunitarias de bienes exentas** del impuesto por aplicación del artículo 25 de la LIVA.

La Administración tributaria, cuando lo considere necesario a los efectos de cualquier actuación dirigida a la comprobación de la situación tributaria del empresario, profesional o sujeto pasivo, podrá exigir una **traducción** al castellano, o a cualquier otra lengua oficial, de las facturas correspondientes a entregas de bienes o prestaciones de servicios efectuadas en el TAI, así como de las recibidas por los empresarios o profesionales o sujetos pasivos establecidos en dicho territorio (artículo 164.Cuatro de la LIVA) .

Tal y como exige el artículo 165 de la LIVA, las facturas recibidas, los justificantes contables y las copias de las facturas expedidas, deberán **conservarse**, incluso por medios electrónicos, durante el plazo de prescripción del impuesto. Esta obligación se podrá cumplir por un tercero, que actuará en nombre y por cuenta del sujeto pasivo. Asimismo, cuando dichos documentos se refieran a adquisiciones por las cuales se hayan soportado o satisfecho cuotas del IVA cuya deducción esté sometida a un período de regularización, deberán conservarse durante el período de regularización correspondiente a dichas cuotas y los cuatro años siguientes.

Por regla general, las facturas tendrán que expedirse en el momento de realizarse la operación, aunque cuando el destinatario sea un empresario o profesional actuando como tal deberán expedirse antes del día 16 del mes siguiente a aquel en el que se haya producido el devengo del impuesto correspondiente a la operación. Ahora bien, en el caso de entregas intracomunitarias comprendidas en el artículo 75.Uno.8.º de la LIVA, la factura deberá expedirse antes del día 16 del mes siguiente a aquel en el que se inicie la expedición o el transporte de los bienes con destino al adquirente. Respecto a las operaciones acogidas al régimen especial del criterio de caja, regulado en la LIVA, la expedición de la factura ha de realizarse en el momento de la realización de tales operaciones, excepto cuando el destinatario de la operación sea un empresario o profesional que actúe como tal, en cuyo caso se deberá de expedir antes del día 16 del mes siguiente a aquel en que se realizara la operación.

CUESTIONES

1. ¿A qué entregas de bienes se refiere el artículo 75.Uno.8.º de la LIVA?

Dicho precepto se refiere a las entregas de bienes comprendidas en el artículo 25 de la LIVA (que regula las exenciones en las entregas de bienes destinados a otro Estado miembro), distintas de las operaciones de tracto sucesivo o continuado, suministros o arrendamientos, en las que el devengo del impuesto se producirá el día 15 del mes siguiente a aquel:

- En el que se inicie la expedición o el transporte de los bienes con destino al adquirente.
- En el que los bienes se pongan a disposición del adquirente, en las entregas de bienes efectuadas en las condiciones del artículo 9 bis.Dos de la LIVA.

  A efectos de los dos puntos anteriores, si antes de esa fecha se hubiera expedido factura por dichas operaciones, el devengo del IVA tendrá lugar en la fecha de expedición de la misma.
- En el momento en que se produzca el incumplimiento de las condiciones a que se refiere el artículo 9 bis.Tres de la LIVA.
- Al día siguiente de la expiración del plazo de 12 meses a que se refiere el artículo 9 bis.Cuatro de la LIVA.

2. La conservación de las facturas recibidas, las copias de las expedidas y los justificantes contables por medios electrónicos, ¿supone alguna obligación específica para el sujeto pasivo?

Sí, a tenor del artículo 165.Tres de la LIVA, cuando el sujeto pasivo conserve dichos documentos por medios electrónicos, tendrá que garantizar a la Administración tributaria:

- El acceso en línea a los mismos.
- Su carga remota y utilización.

Esta obligación, además, será independiente del lugar de conservación.

|| Cumplimentación de los libros registro

(Artículos 62 a 66 del RIVA)

Tal y como dispone el artículo 62 del RIVA, los empresarios o profesionales y otros sujetos pasivos del IVA deberán llevar, con carácter general y en los términos dispuestos por el RIVA, los siguientes libros registros:

- Libro registro de facturas expedidas.

- Libro registro de facturas recibidas.
- Libro registro de bienes de inversión.
- Libro registro de determinadas operaciones intracomunitarias.

A continuación, analizamos con algo más de detalle cada uno de los libros indicados:

- **Libro registro de facturas expedidas**. Conforme al artículo 63 del RIVA, en este libro deberán anotarse, una por una, las facturas o documentos sustitutivos expedidos y se consignará el número de la misma, así como, en su caso, la serie, la fecha de expedición, la fecha de realización de las operaciones, en caso de que sea distinta de la anterior, el nombre y apellidos o la denominación social, así como el NIF del destinatario, la base imponible de las operaciones, el tipo impositivo aplicado (y opcionalmente, la expresión «IVA incluido»), la cuota tributaria y las menciones procedentes si la operación se ha efectuado conforme al régimen especial del criterio de caja. Deberán anotarse por separado las facturas rectificativas (artículo 63.6 del RIVA) y cuando no proceda la emisión de factura rectificativa, se anotarán en el libro registro de facturas expedidas las regularizaciones o ajustes de la base imponible y cuota calculadas inicialmente en operaciones acogidas al régimen especial de las agencias de viajes o al régimen especial de los bienes usados, objetos de arte, antigüedades y objetos de colección, consecuencia de descuentos u otras circunstancias posteriores al devengo de la operación (esta última previsión fue incorporada al artículo 63.3 del RIVA por parte del Real Decreto 249/2023, de 4 de abril, con entrada en vigor el 1 de julio de 2023, resultando esta norma de aplicación respecto de ajustes que deban incluirse en las autoliquidaciones correspondientes a períodos impositivos que se inicien a partir de dicha fecha). De tratarse de sujetos pasivos que tengan que llevar los libros registro del impuesto a través de la sede electrónica de la AEAT, será necesaria la inclusión de cierta información adicional que especifica el artículo 63.3 del RIVA.
- **Libro registro de facturas recibidas**. Según dispone el artículo 64 del RIVA, los empresarios o profesionales, a los meros efectos del IVA, deben numerar correlativamente todas las facturas o justificantes contables recibidos, así como la documentación de aduanas correspondiente a los bienes adquiridos o importados y a los servicios recibidos en el desarrollo de su actividad. Con respecto a ellas, habrá que anotar información análoga a la ya apuntada con respecto a las facturas expedidas y su libro registro, también con particularidades para las personas y entidades cuyo período de liquidación sea mensual (previstas en el artículo 64.4 del RIVA) .
- **Libro registro de bienes de inversión**. Deberán llevar un libro registro de bienes de inversión aquellos sujetos pasivos del IVA que tengan que practicar la regularización de las deducciones por bienes de inversión establecida en la LIVA, tal y como exige el artículo 65 del RIVA.

– **Libro registro de determinadas operaciones intracomunitarias**. El objetivo de este libro registro es reflejar la situación de los bienes a que se refieren determinadas operaciones intracomunitarias en tanto no tenga lugar el devengo de las entregas o de las adquisiciones. Su regulación se contiene en el artículo 66 del RIVA y en él se deberán anotar las siguientes operaciones:
  - El envío o recepción de bienes para la realización de los informes periciales o trabajos mencionados en la letra b) del artículo 70.Uno.7.º de la LIVA.
  - Las transferencias de bienes y las adquisiciones intracomunitarias de bienes comprendidas en los artículos 9.3.º y 16.2.º de la LIVA, incluidas, en ambos casos, las contempladas en las excepciones correspondientes a los párrafos e), f) y g) del citado artículo 9.3.º de la LIVA.
  - El envío o recepción de los bienes comprendidos en un acuerdo de ventas de bienes en consigna a que se refiere el artículo 9 bis de la LIVA.

RESOLUCIÓN RELEVANTE

Sentencia del Tribunal de Justicia de la Unión Europea n.º C-475/23, de 4 de octubre de 2024, ECLI:EU:C:2024:866

Asunto: el incumplimiento de un requisito formal no impide el derecho del sujeto pasivo a deducir el IVA.

«36 (...), es preciso puntualizar que los requisitos materiales del derecho a deducción son los que regulan el propio fundamento y el alcance de este derecho, como se establecen en el capítulo 1 del título X de la Directiva 2006/112, titulado "Nacimiento y alcance del derecho a deducir", mientras que los requisitos formales de dicho derecho regulan las modalidades y el control del ejercicio de este, así como el buen funcionamiento del sistema del IVA, como las obligaciones relativas a la contabilidad, la facturación y la declaración (sentencia de 28 de julio de 2016, Astone, C?332/15, EU:C:2016:614, apartado 47 y jurisprudencia citada).

37 Así pues, a efectos de la aplicación del IVA y de su control por la Administración tributaria, el título XI de dicha Directiva enumera determinadas obligaciones que incumben, específicamente, a los sujetos pasivos deudores de este impuesto, en particular, la llevanza de una contabilidad adecuada, que se establece en el artículo 242 de la citada Directiva (véase, en este sentido, la sentencia de 28 de julio de 2016, Astone, C?332/15, EU:C:2016:614, apartado 48).

38 De ello se infiere que no puede impedirse que un sujeto pasivo ejerza su derecho a deducir por el hecho de que no haya llevado una contabilidad suficientemente detallada si la Administración tributaria puede llevar a cabo su control y comprobar que se cumplen los requisitos materiales. En el presente asunto, aunque el sujeto pasivo no lleve una contabilidad separada para su establecimiento permanente en Rumanía, la Administración tributaria no puede denegar su derecho a deducir el IVA soportado si dicha Administración puede realizar las comprobaciones necesarias para determinar la existencia y el alcance de dicho derecho, extremo que corresponde verificar al órgano jurisdiccional remitente.

39 Además, el Tribunal de Justicia ha declarado que el hecho de sancionar la inobservancia por el sujeto pasivo de las obligaciones de contabilidad y de decla-

ración con la denegación del derecho a la deducción va manifiestamente más allá de lo necesario para lograr el objetivo de garantizar la correcta ejecución de dichas obligaciones, toda vez que el Derecho de la Unión no impide que los Estados miembros impongan, en su caso, una multa o una sanción pecuniaria proporcionada a la gravedad de un incumplimiento de los requisitos formales relacionados con el derecho a deducción (véase, en este sentido, la sentencia de 7 de marzo de 2018, Dobre, C?159/17, EU:C:2018:161, apartado 34 y jurisprudencia citada)».

CUESTIÓN

¿Cómo procederán los titulares de diversos establecimientos en el TAI a la llevanza de dichos libros registro?

Estos sujetos podrán llevar, en cada uno de ellos, los libros registros antes relacionados, en los que anotarán por separado las operaciones efectuadas desde dichos establecimientos, siempre que los asientos resúmenes de estos se trasladen a los correspondientes libros generales que deberán llevarse en el domicilio fiscal (artículo 62.4 del RIVA) .

La obligación de llevanza de los libros registro a través de la sede de la AEAT

El artículo 62.6 del RIVA señala que los libros registro antes referidos deberán llevar a través de la sede electrónica de la AEAT, mediante el suministro electrónico de los registros de facturación, por los empresarios o profesionales y otros sujetos pasivos del IVA que tengan un período de liquidación que coincida con el mes natural de acuerdo con el artículo 71.3 del RIVA.

Además, el **resto** de los empresarios, profesionales y sujetos pasivos del impuesto podrán **optar** por llevar los siguientes libros registro a través de la sede electrónica de la AEAT en los términos que prevé el artículo 68 bis del RIVA:

- Los libros registro antes enumerados: de facturas expedidas, de facturas recibidas, de bienes de inversión y de determinadas operaciones intracomunitarias.
- Los libros registro que especifican los artículos 40.1, 47.2 y 61.2 del RIVA en el marco de los regímenes especiales simplificado, de la agricultura, ganadería y pesca, y del recargo de equivalencia, respectivamente.

Esta opción podrá ejercitarse a lo largo de todo el ejercicio, mediante la presentación de la correspondiente declaración censal, y surtirá efecto para el primer período de liquidación que se inicie después de que se hubiera ejercido. Se entenderá prorrogada para los años siguientes mientras no se renuncie a ella. Además, los que opten por este sistema de llevanza de los libros registro tendrán que cumplir con el suministro de los registros de facturación durante al menos el año natural para el que se ejercita la opción.

La renuncia a la opción tendrá que ejercitarse a través comunicación al órgano competente de la Agencia Estatal de Administración Tributaria, a través de la presentación de la correspondiente declaración censal y se deberá formular en el mes de noviembre anterior al inicio del año natural en el que deba surtir efecto.

Por otra parte, quedarán **excluidos de la obligación de llevar los libros registro a través de este** sistema o cesarán en ella:

- Los sujetos pasivos inscritos en el registro de devolución mensual que queden excluidos del mismo por incumplir alguno de los requisitos necesarios a tal efecto o constatarse la inexactitud o falsedad de la información censal facilitada a la AEAT, con efectos desde el primer día del período de liquidación en el que se haya notificado el respectivo acuerdo de exclusión.
- Quienes cesen en la aplicación del régimen especial del grupo de entidades conforme lo que establece el artículo 163 septies de la LIVA también cesarán en la obligación de llevar los libros registro a través de la sede electrónica de la AEAT desde que se produzca aquel.

Ahora bien, esta exclusión o cese del deber de llevanza electrónica de los libros registro por esta vía, no será de aplicación cuando se trate de empresarios o profesionales cuyo período de liquidación siga siendo mensual de acuerdo con lo dispuesto en el artículo 71.3 del RIVA.

A TENER EN CUENTA. Este sistema de llevanza de libros registro previsto en el artículo 62.6 del RIVA fue introducido por el Real Decreto 596/2016, de 2 de diciembre, desde el 1 de julio de 2017.

El suministro de los registros de facturación se llevará a cabo a través de la sede electrónica de la AEAT mediante un servicio web o, en su caso, a través de un formulario electrónico, todo ello conforme con los campos de registro aprobados por orden del ministro de Hacienda. En particular, la Orden HFP/417/2017, de 12 de mayo, desarrolla la llevanza de los libros registro del IVA por esta vía.

RESOLUCIÓN ADMINISTRATIVA

Consulta vinculante de la Dirección General de Tributos (V1491-24), de 18 de junio de 2024

Asunto: no inclusión en los libros de facturas recibidas a efectos del SII de gastos incurridos en un establecimiento permanente fuera del TAI.

«(...) aquellos empresarios o profesionales y otros sujetos pasivos del Impuesto no mencionados en el párrafo anterior, podrán optar por llevar los libros registro a que se refieren los artículos 40, apartado 1; 47, apartado 2; 61, apartado 2 y el apartado 1 de este artículo, a través de la Sede electrónica de la Agencia Estatal de Administración Tributaria en los términos establecidos en el artículo 68 bis de este Reglamento.

A efectos de lo previsto en el apartado 4 anterior, se llevarán unos únicos libros registro en los que se anotarán las operaciones de todos los establecimientos situados en el territorio de aplicación del Impuesto.

El suministro electrónico de los registros de facturación se realizará a través de la Sede Electrónica de la Agencia Estatal de Administración Tributaria mediante un servicio web o, en su caso, a través de un formulario electrónico, todo ello conforme con los campos de registro que apruebe por Orden el Ministro de Hacienda y Función Pública.".

Por tanto, se deberán llevar los libros previstos en el apartado 1 del artículo 62 del Reglamento del Impuesto sobre el Valor Añadido a través de la Sede electrónica de la Agencia Estatal de Administración Tributaria, mediante un servicio web o, en su caso, a través de un formulario electrónico, en el caso de que el periodo de liquidación coincida con el mes natural según lo dispuesto dicho artículo 71 del Reglamento, o en caso de que se opte voluntariamente por la llevanza de los mismos a través de estos medios electrónicos. Por su parte, es doctrina de este Centro directivo, contenida entre otras en la contestación vinculante número V1004-18, de 18 de abril de 2018, que si un sujeto pasivo del Impuesto sobre el Valor Añadido opera en otro punto distinto fuera del territorio de aplicación del Impuesto, a través de un establecimiento permanente, las operaciones efectuadas desde estos establecimientos permanentes no se incluirán en el volumen de operaciones del sujeto pasivo, a efectos del cómputo del volumen de operaciones que determina la obligación de presentación de declaraciones con periodicidad mensual según lo dispuesto en el artículo 71.3 del Reglamento del Impuesto sobre el Valor Añadido, y en caso de no superarlo, no estará obligado al SII».

CUESTIÓN

Si el titular de varios establecimientos en el TAI lleva los libros a través de la sede de la AEAT, ¿cómo lo hará?

Se llevarán unos únicos libros registro en los que se anotarán las operaciones de todos los establecimientos situados en el TAI.

Referencia al registro de operaciones efectuadas a través de una interfaz digital del artículo 166 bis de la LIVA

El Real Decreto-ley 7/2021, de 27 de abril, introdujo un nuevo artículo 166 bis de la LIVA, que entró en vigor el 1 de julio de 2021 y regula un registro de operaciones que tendrán que llevar los empresarios o profesionales que faciliten la entrega de bienes o prestación de servicios a través de una interfaz digital en ciertos términos. Esta previsión se desarrolla en el artículo 62 bis del RIVA, añadido por el Real Decreto 424/2021, de 15 de junio, y con idéntica vigencia.

Así:

- Cuando un **empresario o profesional, actuando como tal y utilizando una interfaz digital** como un mercado en línea, una plataforma, un portal u otros medios similares, **facilite la entrega de bienes o la prestación de servicios a personas que no sean empresarios o profesionales, actuando como tales, y no tenga la condición de sujeto pasivo** respecto de dichas entregas de bienes o prestaciones de servicios, tendrá la obligación de llevar un registro de dichas operaciones:
- Tendrá que incluir el siguiente contenido:
  - » El nombre, la dirección postal y electrónica o el sitio web del proveedor cuyas entregas o prestaciones se faciliten a través de la utilización de la interfaz electrónica; y, si están disponibles, el número de identificación a efectos del IVA o el NIF nacional del proveedor; y el número de la cuenta bancaria o de la cuenta virtual del proveedor.

   » Una descripción de los bienes, su valor, el lugar de llegada de la expedición o transporte, junto con el momento de la entrega y, si se encuentran disponibles, el número de pedido o el número único de transacción.
   » Una descripción de los servicios, su valor, información para determinar el lugar y el momento de la prestación y, si se encuentran disponibles, el número de pedido o el número único de transacción.
- Deberá estar a disposición de los Estados miembros interesados por vía electrónica, previa solicitud.
- Se mantendrá por un período de 10 años a partir del final del año en que se haya realizado la operación.

– Cuando un **empresario o profesional, actuando como tal y utilizando una interfaz digital** como un mercado en línea, una plataforma, un portal u otros medios similares, **facilite la entrega de bienes en los términos del artículo 8 bis de la LIVA o cuando participe en una prestación de servicios por vía electrónica para la cual se considere que actúa en nombre propio de conformidad con el artículo 9 bis del Reglamento (UE) n.º 282/2011, de 15 de marzo**, tendrá la obligación de llevar los siguientes registros:
- Los registros establecidos en el artículo 63 quater del Reglamento (UE) n.º 282/2011, de 15 de marzo, cuando dicho empresario o profesional se encuentre acogido a los regímenes especiales previstos en el capítulo XI del título IX de la LIVA.
- Los registros establecidos reglamentariamente, sin perjuicio de lo dispuesto en el Código de Comercio y demás normas contables, cuando no se encuentre acogido a los regímenes especiales previstos en el capítulo XI del título IX de la LIVA.

CUESTIÓN

¿Qué requisitos tendrá que cumplir la contabilidad del sujeto pasivo del IVA?

La contabilidad, a los efectos del IVA, deberá permitir que se determinen con precisión:

– El importe total del IVA que el sujeto pasivo haya repercutido a sus clientes.

– El importe total del impuesto soportado por el sujeto pasivo.

Además, todas las operaciones que realice en el ejercicio de sus actividades empresariales o profesionales tendrán que contabilizarse o registrarse dentro de los plazos establecidos para la liquidación y pago del impuesto.

Ahora bien, la persona titular del Ministerio de Hacienda podrá disponer adaptaciones o modificaciones de las obligaciones registrales de ciertos sectores empresariales o profesionales, según prevé el artículo 166 de la LIVA.

Referencia a las obligaciones específicas de los proveedores de los servicios de pago (entrada en vigor el 1 de enero de 2024)

La Ley 11/2023, de 8 de mayo, introdujo tres **nuevos artículos 166 ter a 166 quinquies en la LIVA** y reorganizó su título X, con **entrada en vigor el 1 de enero de 2024**. En ellos, se regulan ciertas obligaciones de registro y suministro de información que han de cumplir los proveedores de servicios de pagos transfronterizos en determinados supuestos.

A tales efectos, se entenderán por «proveedor de servicios de pago» las entidades y organismos contemplados en los apartados 1 y 2 del artículo 5 del Real Decreto-ley 19/2018, de 23 de noviembre, y las personas físicas o jurídicas que se acojan a las exenciones previstas en los artículos 14 y 15 de dicho Real Decreto-ley.

Pues bien, a tenor del artículo 166 quater de la LIVA, los proveedores de servicio de pago cuyo Estado miembro de origen o de acogida sea España, estarán obligados a **mantener un registro suficientemente detallado de los beneficiarios y de los pagos en relación con los servicios de pago que presten en cada trimestre natural**, obligación que se aplicará exclusivamente a los servicios de pago que se presten en relación con pagos transfronterizos. En tal sentido, un pago se considerará transfronterizo cuando el ordenante esté ubicado en un Estado miembro y el beneficiario esté situado en otro Estado miembro o en un país o territorio tercero. La obligación se aplicará cuando, en el transcurso de un trimestre natural, un proveedor de servicios de pago preste servicios de pago correspondientes a más de 25 pagos transfronterizos al mismo beneficiario.

El número de pagos transfronterizos indicado se calculará con referencia a los servicios de pago prestados por el proveedor de servicios de pago por cada Estado miembro y por cada uno de los identificadores a los que se refiere el artículo 166 quinquies.Dos de la LIVA. Cuando el proveedor de servicios de pago disponga de información según la cual el beneficiario posee varios identificadores, el cálculo se hará por beneficiario.

Sin embargo, esta obligación no se aplicará a los servicios de pago prestados por los proveedores de servicios de pago del ordenante por lo que respecta a cualquier pago cuando al menos uno de los proveedores de servicios de pago del beneficiario esté situado en un Estado miembro, tal como muestre el BIC de dicho proveedor de servicios de pago o cualquier otro código identificador de la entidad que identifique inequívocamente al proveedor de servicios de pago y su ubicación. No obstante, los proveedores de servicios de pago del ordenante incluirán esos servicios de pago en el cálculo antes mencionado.

Los registros serán conservados por los proveedores de servicios de pago en formato electrónico durante un período de tres años naturales contados desde el final del año natural de la fecha del pago.

Además, esos mismos sujetos estarán también **obligados a poner a disposición de la Administración tributaria dichos registros.**

A TENER EN CUENTA. El artículo 166 quinquies de la LIVA especifica en qué supuestos se considerará que la ubicación del ordenante se encuentra en el Estado miembro que corresponda y que la del beneficio se halla en el Estado miembro o tercer territorio o país que corresponda. Se atenderá:

- Al número IBAN de la cuenta de pago del ordenante/beneficiario o a cualquier otro medio identificativo que permita identificar inequívocamente y proporcionar su ubicación.

- O, en ausencia de dichos medios identificativos; al código BIC o a cualquier otro código identificador de la entidad que identifique inequívocamente y proporcione la ubicación del proveedor de servicios de pago que actúe en nombre del ordenante/beneficiario.

Autoliquidaciones de IVA en prestaciones intracomunitarias de servicios. Modelos a presentar

En este punto, nos referiremos a algunos aspectos de:

- La autoliquidación del IVA trimestral y anual (modelos 303 y 390).
- La declaración recapitulativa de operaciones intracomunitarias (modelo 349).
- La declaración anual de operaciones con terceros (modelo 347).
- La declaración informativa de operaciones en libros registro (el modelo 340).

|| El modelo 303

El modelo 303, de autoliquidación del IVA, se regula en la Orden EHA/3786/2008, de 29 de diciembre.

Ha de ser presentado por los siguientes sujetos pasivos del IVA, en los plazos y formas que se indican:

- Aquellos cuyo período de liquidación coincida con el trimestre natural, incluidas las personas o entidades que apliquen el régimen especial simplificado, salvo las personas o entidades que tengan la obligación de presentar autoliquidaciones de carácter no periódico, según el artículo 71.8 del RIVA. El plazo para presentar la declaración trimestral será durante los 20 primeros días naturales del mes siguiente a la finalización del correspondiente período de liquidación trimestral, excepto la correspondiente al último período de liquidación del año, que deberá presentarse durante los 30 primeros días naturales del mes de enero siguiente. La presentación será electrónica por internet, mediante un sistema de identificación, autenticación y firma electrónica utilizando un certificado electrónico reconocido. Con la Orden HFP/1395/2021, de 9 de diciembre, se suprime la presentación del modelo 303 mediante papel impreso generado mediante el servicio de impresión desarrollado por la Agencia Tributaria en su sede electrónica; medida que entró en vigor el 1 de enero de 2023, resultando de aplicación a las autoliquidaciones del modelo 303 correspondientes al ejercicio 2023 y siguientes.
- Aquellos cuyo período de liquidación coincida con el mes natural, de acuerdo con lo estipulado en el RIVA. El plazo reglamentario para presentar la liquidación mensual será durante los primeros 20 días naturales del mes siguiente a la finalización del período de liquidación mensual, excepto la relativa al último período de

liquidación del año, que deberá presentarse durante los treinta primeros días naturales del mes de enero siguiente. Ahora bien, las declaraciones-liquidaciones correspondientes a las personas y entidades a que se refiere el artículo 62.6 del RIVA deberán presentarse durante los 30 primeros días naturales del mes siguiente al correspondiente período de liquidación mensual, o hasta el último día del mes de febrero en el caso de la declaración-liquidación correspondiente al mes de enero. La presentación será obligatoria por vía telemática a través de internet, basada en certificados electrónicos reconocidos.

A TENER EN CUENTA. En cualquier caso, y conforme a la Orden HAP/2194/2013, de 22 de noviembre, la presentación electrónica por internet basada en certificados electrónicos reconocidos es obligatoria para los obligados tributarios que tengan el carácter de Administración pública o se encuentren inscritos en el Registro de Grandes Empresas, bien estén adscritos a la Delegación Central de Grandes Contribuyentes o bien tengan la forma de sociedad anónima o sociedad de responsabilidad limitada.

|| El modelo 390

El modelo 390, de declaración resumen anual del IVA, se regula en la Orden EHA/3111/2009, de 5 de noviembre.

Será presentado por los sujetos pasivos del impuesto obligados a la presentación de autoliquidaciones periódicas del IVA y los sujetos pasivos autorizados a **la presentación conjunta de las autoliquidaciones**, según lo dispuesto en el artículo 71.7 del RIVA. No obstante, se excluye de la obligación de presentar este modelo a los siguientes sujetos pasivos del IVA:

- Que realicen exclusivamente las operaciones exentas comprendidas en los artículos 20 y 26 de la LIVA.
- Obligados a la presentación de autoliquidaciones periódicas, con período de liquidación trimestral que, tributando solo en territorio común realicen exclusivamente las actividades siguientes:
  - Actividades que tributen en régimen simplificado del IVA.
  - Y/o actividad de arrendamiento de bienes inmuebles urbanos.
  - La exclusión de la obligación de presentar la declaración resumen anual para quienes realicen actividades que tributen en régimen simplificado del IVA se mantendrá en el caso de que los sujetos pasivos realicen, además, actividades por las que no exista obligación de presentar autoliquidaciones periódicas.
- Que lleven los libros registro a través de la sede electrónica de la AEAT de acuerdo con el artículo 62.6 del RIVA.
- En los dos últimos supuestos, la exoneración no procederá si no existe obligación de presentar la autoliquidación correspondiente al último período de liquidación del ejercicio.

En cuanto al plazo, deberá presentarse en los **30 primeros días naturales del mes de enero** siguiente al año al que se refiere la declaración.

Tras la modificación introducida por la Orden HFP/1124/2022, de 18 de noviembre de 2022, con entrada en vigor el 1 de enero de 2023 y aplicación por primera vez para el modelo 390 correspondiente al ejercicio 2022, la forma de presentación se regirá por lo previsto en la Orden HAP/2194/2013, de 22 de noviembre. Esto es, su **presentación tendrá que realizarse de forma electrónica por internet**. En particular, mediante certificados electrónicos reconocidos en el caso de los obligados tributarios que tengan el carácter de Administración pública o se encuentren inscritos en el Registro de Grandes Empresas, bien estén adscritos a la Delegación Central de Grandes Contribuyentes o bien tengan la forma de sociedad anónima o sociedad de responsabilidad limitada.

Declaración recapitulativa de operaciones intracomunitarias (modelo 349)

El modelo 349 es una declaración formalizada del IVA, de carácter informativo, en donde se deben recoger de manera recapitulativa las operaciones intracomunitarias en las que un sujeto pasivo del impuesto haya intervenido. Se regula en la Orden EHA/769/2010, de 18 de marzo.

Deben presentar esta declaración todos aquellos **empresarios y profesionales que hayan realizado en el período de declaración alguna de las siguientes operaciones**:

- Entregas intracomunitarias de bienes que resulten exentas conforme a los apartados Uno, Dos y Tres del artículo 25 de la LIVA. Se incluyen entre estas operaciones las transferencias de bienes comprendidas en el artículo 9.3.º de la LIVA y, en particular, las entregas posteriores de bienes cuya importación hubiese estado exenta conforme al artículo 27.12.º de la LIVA. Sin embargo, se excluyen:
  - Las que tengan por objeto medios de transporte nuevos realizadas a título ocasional por las personas comprendidas en el artículo 5.Uno.e) de la LIVA.
  - Las efectuadas por sujetos pasivos del IVA para destinatarios que no tengan atribuido un número de identificación a efectos de dicho impuesto en cualquier otro Estado miembro de la Comunidad.
- Adquisiciones intracomunitarias de bienes sujetas al impuesto realizadas por personas o entidades identificadas a sus efectos en el TAI. Se incluyen las transferencias de bienes desde otro Estado miembro del artículo 16.2.º de la LIVA y, en concreto, las adquisiciones intracomunitarias de bienes que hayan sido previamente importados en otro Estado miembro donde dicha importación haya estado exenta del IVA en condiciones análogas a las del artículo 27.12.º de la LIVA.
- Las prestaciones intracomunitarias de servicios, en las condiciones previstas en el artículo 79 del RIVA.

- Las adquisiciones intracomunitarias de servicios, en las condiciones previstas en el artículo 79 del RIVA.
- Las entregas subsiguientes a las adquisiciones intracomunitarias de bienes a que se refiere el artículo 26.Tres de la LIVA, realizadas en otro Estado miembro utilizando un número de identificación a efectos de IVA asignado por la Administración tributaria española.
- Las transferencias de bienes expedidos o transportados desde el TAI con destino a otro Estado miembro en el marco de acuerdos de ventas de bienes en consigna.

Con carácter general, la declaración recapitulativa comprenderá las operaciones realizadas en cada mes natural, y se presentará durante los **20 primeros días naturales del mes inmediato siguiente** al correspondiente período mensual, salvo la correspondiente al mes de julio, que podrá presentarse durante el mes de agosto y los 20 primeros días naturales de septiembre, y la correspondiente al mes de diciembre, que deberá presentarse durante los 30 primeros días naturales de enero.

Ahora bien, cuando ni durante el trimestre de referencia ni en cada uno de los cuatro trimestres naturales anteriores el importe total de las entregas de bienes y prestaciones de servicios que deban consignarse en esta declaración sea **superior a 50.000 euros, excluido el IVA**, el modelo 349 deberá presentarse durante los 20 primeros días naturales del mes inmediato siguiente al correspondiente período trimestral, salvo la del último trimestre del año (que deberá presentarse durante los 30 primeros días naturales del mes de enero). Si al final de cualquiera de los meses que conforman cada trimestre natural se superara el importe indicado, deberá presentarse una declaración recapitulativa para el mes o los meses transcurridos desde el comienzo de dicho trimestre natural durante los 20 primeros días naturales inmediatos siguientes, según el siguiente criterio:

- Si se supera el importe en el primer mes del trimestre natural, deberá presentarse una declaración mensual incluyendo las operaciones realizadas en dicho mes.
- Si se supera en el segundo mes del trimestre natural, deberá presentarse una declaración mensual, en la que se incluirán las operaciones correspondientes a los dos primeros meses del trimestre y se incorporará una marca en la que se indique que se trata de un trimestre truncado.

La **forma de presentación** será la prevista en la Orden HAP/2194/2013, de 22 de noviembre, es decir, de manera **electrónica por internet**. En particular, mediante certificados electrónicos reconocidos en el caso de los obligados tributarios que tengan el carácter de Administración pública o se encuentren inscritos en el Registro de Grandes Empresas, bien estén adscritos a la Delegación Central de Grandes Contribuyentes o bien tengan la forma de sociedad anónima o sociedad de responsabilidad limitada.

|| Declaración anual de operaciones con terceros (modelo 347)

El modelo 347, aprobado por la Orden EHA/3012/2008, de 20 de octubre, se refiere a la declaración anual de operaciones con terceras personas. En él, los obligados tributarios deberán relacionar todas aquellas personas o entidades, cualquiera que sea su naturaleza, con quienes hayan efectuado operaciones que en su conjunto para cada una de dichas personas o entidades hayan superado la cuantía de 3.005,06 euros durante el año natural correspondiente. Las adquisiciones y las entregas de bienes y servicios deberán constar por separado (artículo 33.1 del Real Decreto 1065/2007, de 27 de julio).

Sin embargo, no estarán obligados a presentar la declaración anual:

- Quienes realicen en España actividades empresariales o profesionales sin tener en territorio español la sede de su actividad económica, un establecimiento permanente o su domicilio fiscal o, en el caso de entidades en régimen de atribución de rentas constituidas en el extranjero, sin tener presencia en territorio español.
- Las personas físicas y entidades en atribución de rentas en el IRPF, por las actividades que tributen en dicho impuesto por el método de estimación objetiva y, simultáneamente, en el IVA por los regímenes especiales simplificado o de la agricultura, ganadería y pesca o del recargo de equivalencia, salvo por las operaciones por las que emitan factura. No obstante, los sujetos pasivos acogidos al régimen simplificado del IVA incluirán en la declaración anual de operaciones con terceras personas las adquisiciones de bienes y servicios que realicen que deban ser objeto de anotación en el libro registro de facturas recibidas del artículo 40.1 del RIVA.
- Los obligados tributarios que no hayan realizado operaciones que en su conjunto, respecto de otra persona o entidad, hayan superado la cifra de 3.005,06 euros durante el año natural correspondiente o de 300,51 euros durante el mismo período, cuando, en este último supuesto, realicen la función de cobro por cuenta de terceros de honorarios profesionales o de derechos derivados de la propiedad intelectual, industrial o de autor u otros por cuenta de sus socios, asociados o colegiados.
- Los obligados tributarios que hayan realizado exclusivamente operaciones no sometidas al deber de declaración, según el artículo 33 del Real Decreto 1065/2007, de 27 de julio.
- Los obligados tributarios a que se refiere el artículo 62.6 del RIVA, así como los obligados tributarios a que se refiere el artículo 49.5 del Reglamento de gestión de los tributos derivados del Régimen Económico y Fiscal de Canarias, aprobado por el Decreto 268/2011, de 4 de agosto.

La presentación de esta declaración anual se realizará durante el **mes de febrero de cada año** en relación con las operaciones realizadas durante el año natural anterior, sin perjuicio de la posibilidad de presentarla durante los cuatro días naturales siguientes al de finalización de dicho plazo si por razones técnicas no fuese posible la presentación por internet dentro del plazo fijado.

La forma de presentación será la regulada en la Orden HAP/2194/2013, de 22 de noviembre.

Declaración informativa de operaciones en libros registro (el modelo 340)

El modelo 340, de declaración informativa de operaciones incluidas en los libros registro y otras operaciones, fue aprobado por la Orden EHA/3787/2008, de 29 de diciembre.

La orden indica que deberán presentar esta declaración los sujetos pasivos del IVA inscritos en el registro de devolución mensual regulado en el artículo 30 del RIVA (y los sujetos pasivos del IGIC inscritos en el registro de devolución mensual regulado en el artículo 8 del Decreto 182/1992, de 15 de diciembre). También era eso lo que antes disponía el artículo 36 del Real Decreto 1065/2007, de 27 de julio.

Sin embargo, a día de hoy el artículo 36 del Real Decreto 1065/2007, de 27 de julio, ha sido suprimido por el Real Decreto 1512/2018, de 28 de diciembre, desde el 1 de enero de 2019. Es más, con carácter previo ya había sido también modificado por el Real Decreto 596/2016, de 2 de diciembre, de modo que **a partir de julio de 2017, los sujetos pasivos del IVA inscritos en el registro de devolución mensual ya no tenían la obligación de presentar esta declaración informativa** porque estarían obligados a llegar sus libros registro de IVA a través de la sede electrónica de la AEAT mediante «Suministro Inmediato de Información del IVA» (SII); tal y como se desprende de la disposición transitoria segunda de la norma indicada.

RESOLUCIÓN ADMINISTRATIVA

Consulta vinculante de la Dirección General de Tributos (V1492-22), de 22 de junio de 2022

Asunto: exclusión de la presentación del modelo 340 para los sujetos pasivos del IVA inscritos en el registro de devolución mensual.

«(...) debía presentarse dicho modelo 340 exclusivamente en el caso de que el sujeto pasivo estuviese inscrito en el Registro de devolución mensual, regulado en el artículo 30 del Reglamento del Impuesto.

No obstante, y como consecuencia del citado Real Decreto 596/2016, de 2 de diciembre, debe recordarse en cualquier caso que el "modelo 340-declaración informativa de operaciones incluidas en los libros registro", con efectos 1 de julio del 2017, no será de aplicación a los sujetos pasivos del impuesto que figuren inscritos en el registro de devoluciones mensuales previsto en el artículo 30 del Reglamento del Impuesto sobre el Valor Añadido a raíz de la entrada en vigor del Real Decreto 596/2016, de 2 de diciembre, para la modernización, mejora e impulso del uso de medios electrónicos en la gestión del Impuesto sobre el Valor Añadido, por el que se modifican el Reglamento del Impuesto sobre el Valor Añadido, aprobado por el Real Decreto 1624/1992, de 29 de diciembre, el Reglamento General de las actuaciones y los procedimientos de gestión e inspección tributaria y de desarrollo de las normas comunes de los procedimientos de aplicación de los tributos, aprobado por el Real Decreto 1065/2007, de 27 de julio, y el Reglamento por el que se regulan las obligaciones de facturación, aprobado por el Real Decreto 1619/2012, de 30 de noviembre (BOE del 6 de diciembre) que vendrán obligados al suministro electrónico de los registros de facturación a través de la Sede Electrónica de la Agencia Estatal de Administración (en este sentido la contestación vinculante de 5 de octubre de 2017, número V2509-17).

En consecuencia, los sujetos pasivos del Impuesto sobre el Valor Añadido inscritos en el régimen de devolución mensual deben llevar los libros registro del impuesto a través de la Sede electrónica de la Agencia Estatal de Administración Tributaria, habiendo quedado exonerados de la obligación de presentar la declaración informativa sobre operaciones incluidas en los libros registro (modelo 340)».

Declaración de comercio intracomunitario (INTRASTAT)

Se trata de una declaración estadística de comercio intracomunitario, también denominada «modelo Instrastat».

La constitución del Mercado Único en 1993 supuso la desaparición de las formalidades aduaneras entre los Estados miembros y, por tanto, la supresión de las declaraciones que proporcionaban la información necesaria para la obtención de los datos relativos al comercio de bienes entre los Estados miembros de la Unión Europea. Este hecho hizo necesario el establecimiento de un procedimiento que permitiera conocer estos movimientos con fines estadísticos, surgiendo así el «sistema Instrastat».

En nuestro país, la Orden HFP/1480/2021, de 28 de diciembre, es la que, a día de hoy, ha aprobado el contenido y los plazos de presentación de la declaración de intercambio de bienes dentro de la Unión Europea (INTRASTAT) y determinado las condiciones generales y el procedimiento para su presentación por medios telemáticos. En particular, dicha declaración constituye el **medio a través del cual los obligados a ello deberán cumplir con su deber de declarar las operaciones de comercio internacional de bienes dentro de la Unión Europea**.

A estos efectos, y considerando lo previsto en el capítulo I de la Resolución de 24 de enero de 2022, del Departamento de Aduanas e Impuestos Especiales de la AEAT, para la elaboración de las estadísticas de comercio internacional de bienes dentro de la Unión Europea (Intrastat), se considera por:

- **Exportación de bienes**, todo movimiento físico de bienes que se extraen de las existencias de recursos materiales de España y que se expiden desde su territorio estadístico (la Península, Baleares y Canarias) al territorio estadístico de otro Estado miembro (que corresponderá con su territorio aduanero y, en el caso de Alemania, incluirá también la isla de Helgoland).
- **Importación de bienes**, todo movimiento físico de bienes que se añaden a las existencias de recursos materiales de España y que se introducen en su territorio estadístico desde el territorio estadístico de otro Estado miembro (considerados en los términos antes indicados).

Estarán **obligados a presentar esta declaración** (artículo 3 de la Orden HFP/1480/2021, de 28 de diciembre) los sujetos pasivos del IVA o persona jurídica que no sea sujeto pasivo, identificados mediante el número de identificación individual que les haya sido atribuido, que haya declarado entregas o adquisiciones de bienes dentro de la Unión o, en su defecto, sea el exportador o importador. Además, será necesario que el valor de las mercancías objeto de importación o exportación durante el año natural anterior al período de referencia no haya sido inferior a 400.000 euros, tanto para el flujo de importación como para el de exportación. Con todo, aquellos que, por no alcanzar este umbral de exención, no estén obligados a presentar la declaración, podrán hacerlo con carácter voluntario. En el caso de la declaración relativa a los flujos de electricidad, el obligado a presentar la declaración será el operador que actúe como transportista del sistema eléctrico español.

La obligación de presentación de declaración se establece de forma independiente para los flujos de importación y exportación. Por otra parte, los obligados a presentar declaración que no hubiesen realizado operaciones durante el período de referencia deberán presentar una declaración sin operaciones (cero) referida a dicho período.

Con todo, existen una serie de **mercancías que están excluidas de la «declaración Intrastat»**, de modo que no se incluirán en ella los movimientos referidos a las mercancías que enumera el apartado 2.3 del capítulo 2 de la Resolución de 24 de enero de 2022:

- El oro monetario.
- Los medios de pago de curso legal (monedas y billetes) y los valores.
- Los bienes para uso temporal o que han sido utilizados de manera temporal (por ejemplo, en alquiler, préstamo o arrendamiento operativo), cuando se cumplan ciertas condiciones.
- Los bienes trasladados entre el territorio estadístico español y sus enclaves territoriales (embajadas, consulados, bases militares y bases científicas fuera del territorio español) en otros Estados miembros.
- Los bienes trasladados entre el territorio estadístico español y los enclaves territoriales de otros Estados miembros u organizaciones internacionales en dicho territorio.
- Los bienes utilizados como soportes (DVDs, CDs, etc.) de información personalizada, con inclusión de los programas informáticos.
- Los datos y programas informáticos descargados de internet.
- Los bienes suministrados a título gratuito que no sean por sí mismos objeto de una transacción comercial, cuando su traslado se haga para preparar o facilitar una transacción comercial posterior demostrando las características del producto (material publicitario, muestras comerciales).
- Los bienes que estén pendientes o hayan sido objeto de reparación o mantenimiento y las piezas de recambio incorporadas en el marco de una reparación o durante el mantenimiento y que hayan sustituido a las piezas defectuosas.
- Los medios de transporte que se desplacen durante su utilización, con inclusión de las lanzaderas espaciales en el momento del lanzamiento.
- Las publicaciones periódicas con suscripción.

- Las exportaciones al territorio estadístico de otros Estados miembros y las importaciones desde el territorio estadístico de otros Estados miembros, cuando todos los datos que se hubieran debido consignar en la declaración de comercio internacional de bienes dentro de la Unión (Intrastat) se hubieran incluido en la declaración aduanera.

El **período de referencia** será, con carácter general, el mes natural al que se imputen las operaciones realizadas en la correspondiente declaración. Sin embargo, se establecen reglas específicas para ciertos supuestos:

- En el caso de mercancías para las que se devengue el IVA en las adquisiciones o entregas intracomunitarias de bienes y operaciones asimiladas, salvo lo dispuesto en los puntos siguientes: será el mes natural en el que tenga lugar dicho devengo. No obstante, cuando el lapso de tiempo entre la importación o la exportación de los bienes y el devengo del impuesto sea superior a dos meses naturales, el período de referencia será el mes en el que tengan lugar la importación o la exportación.
- En la entrega de bienes a buques y aeronaves: el mes en el que los bienes se entreguen a un buque o aeronave.
- En la entrega de bienes a instalaciones en alta mar y procedentes de ellas: el mes en el que los bienes se entreguen a la instalación en alta mar o desde ella.
- En las exportaciones e importaciones de productos del mar: el mes en el que se desembarquen en un puerto o el mes en el que tenga lugar su adquisición.
- En las exportaciones e importaciones de buques, aeronaves y naves espaciales: el mes en el que tenga lugar la transferencia de la propiedad económica, salvo en el caso de operaciones de perfeccionamiento de buques y aeronaves, que será el mes natural en el que tenga lugar la importación o exportación.
- En los envíos fraccionados: el mes en que se reciba (importaciones) o expida (exportaciones) el último envío.
- En las exportaciones e importaciones de gas natural y electricidad: el mes de exportación o importación.
- En el resto de los casos, tales como en las operaciones de perfeccionamiento, en las de tracto sucesivo o continuado y otras distintas de las anteriores: el período de referencia será el mes natural en el que haya tenido lugar la exportación o importación de las mercancías.

A TENER EN CUENTA. El régimen previsto en la Orden HFP/1480/2021, de 28 de diciembre, entró en vigor el 1 de enero de 2022, aplicándose por primera vez a las declaraciones de operaciones cuyo período de referencia corresponda a ese año. Las declaraciones de «Intrastat» correspondientes a períodos de referencia anteriores al año 2022 se regirían por lo previsto en la Orden HFP/36/2018, de

18 de enero, por la que se establecen determinadas disposiciones relativas al Sistema Intrastat, y por la Resolución de 22 de mayo de 2018, del Departamento de Aduanas e Impuestos Especiales de la Agencia Estatal de Administración Tributaria, para la elaboración de las estadísticas de intercambios de bienes entre Estados miembros (Sistema Intrastat).

Con carácter general y al margen de las normas específicas aplicables a ciertos bienes y movimientos, la **información que debe incluirse en la declaración** será básicamente la siguiente:

- Identificación de la declaración:
  - NIF del informante y, en su caso, del representante.
  - Flujo al que corresponden las operaciones (importación o exportación).
  - Período de referencia (mes y año).
  - Número secuencial de la declaración correspondiente a un mismo período y flujo.
- Datos relativos a las operaciones realizadas:
  - Número de partida de orden.
  - La base imponible o, cuando dicha base no deba declararse a efectos fiscales, su equivalente.
  - El valor estadístico.
  - La masa neta en kilogramos.
  - Las unidades suplementarias, cuando así se establezca en la nomenclatura combinada en vigor durante el período de referencia.
  - El Estado miembro de expedición, en la importación.
  - El Estado miembro de destino, en la exportación.
  - El país de origen.
  - La identificación de la mercancía.
  - La naturaleza de la transacción.
  - El modo de transporte en la frontera.
  - El número de identificación a efectos del IVA que se haya asignado por el Estado miembro al que se exporten las mercancías a la otra parte interviniente en la operación (adquirente, quien vaya a llevar a cabo la operación de perfeccionamiento, etc.). Este dato se declarará únicamente en la exportación.
  - Las condiciones de entrega.
  - La modalidad de transporte.
  - El código adicional de identificación de la mercancía, en su caso.
  - La provincia de origen, en la exportación; y la provincia de destino, en la importación.

La «declaración Intrastat» deberá **presentarse dentro de los 12 días naturales posteriores a la finalización del período de referencia** o, si el día 12 fuese inhábil, hasta el día inmediato hábil posterior. La presentación se hará por vía electrónica. Por otra parte, la obligación de presentar este modelo es independiente de la periodicidad con la que los obligados deban presentar el modelo 349 de declaración recapitulativa de operaciones intracomunitarias del IVA de que las importaciones o exportaciones de bienes a la Unión Europea deban ser o no incluidas en dicha declaración recapitulativa.

RESOLUCIÓN ADMINISTRATIVA

Consulta vinculante de la Dirección General de Tributos (V2452-21), de 24 de septiembre de 2021

Asunto: obligaciones formales de una mercantil española establecida en el TAI que realiza operaciones asimiladas a adquisiciones intracomunitarias de bienes sujetas al IVA español.

«(...) la transferencia de bienes por parte del consultante desde Portugal al territorio de aplicación del Impuesto para afectarlos a sus actividades empresariales en dicho territorio determinará la realización por la consultante de una operación asimilada a una adquisición intracomunitaria de bienes sujeta al Impuesto sobre el Valor Añadido en el territorio español de aplicación del Impuesto y una operación asimilada a una entrega intracomunitaria de bienes efectuada por la consultante en Portugal que estará exenta en las condiciones establecidas por la legislación portuguesa.

3.- Respecto de las obligaciones que incumben a la consultante, en primer lugar, como sujeto pasivo del impuesto por la operación asimilada a las adquisiciones intracomunitarias de bienes que realice, habrá de estar a lo dispuesto en el artículo 164 de la Ley 37/1992 (...)

En particular, la consultante deberá figurar inscrita en el registro de operadores intracomunitarios regulado en el artículo 3.3 del Reglamento General de las actuaciones y los procedimientos de gestión e inspección tributaria y de desarrollo de las normas comunes de los procedimientos de aplicación de los tributos, aprobado por el Real Decreto 1065/2007, de 27 de julio (BOE del 5 de septiembre), en adelante RGAT.

Para ello deberá estar en posesión de un número de identificación fiscal a efectos del Impuesto sobre el Valor Añadido regulado en el artículo 25 del RGAT que establece, en su apartado 2, que:

"2. El número de identificación fiscal definido en el apartado anterior se asignará a las siguientes personas o entidades:

a) Los empresarios o profesionales que realicen entregas de bienes o adquisiciones intracomunitarias de bienes sujetas al citado impuesto, incluso si los bienes objeto de dichas adquisiciones intracomunitarias se utilizan en la realización de actividades empresariales o profesionales en el extranjero.

(...).".

Las operaciones asimiladas a las adquisiciones intracomunitarias de bienes que realice habrá de liquidarlas en las declaraciones-liquidaciones periódicas de conformidad con lo establecido en el artículo 167 de la Ley 37/1992 (...)

Adicionalmente, deberá presentar la declaración recapitulativa de operaciones intracomunitarias regulada en los artículos 78 a 81 del Reglamento del impuesto aprobado por el Real Decreto 1624/1992, de 29 de diciembre (BOE del 31 de diciembre) (...)

En lo que respecta a la declaración INTRASTAT, la competencia en relación con el contenido y presentación de esta declaración informativa corresponde al Departamento de Aduanas e Impuestos Especiales de la Agencia Estatal de Administración Tributaria».

CUESTIONES

1. ¿Qué información debe contener una declaración INTRASTAT sin operaciones?

La información que debe contener la declaración es exclusivamente la que permita la identificación de dicha declaración, tal y como señala el Informa n.° 143773-02 de la Agencia Tributaria:

- NIF del operador y, en el supuesto de presentación por un tercero, NIF del tercero declarante.
- Número de la declaración de ese mismo período y flujo.
- Periodo (año y mes).
- Flujo (importación o exportación).

2. Ante una notificación de iniciación del procedimiento sancionador y la consideración por parte del sujeto pasivo de inexistencia de obligación de presentar INTRASTAT, ¿cómo se ha de proceder?

Se debe realizar una comprobación de las declaraciones del modelo 349 presentadas, tanto del año en curso como del anterior, por si se consignase una clave de operación errónea. Si este fuera el caso, se podrán presentar alegaciones describiendo las operaciones realizadas y adjuntando los justificantes de aquellas que fueron consignadas con clave errónea en dicho modelo y procediendo a la presentación de la declaración rectificativa correspondiente. En ese sentido, acúdase al Informa n.° 144418-03 de la Agencia Tributaria.

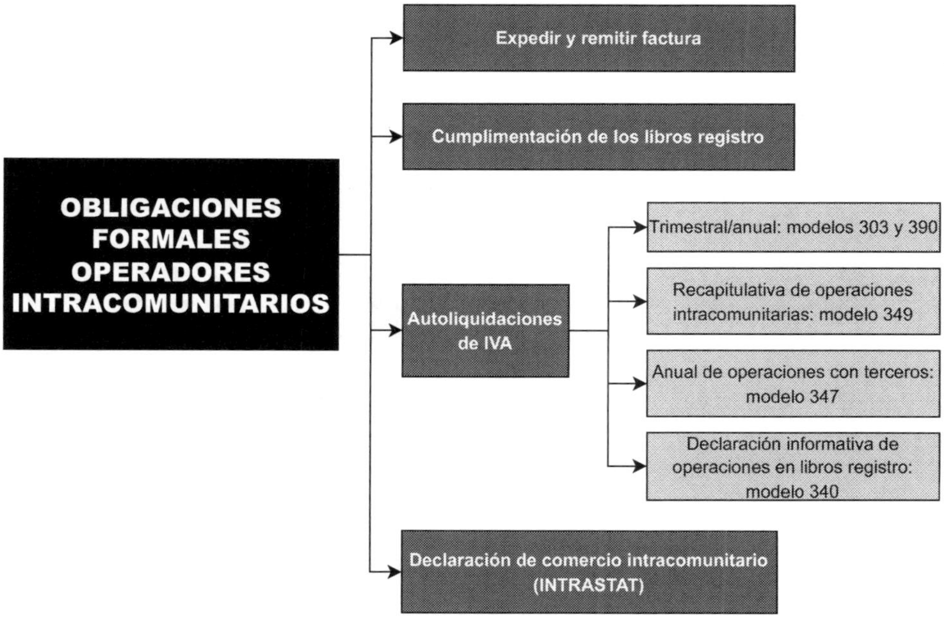

5. DEVOLUCIÓN DEL IVA POR OPERACIONES INTRACOMUNITARIAS

¿Cómo procede la devolución del IVA en las operaciones intracomunitarias?

A tenor del artículo 117 bis de la LIVA, los empresarios o profesionales establecidos en el territorio de aplicación del IVA, Ceuta, Melilla e Islas Canarias **pueden solicitar, a la Administración tributaria española la devolución de las cuotas de IVA soportadas por operaciones de adquisición o de importación de bienes o servicios realizadas en la Comunidad**, con excepción de las realizadas en el TAI.

Por su parte, el artículo 30 ter del RIVA señala que estas solicitudes de devolución se presentarán siempre por vía electrónica a través del modelo 360 dispuesto en la **sede electrónica de la AEAT**. Ese órgano informará al solicitante de la recepción de la solicitud por vía electrónica y decidirá su remisión por vía electrónica al Estado miembro en el que se hayan soportado las cuotas en el plazo de 15 días desde dicha recepción.

Ahora bien, se notificará que no procede la remisión de la solicitud cuando, durante el período al que se refiera, concurra alguna de estas circunstancias:

- Que no haya tenido la condición de empresario o profesional actuando como tal.
- Que haya realizado exclusivamente operaciones que no originen el derecho a la deducción total del impuesto.
- Que realice exclusivamente actividades que tributen por regímenes especiales de la agricultura, ganadería y pesca o por el recargo de equivalencia.

Para estas comunicaciones, el artículo 30 ter.3 del RIVA exige estar inscrito en el servicio de notificaciones en dirección electrónica.

El plazo para la presentación de la solicitud de devolución a través del **modelo 360**, aprobado por la Orden EHA/789/2010, de 16 de marzo, se iniciará el día siguiente al final del período de devolución y concluirá el 30 de septiembre siguiente al año natural en el que se hayan soportado las cuotas a que se refiera.

CUESTIÓN

¿La AEAT podrá exigir que los sujetos pasivos presten garantías suficientes?

Sí, conforme al artículo 118 de la LIVA, la Administración tributaria podrá exigir de los sujetos pasivos que presten garantías suficientes en los supuestos de devolución regulados en el capítulo II del título VIII de la LIVA, que incluye el artículo 117 bis de la LIVA, que es el que regula las solicitudes de devolución a que se refiere este epígrafe.

Devolución del IVA a empresas no establecidas

Los regímenes especiales de devolución del IVA a los empresarios o profesionales no establecidos en el TAI se regulan en los artículos 119 y 119 bis de la LIVA, artículos 31 y 31 bis del RIVA.

A TENER EN CUENTA. Los artículos 119 y 119 bis de la LIVA, que contienen el régimen básico que se desarrolla a continuación, fueron objeto de modificación por el Real Decreto-ley 7/2021, de 27 de abril, con entrada en vigor el 1 de julio de 2021.

Los **empresarios o profesionales no establecidos en el TAI, pero establecidos en el territorio de la Unión Europea, Islas Canarias, Ceuta o Melilla, podrán solicitar la devolución de las cuotas del IVA que hayan soportado por las adquisiciones o importaciones de bienes o servicios realizados en dicho territorio**. Se trata de un supuesto regulado en el artículo 119 de la LIVA.

A estos efectos, se considerarán no establecidos en el TAI los empresarios o profesionales que, siendo titulares de un establecimiento permanente situado en el mencionado territorio, no realicen desde dicho establecimiento entregas de bienes ni prestaciones de servicios durante el período al que se refiera la solicitud. De la misma manera, tampoco se considerará establecidos a aquellos empresarios o profesionales que realicen entregas de bienes y prestaciones de servicios a través de establecimiento sin ser titulares de los mismos.

Los empresarios o profesionales que soliciten la devolución deberán reunir los siguientes requisitos durante el período al que se refiera la solicitud:

- Estar establecidos en el territorio de la Comunidad o en las Islas Canarias, Ceuta o Melilla.
- No haber realizado en el TAI entregas de bienes o prestaciones de servicios sujetas al mismo distintas de las siguientes:
  - Entregas de bienes y prestaciones de servicios en las que los sujetos pasivos del IVA sean sus destinatarios.
  - Servicios de transporte y servicios accesorios que estén exentos del IVA conforme a los artículos 21, 23, 24 y 64 de la LIVA.
- No ser destinatarios de entregas de bienes o de prestaciones de servicios respecto de las cuales tengan los solicitantes la condición de sujetos pasivos.

- Cumplir con todos los requisitos y límites establecidos en la LIVA para ejercer el derecho a deducción, en especial, con los previstos en los artículos 95 y 96 de la LIVA.
- Destinar los bienes adquiridos o importados o los servicios de los que hayan sido destinatarios en el TAI a la realización de operaciones que originen el derecho a deducir de acuerdo con lo dispuesto en la normativa vigente en el Estado miembro en el que estén establecidos y en función del porcentaje de deducción aplicable en dicho Estado.
- Presentar la solicitud de devolución por vía electrónica a través del portal electrónico dispuesto al efecto por el Estado miembro en el que estén establecidos. En el caso de establecidos en las Islas Canarias, Ceuta o Melilla, la solicitud se presentará a través del portal electrónico de la AEAT, por medio del modelo 360 antes referido.

Según el artículo 6 de la Orden EHA/789/2010, de 16 de marzo, el plazo para la presentación de la solicitud de devolución se iniciará el día siguiente al final de cada trimestre natural o de cada año natural y concluirá el 30 de septiembre siguiente al año natural en el que se hayan soportado las cuotas a que se refiera. La solicitud de devolución podrá comprender las cuotas soportadas durante un trimestre natural o en el curso de un año natural. También podrá referirse a un período inferior a un trimestre cuando se trate del conjunto de operaciones realizadas en un año natural.

Finalmente, conviene apuntar que, si la solicitud de devolución se refiere a un período de devolución inferior a un año natural, pero no inferior a tres meses, el importe del IVA incluido en la solicitud de devolución no podrá ser inferior a 400 euros; y si se refiere a un período de devolución de un año natural o a la parte restante de un año natural, el importe del IVA incluido en la solicitud no podrá ser inferior a 50 euros.

Por su parte, conforme al artículo 119 bis de la LIVA, los empresarios o **profesionales no establecidos en el TAI ni en la Comunidad, Islas Canarias, Ceuta o Melilla, podrán solicitar la devolución de las cuotas del IVA que hayan soportado por las adquisiciones o importaciones de bienes o servicios realizadas en dicho territorio**, cuando concurran las condiciones y limitaciones previstas en el artículo 119 de LIVA, sin más especialidades que las previstas en el artículo 119 bis de la LIVA y con arreglo al procedimiento establecido reglamentariamente. En este caso, la solicitud se formulará a través del **modelo 361**, aprobado por la Orden EHA/789/2010, de 16 de marzo, cuyo plazo de presentación se iniciará el día siguiente al final de cada trimestre natural o de cada año natural y concluirá el 30 de septiembre siguiente al año natural en el que se hayan soportado las cuotas a que se refiera. La solicitud de devolución podrá comprender las cuotas soportadas durante un trimestre natural o en el curso de un año natural. Asimismo, podrá referirse a un período inferior a un trimestre cuando se trate del conjunto de operaciones realizadas en un año natural.

Finalmente, cabe mencionar la reciente sentencia del Tribunal Supremo n.º 1270/2024, de 15 de julio de 2024, ECLI:ES:TS:2024:3926, en la que se indica (en relación con la posibilidad de instar y obtener la devolución del

IVA por empresarios o profesionales establecidos en el TAI fuera del plazo establecido en el art. 99.3 de la LIVA, como se reconoce en la sentencia del Tribunal Supremo rec. 96/2002, de 4 de julio de 2007, ECLI:TS:2007:7585) que la existencia de un trato diferenciado entre sujetos establecidos y no establecidos en el TAI se justifica en un régimen distinto de devolución, al tener obligaciones diferentes, y no se considera vulnerado el principio de no discriminación. La sentencia fija como doctrina que:

> «(...) La libertad de establecimiento y los principios de igualdad tributaria, no discriminación y equivalencia no se oponen a la denegación, a un sujeto no establecido en el territorio de aplicación del impuesto (TAI), pero sí en la Unión Europea, de la devolución de cuotas de IVA soportado en el TAI por presentar la solicitud tras haber transcurrido el plazo previsto en el artículo 31.4 del RIVA».

RESOLUCIONES ADMINISTRATIVAS

Resolución del Tribunal Económico Administrativo Central n.º 6098/2023, de 27 de septiembre de 2024

Asunto: criterio sobre el pago de las facturas como requisito del derecho a la deducción de las cuotas de IVA soportadas por no establecidos.

«Criterio:

El pago de las facturas que documentan las operaciones por las que se soportan las cuotas cuya devolución se solicita no es un requisito expresamente establecido por el artículo 119 de la Ley del Impuesto, en relación con los requisitos contenidos en el Capítulo I del Título VIII de la misma ley para la deducibilidad de las cuotas soportadas.

La falta de justificación del pago de las facturas no es, por sí sola, suficiente para denegar la devolución de las cuotas soportadas por no acreditarse la realidad de las operaciones, sino que es preciso realizar un esfuerzo adicional en la comprobación que permita razonablemente concluir que las operaciones no se han realizado, de forma que las facturas incurren en falsedad, dado que documentarían operaciones inexistentes.

Criterio reiterado en la resolución de 27 de septiembre de 2024, RG 00-06872-2022».

Consulta vinculante de la Dirección General de Tributos (V2063-22), de 23 de septiembre de 2022

Asunto: régimen para solicitar la devolución del IVA soportado por operaciones en el TAI por parte de empresarios o profesionales no establecidos en él.

«En consecuencia, dado que la consultante no está establecida en el territorio de aplicación del Impuesto, realizando únicamente en el mismo importaciones de bienes y entregas de bienes en las que los sujetos pasivos del Impuesto serán sus destinatarios, de acuerdo con lo dispuesto en los números 2º, 3º y 4º del apartado Uno del artículo 84 de esta Ley, deberá acudir al procedimiento de devolución establecido en los artículo 119, siempre que esté establecida en el territorio de la Comunidad, Islas Canarias, Ceuta o Melilla, o bien el previsto en el artículo 119 bis de la Ley, si está establecida en un territorio tercero y siempre que se cumplan el resto de condiciones prescritas por dicho artículo para acudir a este procedimiento de devolución.

El procedimiento anterior para la solicitud de las cuotas correspondientes es objeto de desarrollo en el artículo 31 bis del Reglamento del impuesto aprobado por el Real Decreto 1624/1992, de 29 de diciembre (BOE del 31 de diciembre).

El reconocimiento de la existencia de la reciprocidad de trato a que se refiere el número 2° del apartado uno del artículo 119 bis de la Ley del Impuesto se efectuará por resolución de la Directora General de Tributos del Ministerio de Hacienda.

Por lo tanto, no procederá por parte de la consultante no establecida la aplicación del procedimiento general de devolución establecido en el artículo 115 de la Ley 37/1992, ni su permanencia en el REDEME a efectos de la aplicación del régimen de devolución mensual previsto en el artículo 116 para los sujetos pasivos que presenten declaraciones-liquidaciones periódicas».

Resolución del Tribunal Económico Administrativo Central n.° 4941/2017, de 19 de noviembre de 2020

Asunto: criterio sobre el plazo de solicitud de devolución del IVA a no establecidos. Supuesto en el que las cuotas soportadas cuya devolución se solicita figuran en facturas rectificativas.

«Criterio:

El plazo para solicitar la devolución de no establecidos es un plazo de caducidad. Si la factura recibida incurre en vicios que no permiten ejercer el derecho a la deducción, la cuota se entiende soportada cuando se reciba la correspondiente factura rectificativa, fijándose tras este momento el plazo para solicitar la devolución. Sin embargo, si la factura original permitía ejercer el derecho a la deducción, la cuota se entiende soportada con la recepción de aquélla. En este caso, la rectificación posterior de la factura no resulta relevante, y no vuelve a iniciarse el plazo para solicitar la devolución. No cabe por tanto, solicitar la devolución de cuotas de IVA amparándose en facturas rectificadas de forma artificial para poder pedir la devolución fuera del plazo oportuno.

Reitera el criterio de RG: 00/00964/2016, de 22-05-2019».

6. EL IVA EN LA IMPORTACIÓN DE BIENES

6.1. El hecho imponible en las importaciones de bienes

¿Cuál es el hecho imponible en las importaciones de bienes?

De conformidad con el artículo 17 de la LIVA **están sujetas al impuesto las importaciones de bienes**, cualquiera que sea el fin a que se destinen y la condición del importador.

La supresión de las fronteras fiscales en el ámbito de la Unión Europea ha determinado que los intercambios entre los distintos Estados miembros de la Unión Europea originen las denominadas adquisiciones intracomunitarias de bienes, reservándose el concepto de importaciones de bienes para las entradas de bienes procedentes de terceros países.

|| Concepto de importación de bienes

Conforme al **artículo 18 de la LIVA,** a los efectos del IVA, tendrá la consideración de **importación de bienes**:

- La entrada en el interior del país de un bien que no cumpla las condiciones previstas en los artículos 9 y 10 del Tratado constitutivo de la Comunidad Económica Europea (hoy, artículos 28 y 29 del Tratado de Funcionamiento de la Unión Europea) o, si se trata de un bien comprendido en el ámbito de aplicación del Tratado constitutivo de la Comunidad Europea del Carbón y del Acero, que no esté en libre práctica.
- La entrada en el interior del país de un bien procedente de un territorio tercero, distinto de los bienes a que se refiere el punto anterior.

Sin embargo, y según especifica el apartado Dos del artículo 18 de la LIVA, cuando **alguno de estos bienes se coloque, desde su entrada en el interior**

del TAI, en las situaciones a que se refiere el artículo 23 de la LIVA (depósito temporal y otras situaciones) o se vincule a los regímenes aduaneros y fiscales del artículo 24 de la LIVA, con excepción del régimen de depósito distinto del aduanero, la **importación de dicho bien se producirá cuando cesen las situaciones o se ultimen los regímenes** indicados en el territorio de aplicación del impuesto. Para ello, será necesario que los bienes se coloquen en esas situaciones o se vinculen a los regímenes indicados con cumplimiento de la legislación que sea aplicable en cada caso; puesto que **el incumplimiento de la legislación que regule esas situaciones o regímenes determinará el hecho imponible importación de bienes**.

Con todo, **no constituirá importación** el cese de las situaciones a que se refiere el artículo 23 de la LIVA o la ultimación de los regímenes comprendidos en el artículo 24 de la LIVA cuando determine una entrega de bienes exenta conforme a los artículos 21, 22 o 25 de la LIVA. Tampoco constituirá importación el cese de tales situaciones o la ultimación de dichos regímenes cuando determine un fletamento o un arrendamiento de buques o aeronaves, o bien un arrendamiento de los objetos que se incorporen a dichos buques y aeronaves, a los que resulten aplicables las exenciones de los apartados Uno, Dos, Cuatro y Cinco del artículo 22 de la LIVA.

Por lo que se refiere al **régimen de depósito distinto del aduanero**, la vinculación de mercancías importadas al mismo se referirá exclusivamente a las referidas en el artículo 65 de la LIVA. La ultimación del régimen de depósito distinto del aduanero de los bienes previamente importados y vinculados a dicho régimen, a cuya importación se haya aplicado la exención del artículo 65 de la LIVA, determinará el hecho imponible importación de bienes a excepción de los bienes objeto de impuestos especiales a que se refiere la letra a) del apartado quinto del anexo de la LIVA, en cuyo caso la ultimación del régimen de depósito distinto del aduanero determinará la realización de una operación asimilada a una importación. Sin embargo, no constituirá importación ni operación asimilada a la importación la ultimación del régimen de depósito distinto del aduanero de los bienes previamente importados cuando aquella determine una entrega de bienes a la que resulten aplicables las exenciones de los artículos 21, 22 o 25 de la LIVA. Así lo prevé el artículo 18.Tres de la LIVA.

A TENER EN CUENTA. Esta redacción del artículo 18.Tres de la LIVA es fruto de la modificación introducida por parte de la Ley 13/2023, de 24 de mayo, con efectos desde el 01/01/2023; así, pasó a establecerse que, en los casos de abandono del régimen de depósito distinto del aduanero de los bienes objeto de impuestos especiales, se realizará una operación asimilada a una importación y no una importación de bienes, cualquiera que sea su procedencia. También cabe destacar que, con carácter previo a esta norma, la Ley 31/2022, de 23 de diciembre, de Presupuestos Generales del Estado para el año 2023, modificó el apartado Dos e incorporó un nuevo apartado Tres al artículo 18 de la LIVA, con efectos desde el 01/01/2023 y vigencia indefinida, a fin de armonizar y adaptar la normativa del IVA a la aduanera comunitaria; asimismo, esta norma reformó, entre otros, los artículos 23 y 24 de la LIVA, que son los que regulan las situaciones y regímenes aduaneros y fiscales a los que se remite.

CUESTIÓN

Una empresa establecida en Gijón importa carne de Argentina y la vincula a un régimen de zona franca. ¿Existirá una importación a los efectos del IVA?

La vinculación de la mercancía en un régimen de zona franca no constituye el hecho imponible de la importación (artículo 18.Dos de la LIVA) .

En el momento de la ultimación de dicho régimen será cuando se produzca el hecho imponible de la importación, salvo que determine una entrega de bienes exenta conforme a los artículos 21, 22 o 25 de la LIVA o que suponga un fletamento o arrendamiento de buques o aeronaves, o bien un arrendamiento de los objetos que se incorporen a dichos buques y aeronaves, a los que le sean aplicables las exenciones de los apartados Uno, Dos, Cuatro y Cinco del artículo 22 de la LIVA.

RESOLUCIÓN ADMINISTRATIVA

Consulta vinculante de la Dirección General de Tributos (V1962-24), de 17 de septiembre de 2024

Asunto: concepto de importador.

«En este sentido, cabe destacar el criterio manifestado por este Centro directivo en la contestación vinculante de 16 de julio de 2018, número V2097-18, relativa a la importación por parte de una entidad de unas materias primas para la fabricación, en régimen de maquila, de unos medicamentos, siendo otra entidad del grupo la propietaria de dichas materias primas:

"Así, de forma paralela a la normativa aduanera, a efectos del Impuesto sobre el Valor Añadido será importador y, como tal, sujeto pasivo del impuesto el destinatario de los bienes importados sea éste adquirente, cesionario o propietario de los bienes.

También será importador y sujeto pasivo del impuesto el consignatario de los bienes importados cuando actúe en nombre propio en dicha importación así como también, en defecto de los anteriores, el propietario de los bienes.

A este respecto, debe recordarse que el consignatario es aquella persona mencionada en el título de transporte que ampara la introducción de las mercancías en el territorio de aplicación del impuesto y designada para recibir en consigna los bienes en cuestión y que tendrá la consideración de sujeto pasivo en la operación de importación aun cuando no sea el adquirente, cesionario ni propietario de la mercancía, siempre que actúe en nombre propio respecto de los bienes importados"».

|| Operaciones asimiladas a importaciones

Tal y como establece el artículo 19 de la LIVA, se considerarán asimiladas a las importaciones de bienes, las **siguientes operaciones**:

- Buques y aeronaves:
  - El incumplimiento de los requisitos determinantes de la afectación a la navegación marítima internacional de los buques que se hubiesen beneficiado de exención en el IVA de los artículos 22.Uno.1.°, 26.Uno y 27.2.2 de la LIVA.
  - La no afectación exclusiva al salvamento, a la asistencia marítima o a la pesca costera de los buques cuya entrega, adquisición intracomunitaria o importación se hubiesen beneficiado de la exención en el IVA.

- El incumplimiento de los requisitos que determinan la dedicación esencial a la navegación aérea internacional de las compañías que realicen actividades comerciales, en relación con las aeronaves cuya entrega, adquisición intracomunitaria o importación se hubiesen beneficiado de la exención del impuesto en los casos de los artículos 22.Cuatro, 26.Uno, y 27.3 de la LIVA.

– Relaciones diplomáticas o consulares y con organizaciones internacionales:

- Las adquisiciones realizadas en el TAI de los bienes cuya entrega, adquisición intracomunitaria o importación previas se hubiesen beneficiado de la exención del IVA por régimen diplomático o consular u organismos internacionales.
- No obstante, no será de aplicación lo anterior cuando el adquirente expida o transporte inmediata y definitivamente dichos bienes fuera del territorio de la Comunidad.

– Situaciones de depósito temporal y otras situaciones, regímenes aduaneros y fiscales:

- El cese de las situaciones de depósito temporal y demás previstas en el artículo 23 de la LIVA o la ultimación de los regímenes aduaneros y fiscales del artículo 24 de la LIVA, de los bienes cuya entrega o adquisición intracomunitaria para ser colocados en tales situaciones o vinculados a dichos regímenes se hubiese beneficiado de la exención del IVA conforme a esos artículos y el artículo 26.Uno de la LIVA o hubiesen sido objeto de entregas o prestaciones de servicios igualmente exentas por tales preceptos.
- Como excepción a lo anterior, no constituirá operación asimilada a las importaciones el cese de las situaciones mencionadas ni la ultimación de los regímenes aduaneros y fiscales de los siguientes bienes: estaño (código NC 8001), cobre (códigos NC 7402, 7403, 7405 y 7408), zinc (código NC 7901), níquel (código NC 7502), aluminio (código NC 7601), plomo (código NC 7801), indio (códigos NC ex 81 1292 y ex 81 1299), plata (código NC 7106) y platino, paladio y rodio (códigos NC 71101 100, 71 102100 y 71103100). En estos casos, el cese de las situaciones o la ultimación de los regímenes mencionados dará lugar a la liquidación del impuesto en los términos establecidos en el apartado sexto del anexo de la LIVA.

Tratándose de gasolinas, gasóleos y biocarburantes destinados a ser usados como carburante comprendidos en los epígrafes 1.1, 1.2.1, 1.2.2, 1.3, 1.13 y 1.14 de la tarifa 1.ª del artículo 50.1 de la Ley 38/1992, de 28 de diciembre, de Impuestos Especiales, la ultimación del régimen de depósito distinto del aduanero a que se refiere el artículo 24.Uno.1.º, letra f), de la LIVA se entenderá realizada, en todo caso, por el último depositante del producto que se extraiga del depósito fiscal, al que se repercutirá el Impuesto sobre Hidrocarburos correspondiente y que estará obligado a liquidar el IVA por la operación asimilada a la importación, o por el titular del depósito fiscal en caso de que sea el propietario del producto. Asimismo, el último depositante del producto que se extraiga, o el titular del depósito fiscal en caso de que sea el propietario del producto, estará obligado a garantizar el ingreso del IVA correspondiente a la posterior entrega sujeta y no exenta del bien extraído del depósito fiscal, en la forma prevista en el apartado undécimo del anexo de la LIVA.

- No obstante, no constituirá operación asimilada a las importaciones el cese de las situaciones a que se refiere el artículo 23 de la LIVA o la ultimación de los regímenes comprendidos en el artículo 24 de la LIVA cuando aquella determine una entrega de bienes a la que resulten aplicables las exenciones establecidas en los artículos 21, 22 o 25 de la LIVA.

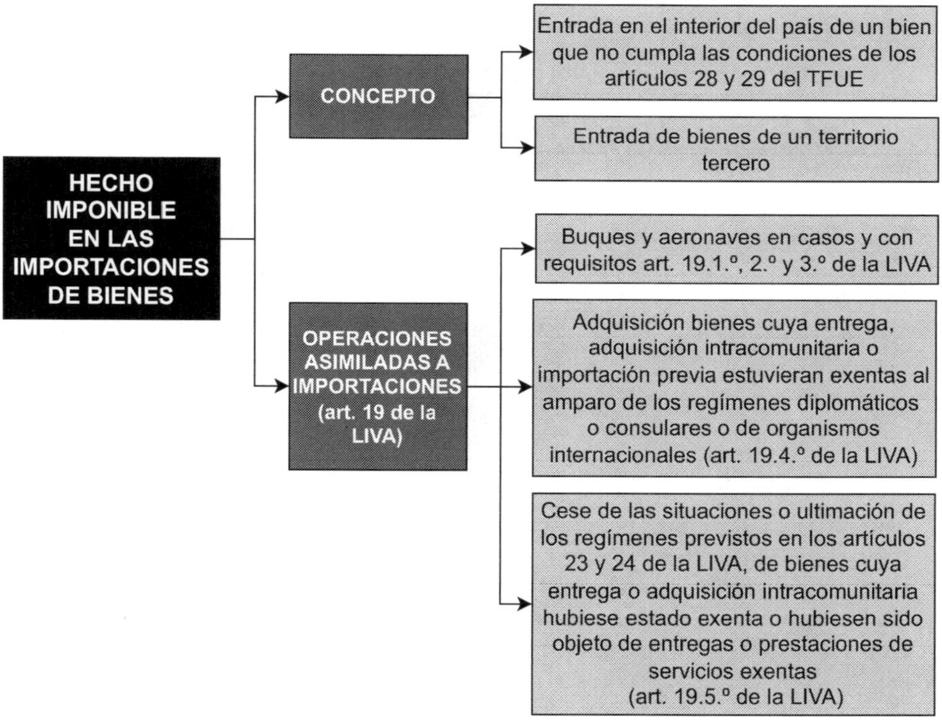

A TENER EN CUENTA. La consideración del cese de las situaciones previstas en el artículo 23 de la LIVA y la ultimación de los regímenes del artículo 24 de la LIVA como operación asimilada a la importación, en los términos descritos en este último punto, se recoge en el número 5.º del artículo 19 de la LIVA . Dicho precepto ha sido objeto de recientes modificaciones. Así, la Ley 7/2024, de 20 de diciembre, incorporó lo señalado con respecto a los carburantes e introdujo un nuevo apartado undécimo al anexo de la LIVA, referido a las garantías del ingreso del IVA correspondiente a determinados carburantes que abandonan el régimen de depósito distinto del aduanero al que se refiere el artículo 19.5º de la LIVA, todo ello con entrada en vigor el 22/12/2024. Además, el RD-ley 9/2024, de 23 de diciembre, y su corrección de errores publicada en el BOE del 22/01/2025 también habían introducido pequeñas modificaciones tanto en ese precepto como en el apartado undécimo del anexo de la LIVA, con entrada en vigor el 25/12/2024; pero este RD-ley ha quedado derogado tras no haber sido convalidado por el Congreso en su sesión celebrada el 22/01/2025 (Resolución de 22 de enero de 2025, del Congreso de los Diputados, publicada en el BOE del 23/01/2025); por lo que en la exposición anterior ya no se incorporan los cambios que esa norma supuso. Finalmente, conviene destacar que, con carácter previo, la LPGE para 2023 ya había modificado también el artículo 19.5.° de la LIVA el apartado sexto del anexo, que regula la liquidación del IVA en tales supuestos, con efectos desde el 01/01/2023 y vigencia indefinida; en el ámbito de las operaciones asimiladas a las importaciones, la modificación supuso la eliminación de la referencia a la salida de áreas exentas como un espacio físico determinado.

CUESTIONES

1. ¿Cómo se liquidará el IVA en los casos previstos en el párrafo segundo del artículo 19.5.° de la LIVA, esto es, cuando cesen las situaciones o se ultimen los regímenes previstos en los artículos 23 y 24 de la LIVA tratándose de los bienes que en él se recogen (estaño, cobre, plata, etc.)?

Según indica el apartado sexto del anexo de la LIVA, en la redacción dada al mismo por la Ley 31/2022, de 23 de diciembre, con efectos desde el 1 de enero de 2023, cuando cesen las situaciones o se ultimen los regímenes de los artículos 23 y 24 de la LIVA con respecto a los bienes que enumera el párrafo segundo del artículo 19.5.° de la LIVA, habrá que liquidar el IVA correspondiente a las operaciones que se hubiesen beneficiado previamente de la exención por su colocación en dichas situaciones o vinculación a esos regímenes, siguiéndose estas reglas:

- Si los bienes hubiesen sido objeto de una o varias entregas exentas previas, el IVA a ingresar será el que hubiere correspondido a la última entrega exenta efectuada.
- Si los bienes hubiesen sido objeto de una adquisición intracomunitaria exenta por haberse colocado en las situaciones o vinculado a los regímenes indicados y no hubiesen sido objeto de una posterior entrega exenta, el IVA a ingresar será el que hubiere correspondido a aquella operación de no haberse beneficiado de la exención.
- Si los bienes hubiesen sido objeto de operaciones exentas realizadas con posterioridad a las indicadas en el primer o segundo punto anterior o no se hubiesen realizado estas últimas operaciones, el IVA a ingresar será el que, en su caso, resulte de lo dispuesto en dichos puntos, incrementado en el que hubiere correspondido a las citadas operaciones posteriores exentas.
- Si los bienes hubiesen sido objeto de una importación exenta por haberse vinculado al régimen de depósito distinto de los aduaneros y hubiesen sido objeto de operaciones exentas realizadas con posterioridad a dicha importación, el IVA a ingresar será el que hubiera correspondido a la citada importación de no haberse beneficiado de la exención, incrementado en el correspondiente a las citadas operaciones exentas.

Estará obligado a la liquidación e ingreso de las cuotas correspondientes al cese de las situaciones o la ultimación de los regímenes mencionados el propietario de los bienes en ese momento, que tendrá la condición de sujeto pasivo y deberá presentar la declaración-liquidación correspondiente. El obligado a ingresar las cuotas indicadas podrá deducirlas de acuerdo con lo previsto en la ley y los empresarios o profesionales no establecidos en el TAI que resulten ser sujetos pasivos del mismo según lo indicado podrán deducir las cuotas liquidadas por esta causa en las mismas condiciones y forma que los establecidos en dicho territorio.

Por último, se prevé que los titulares de los depósitos serán responsables solidarios del pago de la deuda tributaria que corresponda, con independencia de que puedan actuar como representantes fiscales de los empresarios o profesionales no establecidos en el ámbito espacial del impuesto.

2. ¿Qué garantías del ingreso del IVA correspondiente a ciertos carburantes que abandonan el régimen de depósito distinto del aduanero al que se refiere el artículo 19.5.° de la LIVA establece el nuevo apartado undécimo del anexo de la LIVA?

Conforme al apartado undécimo del anexo de la LIVA, introducido por la Ley 7/2024, de 20 de diciembre, y con entrada en vigor el 22 de diciembre de 2024, el último depositante de los productos referidos en el tercer párrafo del artículo 19.5.° de la LIVA que se extraigan del depósito fiscal, o el titular del depósito fiscal en caso de que sea el propietario de dichos productos, estará obligado a constituir y mantener una garantía que garantice el ingreso del IVA correspondiente a las entregas sujetas y no exentas que se hagan posteriormente de dichos bienes. Ahora bien, esto no resultará de aplicación cuando el último depositante o, en su caso, el titular del depósito fiscal cumpla alguno de los siguientes requisitos:

- Tener reconocida la condición de operador económico autorizado de acuerdo con lo establecido en el Reglamento (UE) 952/2013, del Parlamento Europeo y del Consejo, de 9 de octubre de 2013, por el que se establece el código aduanero de la Unión.
- Tener reconocida la condición de operador confiable por cumplir las siguientes condiciones: estar inscrito en el registro de extractores; tener un volumen de extracciones durante el año natural anterior de, al menos, 1.000 millones de litros de gasolinas, gasóleos y biocarburantes destinados a ser usados como carburante a que se refiere el párrafo tercero del artículo 19.5.° de la LIVA; haber realizado operaciones como operador al por mayor durante los 3 años anteriores; y cumplir los requisitos de solvencia financiera establecidos en el artículo 39 del citado Reglamento (UE) 952/2013, de 9 de octubre de 2013, y en el artículo 26 del Reglamento de Ejecución (UE) 2015/2447 de la Comisión, de 24 de noviembre de 2015. La condición referida al volumen de extracciones había sido rebajada de 1.000 a 550 millones de litros por el RD-ley 9/2024, de 23 de diciembre, con entrada en vigor el 25 de diciembre de 2024; pero dicho RD-ley ha quedado derogado, tras no haber sido convalidado por el Congreso en su sesión celebrada el 22/01/2025 (Resolución de 22 de enero de 2025, del Congreso de los Diputados, publicada en el BOE del 23/01/2025).

La garantía tendrá que adoptar alguna de las formas que especifica el número 3.° del apartado undécimo del anexo de la LIVA (aval de entidad de crédito, institución financiera o compañía de seguros acreditada en la UE, que garantice de forma global el ingreso del IVA correspondiente a las entregas sujetas y no exentas que se hagan posteriormente y cumpla determinados requisitos; o bien pago a cuenta del IVA correspondiente a una entrega sujeta y no exenta que se haga posteriormente de dichos bienes, en los términos que especifica la norma).

Por otra parte, el último depositante, antes de la extracción de los productos del depósito fiscal, deberá justificar al titular del depósito fiscal alguna de las siguientes circunstancias:

- Que es operador económico autorizado u operador confiable, mediante certificación de la Administración tributaria competente para la verificación y revisión del cumplimiento de los requisitos correspondientes.

- Que existe garantía suficiente, mediante certificación de la Administración tributaria cuando se trate de aval o, cuando se trate de pago a cuenta del impuesto, mediante justificante del ingreso realizado que incorpore el Numero de Referencia Completo (NRC), el volumen y la clase de producto a que se refiere.

Una vez comprobada la suficiencia de garantía o suficiencia del pago por la Administración tributaria competente, esta autorizará la salida del producto del depósito fiscal. El procedimiento de autorización de salida del producto del depósito fiscal finalizará por resolución expresa de la Administración tributaria competente en la que se acordará o denegará la salida del producto del depósito fiscal, lo que podrá efectuarse mediante un código electrónico.

El titular del depósito fiscal que permita que los carburantes salgan del depósito sin la previa acreditación de alguna de las circunstancias mencionadas, será responsable solidario del pago de la deuda tributaria correspondiente a la entrega sujeta y no exenta del IVA. Salvo prueba en contrario, se presumirá que la cuota del IVA de la deuda tributaria exigible al responsable solidario es el 110 % de la cuota del impuesto correspondiente a la operación asimilada a la importación a que se refiere el tercer párrafo del artículo 19.5.° de la LIVA.

Por lo demás, se regulará mediante orden ministerial el procedimiento para reconocer la condición de operador confiable, la creación y el mantenimiento de un registro de operadores confiables; y, en ese sentido, se establece un régimen transitorio para cuando entre en vigor dicha orden. También se desarrollarán por orden ministerial los requisitos y los procesos de gestión de las garantías.

6.2. Exenciones en las importaciones de bienes en el IVA

¿Qué exenciones existen en el IVA para las importaciones de bienes?

La LIVA recoge una serie de **operaciones exentas en relación con la entrada en el interior del país, procedente de terceros países, de determinados bienes**, como podrían ser aquellos cuya entrega en el interior estuviese exenta del impuesto, los bienes personales por traslado de residencia habitual o por razón de matrimonio, los bienes de escaso valor, los bienes en régimen de viajeros o destinados a organismos caritativos o filantrópicos, los bienes con fines de promoción comercial, los productos de la pesca, etc.

Asimismo, también se establecen ciertas **exenciones en las importaciones de bienes para evitar la doble imposición**.

Por otra parte, se estructura el uso del régimen de depósito distinto del aduanero para restringir la exención de las importaciones de bienes que se vinculen a dicho régimen a:

- Bienes objeto de impuestos especiales en régimen suspensivo.
- Bienes procedentes del territorio aduanero de la Comunidad.

- Bienes señalados por la Directiva sobre IVA (patatas, aceitunas, cacao, estaño, cobre, etc.).
- Bienes destinados a las tiendas libres de impuestos en puertos y aeropuertos.

La exención se extenderá también a los servicios relacionados directamente con las importaciones de estos bienes.

6.2.1. Exención en la importación con entrega interior exenta del impuesto

¿Cuáles son las exenciones en el IVA para la importación de bienes cuya entrega interior estuviera exenta del impuesto?

Tal y como establece el artículo 27 de la LIVA, están **exentas del IVA las importaciones de los siguientes bienes:**

- **Entregas de sangre**:
  - La sangre, el plasma sanguíneo y los demás fluidos, tejidos y otros elementos del cuerpo humano para fines médicos o de investigación o para su procesamiento por idénticos fines.
- **Buques, aeronaves y plataformas petrolíferas**:
  - Los buques y los objetos para ser incorporados a ellos a que se refieren las exenciones de los apartados Uno y Dos del artículo 22 de la LIVA (afectos a la navegación marítima internacional; afectos exclusivamente al salvamento, la asistencia marítima o la pesca costera; de guerra).
  - Las aeronaves y los objetos para ser incorporados a ellas a que se refieren las exenciones de los apartados Cuatro y Cinco del artículo 22 de la LIVA (utilizadas exclusivamente por compañías dedicadas esencialmente a la navegación aérea internacional en el ejercicio de actividades comerciales de transporte remunerado de mercancías o pasajeros, o bien las utilizadas por entidades públicas en el cumplimiento de sus funciones públicas).
  - Los productos de avituallamiento que, desde el momento en que se produzca la entrada en el ámbito espacial de aplicación del impuesto hasta la llegada al puerto o puertos situados en dicho ámbito territorial y durante la permanencia en los mismos por el plazo necesario para el cumplimiento de sus fines, se hayan consumido o se encuentren a bordo de los buques a los que corresponden las exenciones de las entregas de avituallamientos del artículo 22.Tres de la LIVA (los del primer punto de esta enumeración), con las limitaciones previstas en dicho precepto.

- Los productos de avituallamiento que, desde la entrada en el ámbito espacial de aplicación del impuesto hasta la llegada al aeropuerto o aeropuertos situados en dicho ámbito territorial y durante la permanencia en los mismos por el plazo necesario para el cumplimiento de sus fines, se hayan consumido o se encuentren a bordo de las aeronaves a que afecten las exenciones correspondientes a las entregas de avituallamiento del artículo 22.Seis de la LIVA (las utilizadas exclusivamente por compañías dedicadas esencialmente a la navegación aérea internacional en el ejercicio de actividades comerciales de transporte remunerado de mercancías o pasajeros, o bien las utilizadas por entidades públicas en el cumplimiento de sus funciones públicas) y en las condiciones previstas en dicho precepto.
- Los productos de avituallamiento que se importen por las empresas titulares de la explotación de los buques y aeronaves anteriores, con las limitaciones establecidas en los apartados Tres y Seis del artículo 22 de la LIVA y para ser destinados exclusivamente a los mencionados buques y aeronaves.

– **Operaciones financieras**:
  - Las divisas, billetes de banco y monedas que sean medios legales de pago, a excepción de las monedas y billetes de colección y de las piezas de oro, plata y platino.
  - Los títulos-valores.
  - El oro importado directamente por el Banco de España.

– **Otros**:
  - Los bienes destinados a las plataformas de perforación o exploración para su construcción, reparación, mantenimiento, transformación o equipamiento o para unir dichas plataformas al continente, cuando se destinen a dichos fines mencionados en el artículo 23.Uno.2.º de la LIVA.
  - Los bienes cuya expedición o transporte tenga como punto de llegada un lugar situado en otro Estado miembro, siempre que la entrega posterior de dichos bienes efectuada por el importador o su representante fiscal estuviese exenta en virtud de lo dispuesto en el artículo 25 de la LIVA.

Por su parte, el artículo 14 del RIVA recoge una serie de **requisitos a los que se condiciona la exención** de dichas importaciones, que varían según los casos:

– En el caso de las exenciones **correspondientes a las importaciones de los buques y aeronaves, de los objetos a ellos incorporados y de sus avituallamientos**, se condicionan al cumplimiento de los siguientes requisitos (apartado 1 del precepto):
  - El importador deberá presentar en la aduana, junto a la documentación necesaria para el despacho de los bienes, una declaración suscrita por él en la que determine el destino de los bienes a los fines que justifican las exenciones correspondientes.

- El importador deberá conservar en su poder, durante el plazo de prescripción del impuesto, las facturas, los documentos aduaneros de importación y, en su caso, los contratos de fletamento o de arrendamiento y las copias autorizadas de la inscripción de los buques y aeronaves en los registros de matrícula que correspondan.
- La incorporación a los buques de los objetos importados deberá realizarse en el plazo de tres meses siguientes a su importación y se acreditará mediante el correspondiente documento aduanero de embarque, que habrá de conservar el importador como justificante de la incorporación.
- La incorporación a las aeronaves de los objetos importados deberá efectuarse en el plazo de un año siguiente a la importación de dichos objetos y se acreditará de la misma forma que la incorporación de los objetos a que se refiere el punto anterior.
- Los objetos importados cuya incorporación a los buques y aeronaves puede beneficiarse de la exención son los comprendidos en el artículo 10.1.5.° del RIVA, siempre que la referida incorporación se produzca después de la matriculación de los buques o aeronaves en el Registro correspondiente
- En relación con los productos de avituallamiento que se importen a bordo de los buques y aeronaves, deberán cumplirse las previsiones de la legislación aduanera. Tal y como se recoge en el mentado art. 14 del RIVA, los que se importen separadamente y no se introduzcan en las áreas a las que se refiere el artículo 11 del RIVA (que, si bien actualmente se refiere a la situación de depósito temporal, antes regulaba las zonas francas y depósitos francos), deberán ponerse a bordo de los buques y aeronaves en el plazo de los tres meses siguientes a su importación. La incorporación se acreditará a través del documento aduanero de embarque, que el importador deberá conservar como justificante de la exención.

– En el caso de la exención correspondiente a la **importación de bienes destinados a las plataformas de perforación o de explotación**, para su construcción, reparación, mantenimiento, transformación o equipamiento o para unir dichas plataformas al continente, el importador deberá presentar juntamente con la documentación aduanera de despacho, una declaración suscrita por él en la que indique el destino de los bienes que determina la exención y que habrá de conservar en su poder como justificante de la misma.

– La exención de una **importación de bienes que vayan a ser objeto de una entrega ulterior con destino a otro Estado miembro** se condiciona a la concurrencia de los siguientes requisitos:

- Que el importador o, en su caso, un representante fiscal que actúe en nombre y por cuenta de aquel, haya comunicado a la aduana de importación:
  - » Un número de identificación a efectos del IVA atribuido por la Administración tributaria española.

   » El número de identificación a efectos del IVA del destinatario de la entrega ulterior atribuido por otro Estado miembro.

- Que el importador o un representante fiscal que actúe en nombre y por cuenta de aquel, sea la persona que figure como consignataria de las mercancías en los correspondientes documentos de transporte.
- Que la expedición o transporte al Estado miembro de destino se efectúe inmediatamente después de la importación.
- Que la entrega ulterior a la importación resulte exenta del impuesto en aplicación de lo previsto en el artículo 25 de la LIVA.

CUESTIÓN

Una empresa de Gijón importa de Brasil madera de *iroko*, para ser entregada posteriormente a un empresario de Suecia. La madera se introduce por la aduana de Gijón. ¿La importación estará exenta de IVA?

En la medida en que la madera se introduce en la UE por la aduana de Gijón, se produce el hecho imponible importación y se liquidarán los derechos arancelarios correspondientes (despacho a libre práctica). Sin embargo, como el destino final de la mercancía será otro Estado miembro, dicha importación está exenta de IVA si se cumplen los requisitos para ello (artículo 27.12.° de la LIVA) . La posterior entrega a un empresario de Suecia supondrá una entrega intracomunitaria de bienes exenta en España y una adquisición intracomunitaria de bienes sujeta y no exenta en aquel país, aunque la madera proceda de Brasil.

RESOLUCIÓN ADMINISTRATIVA

Consulta vinculante de la Dirección General de Tributos (V1304-22), de 9 de junio de 2022

Asunto: posible exención en el IVA de la entrada en el TAI de un helicóptero de la Guardia Civil para que se realicen labores de mantenimiento.

«(...) la entrada del helicóptero propiedad de la Guardia Civil en la Península constituiría una importación a efectos del Impuesto sobre el Valor Añadido al ser las Islas Canarias un territorio excluido de la armonización de los impuestos sobre el volumen de negocios y, por tanto, debiendo considerarse territorio tercero a efectos del Impuesto sobre el Valor Añadido.

Del escrito de consulta no se deduce, no obstante, quien tendrá la consideración de importador pudiendo actuar como tal, tanto la propia Guardia Civil, como propietario del bien objeto de importación como, en su caso, la propia consultante en la medida que actuase como un consignatario en nombre propio.

4.- No obstante lo anterior, el artículo 27.3° de la Ley 37/1992 dispone lo siguiente:

"Artículo 27. Importaciones de bienes cuya entrega en el interior estuviese exenta del Impuesto.

Estarán exentas del Impuesto las importaciones de los siguientes bienes:

(...)

3°. Las aeronaves y los objetos para ser incorporados a ellas a que se refieren las exenciones establecidas en el artículo 22, apartados cuatro y cinco de esta Ley.

(...).".

En este sentido, el artículo 22.cuatro de la Ley 37/1992, dispone la exención de las entregas, transformaciones, reparaciones, mantenimiento, fletamento total o parcial, y arrendamiento de aeronaves utilizadas por Entidades públicas en el cumplimiento de sus funciones públicas.

Dicha exención está condicionada a que el adquirente o destinatario de las operaciones indicadas sea la propia Entidad pública que utilice las aeronaves en las funciones públicas.

Por su parte, el desarrollo reglamentario del artículo 27.3º de la Ley 37/1992 se encuentra recogido en el artículo 14 del Reglamento del Impuesto (...)

En consecuencia, la importación del helicóptero objeto de consulta estará exenta del Impuesto sobre el Valor Añadido en la medida que de haberse producido la entrega interior de esa aeronave hubiera estado igualmente exenta por ser realizada para una entidad pública siempre que la aeronave se utilice en el desarrollo de sus funciones públicas, como así parece que se deduce del escrito de consulta».

6.2.2. Exención en la importación de bienes personales por traslado de residencia habitual o para amueblar una segunda vivienda

¿Qué exenciones existen en el IVA para la importación de bienes personales por traslado de residencia o para amueblar una segunda vivienda?

De conformidad con el artículo 29 de la LIVA, se consideran bienes personales los **destinados normalmente al uso personal del interesado o de las personas que convivan con él o para las necesidades de su hogar**, siempre que, por su naturaleza y cantidad, **no pueda presumirse su afectación a una actividad** empresarial o profesional. Ahora bien, también tienen tal carácter los **instrumentos portátiles necesarios para el ejercicio de la profesión u oficio del importador**.

Entre los bienes personales se comprenden, entre otros, efectos como la ropa de cama o de mesa, el mobiliario, los vehículos de uso privado (automóviles y sus remolques, caravanas, motocicletas, aeronaves y embarcaciones de recreo o deportivas) y animales domésticos y de montar.

Importación de bienes personales por traslado de residencia habitual

Estarán exentas del IVA las importaciones **de bienes personales pertenecientes a personas físicas que trasladen su residencia habitual desde un territorio tercero a España,** de conformidad con lo dispuesto en el artículo 28 de la LIVA.

La aplicación de esta exención se condiciona a la concurrencia de los siguientes requisitos:

- Que los **bienes hubiesen sido adquiridos o importados en las condiciones normales de tributación en el país de origen o procedencia,** sin haberse beneficiado de ninguna exención o devolución de las cuotas devengadas con ocasión de su salida de dicho país. Este requisito se entiende cumplido cuando los bienes se hubiesen adquirido o importado al amparo de las exenciones establecidas en los regímenes diplomático o consular en favor de los miembros de los organismos internacionales reconocidos y con sede en el Estado de origen, con los límites y condiciones fijados por los convenios internacionales por los que se crean dichos organismos o por los acuerdos de sede.

- Que los bienes importados **se destinen en la nueva residencia a los mismos usos o finalidades** que en la anterior.
- Que los **interesados hayan tenido su residencia habitual fuera de la Comunidad al menos durante los 12 meses consecutivos anteriores** al traslado. A estos efectos, el artículo 15 del RIVA señala:
  - Los plazos mínimos de residencia habitual continuada fuera de la Comunidad no se considerarán interrumpidos cuando se produjera una ausencia máxima de 45 días por motivo de vacaciones, turismo, negocios o enfermedad.
  - La asistencia a una universidad o escuela en el TAI, para la realización de estudios, no determinará el traslado de la residencia habitual.
  - Además, los interesados deberán presentar:
    - » En el momento de la importación, una relación detallada de los bienes a importar, el documento acreditativo de la baja en su residencia habitual fuera de la Comunidad y, en su caso, certificación del período de permanencia en la residencia anterior.
    - » Si fuesen de nacionalidad extranjera, la carta de residencia en el territorio peninsular español o islas Baleares o justificante de su solicitud. En este último caso, se le concederá, previa prestación de garantía, el plazo de un año para conseguir la referida residencia.
- Que los **bienes objeto de importación hubiesen estado en posesión del interesado o, tratándose de bienes no consumibles, hubiesen sido utilizados por él en su antigua residencia durante un período mínimo de 6 meses** antes de haber abandonado dicha residencia. No obstante:
  - Cuando se trate de vehículos provistos de motor mecánico para circular por carretera, sus remolques, caravanas de *camping*, viviendas transportables, embarcaciones de recreo y aviones de turismo, que se hubiesen adquirido o importado al amparo de los regímenes diplomático o consular, el período de utilización habrá de ser superior a 12 meses.
  - No se exigirá el cumplimiento de los plazos establecidos en este apartado, en los casos excepcionales en que se admita por la legislación aduanera a efectos de los derechos de importación.

- Que la **importación de los bienes se realice en el plazo máximo de 12 meses a partir de la fecha del traslado** de residencia al TAI. La LIVA contiene una excepción a este requisito, y es que los bienes personales podrán importarse antes del traslado, previo compromiso del interesado de establecer su nueva residencia antes de los 6 meses siguientes a la importación, pudiendo exigirse garantía en cumplimiento de dicho compromiso. Los plazos establecidos se calcularán con referencia a la fecha de la importación.
- Que los **bienes importados con exención no sean transmitidos, cedidos o arrendados durante el plazo de 12 meses posteriores a la importación**, salvo causa justificada. El incumplimiento de este requisito determinará la exacción del impuesto referido a la fecha en que se produjera dicho incumplimiento.

A TENER EN CUENTA. La importación de los bienes podrá realizarse en una o varias veces y por una o varias aduanas.

Con todo, **quedan excluidos de la exención los siguientes bienes:**

- Los productos alcohólicos comprendidos en los códigos NC 22.03 a 22.08 del arancel aduanero.
- El tabaco en rama o manufacturado. Sin embargo, los bienes comprendidos en este punto y en el anterior podrán ser importados con exención hasta el límite de las cantidades autorizadas con franquicia en el régimen de viajeros regulado en el artículo 35 de la LIVA.
- Los medios de transporte de carácter industrial.
- Los materiales de uso profesional, salvo los instrumentos portátiles para el ejercicio de la profesión u oficio del importador.
- Los vehículos de uso mixto utilizados para fines comerciales o profesionales.

CUESTIÓN

Un residente en Canarias (persona física) adquirió hace seis meses un vehículo que pretende llevar a la Península al verse obligado a trasladar su residencia por motivos laborales. ¿Se aplica la exención del IVA?

Esta cuestión es respondida en la **consulta vinculante de la DGT (V1234-24), de 28 de mayo de 2024,** en la que se parte del hecho de que:

«(...) la introducción en el territorio de aplicación del Impuesto de bienes procedentes de un país o territorio tercero, como es el caso de Canarias, debe ser calificado, a los efectos del citado tributo, como importación, correspondiendo al destinatario la condición de sujeto pasivo y se encontrará, por tanto, sujeta al Impuesto sobre el Valor Añadido». Si bien hay que tener en cuenta que el artículo 28 de la LIVA recoge una exención para las personas físicas que trasladen su residencia habitual desde un territorio tercero cuando se cumplan una serie de requisitos, por lo que:

«Adicionalmente, dicha importación podría quedar exenta cuando concurran los requisitos previstos en los artículos 28 y 15 de la Ley y el Reglamento del Impuesto, respectivamente, y, en particular, cuando el consultante pueda acreditar, en primer lugar, haber tenido su residencia habitual en Canarias, al menos, durante los doce meses consecutivos anteriores al traslado al territorio de aplicación del Impuesto y,

en segundo lugar, que el vehículo en cuestión haya sido utilizado por el consultante en su antigua residencia durante un período mínimo de seis meses antes de haber abandonado la misma, salvo que se hubiese adquirido al amparo de alguna de las exenciones comentadas en el artículo 28.Dos.4° de la Ley del Impuesto, en cuyo caso el plazo sería de doce meses».

RESOLUCIÓN ADMINISTRATIVA

Consulta vinculante de la Dirección General de Tributos (V0724-21), de 26 de marzo de 2021

Asunto: forma de acreditar el período mínimo de residencia en un país o territorio tercero con carácter previo al traslado de la residencia de cara a la exención prevista en el artículo 28 de la LIVA.

«De forma concreta plantea la consultante que, por razones varias, no tuvo ocasión de empadronarse debidamente en su lugar de residencia hasta transcurrido bastante tiempo desde su llegada a las Islas Canarias y si, alternativamente, puede acreditar el plazo de residencia mínima en dicho territorio por otros medios, como el contrato de trabajo con la entidad en la que ha estado empleada así como con el alta en la Seguridad Social o el contrato de alquiler de la vivienda en la que ha vivido este tiempo.

A este respecto debe indicarse, en primer lugar, que en los artículos de la Ley y el Reglamento del impuesto que regulan la exención aquí analizada no se especifica ningún medio de prueba para acreditar todos los requisitos que deben concurrir para su aplicación.

Es doctrina de este Centro directivo que la acreditación de los requisitos que deben concurrir para la aplicación de las exenciones, como la que es objeto de esta consulta, podrá efectuarse "por cualquier medio de prueba admitido en derecho" y, por tanto, deberá tener en cuenta la consultante lo dispuesto en los artículos 105 y 106 de la Ley 58/2003, de 17 de diciembre, General Tributaria (BOE del 18 de diciembre) que establecen lo siguiente:

"Artículo 105. Carga de la prueba.

1. En los procedimientos de aplicación de los tributos quien haga valer su derecho deberá probar los hechos constitutivos del mismo.

2. Los obligados tributarios cumplirán su deber de probar si designan de modo concreto los elementos de prueba en poder de la Administración tributaria.

Artículo 106. Normas sobre medios y valoración de la prueba.

1. En los procedimientos tributarios serán de aplicación las normas que sobre medios y valoración de prueba se contienen en el Código Civil y en la Ley 1/2000, de 7 de enero, de Enjuiciamiento Civil, salvo que la ley establezca otra cosa.

(...).".

Tal y como reiteradamente ha sentado este Centro directivo (por todas, véase la contestación vinculante de 19 de mayo del 2015, número V1509-15) en cuanto a la valoración de las pruebas, hay que señalar que en nuestro ordenamiento jurídico rige el principio general de valoración libre y conjunta de todas las pruebas aportadas, quedando descartado como principio general el sistema de prueba legal o tasada».

Importación de bienes personales para amueblar una segunda vivienda

Conforme al artículo 30 de la LIVA, están **exentas del impuesto las importaciones de bienes personales efectuadas por particulares, con el fin de amueblar una vivienda secundaria del importador.**

Dicha exención quedará condicionada a la concurrencia de los siguientes **requisitos:**

- Los **relativos a su misma finalidad en la nueva residencia, adquisición en condiciones de normal tributación, posesión previa y prohibición de transmisión, cesión o arrendamiento** analizados en el epígrafe anterior relativo a la exención por traslado de residencia, en cuanto sean aplicables.
- El **importador debe ser propietario de la vivienda secundaria o, en su caso, arrendatario de la misma, por un plazo mínimo de 12 meses.**
- Los bienes importados deben corresponderse con el **mobiliario o ajuar normal de la vivienda secundaria.** No se incluyen entre estos los medios de trasporte o elementos que no formen parte del ajuar.

6.2.3. Exención por importación por causa de matrimonio, herencia y por estudiantes

¿Está exenta en IVA la importación de bienes personales por causa de matrimonio?

A tenor del artículo 31 de la LIVA se encuentran **exentas las importaciones de los bienes integrantes del ajuar y los objetos de mobiliario, incluso nuevos, pertenecientes a personas que, con ocasión de su matrimonio, trasladen su residencia habitual desde terceros países al territorio de aplicación del impuesto.**

> **A TENER EN CUENTA.** La exención se extiende también a las importaciones de los regalos ofrecidos normalmente por razón de matrimonio, efectuados por personas que tengan su residencia habitual fuera de la Comunidad y recibidos por aquellas otras a las que se refiere el párrafo anterior, siempre que el valor unitario de los objetos ofrecidos como regalo no exceda de 200 euros.

Dicha exención se condiciona a la concurrencia de los siguientes **requisitos:**

- El interesado deberá haber tenido su **residencia habitual fuera de la Comunidad al menos durante los 12 meses consecutivos anteriores** al traslado.
- Los bienes tendrán que **haber sido adquiridos o importados en las condiciones normales de tributación en el país de origen o procedencia** y no haberse beneficiado de ninguna exención o devolución de las cuotas devengadas con ocasión de su salida de dicho país. Este requisito se entenderá cumplido cuando los bienes se hubiesen adquirido o importado al amparo de las exenciones establecidas en los regímenes diplomático o consular en favor de los miembros de los organismos internacionales reconocidos y con sede en el Estado de origen, con los límites y condiciones fijados por los convenios internacionales por los que se crean dichos organismos o por los acuerdos de sede.

- Los bienes importados con exención **no podrán ser transmitidos, cedidos o arrendados durante el plazo de 12 meses posteriores a la importación,** salvo causa justificada. Si se incumple este requisito, procederá la exacción del impuesto referido a la fecha en que se produjera dicho incumplimiento.
- El interesado deberá aportar la **prueba de su matrimonio y, en su caso, de la iniciación de las gestiones** oficiales para su celebración.
- La **importación tendrá que efectuarse dentro del período comprendido entre los dos meses anteriores y los cuatro meses posteriores a la celebración del matrimonio.**

La Administración podrá exigir garantía suficiente en los supuestos en que la importación se efectúe antes de la fecha de celebración del matrimonio.

Esta exención **no será de aplicación a:**

- Los vehículos con motor mecánico para circular por carretera, sus remolques, caravanas de camping, viviendas transportables, embarcaciones de recreo y aviones de turismo, sin perjuicio de lo dispuesto en el artículo 28 de la LIVA, que regula las exenciones de importaciones de bienes personales por traslado de residencia habitual.
- Los productos alcohólicos comprendidos en los códigos NC 22.03 a 22.08 del arancel aduanero y el tabaco en rama o manufacturado. Sin embargo, estos bienes podrán ser importados con exención hasta el límite de las cantidades autorizadas con franquicia en el régimen de viajeros regulado en el artículo 35 de la LIVA.

La falta de justificación del matrimonio, en el plazo de cuatro meses a partir de la fecha indicada para la celebración del mismo, determinará la exacción del impuesto referida a la fecha en que tuvo lugar la importación.

Las exenciones de la LIVA para la importación de bienes personales *mortis causa*

Están **exentas del IVA,** tal y como dispone el artículo 32 de la LIVA, **las importaciones de bienes personales adquiridos *mortis causa*, cuando se efectúen por:**

- Personas físicas que tengan su residencia habitual en el territorio de aplicación del impuesto.
- Entidades sin fines de lucro establecidas en el territorio de aplicación del impuesto.

CUESTIÓN

¿Qué se entiende por bienes personales a los efectos de la LIVA?

A los efectos de la LIVA, son bienes personales los destinados normalmente al uso personal del interesado o de las personas que convivan con él o para las necesidades de su hogar, siempre que, por su naturaleza y cantidad, no pueda presumirse su afectación a una actividad empresarial o profesional. Sin embargo, también se consideran bienes personales los instrumentos portátiles necesarios para el ejercicio de la profesión u oficio del importador (artículo 29 de la LIVA) .

Además, debe tenerse en cuenta lo siguiente:

- La exención solo se aplicará respecto de los bienes importados en el plazo de dos años a partir del momento en que el interesado hubiese entrado en posesión de los bienes adquiridos, salvo causas excepcionales apreciadas por la Administración.
- El importador debe acreditar su adquisición mediante la correspondiente escritura pública, otorgada ante notario, o por cualquier otro medio admitido en derecho (art. 15.4 del RIVA) .

Quedan excluidos de la exención los siguientes bienes:

- Los productos alcohólicos comprendidos en los códigos NC 22.03 a 22.08 del arancel aduanero.
- El tabaco en rama o manufacturado.
- Los medios de transporte de carácter industrial.
- Los materiales de uso profesional, salvo los instrumentos portátiles necesarios para el ejercicio de la profesión del difunto.
- Las existencias de materias primas y de productos terminados o semiterminados.
- El ganado vivo y las existencias de productos agrícolas que excedan de las cantidades correspondientes a un aprovisionamiento familiar normal.

Las exenciones en IVA para importaciones de bienes muebles por parte de estudiantes

Conforme al artículo 33 de la LIVA, están **exentas del IVA las importaciones del ajuar, material de estudio y otros bienes muebles usados que constituyan el equipamiento normal de una habitación de estudiante, pertenecientes a personas que vayan a residir temporalmente en el TAI para realizar en él sus estudios y que se destinen a su uso personal** mientras duren los mismos.

Para la aplicación de esta exención se entenderá por:

- Estudiante: toda persona regularmente inscrita en un centro de enseñanza establecido en el territorio de aplicación del impuesto para seguir con plena dedicación los cursos que se impartan en dicho centro.
- Ajuar: la ropa de uso personal o de casa, incluso en estado nuevo.
- Material de estudio: los objetos e instrumentos empleados normalmente por los estudiantes para la realización de sus estudios.

La exención se concederá **solamente una vez por año escolar.**

6.2.4. Exención en la importación de bienes de escaso valor y pequeños envíos

¿Qué exenciones existen en el IVA para la importación de bienes de escaso valor o de pequeños envíos?

La importación de bienes de escaso valor y de pequeños envíos se efectúa al amparo del régimen aduanero de paquetes postales. Los envíos postales importados a la UE pueden declararse para su despacho a través de la declaración en aduana normal con el conjunto de datos completo o, si se cumplen las condiciones previstas en el artículo 166 del Código Aduanero de la Unión, la declaración simplificada.

La desaparecida exención para importaciones de bienes de escaso valor

El **Real Decreto-ley 7/2021, de 27 de abril, suprimió, con entrada en vigor el 1 de julio de 2021, el artículo 34 de la LIVA, que antes contemplaba la exención para importaciones de bienes de escaso valor.**

Según señala su exposición de motivos, la eliminación de esta exención en las importaciones de bienes de escaso valor, que hasta entonces era aplicable hasta los 22 euros de valor global de la mercancía, tiene como finalidad la restauración de la competencia entre los proveedores de dentro y fuera de la Comunidad y evitar de la elusión fiscal. De este modo, las importaciones de bienes que no se acojan al régimen especial deberían liquidar el IVA a la importación.

La exención en la importación de pequeños envíos

Tal y como estipula el artículo 36 de la LIVA, se encuentran **exentas del IVA las importaciones de pequeños envíos, procedentes de países terceros, que no constituyan una expedición comercial y se remitan por un particular con destino a otro particular que se encuentre en TAI.**

A estos efectos, se considerarán pequeños envíos sin carácter comercial aquellos en los que concurran estos requisitos:

- Que se importen ocasionalmente.
- Que comprendan exclusivamente bienes de uso personal del destinatario o de su familia y que, por su naturaleza o cantidad, no pueda presumirse su afectación a una actividad empresarial o profesional.
- Que se envíen por el remitente a título gratuito.
- Que el valor global de los bienes importados no exceda de 45 euros.

Además, **la exención se aplicará también a los bienes que se relacionan y hasta las cantidades que se indican** a continuación:

- Labores del tabaco:
  - Cigarrillos: 50 unidades.

   - Puritos (cigarros con un peso máximo de 3 gramos unidad): 25 unidades.
   - Cigarros puros: 10 unidades.
   - Tabaco para fumar: 50 gramos.
- Alcoholes y bebidas alcohólicas:
   - Bebidas destiladas y bebidas espirituosas de una graduación alcohólica superior a 22 % vol.; alcohol etílico, no desnaturalizado, de 80 % vol. o más: una botella estándar (hasta un litro).
   - Bebidas destiladas y bebidas espirituosas, aperitivos a base de vino o de alcohol, tafia, sake o bebidas similares de una graduación alcohólica igual o inferior a 22 % vol.; vinos espumosos y generosos: una botella estándar (hasta un litro).
   - Otros vinos: dos litros en total.
- Perfumes: 50 gramos; y aguas de tocador: 1/4 de litro u ocho onzas.
- Café: 500 gramos; o extractos y esencias de café: 200 gramos.
- Té: 100 gramos; o extractos y esencias de té: 40 gramos.

Si los bienes comprendidos en este apartado excedieran de las cantidades señaladas, se excluirán en su totalidad del beneficio de la exención.

6.2.5. Exención en la importación de bienes en régimen de viajeros

¿Qué exenciones existen en el IVA para la importación de bienes en régimen de viajeros?

Este régimen aduanero especial se regula en el artículo 35 de la LIVA, y se aplica a los bienes introducidos por los viajeros en sus equipajes personales al entrar y salir de la Unión Europea, siempre que dichos bienes:

- Se hayan adquirido ocasionalmente.
- Se destinen al uso personal del viajero o de su familia.
- Que, por su naturaleza o cantidad, no pueda presumirse que sean objeto de una actividad comercial.

Están **exentas del IVA** las **importaciones de los bienes contenidos en los equipajes personales de los viajeros procedentes de países terceros**, con las **limitaciones y requisitos** siguientes:

- Que las mencionadas importaciones no tengan carácter comercial, en los términos previstos en el artículo 21.2.º.A).d) de la LIVA, según el cual se entiende que los bienes no constituyen una expedición comercial cuando «(...) se trate de bienes adquiridos ocasionalmente, que se destinen al uso personal o familiar de los viajeros o a ser ofrecidos como regalos y que, por su naturaleza y cantidad, no pueda presumirse que sean el objeto de una actividad comercial».

- Que el valor global de los bienes no exceda, por persona, de 300 euros, aunque este límite variará en los siguientes supuestos:
  - Para viajeros que lleguen al territorio de aplicación del impuesto por vía marítima o aérea, será de 430 euros.
  - Para viajeros menores de 15 años de edad, el valor global admitido con exención será de 150 euros.

Para la determinación de los límites de exención señalados anteriormente no se computará el valor de los bienes que sean objeto de importación temporal o de reimportación derivada de una previa exportación temporal, ni el de los medicamentos necesarios para uso normal del viajero.

Cuando el valor global exceda de los límites indicados, la exención se concederá hasta el límite de dichas cantidades, exclusivamente para aquellos bienes que, importados separadamente, hubiesen podido beneficiarse de la exención.

> **A TENER EN CUENTA.** A los efectos de esta exención, se considerarán equipajes personales de los viajeros, el conjunto de equipajes que presenten a la aduana en el momento de su llegada, así como los que se presenten con posterioridad, siempre que se justifique que, en el momento de la salida, fueron registrados en la empresa responsable de su transporte como equipajes acompañados. Sin embargo, no constituyen equipajes personales los combustibles que excedan de:
>
> - Los contenidos en los depósitos normales de combustible de los medios de transporte motorizados.
>
> - Los contenidos en depósitos portátiles de combustible hasta un máximo de 10 litros.

Sin perjuicio de lo anterior, están exentas del IVA las siguientes importa**ciones de bienes**:

- Labores del tabaco:
  - Cigarrillos: 200 unidades.
  - Puritos (cigarros con un peso máximo 3 gramos unidad): 100 unidades.
  - Cigarros puros: 50 unidades.
  - Tabaco para fumar: 250 gramos.
- Alcoholes y bebidas alcohólicas:
  - Bebidas destiladas y bebidas espirituosas de una graduación alcohólica superior a 22 % vol.; alcohol etílico, no desnaturalizado, de 80 % vol. o más: 1 litro en total.
  - Bebidas destiladas y bebidas espirituosas, aperitivos a base de vino o de alcohol, tafia, sake o bebidas similares de una graduación alcohólica igual o inferior a 22 % vol.; vinos espumosos y generosos: 2 litros en total.

- Otros vinos: 4 litros en total.
- Cerveza: 16 litros en total.

Para todo viajero, la franquicia se podrá aplicar a cualquier combinación de los tipos de tabaco, alcohol y bebidas alcohólicas mencionados, siempre que el total de los porcentajes utilizados de cada franquicia autorizada no supere el 100 %.

El valor de estos bienes no se computará para la determinación de los límites de valor global señalados en el apartado precedente.

Los viajeros menores de 17 años de edad no se beneficiarán de las exenciones referidas a tabaco, alcoholes y bebidas alcohólicas.

Los **límites** previstos para la exención del IVA que se establecen en este artículo **se reducirán a la décima parte de las cantidades señaladas** cuando los bienes a que se refieran se importen por el **personal de los medios de transporte** utilizados en el tráfico internacional y con ocasión de los desplazamientos efectuados en el ejercicio de sus actividades profesionales.

Cuando el **viajero proceda de un país tercero en régimen de tránsito**, y acredite que los bienes han sido adquiridos en las condiciones normales de tributación de otro Estado miembro, la importación de dichos bienes al amparo del régimen de viajeros estará exenta, sin sujeción a los límites de valor global y de cantidad mencionados. Ahora bien, a estos efectos, no se considerarán en régimen de tránsito los pasajeros que sobrevuelen el TAI sin aterrizar en él.

RESOLUCIÓN ADMINISTRATIVA

Consulta vinculante de la Dirección General de Tributos (V2795-21), de 15 de noviembre de 2021

Asunto: medio para probar el valor de las importaciones de bienes en los equipajes personales de los viajeros procedentes de países o territorios terceros.

«Respecto al medio de prueba del valor de las importaciones de bienes conducidas en sus equipajes personales por los viajeros procedentes de territorios o países terceros, cabe destacar que el artículo 106 de la Ley 58/2003, de 17 de diciembre, General Tributaria (BOE del 18 de diciembre), establece que en los procedimientos tributarios serán de aplicación las normas que sobre medios y valoración de pruebas se contienen en el Código Civil y en la Ley de Enjuiciamiento Civil, salvo que la Ley establezca otra cosa.

En relación con los medios y valoración de pruebas hay que citar, también, el artículo 105.1 del mismo texto legal, que en relación con la carga de la prueba establece que "en los procedimientos de aplicación de los tributos quien haga valer su derecho deberá probar los hechos constitutivos del mismo".

A estos efectos, debe tenerse en cuenta lo establecido en relación con la prueba en el capítulo V del título I del libro IV del Código Civil, así como lo dispuesto en los capítulos V y VI del título I del libro II de la Ley de Enjuiciamiento Civil. Concretamente, el artículo 299 de la Ley 1/2000 enumera los medios de prueba.

Por lo que se refiere a la valoración de las pruebas, hay que señalar que en el ordenamiento jurídico español rige el principio general de valoración libre y conjunta de todas las pruebas aportadas, quedando descartado como principio general el sistema de prueba legal o tasada».

6.2.6. Exención en la importación de bienes por traslado de sede de actividad

¿Qué exenciones existen en el IVA para la importación de bienes por traslado de sede de actividad?

Están **exentas del impuesto las importaciones de los bienes de inversión afectos a la actividad empresarial o profesional de una empresa de producción o de servicios que cesa definitivamente en su actividad empresarial en un país tercero para desarrollar una similar en el territorio de aplicación del impuesto**, tal y como dispone el artículo 37 de la LIVA.

A tenor de lo dispuesto en el artículo 16 del RIVA, la naturaleza de la actividad desarrollada en origen, el período de utilización de los bienes y la fecha del cese se acreditarán por cualquier medio de prueba admitido en derecho y, en particular, con una certificación expedida por la Administración del país correspondiente.

La exención no alcanzará a los bienes pertenecientes a empresas establecidas en un país tercero cuya transferencia al territorio de aplicación del impuesto se produzca con ocasión de la fusión con una empresa establecida previamente en este territorio o de la absorción por una de estas empresas, sin que se inicie una actividad nueva.

Si la empresa que transfiere su actividad se dedicase en el lugar de procedencia al desarrollo de una actividad ganadera, la exención se aplicará también al ganado vivo utilizado en dicha explotación.

La exención queda condicionada al cumplimiento de los siguientes **requisitos:**

- Que los bienes importados hayan sido utilizados por la empresa durante un período mínimo de 12 meses antes del cese de la actividad en el lugar de procedencia.
- Que se destinen a los mismos usos en el TAI.
- Que la importación de los bienes se efectúe dentro del plazo de 12 meses siguientes al cese de la actividad en el lugar de procedencia.
- Que los bienes importados no se destinen al desarrollo de una actividad que consista fundamentalmente en la realización de operaciones exentas del impuesto, en virtud de lo establecido en el artículo 20 de la LIVA. A estos efectos, se considerará que los bienes importados no se destinan fundamentalmente a la realización de operaciones exentas del IVA en virtud de dicho precepto cuando la prorrata correspondiente a las actividades que el importador de los bienes desarrolle en el territorio de aplicación del impuesto sea igual o superior al 90 %.
- Que los bienes sean adecuados a la naturaleza e importancia de la empresa considerada.
- Que la empresa, que transfiera su actividad al TAI, presente declaración de alta como sujeto pasivo del impuesto antes de realizar la importación de los bienes.

Ahora bien, **quedarán excluidos de esta exención ciertos bienes:**

- Los medios de transporte que no tengan el carácter de instrumentos de producción o de servicios.
- Las provisiones de toda clase destinadas al consumo humano o a la alimentación de los animales.
- Los combustibles.
- Las existencias de materias primas, productos terminados o semiterminados.
- El ganado que esté en posesión de los tratantes de ganado.

CUESTIÓN

Un artista canadiense ha decidido donar todas sus obras a una fundación situada en el TAI cuya finalidad es la difusión de su obra y trasladarse él mismo al territorio de aplicación del impuesto. Además de las obras, también se importan algunos elementos que se encontraban en el taller del artista como grúas, utensilios de pintura... Estos elementos, ¿se encuentran exentos de IVA?

Sí, tal y como se recoge en la **consulta vinculante de la DGT (V2686-18), de 2 de octubre de 2018**, estos elementos utilizados por el artista en el ejercicio de su actividad empresarial o profesional podrían quedar exentos del impuesto de efectuarse cumpliendo las condiciones establecidas en el art. 37.2 de la LIVA. Es decir, que hayan sido utilizados durante un mínimo de 12 meses anteriores al cese de la actividad en el lugar de procedencia, que se destinen a los mismos usos en el TAI, que se importen en los 12 meses siguientes al cese de la actividad en el lugar de procedencia, que no se destinen a actividades exentas el IVA en virtud del art. 20 de la LIVA, que se trate de bienes adecuados a la naturaleza de la empresa considerada, y que la empresa transfiera su actividad al TAI y presente declaración de alta como sujeto pasivo del impuesto antes de realizar la importación.

6.2.7. Exención en la importación de bienes agrícolas, ganaderos en terceros países, semillas, abonos, y pesca

¿Qué exenciones de IVA existen en bienes agrícolas, ganaderos en terceros países, semillas, abonos, y pesca?

Se agrupan en esta categoría varias exenciones relativas a las actividades agrícolas, ganaderas y pesqueras. En concreto, las que afectan a:

- La importación de bienes obtenidos por productores agrícolas o ganaderos en terceros países.
- La importación de semillas, abonos, productos para el tratamiento del suelo y vegetales.
- Las importaciones de bienes destinados al acondicionamiento o a la alimentación en ruta de animales.
- La importación de productos de pesca.

a) Importación de bienes obtenidos por productores agrícolas o ganaderos en terceros países

Tal y como establece el artículo 38 de la LIVA, estarán exentas las importaciones de productos agrícolas, ganaderos, hortícolas o silvícolas procedentes de tierras situadas en un país tercero contiguo al TAI, obtenidos por productores cuya sede de explotación se encuentre en el mencionado territorio en la proximidad inmediata de aquel país.

Para poder aplicarse esta exención deben de cumplirse los siguientes requisitos:

- Los productos ganaderos deben proceder de animales criados, adquiridos o importados en las condiciones generales de tributación de la Comunidad.
- Los caballos de raza pura no podrán tener más de seis meses de edad y deberán haber nacido en el país tercero de un animal fecundado en el territorio de aplicación del impuesto y exportado temporalmente para parir.
- Los bienes deberán ser importados por el productor o por persona que actúe en nombre y por cuenta de él.

b) Importación de semillas, abonos, productos para el tratamiento del suelo y vegetales

Conforme a lo establecido en el artículo 39 de la LIVA, se encuentran exentas del impuesto, a condición de reciprocidad, las importaciones de semillas, abonos y productos para el tratamiento del suelo y de los vegetales, destinados a la explotación de tierras situadas en la proximidad inmediata de un país tercero y explotadas por productores agrícolas cuya sede de explotación se encuentre en dicho país tercero, en la proximidad inmediata del territorio de aplicación del impuesto.

Esta exención está condicionada al cumplimiento de los siguientes requisitos:

- Que los dichos productos se importen en cantidades no superiores a las necesarias para la explotación de las tierras a que se destinen.
- Que la importación se efectúe por el productor o por persona que actúe en nombre y por cuenta de él.

c) Importaciones de bienes destinados al acondicionamiento o a la alimentación en ruta de animales

Por su parte, el artículo 56 de la LIVA establece que están exentas del IVA las importaciones de los bienes destinados al acondicionamiento o a la alimentación en ruta de animales importados, siempre que los mencionados bienes se utilicen o distribuyan a los animales durante el transporte.

d) Importación de productos de pesca

Asimismo, el artículo 59 de la LIVA dispone que se hallan exentas del impuesto las importaciones realizadas por las aduanas marítimas, de productos de la pesca cuando se cumplan los siguientes requisitos:

- Que se efectúen por los propios armadores de los buques pesqueros o en nombre y por cuenta de ellos y procedan directamente de sus capturas.
- Que los productos se importen en el mismo estado en el que se capturaron o se hubiesen sometido a operaciones destinadas exclusivamente a preservarlos para su comercialización, tales como limpieza, troceado, clasificación y embalaje, refrigeración, congelación o adición de sal.
- Que dichos productos no hubiesen sido objeto de una entrega previa a la importación.

6.2.8. Exención en la importación de animales de laboratorio, sustancias biológicas destinadas a la investigación y productos farmacéuticos

¿Qué exenciones establecen los artículos 40 y 41 de la LIVA para determinadas importaciones?

En este ámbito, estudiaremos las exenciones relativas a las siguientes operaciones de importación:

- Importaciones de animales de laboratorio y sustancias biológicas y químicas destinados a la investigación.
- Importaciones de sustancias terapéuticas de origen humano y de reactivos para la determinación de los grupos sanguíneos y de los tejidos humanos.

> **A TENER EN CUENTA**. Este segundo grupo de exenciones se entiende sin perjuicio de lo dispuesto en el artículo 27.1.º de la LIVA, que recoge la exención del IVA de las importaciones de la sangre, el plasma sanguíneo y los demás fluidos, tejidos y otros elementos del cuerpo humano para fines médicos o de investigación o para su procesamiento por idénticos fines.

a. Importación de animales de laboratorio y sustancias biológicas y químicas destinadas a la investigación

El artículo 40 de la LIVA dispone que están **exentas del IVA las importaciones, a título gratuito, de animales especialmente preparados para ser utilizados en laboratorios y de sustancias biológicas y químicas procedentes de países terceros, siempre que unos y otras se importen:**

- **Por establecimientos públicos, o servicios dependientes de ellos, que tengan por objeto esencial la enseñanza o investigación científica.**

- **Previa autorización, por establecimientos privados dedicados también esencialmente a las mismas actividades.**

El artículo 17 del RIVA especifica que las autorizaciones administrativas se solicitarán a la delegación o administración de la AEAT en cuya circunscripción territorial esté situado el domicilio fiscal del importador y surtirán efectos respecto de las importaciones cuyo devengo se produzca a partir de la fecha del correspondiente acuerdo o, en su caso, de la fecha que se indique en el mismo. Con todo, se entenderá revocada la autorización:

- En el momento en que se modifiquen las circunstancias que motivaron su concesión.
- O cuando se produzca un cambio en la normativa que varíe las condiciones que motivaron su otorgamiento.

La exención establecida en este artículo se concederá con los mismos **límites y condiciones fijados en la legislación aduanera**.

b. Importación de sustancias terapéuticas de origen humano y de reactivos para la determinación de los grupos sanguíneos y de tejidos humanos

De igual forma, el artículo 41 de la LIVA señala que se encuentran **exentas del impuesto las importaciones de:**

- **Sustancias terapéuticas de origen humano**, entendiéndose por tal la sangre humana y sus derivados, tales como sangre humana total, plasma humano desecado, albúmina humana y soluciones estables de proteínas plasmáticas humanas, inmoglobulina y fibrinógeno humano.
- **Reactivos para la determinación de**:
  - **Los grupos sanguíneos**. Se comprenden todos los reactivos de origen humano, vegetal u otro, para la determinación de los grupos sanguíneos y la detección de incompatibilidades sanguíneas.
  - **Los grupos de tejidos humano**, lo que incluye todos los reactivos de origen humano, animal, vegetal u otro, para la determinación de los grupos de los tejidos humanos.

Esta exención alcanza también a:

- Los **embalajes especiales indispensables para el transporte de dichos productos**.
- Los **disolventes y accesorios necesarios para su conservación y utilización**.

Para la aplicación de esta exención se deben cumplir los siguientes **requisitos**:

- **Que se destinen a organismos o laboratorios autorizados por la Administración, para su utilización exclusiva en fines médicos o científicos** con exclusión de toda operación comercial. En tal sentido, según el artículo 17 del RIVA, las autorizaciones administrativas se solicitan a la delegación o administración de la AEAT en cuya circunscripción territorial esté situado el domicilio fiscal del importador y surtirán efectos respecto de las importaciones cuyo devengo se produzca a partir de la fecha del correspondiente acuerdo o, en su caso, de la fecha que se indique en el mismo; entendiéndose revocada la autorización en el momento en que se modifiquen las circunstancias que motivaron su concesión o cuando se produzca un cambio en la normativa que varíe las condiciones que motivaron su otorgamiento.

- Que los bienes importados se presenten en **recipientes provistos de una etiqueta especial de identificación**.
- Que la **naturaleza y destino de los productos importados se acredite en el momento de la importación** mediante un **certificado** expedido por organismo habilitado para ello en el país de origen.

¿Qué exenciones contemplan los artículos 42 y 43 de la LIVA para las importaciones relacionadas con las muestras para el control de calidad de medicamentos y productos farmacéuticos para competiciones deportivas internacionales?

Los artículos 42 y 43 de la LIVA regulan la exención en el IVA aplicable en caso de:

- Importaciones de sustancias de referencia para el control de calidad de los medicamentos.
- Importaciones de productos farmacéuticos utilizados con ocasión de competiciones deportivas internacionales.

a. Importaciones de sustancias de referencia para el control de calidad de los medicamentos

Conforme al artículo 42 de la LIVA, se hallan **exentas del impuesto las importaciones de muestras de sustancias referenciadas, autorizadas por la Organización Mundial de la Salud para el control de calidad de las materias utilizadas para la fabricación de medicamentos, cuando se importen por entidades autorizadas para recibir dichos envíos con exención.**

En este sentido, el artículo 17 del RIVA determina que las autorizaciones administrativas necesarias tendrán que solicitarse a la delegación o administración de la AEAT en cuya circunscripción territorial esté situado el domicilio fiscal del importador y surtirán efectos respecto de las importaciones cuyo devengo se produzca a partir de la fecha del correspondiente acuerdo o, en su caso, de la fecha que se indique en el mismo.

Por otra parte, la autorización se entenderá revocada:

- En el momento en que se modifiquen las circunstancias que motivaron su concesión.
- Cuando se produzca un cambio en la normativa que varíe las condiciones que motivaron su otorgamiento.

b. Importaciones de productos farmacéuticos utilizados con ocasión de competiciones deportivas internacionales

Igualmente, de conformidad con el artículo 43 de la LIVA, estarán **exentas del IVA las importaciones de los productos farmacéuticos destinados al uso de las personas o de los animales que participen en competiciones deportivas internacionales, en cantidades apropiadas a sus necesidades durante el tiempo de su permanencia en el territorio de aplicación del impuesto.**

6.2.9. Exención en la importación de bienes destinados a organismos caritativos o filantrópicos o en beneficio de personas con discapacidad

Importaciones de bienes destinados a organismos caritativos o filantrópicos

Se encuentran exentas del impuesto, conforme dispone el artículo 44 de la LIVA, las importaciones de los siguientes bienes, que se realicen por **entidades públicas o por organismos privados autorizados, de carácter caritativo o filantrópico:**

- Los bienes de primera necesidad, adquiridos a título gratuito, para ser distribuidos gratuitamente a personas necesitadas. A estos efectos, se entiende por bienes de primera necesidad los que sean indispensables para la satisfacción de necesidades inmediatas de las personas, tales como alimentos, medicamentos y ropa de cama y de vestir.
- Los bienes de cualquier clase, que no constituyan el objeto de una actividad comercial, remitidos a título gratuito por personas o entidades establecidas fuera de la Comunidad y destinados a las colectas de fondos organizadas en el curso de manifestaciones ocasionales de beneficencia en favor de personas necesitadas.
- Los materiales de equipamiento y de oficina, que no constituyan el objeto de una actividad comercial, remitidos, a título gratuito, por personas o entidades establecidas fuera de la Comunidad para las necesidades del funcionamiento y de la realización de los objetivos caritativos y filantrópicos que persiguen dichos organismos.

A TENER EN CUENTA. El artículo 17 del RIVA determina que las autorizaciones administrativas se solicitarán a la delegación o administración de la AEAT en cuya circunscripción territorial esté situado el domicilio fiscal del importador y surtirán efectos respecto de las importaciones cuyo devengo se produzca a partir de la fecha del correspondiente acuerdo o, en su caso, de la fecha que se indique en el mismo. Por otra parte, dicha autorización se entenderá revocada:

- En el momento en que se modifiquen las circunstancias que motivaron su concesión

- Cuando se produzca un cambio en la normativa que varíe las condiciones que motivaron su otorgamiento.

Los bienes que se beneficien de esta exención no podrán ser utilizados, prestados, arrendados o cedidos a título oneroso o gratuito para fines distintos de los enumerados en los dos primeros puntos antes mencionados, sin que dichas operaciones se hayan comunicado previamente a la Administración. Ahora bien, los bienes podrán ser objeto de préstamo, arrendamiento o cesión, sin pérdida de la exención, cuando dichas operaciones se realicen en favor de otros organismos que cumplan los requisitos previstos.

En caso de incumplimiento de lo señalado en el párrafo precedente o cuando los organismos dejasen de cumplir los requisitos que justificaron la aplicación de la exención, se exigirá el pago del impuesto con referencia a la fecha en que se produjeran dichas circunstancias.

La **exención no alcanza a los siguientes bienes:**

- Los productos alcohólicos comprendidos en los códigos NC 22.03 a 22.08 del arancel aduanero.
- El tabaco en rama o manufacturado.
- El café y el té.
- Los vehículos de motor distintos de las ambulancias.

Bienes importados en beneficio de personas con discapacidad

De igual forma, a tenor del artículo 45 de la LIVA, se hallarán exentas del **IVA las importaciones de bienes especialmente concebidos para la educación, el empleo o la promoción social de las personas con discapacidad física o mental, cuando se cumplan los siguientes requisitos:**

- Sean efectuadas por instituciones u organismos debidamente autorizados que tengan por actividad principal la educación o asistencia a estas personas. La solicitud de la autorización administrativa y su revocación tendrán lugar en los términos que prevé el artículo 17 del RIVA, ya señalados en el epígrafe anterior.
- Se remitan gratuitamente y sin fines comerciales a las mencionadas instituciones u organismos.

La exención se extenderá a las importaciones **de los repuestos, elementos o accesorios de los citados bienes y de las herramientas o instrumentos utilizados en su mantenimiento, control, calibrado o reparación,** cuando se importen conjuntamente con los bienes o se identifique que correspondan a ellos.

Los bienes importados con exención **podrán ser prestados, alquilados o cedidos, sin ánimo de lucro,** por las entidades o establecimientos beneficiarios a las personas antes mencionadas, sin pérdida del beneficio de la exención.

Ahora bien, los bienes que se beneficien de esta exención **no podrán ser utilizados, prestados, arrendados o cedidos a título oneroso o gratuito para fines distintos** de los anteriores, sin que dichas operaciones se hayan comunicado previamente a la Administración. Sí podrán ser objeto de préstamo, arrendamiento o cesión, sin pérdida de la exención, cuando dichas operaciones se realicen en favor de otros organismos que cumplan los requisitos previstos.

CUESTIÓN

¿Qué ocurre cuando se incumplen los requisitos para el préstamo, arrendamiento o cesión de los bienes importados exentos?

En caso de incumplimiento o cuando los organismos dejasen de cumplir los requisitos que justificaron la aplicación de la exención, se exigirá el pago del impuesto con referencia a la fecha en que se produjeran dichas circunstancias.

6.2.10. Exención en la importación de bienes en beneficio de víctimas de catástrofes o en el marco de relaciones internacionales

Importaciones de bienes en beneficio de las víctimas de catástrofes

Conforme al artículo 46 de la LIVA, se encuentran **exentas del impuesto las importaciones de bienes de cualquier clase, efectuadas por entidades públicas o por organismos privados o autorizados, de carácter caritativo o filantrópico, siempre que se destinen a los siguientes fines:**

- La distribución gratuita a las víctimas de catástrofes que afecten al TAI.
- La cesión de uso gratuita a las víctimas de dichas catástrofes, manteniendo los mencionados organismos la propiedad de los bienes.

Igualmente, están exentas las **importaciones de bienes efectuadas por unidades de socorro** para atender sus necesidades durante el tiempo de su intervención en auxilio de las citadas personas.

A TENER EN CUENTA. De conformidad con el artículo 17 del RIVA, las autorizaciones administrativas se solicitan a la delegación o administración de la AEAT en cuya circunscripción territorial esté situado el domicilio fiscal del importador y surtirán efectos respecto de las importaciones cuyo devengo se produzca a partir de la fecha del correspondiente acuerdo o, en su caso, de la fecha que se indique en el mismo. La autorización se entenderá revocada:

- En el momento en que se modifiquen las circunstancias que motivaron su concesión.

- Cuando se produzca un cambio en la normativa que varíe las condiciones que motivaron su otorgamiento.

Esta exención quedará **condicionada a la previa autorización de la Comisión** de las Comunidades Europeas. No obstante, hasta que se conceda la mencionada autorización podrá realizarse la importación con suspensión provisional del pago del impuesto, si el importador presta garantía suficiente.

Como límite, la exención **no se aplicará a los materiales de cualquier clase destinados a la reconstrucción de las zonas siniestradas.**

Los bienes que se beneficien de esta exención **no podrán ser utilizados, prestados, arrendados o cedidos a título oneroso o gratuito para fines distintos** de los citados anteriormente, sin que dichas operaciones se hayan comunicado previamente a la Administración. No obstante, los mencionados bienes podrán ser objeto de préstamo, arrendamiento o cesión, sin pérdida de la exención, cuando dichas operaciones se realicen en favor de otros organismos que cumplan los requisitos previstos.

En caso de incumplimiento de lo anterior o cuando los organismos dejasen de cumplir los requisitos que justificaron la aplicación de la exención, se exigirá el pago del impuesto con referencia a la fecha en que se produjeran dichas circunstancias.

Importaciones de bienes efectuadas en el marco de ciertas relaciones internacionales

Estarán **exentas del IVA,** tal y como dispone el artículo 47 de la LIVA, **las importaciones, desprovistas de carácter comercial, de los siguientes bienes:**

- Las condecoraciones concedidas por las autoridades de un país tercero a personas que tengan su residencia habitual en el territorio de aplicación del impuesto.
- Las copas, medallas y objetos similares que tengan carácter esencialmente simbólico y sean concedidos en un país tercero a personas que tengan su residencia habitual en el territorio de aplicación del impuesto, en homenaje a la actividad que dichas personas hayan desarrollado en las artes, las ciencias, los deportes o los servicios públicos, o en reconocimiento de sus méritos con ocasión de un acontecimiento concreto, siempre que se importen por los propios interesados.
- Los bienes comprendidos en el punto anterior que sean ofrecidos gratuitamente por autoridades o personas establecidas en un país tercero para ser entregados, por las mismas causas, en el interior del territorio de aplicación del impuesto.
- Las recompensas, trofeos, recuerdos de carácter simbólico y de escaso valor destinados a ser distribuidos gratuitamente a personas que tengan su residencia habitual fuera del territorio de aplicación del impuesto con ocasión de congresos, reuniones de negocios o manifestaciones similares de carácter internacional que tengan lugar en el territorio de aplicación del impuesto.

- Los bienes, a excepción del tabaco en rama o manufacturado y los productos alcohólicos, que, en concepto de obsequio y con carácter ocasional:
  - Se importen por personas que, teniendo su residencia habitual en el ámbito espacial del impuesto, hubiesen realizado una visita oficial a un país tercero y hubiesen recibido tales obsequios de las autoridades de ese país con ocasión de dicha visita.
  - Se importen por personas que efectúen una visita oficial al territorio de aplicación del impuesto para entregarlos como regalo a las autoridades de este territorio con ocasión de dicha visita.
  - Se envíen, en concepto de regalo, a las autoridades, corporaciones públicas o agrupaciones que ejerzan actividades de interés público en el territorio de aplicación del impuesto, por las autoridades, corporaciones o agrupaciones de igual naturaleza de un país tercero en prueba de amistad o buena voluntad.
  - Lo previsto en los tres puntos anteriores se aplicará sin perjuicio de las disposiciones relativas al régimen de viajeros.
- Los bienes donados a los Reyes de España.
- Los bienes que normalmente puedan considerarse como destinados a ser utilizados o consumidos durante su permanencia oficial en el territorio de aplicación del impuesto por los jefes de los Estados extranjeros, por quienes los representen o por quienes tengan prerrogativas análogas, a condición de reciprocidad.

6.2.11. Exención en la importación de bienes promocionales, objeto de ensayo y en materia de propiedad industrial o intelectual

¿Qué exenciones contempla la LIVA para la importación de bienes promocionales?

Tal y como dispone el artículo 48 de la LIVA, están **exentas del impuesto las importaciones de los siguientes bienes:**

- Las **muestras de mercancías** sin valor comercial estimable.
- Los **impresos de carácter publicitario**, tales como catálogos, listas de precios, instrucciones de uso o folletos comerciales que se refieran a:
  - Mercancías destinadas a la venta o arrendamiento por empresarios o profesionales no establecidos en el territorio de la Comunidad.
  - Prestaciones de servicios en materia de transporte, de seguro comercial o de banca, ofrecidas por personas establecidas en un país tercero.

- Los **objetos de carácter publicitario** que, careciendo de valor comercial intrínseco, se remitan gratuitamente por los proveedores a sus clientes, siempre que no tengan otra finalidad económica distinta de la publicitaria.
- Los **bienes destinados a una exposición** o manifestación similar que se enumeran a continuación (excluidas las bebidas alcohólicas, el tabaco en rama o manufacturado, los combustibles y los carburantes):
  - Las pequeñas muestras representativas de mercancías.
  - Los que hayan de utilizarse exclusivamente en la realización de demostraciones o para permitir el funcionamiento de máquinas o aparatos presentados en dichas exposiciones o manifestaciones.
  - Los materiales de escaso valor, tales como pinturas, barnices, papeles pintados o similares, utilizados para la construcción, instalación o decoración de los pabellones de los expositores y que se utilicen al emplearlos en dichos fines.
  - Los impresos, catálogos, prospectos, listas de precios, carteles, calendarios, fotografías no enmarcadas o similares distribuidos gratuitamente con fines exclusivos de publicidad de los bienes objeto de la exposición o manifestación.

Ahora bien, **la exención de las importaciones de cada uno de los bienes promocionales reseñados se condiciona al cumplimiento de una serie de requisitos específicos**, que varían según los casos y que pasamos a analizar.

|| ¿A qué requisitos se condiciona esta exención en cada caso?

Dichos requisitos serán los siguientes:

a) La **exención en la importación de muestras de mercancías sin valor comercial estimable** se aplicará sin perjuicio de la exención prevista para la importación de pequeñas muestras representativas de mercancías destinadas a una exposición o manifestación similar [regulada en el artículo 48.Uno.4.º.a) de la LIVA].

b) La **exención en la importación de impresos de carácter publicitario** se supedita al cumplimiento de estos requisitos:

- Los impresos deberán llevar de forma visible el nombre del empresario o profesional que produzca, venda o alquile las mercancías o que ofrezca las prestaciones de servicios a que se refieran.
- Cada envío comprenderá un solo ejemplar de cada documento o, si comprendiese varios ejemplares, el peso bruto total no podrá exceder de un kilogramo.
- Los impresos no deberán ser objeto de envíos agrupados de un mismo remitente a un mismo destinatario.

c) En cuanto a la **exención en la importación de bienes destinados a una exposición o manifestación similar**, antes de nada, conviene precisar que, a estos efectos, se considerarán como exposiciones o manifestaciones similares las exposiciones, ferias, salones o acontecimientos análogos del comercio, la industria, la agricultura o la artesanía, las organizadas principalmente con fines filantrópicos, científicos, técnicos, de artesanía, artísticos, educativos, culturales, deportivos o religiosos o para el mejor desarrollo de las actividades sindicales, turísticas o de las relaciones entre los pueblos. También se incluirán en este concepto las reuniones de representantes de organizaciones o grupos internacionales y las ceremonias de carácter oficial o conmemorativo; aunque no las que se organicen con carácter privado en almacenes o locales comerciales utilizados para la venta de mercancías.

Por lo demás, la exención en la importación de estos bienes se sujeta a distintos requisitos en función del concreto tipo de bien que se destine a la exposición o manifestación similar:

- Tratándose de **pequeñas muestras representativas de mercancías**, tendrán que concurrir los siguientes requisitos:
  - Que sean importadas gratuitamente como tales o que sean obtenidas en la manifestación a partir de las mercancías importadas a granel.
  - Que se distribuyan gratuitamente al público durante la manifestación o exposición para su utilización o consumo.
  - Que sean identificables como muestras de carácter publicitario de escaso valor unitario.
  - Que no sean susceptibles de ser comercializadas y se presenten, en su caso, en envases que contengan una cantidad de mercancías inferior a la más pequeña cantidad de la misma mercancía ofrecida efectivamente en el comercio.
  - Tratándose de muestras de los productos alimenticios y bebidas no acondicionados en la forma indicada en el punto anterior, que se consuman en el acto en la propia manifestación.
  - Que su valor global y cantidad estén en consonancia con la naturaleza de la exposición o manifestación, el número de visitantes y la importancia de la participación del expositor.
- En el caso de **bienes que hayan de utilizarse exclusivamente en la realización de demostraciones o para permitir el funcionamiento de máquinas o aparatos presentados en las exposiciones o manifestaciones**, los requisitos a los que se condiciona la exención son dos:
  - Que los bienes importados sean consumidos o destruidos en el curso de la manifestación o exposición.
  - Que su valor global y cantidad sea proporcionada a la naturaleza de la exposición o manifestación, al número de visitantes y la importancia de la participación del expositor.
- En el supuesto de **materiales de escaso valor utilizados para la construcción, instalación o decoración de los pabellones de los expositores** no se exigen requisitos adicionales.

- Finalmente, tratándose de **impresos, catálogos, prospectos, listas de precios, carteles, calendarios, fotografías no enmarcadas o similares distribuidos gratuitamente con fines exclusivos de publicidad de los bienes objeto de la exposición o manifestación**, los requisitos que han de concurrir para la exención son los siguientes:
  - Que los bienes importados se destinen exclusivamente a ser distribuidos gratuitamente al público en el lugar de la exposición o manifestación.
  - Que, por su valor global y cantidad, sean proporcionados a la naturaleza de la manifestación, al número de sus visitantes y la importancia de la participación del expositor.

Importaciones de bienes para ser objeto de exámenes, análisis o ensayos

De conformidad con lo dispuesto en el artículo 49 de la LIVA, están exentas del IVA las importaciones de bienes destinados a ser objeto de **exámenes, análisis o ensayos para determinar su composición, calidad u otras características técnicas con fines de información o de investigaciones industriales o comerciales.** Se excluyen los bienes que se utilicen en exámenes, análisis o ensayos que en sí mismos constituyan operaciones de promoción comercial.

La exención solo alcanzará a la cantidad de dichos bienes que sea **estrictamente** necesaria para la realización de los objetivos indicados y quedará condicionada a que los mismos sean totalmente consumidos o destruidos en el curso de las operaciones de investigación.

No obstante, la exención se extenderá igualmente a los **productos restantes** que pudieran resultar de dichas operaciones si, con autorización de la Administración, fuesen destruidos o convertidos en bienes sin valor comercial, abandonados en favor del Estado libres de gastos reexportados a un país tercero. A tales efectos, se entiende por productos restantes los que resulten de los exámenes, análisis o ensayos, o bien las mercancías importadas con dicha finalidad que no fuesen efectivamente utilizadas. En el caso de que no se cuente con la debida autorización los productos quedarán sujetos al pago del impuesto en el estado en que se encontrasen, con referencia al momento en que se ultimasen las operaciones de examen, análisis o ensayo.

A TENER EN CUENTA. Conforme al artículo 17 del RIVA, las autorizaciones administrativas se solicitarán a la delegación o administración de la AEAT en cuya circunscripción territorial esté situado el domicilio fiscal del importador y surtirán efectos respecto de las importaciones cuyo devengo se produzca a partir de la fecha del correspondiente acuerdo o, en su caso, de la fecha que se indique en el mismo. Dicha autorización, por otra parte, se entenderá revocada:

- En el momento en que se modifiquen las circunstancias que motivaron su concesión.

- Cuando se produzca un cambio en la normativa que varíe las condiciones que motivaron su otorgamiento.

RESOLUCIONES ADMINISTRATIVAS

Consulta vinculante de la Dirección General de Tributos (V3434-20), de 27 de noviembre de 2020

Asunto: posibilidad de aplicar la exención del artículo 49 de la LIVA cuando una sociedad dedicada a la fabricación de medicamentos importa muestras de ciertas sustancias con la finalidad de realizar pruebas y ensayos con ellas (cuyo resultado puede derivar en el desarrollo de medicamentos).

«(...) las importaciones de muestras de medicamentos y demás sustancias que fueran destinadas por la consultante a la realización de exámenes, análisis o ensayos para determinar la viabilidad de las mismas en el posible desarrollo de medicamentos estarán exentas del impuesto cuando se efectúen en las condiciones y con el cumplimiento de los requisitos previstos en los artículos 49 y 17 de la Ley y Reglamento del impuesto, respectivamente.

En particular, las muestras utilizadas no pueden tener, por sí mismas, repercusión comercial directa pudiendo ser exclusivamente utilizadas en la realización de las pruebas, ensayos y análisis correspondientes debiendo ser, en el curso de dichas operaciones, consumidas o bien destruidas como consecuencia de las mismas, con las únicas excepciones a las que hace referencia el apartado dos del artículo 49 de la Ley del impuesto.

Por último, con carácter previo a la aplicación de la exención, la consultante deberá estar en posesión de la autorización administrativa a que hace referencia el artículo 17 del Reglamento del impuesto, quedando exentas las importaciones que, efectuadas en las condiciones previstas en el artículo 49 de la Ley del impuesto, se devengasen con posterioridad a la fecha de la respectiva autorización o de la mencionada en la misma».

Consulta vinculante de la Dirección General de Tributos (V0546-21), de 10 de marzo de 2021

Asunto: trasposición de Directivas europeas a través del art. 49 de la LIVA.

«El artículo 49 de la Ley 37/1992 es trasposición de lo dispuesto en el artículo 143.1, letra b), de la Directiva 2006/112/CE, de 28 de noviembre (DOUE de 11 de diciembre, L 347) relativa al sistema común del impuesto sobre el valor añadido que establece que:

"1. Los Estados miembros eximirán las operaciones siguientes:

(...)

b) las importaciones definitivas de bienes reguladas por las Directivas 69/169/CEE, 83/181/CEE y 2006/79/CE del Consejo;".

Debe indicarse que las Directivas 60/169/CEE y 83/181/CEE han sido sustituidas, respectivamente, por la Directivas 2007/74 y la Directiva 2009/132.

En concreto, en los artículos 72 a 78 de la Directiva 2009/132/CE, de 19 de octubre de 2009, que delimita el ámbito de aplicación del artículo 143.1, letras b) y c), de la Directiva 2006/112/CE en lo referente a la exención del impuesto sobre el valor añadido de algunas importaciones definitivas de bienes, se regula la exención a las importaciones de bienes para ser objeto de análisis o ensayos. (...)

(...)

De acuerdo con todo lo anterior, las importaciones de muestras efectuadas por la consultante estarán sujetas aunque exentas del impuesto cuando se realicen con el objeto de efectuar exámenes, análisis y ensayos con el objeto de comprobar sus carac-

terísticas, como parece ocurrir en el supuesto objeto de consulta, siempre que se cumplan los requisitos contenidos en el artículo 49 de la Ley 37/1992, antes reproducido.

En particular, como indicó este Centro directivo en la contestación vinculante de 27 de noviembre de 2020 y número V3434-20, es preciso que "las muestras utilizadas no pueden tener, por sí mismas, repercusión comercial directa pudiendo ser exclusivamente utilizadas en la realización de las pruebas, ensayos y análisis correspondientes debiendo ser, en el curso de dichas operaciones, consumidas o bien destruidas como consecuencia de las mismas, con las únicas excepciones a las que hace referencia el apartado dos del artículo 49 de la Ley del impuesto.".

Por último, con la debida autorización administrativa, la aplicación de la exención se aplicará también a aquellos productos restantes que, no resultando ser consumidos o destruidos totalmente en el curso de los ensayos o pruebas efectuadas, sean destinados a su destrucción o bien a su conversión en bienes sin valor comercial, bien abandonados en favor del Estado libres de gastos, o reexportados a un país tercero».

Importaciones de bienes destinados a los organismos competentes en materia de protección de la propiedad intelectual o industrial

Se encontrarán **exentas del impuesto las importaciones de marcas, modelos o diseños, así como de los expedientes relativos a la solicitud de derechos de propiedad intelectual o industrial** destinados a los organismos competentes para tramitarlos, tal y como estipula el artículo 50 de la LIVA.

6.2.12. Exención en la importación de documentos turísticos o de carácter diverso

¿Qué exenciones en el IVA se prevén para la importación de documentos?

La LIVA contempla en sus artículos 51 y 52 una serie de supuestos en los que la importación de determinada clase de documentos se encuentra exenta del impuesto, agrupándolos en dos categorías:

- Las exenciones para las importaciones de documentos de carácter turístico.
- Las exenciones para las importaciones de otros documentos diversos, como las papeletas de voto para elecciones convocadas por organismos fuera del TAI o ciertos formularios o impresos oficiales.

|| Importaciones de documentos de carácter turístico

Según dispone el artículo 51 de la LIVA, estarán **exentas del IVA las importaciones de los siguientes documentos de carácter turístico:**

- Los destinados a ser distribuidos gratuitamente con fines de propaganda sobre viajes a lugares situados fuera de la Comunidad, principalmente para asistir a reuniones o manifestaciones de carácter cultural, turístico, deportivo, religioso o profesional, siempre que se den dos requisitos:

- No contengan más de un 25 % de publicidad comercial privada.
- Sea evidente su finalidad de propaganda de carácter general.

– Las listas o anuarios de hoteles extranjeros, así como las guías de servicios de transporte, explotados fuera de la Comunidad y que hayan sido publicados por organismos oficiales de turismo o bajo su patrocinio, siempre que cumplan dos requisitos:

- Se destinen a su distribución gratuita.
- No contengan más de un 25 % de publicidad comercial privada.

– El material técnico enviado a los representantes acreditados o corresponsales designados por organismos oficiales nacionales de turismo, que no se destine a su distribución, como anuarios, listas de abonados de teléfono o de télex, lista de hoteles, catálogos de ferias, muestras de productos de artesanía sin valor comercial estimable, documentación sobre museos, universidades, estaciones termales y otras instituciones análogas.

|| Importaciones de documentos diversos

Asimismo, el artículo 52 de la LIVA dispone que se encontrarán **exentas del impuesto las importaciones de determinados documentos:**

– Los documentos enviados gratuitamente a las entidades públicas.

– Las publicaciones de gobiernos de terceros países y de organismos oficiales internacionales para su distribución gratuita.

– Las papeletas de voto para las elecciones convocadas por organismos establecidos fuera del territorio de aplicación del impuesto.

– Los objetos destinados a servir de prueba o para fines similares ante los juzgados, tribunales u otras instancias oficiales de España.

– Los reconocimientos de firmas y las circulares impresas relacionadas que se expidan en los intercambios usuales de información entre servicios públicos o establecimientos bancarios.

– Los impresos de carácter oficial dirigidos al Banco de España.

– Los informes, memorias de actividades, notas de información, prospectos, boletines de suscripción y otros documentos dirigidos a los tenedores o suscriptores de títulos emitidos por sociedades extranjeras.

– Las fichas perforadas, registros sonoros, microfilmes y otros soportes grabados utilizados para la transmisión de información remitidos gratuitamente a sus destinatarios.

– Los expedientes, archivos, formularios y demás documentos destinados a ser utilizados en reuniones, conferencias o congresos internacionales, así como las actas y resúmenes de dichas manifestaciones.

- Los planos, dibujos técnicos, copias, descripciones y otros documentos análogos importados para la obtención o ejecución de pedidos o para participar en un concurso organizado en el territorio de aplicación del impuesto.
- Los documentos destinados a ser utilizados en exámenes organizados en el ámbito de aplicación del impuesto por instituciones establecidas fuera de la Comunidad.
- Los formularios destinados a ser utilizados como documentos oficiales en el tráfico internacional de vehículos o mercancías, en aplicación de los convenios internacionales.
- Los formularios, etiquetas, títulos de transporte y documentos similares expedidos por empresas de transporte u hoteleras establecidas fuera de la Comunidad y dirigidas a las agencias de viaje establecidas en el territorio de aplicación del impuesto.
- Los formularios y títulos de transporte, conocimientos de embarque, cartas de porte y demás documentos comerciales o de oficina ya utilizados.
- Los impresos oficiales de las autoridades nacionales o internacionales y los impresos ajustados a modelos internacionales dirigidos por asociaciones establecidas fuera de la Comunidad a las asociaciones correspondientes establecidas en el territorio de aplicación del impuesto para su distribución.
- Las fotografías, diapositivas y clichés para fotografías, incluso acompañados de leyendas, dirigidos a las agencias de prensa o a los editores de periódicos o revistas.
- Las publicaciones oficiales que constituyan el medio de expresión de la autoridad pública del país de exportación, de organismos internacionales, de entidades públicas y organismos de derecho público, establecidos en el país de exportación, así como los impresos distribuidos por organizaciones políticas extranjeras reconocidas oficialmente como tales por España con motivo de elecciones, siempre que dichas publicaciones e impresos hayan estado gravados por el IVA o un tributo análogo en el país de exportación y no hayan sido objeto de desgravación a la exportación.

6.2.13. Exención en la importación de material audiovisual producido por la ONU

¿Qué exenciones existen en el IVA para la importación de material audiovisual producido por la ONU?

A tenor de lo dispuesto en el artículo 53 de la LIVA, estarán **exentas las importaciones de los materiales audiovisuales de carácter educativo, científico o cultural, producidos por la Organización de las Naciones Unidas o**

alguno de sus organismos especializados, que se relacionan en el propio precepto y que figuran en la siguiente tabla:

CÓDIGO NC	DESIGNACIÓN DE LA MERCANCIA
3704 00	Placas, películas, papel, cartón y textiles, fotográficos, impresionados pero sin revelar:
ex 3704 00 10	Placas y películas. Películas cinematográficas, positivas, de carácter educativo, científico o cultural.
ex 3705	Placas y películas, fotográficas, impresionadas y reveladas, excepto las cinematográficas: De carácter educativo, científico y cultural.
3706	Películas cinematográficas, impresionadas y reveladas, con registro de sonido o sin él, o con registro de sonido solamente
3706 10	De anchura superior o igual a 35 mm: Las demás:
ex 3706 10 99	Las demás positivas. Películas de actualidad (tengan o no sonido) que recojan sucesos que tengan carácter de actualidad en el momento de la importación e importadas para su reproducción en número de dos copias por tema como máximo. Películas de archivo (que tengan o no sonido) destinadas a acompañar a películas de actualidad. Películas recreativas especialmente adecuadas para los niños y los jóvenes. Las demás de carácter educativo, científico o cultural.
3706 90	Las demás: Las demás: Las demás positivas:
ex 3706 90 51 ex 3706 90 91 ex 3706 90 99	Películas de actualidad (tengan o no sonido) que recojan sucesos que tengan carácter de actualidad en el momento de la importación e importadas para su reproducción en número de dos copias por tema como máximo. Películas de archivo (que tengan o no sonido) destinadas a acompañar a películas de actualidad. Películas recreativas especialmente adecuadas para los niños y los jóvenes. Las demás de carácter educativo, científico o cultural.
4911	Los demás impresos, incluidas las estampas, grabados y fotografías: Las demás:
4911 99	Las demás:
ex 4911 99 90	Las demás. Microtarjetas u otros soportes utilizados por los servicios de información y de documentación por ordenador, de carácter educativo, científico o cultural. Murales destinados exclusivamente a la demostración y la enseñanza.
ex 8524	Discos, cintas y demás soportes para grabar sonido o para grabaciones análogas, grabados, incluso las matrices y moldes galvánicos para la fabricación de discos con exclusión de los productos del capítulo 37: De carácter educativo, científico o cultural.

ex 9023 00	Instrumentos, aparatos y modelos, proyectados para demostraciones (por ejemplo, en la enseñanza o exposiciones), que no sean susceptibles de otros usos: Modelos, maquetas y murales de carácter educativo, científico o cultural, destinados exclusivamente a la demostración y la enseñanza. Maquetas o modelos visuales reducidos de conceptos abstractos tales como las estructuras moleculares o fórmulas matemáticas.
Varios	Hologramas para proyección por láser. Juegos multimedia. Material de enseñanza programada, incluido material en forma de equipo, acompañado del material impreso correspondiente.

6.2.14. Exención en la importación de objetos arte o de colección, así como de ataúdes, materiales y objetos para cementerios

Importaciones en el IVA de objetos de colección o de arte

Se encontrarán exentas del impuesto las importaciones de los objetos **de colección o de arte de carácter educativo, científico o cultural, no destinados a la venta e importados por museos, galerías y otros establecimientos autorizados para recibir esos objetos con exención**, tal y como dispone el artículo 54 de la LIVA.

A TENER EN CUENTA. Según el artículo 17 del RIVA, las autorizaciones administrativas se solicitarán a la delegación o administración de la AEAT en cuya circunscripción territorial esté situado el domicilio fiscal del importador y surtirán efectos respecto de las importaciones cuyo devengo se produzca a partir de la fecha del correspondiente acuerdo o, en su caso, de la fecha que se indique en el mismo. Por otra parte, dicha autorización se entenderá revocada:

- En el momento en que se modifiquen las circunstancias que motivaron su concesión.
- Cuando se produzca un cambio en la normativa que varíe las condiciones que motivaron su otorgamiento.

La **exención estará condicionada a** que los objetos se importen:

- A título gratuito.
- Si lo fueran a título oneroso, que sean entregados por una persona o entidad que no actúe como empresario o profesional.

CUESTIÓN

¿Qué ocurre cuando no se cuenta con la autorización necesaria o no se cumple alguno de los requisitos establecidos en el artículo 54 de la LIVA?

La Dirección General de Tributos nos da la respuesta a esta cuestión en su consulta vinculante (V2686-18), de 2 de octubre de 2018, donde recuerda que:

«(...) de no contar con dicha autorización o no cumplir con cualquiera de los requisitos anteriores, debe tenerse en cuenta que, de conformidad con el artículo 91.Uno.4 de la Ley 37/1992:

*"Uno. **Se aplicará el tipo del 10 por ciento** a las operaciones siguientes:*

(...)

*4. Las **importaciones de objetos de arte, antigüedades y objetos de colección,** cualquiera que sea el importador de los mismos, y las entregas de objetos de arte realizadas por las siguientes personas:*

1.º Por sus autores o derechohabientes.

2.º Por empresarios o profesionales distintos de los revendedores de objetos de arte a que se refiere el artículo 136 de esta Ley, cuando tengan derecho a deducir íntegramente el Impuesto soportado por repercusión directa o satisfecho en la adquisición o importación del mismo bien.".

3.- Por su parte, de acuerdo con el artículo 55 de la Ley 37/1992:

*"**Estarán exentas del impuesto las importaciones de los materiales utilizados para el acondicionamiento o protección, incluso térmica, de mercancías durante su transporte,** siempre que con respecto de dichos materiales se cumplan los siguientes requisitos:*

a) Que no sean normalmente susceptibles de reutilización.

b) Que su contraprestación esté incluida en la base imponible del impuesto en la importación de las mercancías a que se refieran.".

(...)

De acuerdo con lo anterior, estaría exenta la importación de aquellos elementos importados asimismo junto con las obras de arte empleadas en el mejor acondicionamiento de las mismas y siempre que generalmente no fueran susceptibles de reutilización como, por ejemplo, el material de conservación y embalaje para la protección de las obras de arte».

RESOLUCIÓN ADMINISTRATIVA

Consulta vinculante de la Dirección General de Tributos (V3051-23), de 23 de noviembre de 2023

Asunto: órganos competentes para autorizar las importaciones y verificar sus requisitos.

«Por lo tanto, corresponde a la Delegación o Administración de la Agencia Estatal de la Administración Tributaria en la que esté situado el domicilio fiscal del sujeto pasivo importador, otorgar la autorización administrativa exigida en el artículo 17 del Reglamento del Impuesto, antecitado, para que, en su caso, la importación pudiera resultar exenta.

Corresponderá a la Aduana de importación verificar, en su caso, que la operación de importación a la que se refiere su escrito, se corresponde con los requisitos establecidos en el artículo 54 de la Ley del Impuesto, es decir, que los objetos importados por persona debidamente autorizada, lo son a título gratuito o si lo son a título oneroso, la entrega se efectúa por una persona o Entidad que no actúa como empresario o profesional.

A estos efectos conviene recordar el artículo 67 de la Ley 37/1992, que dispone que el importador deberá aportar las pruebas suficientes para acreditar el cumplimiento de los requisitos establecidos en los artículos precedentes y, en consecuencia, es aplicable a lo dispuesto en el artículo 54 de la Ley del Impuesto sobre el Valor Añadido que ampararía la exención a la que nos hemos referido».

Importaciones en el IVA de ataúdes, materiales y objetos para cementerios

Asimismo, el artículo 58 de la LIVA establece que estarán **exentas del IVA las importaciones de:**

- **Ataúdes y urnas que contengan cadáveres o restos de su incineración.**
- **Flores, coronas y demás objetos de adorno** conducidos por personas residentes en un país tercero que asistan a funerales o las utilicen para decorar las tumbas situadas en el territorio de aplicación del impuesto, siempre que se presenten en cantidades que no sean propias de una actividad de carácter comercial.
- **Bienes de cualquier naturaleza destinados a la construcción, conservación o decoración de los cementerios, sepulturas y monumentos conmemorativos** de las víctimas de guerra de un país tercero, inhumadas en el territorio de aplicación del impuesto, siempre que dichas importaciones se realicen por organizaciones debidamente autorizadas.

En este supuesto, como en el anterior, conforme prevé el artículo 17 del RIVA, las autorizaciones administrativas se solicitarán a la delegación o administración de la AEAT en cuya circunscripción territorial esté situado el domicilio fiscal del importador y surtirán efectos respecto de las importaciones cuyo devengo se produzca a partir de la fecha del correspondiente acuerdo o, en su caso, de la fecha que se indique en el mismo.

La autorización se entenderá revocada:

- En el momento en que se modifiquen las circunstancias que motivaron su concesión.
- Cuando se produzca un cambio en la normativa que varíe las condiciones que motivaron su otorgamiento.

6.2.15. Exención en las importaciones de carburantes y lubricantes, así como materiales para el acondicionamiento y protección de mercancías

Importaciones en el IVA de materiales para el acondicionamiento y protección de mercancías

El artículo 55 de la LIVA dispone que se encontrarán exentas del impuesto **las importaciones de los materiales utilizados para el acondicionamiento o protección, incluso térmica, de mercancías durante su transporte**, siempre que con respecto de dichos materiales se cumplan los siguientes requisitos:

- Que no sean normalmente susceptibles de reutilización.
- Que su contraprestación esté incluida en la base imponible del impuesto en la importación de las mercancías a que se refieran.

CUESTIÓN

En una importación de una obra de arte que no cuenta con la autorización necesaria para considerarse exenta, el material usado para su acondicionamiento y protección durante el traslado a nuestro país, ¿quedará exento de IVA?

Este material se encuentra exento a pesar de no estar exenta la obra de arte, en virtud de lo recogido en el artículo 55 de la LIVA. En este sentido, podemos citar la consulta vinculante de la Dirección General de Tributos (V2686-18), de 2 de octubre de 2018, en la que se señala que:

«(...) de acuerdo con el artículo 55 de la Ley 37/1992:

"Estarán exentas del impuesto las importaciones de los materiales utilizados para el acondicionamiento o protección, incluso térmica, de mercancías durante su transporte, siempre que con respecto de dichos materiales se cumplan los siguientes requisitos:

a) Que no sean normalmente susceptibles de reutilización.

b) Que su contraprestación esté incluida en la base imponible del impuesto en la importación de las mercancías a que se refieran.".

En este sentido, de conformidad con el artículo 83 de la Ley 37/1992 en referencia a la base imponible del impuesto en las operaciones de importación:

"Uno. Regla general.

En las importaciones de bienes, la base imponible resultará de adicionar al valor de aduana los conceptos siguientes en cuanto no estén comprendidos en el mismo:

(...)

b) Los gastos accesorios, como las comisiones y los gastos de embalaje, transporte y seguro que se produzcan hasta el primer lugar de destino de los bienes en el interior de la Comunidad.

Se entenderá por "primer lugar de destino" el que figure en la carta de porte o en cualquier otro documento que ampare la entrada de los bienes en el interior de la Comunidad. De no existir esta indicación, se considerará que el primer lugar de destino es aquél en que se produzca la primera desagregación de los bienes en el interior de la Comunidad.

(...).".

De acuerdo con lo anterior, ***estaría exenta la importación de aquellos elementos importados asimismo junto con las obras de arte empleadas en el mejor acondicionamiento de las mismas y siempre que generalmente no fueran susceptibles de reutilización*** *como, por ejemplo, el material de conservación y embalaje para la protección de las obras de arte».*

Importaciones en el IVA de carburantes y lubricantes

De conformidad con el artículo 57 de la LIVA, también estarán **exentas del IVA las importaciones de carburantes y lubricantes contenidos en los depósitos de los vehículos automóviles industriales y de turismo y en los de los contenedores de uso especial que se introduzcan en el territorio de aplicación del impuesto**, con los siguientes **requisitos:**

- El carburante contenido en los depósitos normales de los vehículos automóviles industriales y de los contenedores de usos especiales solo podrá importarse con exención hasta el límite de 200 litros. Para los demás vehículos, podrá importarse con exención el carburante contenido en los depósitos normales, sin limitación alguna.

- El carburante contenido en los depósitos portátiles de los vehículos de turismo solo podrá importarse con exención hasta el límite de 10 litros.
- Los lubricantes que se encuentren a bordo de los vehículos en las cantidades que correspondan a las necesidades normales de funcionamiento de dichos vehículos durante el trayecto en curso.

Los carburantes admitidos con exención no podrán ser empleados en vehí**culos distintos de aquellos en los que se hubiesen importado, ni extraídos de los mismos, ni almacenados**, salvo los casos en que los mencionados vehículos fuesen objeto de una reparación necesaria, **ni podrán ser objeto de una cesión onerosa o** gratuita por parte del beneficiario de la exención. De lo contrario, quedarán sujetas al IVA las cantidades que hubiesen recibido esos destinos irregulares.

A estos efectos, se entiende por:

- **Vehículo automóvil industrial**: todo vehículo a motor capaz de circular por carretera que, por sus características y equipamiento, resulte apto y esté destinado al transporte, con o sin remuneración, de personas, con capacidad superior a nueve personas incluido el conductor, o de mercancías, así como para otros usos industriales distintos del transporte.
- **Vehículo automóvil de turismo:** todo vehículo a motor, apto para circular por carretera que no esté comprendido en el concepto de vehículo automóvil industrial.
- **Contenedores de usos especiales**: todo contenedor equipado con dispositivos especialmente adaptados para los sistemas de refrigeración, oxigenación, aislamiento térmico u otros similares.
- **Depósitos normales**: los depósitos, incluso los de gas, incorporados de una manera fija por el constructor en todos los vehículos de serie o en los contenedores de un mismo tipo y cuya disposición permita la utilización directa del carburante en la tracción del vehículo o, en su caso, el funcionamiento de los sistemas de refrigeración o de cualquier otro con que esté equipado el vehículo o los contenedores de usos especiales.

6.2.16. Exención importaciones bienes régimen diplomático o consular, para organismos internacionales o FFAA

Importaciones de bienes en régimen diplomático o consular

Conforme a lo dispuesto en el artículo 60 de la LIVA, las importaciones de bienes en régimen diplomático o consular estarán exentas del impuesto cuando **gocen de exención de los derechos de importación**.

Importaciones de bienes destinados a organismos internacionales

También quedarán exentas del IVA, a tenor del artículo 61 de la LIVA, **las importaciones de bienes efectuadas por organismos internacionales reconocidos por España y las realizadas por sus miembros con estatuto diplomático, dentro de los límites y en las condiciones fijadas en los convenios internacionales por los que se crean tales organismos o en los acuerdos de sede que sean aplicables en cada caso.**

En particular, estarán exentas del impuesto las importaciones de bienes realizadas por:

- La Comunidad Europea.
- La Comunidad Europea de la Energía Atómica.
- El Banco Central Europeo.
- El Banco Europeo de Inversiones.
- Los organismos creados por las Comunidades a los cuales se aplica el Protocolo de 8 de abril de 1965 sobre los privilegios y las inmunidades de las Comunidades Europeas, dentro de los límites y conforme a las condiciones de dicho protocolo y a los acuerdos para su aplicación o a los acuerdos de sede, siempre que dicha exención no provoque distorsiones en la competencia.
- La Comisión o un órgano u organismo establecidos con arreglo al derecho de la Unión Europea, cuando la Comisión o dicho órgano u organismo los importen en el ejercicio de las funciones que les confiere el derecho la UE en respuesta a la pandemia de COVID-19, salvo en caso de que los bienes importados se utilicen, inmediatamente o después, para entregas ulteriores a título oneroso por parte de la Comisión, órgano u organismo.

A TENER EN CUENTA. La previsión contenida en este último punto de la enumeración fue incluida en el artículo 61 de la LIVA por medio del Real Decreto-ley 24/2021, de 2 de noviembre de 2021, con efectos desde el 1 de enero de 2021. Tal modificación se realizó en transposición de la Directiva (UE) 2021/1159 del Consejo, de 13 de julio de 2021, por la que se modificó la Directiva 2006/112/CE del Consejo, de 28 de noviembre de 2006, en lo que respecta a las exenciones temporales relativas a las importaciones y a determinados suministros, en respuesta a la pandemia de COVID-19. La reforma respondía a la necesidad de garantizar que las medidas adoptadas en el marco de las distintas iniciativas de la UE en el contexto de la pandemia no se viesen obstaculizadas por el hecho de que tales adquisiciones de bienes y servicios quedasen gravadas por el IVA, que no pudiera ser deducido ni recuperado por estas instituciones comunitarias.

Las exenciones de las importaciones de bienes en régimen diplomático o consular y de bienes destinados a organismos internacionales se desarrollan a través de:

- El Real Decreto 3485/2000, de 29 de diciembre, sobre franquicias y exenciones en régimen diplomático, consular y de organismos internacionales, y de modificación del Reglamento General de Vehículos, aprobado por el Real Decreto 2822/1998, de 23 de diciembre.
- La Orden Ministerial de 24 de mayo de 2001 por la que se establecen los límites de las franquicias y exenciones en régimen diplomático, consular y de Organismos Internacionales a que se refiere la disposición final primera del Real Decreto 3485/2000, de 29 de diciembre.

De conformidad con el artículo 2 del Real Decreto 3485/2000, de 29 de diciembre, están exentas las importaciones de:

- Bienes necesarios para uso oficial de las misiones diplomáticas acreditadas y residentes en España y de las oficinas consulares de carrera.
- Bienes necesarios para uso oficial de los organismos internacionales reconocidos por España, con los límites y en las condiciones fijadas por los convenios internacionales por los que se crean tales organismos o en los acuerdos de sede de los mismos.
- Bienes en las cantidades que se fijen por el ministro de Hacienda como necesarias para el uso y consumo personal de los agentes diplomáticos y los funcionarios consulares de carrera, así como de los miembros de su familia que formen parte de su casa, incluidos los efectos destinados a su instalación.
- Bienes para el uso y consumo de los miembros con estatuto diplomático de los organismos internacionales con sede u oficina en España. Los límites y condiciones en este caso serán los mismos que los previstos en el punto anterior, salvo cuando los convenios internacionales establezcan otros, que serán los aplicables.
- Mobiliario y efectos destinados al uso particular del personal administrativo y técnico de las misiones diplomáticas y de los organismos internacionales con sede u oficina en España y de los empleados consulares de las oficinas consulares de carrera, así como de los miembros de su familia que formen parte de su casa que no tengan la nacionalidad española ni residencia permanente en España, importados con motivo de su traslado a España para tomar posesión de su cargo. Las importaciones deberán efectuarse en el plazo de un año, a partir de la toma de posesión.

Las exenciones reguladas en los puntos primero, tercero y quinto anteriores, con excepción de las relativas al personal administrativo y técnico de los organismos internacionales, quedarán condicionadas a la existencia de reciprocidad.

CUESTIÓN

¿Cómo se aplicarán las exenciones del artículo 2 del Real Decreto 3485/2000, de 29 de diciembre?

Se aplicarán conforme a lo previsto en el artículo 10.1.a) del mentado RD, previo reconocimiento de su procedencia por el centro gestor y con sujeción, básicamente, a lo siguiente:

- Las peticiones de exención se presentarán ante el Ministerio de Asuntos Exteriores. Habrán de ser firmadas por el jefe de misión, de oficina consular, el secretario general o la persona que ostente la representación y dirección del organismo internacional, con indicación del nombre y cargo del destinatario y la declaración de que los artículos están destinados al uso oficial o al personal. Las solicitudes podrán abarcar los consumos de un año o los correspondientes al período de aplicación del beneficio, si fuera menor.
- El Ministerio trasladará dicha solicitud junto con su informe, en el que cuando proceda se hará referencia especial a la existencia de reciprocidad, al centro gestor para su resolución.
- El centro gestor autorizará la exención por la cantidad solicitada y sin exceder, en su caso, la cuantía máxima del módulo correspondiente y la autorización será trasladada a los interesados a través del Ministerio de Asuntos Exteriores.
- Si venciera el plazo de 6 meses para la resolución, sin haberse dictado esta, la solicitud se entenderá desestimada.

Importaciones de bienes destinados a la OTAN y las fuerzas armadas en el ámbito de la política común de seguridad y defensa

Conforme al artículo 62 de la LIVA, estarán **exentas del impuesto las importaciones de bienes efectuadas por:**

- Las fuerzas de los demás Estados parte del Tratado del Atlántico Norte, en los términos establecidos en el Convenio entre los Estados partes de dicho Tratado relativo al estatuto de sus fuerzas.
- Las fuerzas armadas de cualquier Estado miembro distinto de España, para uso de dichas fuerzas o del personal civil a su servicio, o para el abastecimiento de sus comedores o cantinas, siempre que dichas fuerzas estén afectadas a un esfuerzo de defensa realizado para llevar a cabo una actividad de la Unión en el ámbito de la política común de seguridad y defensa.

A TENER EN CUENTA. Este precepto fue modificado por la Ley 31/2022, de 23 de diciembre, de Presupuestos Generales del Estado para el año 2023, con efectos desde el 1 de julio de 2022, en transposición de la Directiva (UE) 2019/2235 del Consejo, de 16 de diciembre de 2019. Con carácter previo, se establecía la exención para las importaciones realizadas en el marco de la OTAN; sin embargo, tras la reforma se amplía el régimen de exención para incluir también las importaciones de bienes realizadas por las fuerzas armadas de los Estados miembros para actividades en el ámbito de la política común de seguridad y defensa, en los términos ya expuestos.

Por lo que se refiere a las importaciones efectuadas en el marco de la OTAN, debe atenderse al Real Decreto 160/2008, de 8 de febrero, por el que se aprueba el **Reglamento por el que se desarrollan las exenciones fiscales relativas a la Organización del Tratado del Atlántico Norte, a los Cuarteles Generales Internacionales de dicha Organización y a los Estados parte en dicho Tratado** y se establece el procedimiento para su aplicación.

De conformidad con el artículo 2 de dicho Real Decreto, están exentas las importaciones de:

- Las importaciones de carburantes, aceites y lubricantes destinados exclusivamente a ser utilizados por los vehículos, aeronaves y navíos oficiales de un cuartel general o de una fuerza de los Estados parte del Tratado del Atlántico Norte distintos de España o de las fuerzas armadas españolas cuando actúen en nombre y por cuenta de las mismas.
- Las importaciones de bienes efectuadas por la OTAN para su uso oficial o por los cuarteles generales para su uso oficial en el ejercicio de las funciones autorizadas por el Acuerdo Complementario.
- Las importaciones de bienes efectuadas por las fuerzas armadas españolas cuando actúen en nombre y por cuenta de la OTAN para los fines autorizados en el Acuerdo Complementario.
- Las importaciones de bienes efectuadas por un contratista que ejecute un contrato para un cuartel general en el ejercicio de las funciones autorizadas en el Acuerdo Complementario, siempre que el contratista los adquiera en nombre del cuartel general aliado.
- Las importaciones de bienes que tengan como finalidad el suministro de los comedores, clubes, asociaciones, restaurantes, bares, cantinas, tiendas y economatos de los cuarteles generales.
- Las importaciones de vehículos a motor y motocicletas que se efectúen por los miembros de la fuerza y sus personas dependientes, siempre que se trate de sus vehículos particulares.
- Las importaciones de caravanas, remolques y embarcaciones de recreo con su equipo necesario, que se efectúen por los miembros de la fuerza por el tiempo que duren sus servicios.

Asimismo, según el artículo 6 del Real Decreto 160/2008, de 8 de febrero, también estarán exentas del IVA y de toda clase de derechos a la importación:

- Las prestaciones de servicios y entregas de bienes accesorias de los mismos efectuadas por los servicios públicos postales a favor de los miembros de la fuerza y sus personas dependientes.
- La importación, entrega o adquisición intracomunitaria del alcohol, tabaco y carburantes por los miembros y las personas dependientes en las cantidades razonables convenidas en el canje de cartas.
- La importación, entrega o adquisición intracomunitaria de mobiliario y electrodomésticos por los miembros y las personas dependientes,

siempre que el precio unitario exceda de un valor acordado entre SHAPE y el Ministerio de Defensa en el canje de cartas.

CUESTIÓN

¿Cuál es el procedimiento para la aplicación de las exenciones en el IVA en las importaciones de bienes que prevé el Real Decreto 160/2008, de 8 de febrero?

El procedimiento para la aplicación de las exenciones relativas a las importaciones de bienes antes indicadas se prevé en el artículo 3 del citado Real Decreto y es el siguiente:

- La aplicación de las exenciones en las importaciones de bienes reguladas en los tres primeros puntos de la enumeración antes realizada con respecto al art. 2 del Real Decreto 160/2008, de 8 de febrero, se efectuará por la aduana, acreditándose ante esta su procedencia mediante la presentación, junto con los documentos exigidos por la legislación aduanera para su importación, de un certificado acreditativo del destino de los bienes, presentado por persona debidamente autorizada por la OTAN o por el Ministerio de Defensa.
- Las exenciones en las importaciones de bienes reguladas en el resto de los puntos antes enumerados deberán ser autorizadas y reconocidas por el Departamento de Aduanas e Impuestos Especiales, como centro gestor, previa solicitud remitida por el Ministerio de Defensa con la acreditación del destinatario de las mismas.
- Respecto de bienes objeto de los impuestos especiales de fabricación cuya importación se realice en régimen suspensivo, la aplicación de la exención tendrá lugar, en cuanto a dichos impuestos, conforme al procedimiento específico que establece el artículo 8 del Real Decreto 160/2008, de 8 de febrero.

6.2.17. Exención en las reimportaciones de bienes y prestaciones de servicios relacionados con las importaciones

Exención de las reimportaciones de bienes en el IVA

A tenor del artículo 63 de la LIVA, estarán **exentas del IVA las reimportaciones de bienes en el mismo estado en que fueran exportados previamente, cuando se efectúen por quien los hubiese exportado y se beneficien, asimismo, de la exención de los derechos de importación.**

No obstante, conforme al artículo 18 del RIVA, la exención de las reimportaciones de bienes está condicionada al cumplimiento de los siguientes **requisitos**:

- Que la exportación no haya sido consecuencia de una entrega en el territorio de aplicación del impuesto. Se entenderá cumplido este requisito cuando los bienes, aun habiendo sido objeto de una entrega en el interior del país, vuelvan a él por alguna de las siguientes causas:
  - Haber sido rechazados por el destinatario, por ser defectuosos o no ajustarse a las condiciones del pedido.

  - Haber sido recuperados por el exportador, por falta de pago o incumplimiento de las condiciones del contrato por parte del destinatario o adquirente de los bienes.
- Que los bienes se hayan exportado previamente con carácter temporal a países o territorios terceros.
- Que los bienes no hayan sido objeto de una entrega fuera de la Comunidad.
- Que la reimportación de los bienes se efectúe por la misma persona a quien la Administración autorizó la salida de los mismos.
- Que los bienes se reimporten en el mismo estado en el que salieron sin haber sufrido otro demérito que el producido por el uso autorizado por la Administración, incluido el supuesto de realización de trabajos lucrativos fuera del territorio de la Comunidad. Se entenderá cumplido este requisito cuando los bienes exportados sean objeto de trabajos o reparaciones fuera de la Comunidad en los siguientes casos:
  - Cuando se realicen a título gratuito, en virtud de una obligación contractual o legal de garantía o como consecuencia de un vicio de fabricación.
  - Cuando se realicen en buques o aeronaves cuya entrega o importación estén exentas del IVA de acuerdo con lo establecido en los artículos 22 y 27 de la LIVA.
- Que la reimportación se beneficie asimismo de exención de los derechos de importación o no estuviera sujeta a los mismos.

Se incluyen también entre las reimportaciones exentas, **las que se refieran a los despojos y restos de buques nacionales, naufragados o destruidos por accidente fuera del TAI**, previa justificación documental del naufragio o accidente y de que los bienes pertenecían efectivamente a los buques siniestrados.

Tal y como recuerda la Dirección General de Tributos en su consulta vinculante (V1053-19), de 17 de mayo de 2019: «(...) estarán exentas del Impuesto las reimportaciones de bienes que se reintroduzcan en el territorio de aplicación del Impuesto después de que fueran exportadas y que cumplan con las condiciones generales para que el interesado inste y le sea concedida la solicitud de exención de los derechos de importación con arreglo al artículo del Reglamento (CEE), antecitado, o bien, se considere por las autoridades aduaneras pertinentes que es utilizable este mecanismo debido a las circunstancias especiales que concurran».

CUESTIÓN

Se exportan mercancías que posteriormente son rechazadas por el destinatario. Como consecuencia de ello, dichas mercancías son objeto de reimportación. ¿Está exenta de IVA esta operación?

Aunque los bienes se hayan exportado previamente con carácter definitivo, será aplicable la exención si la reimportación se efectúa como consecuencia de haber sido rechazados por el destinatario por defectuosos o por no ajustarse a las condiciones del pedido, siempre que se cumplan los requisitos que especifica el artículo 18 del RIVA.

RESOLUCIÓN ADMINISTRATIVA

Consulta vinculante de la Dirección General de Tributos (V0754-20), de 7 de abril de 2020

Asunto: aplicación de la exención del artículo 63 de la LIVA cuando una sociedad recibe devoluciones de compras que le habían efectuado particulares establecidos en terceros países.

«(...) la introducción en el territorio de aplicación del impuesto de los bienes que han sido devueltos por los clientes de la consultante, determina la realización del hecho imponible importación.

Adicionalmente, en esa importación es la consultante a la que corresponde la condición de sujeto pasivo del impuesto, de conformidad con lo dispuesto en el artículo 86.Dos de la Ley 37/1992 (...)

5.- No obstante lo anterior, de acuerdo con lo dispuesto en el artículo 63 de la Ley 37/1992:

"Estarán exentas del impuesto las reimportaciones de bienes en el mismo estado en que fueran exportados previamente, cuando se efectúen por quien los hubiese exportado y se beneficien, asimismo, de la exención de los derechos de importación".

(...)

De acuerdo con lo anterior y en la medida en que concurran los requisitos objeto de desarrollo en el artículo 18 del Reglamento del impuesto, y en particular, que los bienes reimportados se beneficien asimismo de la exención de los derechos de importación según la normativa aduanera, como ocurre en el supuesto objeto de consulta, la importación de los bienes estará sujeta, aunque exenta del Impuesto sobre el Valor Añadido».

Exención de las prestaciones de servicios relacionados con las importaciones en el IVA

Asimismo, el artículo 64 de la LIVA dispone que se encontrarán **exentas del impuesto las prestaciones de servicios, distintas de las declaradas exentas en el artículo 20 de la LIVA, cuya contraprestación esté incluida en la base imponible de las importaciones de bienes a que se refieran, de acuerdo con lo establecido en el artículo 83 de la LIVA.**

En este caso, se trata de exenciones plenas que evitan que dichos servicios tributen dos veces, una como operaciones interiores y otras como importación.

Para delimitar el alcance de la exención, debemos tener presente que el artículo 83 de la LIVA señala que, como regla general, la base imponible en las importaciones de bienes se determinará adicionando al valor de aduana los conceptos siguientes en cuanto no estén comprendidos en el mismo:

- Los impuestos, derechos, exacciones y demás gravámenes que se devenguen fuera del territorio de aplicación del impuesto, así como los que se devenguen con motivo de la importación, con excepción del IVA.

– Los gastos accesorios, como las comisiones y los gastos de embalaje, transporte y seguro que se produzcan hasta el primer lugar de destino de los bienes en el interior de la Comunidad.

La exención de los servicios relacionados con las importaciones se justificará, según indica el artículo 19 del RIVA, con cualquier medio de prueba admitido en derecho. En concreto, desde el 27 de octubre de 2013, dicha justificación podrá realizarse por medio de la aportación de una **copia del ejemplar del DUA de importación con el código seguro de verificación y la documentación que justifique que el valor del servicio ha sido incluido en la base imponible declarada** en aquel.

Estos documentos deberán ser remitidos, cuando proceda, al prestador del servicio, en el plazo de los tres meses siguientes a la realización del mismo. En otro caso, el prestador del servicio deberá liquidar y repercutir el impuesto que corresponda.

CUESTIÓN

¿Qué es el DUA?

El DUA o «Documento Único Administrativo» es el modelo por medio del cual se realiza por escrito la declaración en aduana de mercancías para incluirlas en un régimen aduanero o para reexportarlas.

Las instrucciones para su formalización se encuentran reguladas en la Resolución de 11 de julio de 2014, del Departamento de Aduanas e Impuestos Especiales de la Agencia Estatal de Administración Tributaria, en la que se recogen las instrucciones para la formalización del documento único administrativo (DUA).

RESOLUCIÓN ADMINISTRATIVA

Consulta vinculante de la Dirección General de Tributos (V1691-24), de 10 de julio de 2024

Asunto: posible exención de los servicios de transporte relacionados con importaciones

«De acuerdo con lo anterior, tal y como ha manifestado este Centro directivo, entre otras, en la contestación vinculante de 14 de mayo de 2020, número V1433-20, las prestaciones de servicios de transporte y los servicios accesorios a las mismas efectuadas por la consultante que se hubieran efectuado con anterioridad a la llegada de los bienes al primer punto, dentro del territorio de aplicación del impuesto, en el que se produzca la desagregación de la mercancía, estarán sujetos al Impuesto, aunque exentos, siempre y cuando el importe de dichos servicios se incluya efectivamente en la base imponible del hecho imponible importación.

(...)

En conclusión, los servicios de transporte relacionados con importaciones prestados por la consultante que se encuentren sujetos al Impuesto en los términos expuestos en los apartados anteriores, se encontrarán exentos del impuesto cuando concurran las circunstancias previstas en los artículos 64 y 19 de la Ley 37/1992 y Reglamento del Impuesto, respectivamente».

6.2.18. Exención en las importaciones de bienes en régimen distinto al aduanero

¿Qué exenciones existen en el IVA en caso de importaciones de bienes en régimen distinto al aduanero?

Según dispone el artículo 65 de la LIVA, **estarán exentas del IVA, en las condiciones y con los requisitos que se determinen reglamentariamente, las importaciones de bienes que se vinculen al régimen de depósito distinto del aduanero que se relacionan a continuación**, mientras permanezcan en dicha situación, **así como las prestaciones de servicios relacionadas directamente** con las mencionadas importaciones:

- Los **bienes objeto de impuestos especiales**, en los que el régimen de depósito distinto de los aduaneros será el régimen suspensivo aplicable en los supuestos de fabricación, transformación o tenencia de productos objeto de los impuestos especiales de fabricación en fábricas o depósitos fiscales, de circulación de los referidos productos entre dichos establecimientos y de importación de los mismos con destino a fábrica o depósito fiscal. En los mismos términos, el gas natural entregado a través de una red situada en el territorio de la Comunidad o de cualquier red conectada a dicha red.
- Los **bienes procedentes de los siguientes territorios**:
  - En el Reino de España, Canarias.
  - En la República Francesa, los territorios franceses a que se refieren el artículo 349 y el artículo 355.1 del Tratado de Funcionamiento de la Unión Europea.
  - En la República Helénica, Monte Athos.
  - En el Reino Unido, las Islas del Canal.
  - En la República Italiana, Campione d´Italia y las aguas nacionales del lago de Lugano.
  - En la República de Finlandia, las islas Aland, en cuanto territorios excluidos de la armonización de los impuestos sobre el volumen de negocios
- Los que **se relacionan** a continuación:
  - Patatas (Código NC 0701) y aceitunas (Código NC 071120).
  - Cocos, nueces de Brasil y nueces de cajuil (Código NC 0801), así como otros frutos de cáscara (Código NC 0802).
  - Café sin tostar (Código NC 09011100 y 09011200) y té (Código NC 0902).
  - Cereales (Código NC 1001 a 1005 y NC 1007 y 1008), arroz con cáscara (Código NC 1006), semillas y frutos oleaginosos —incluidas las de soja— (Código NC 1201 a 1207).

    - Grasas y aceites vegetales y sus fracciones, en bruto, refinados pero sin modificar químicamente (Código NC 1507 a 1515).
    - Azúcar en bruto (Código NC 170111 y 170112) y cacao en grano o partido, crudo o tostado (Código NC 1801).
    - Hidrocarburos —incluidos el propano y el butano, y los petróleos crudos de origen mineral— (Código NC 2709, 2710, 271112 y 271113).
    - Productos químicos a granel (Código NC capítulos 28 y 29).
    - Caucho en formas primarias o en placas, hojas o bandas (Código NC 4001 y 4002) y lana (Código NC 5101).
    - Estaño (Código NC 8001), cobre (Código NC 7402, 7403, 7405 y 7408), zinc (Código NC 7901), níquel (Código NC 7502), aluminio (Código NC 7601), plomo (Código NC 7801), indio (Código NC ex 811292 y ex 811299), plata (Código NC 7106) y platino, paladio y rodio (Código NC 71101100, 71102100 y 71103100)
- Los bienes que **se destinen a tiendas libres de impuestos** que, bajo control aduanero, existen en los **puertos y aeropuertos**.

No obstante, tal y como dispone el artículo 20 del RIVA, la exención de las importaciones de bienes que se vinculen al régimen de depósito distinto del aduanero queda condicionada al cumplimiento de los siguientes **requisitos**:

- Que las importaciones se efectúen con **cumplimiento de las legislaciones aduanera y fiscal** que sean aplicables.
- Que los **bienes permanezcan vinculados al mencionado régimen** en las condiciones previstas por la legislación fiscal.
- Que los **bienes vinculados a dicho régimen no sean consumidos ni utilizados en ellos**.

6.2.19. Exenciones en las importaciones para evitar la doble imposición

¿Cuáles son las exenciones en las importaciones para evitar la doble imposición?

El artículo 66 de la LIVA establece que estarán **exentas del impuesto las siguientes operaciones:**

- Las importaciones de bienes cuya entrega se entienda realizada en el TAI, en virtud de lo establecido en el artículo 68.Dos.2.º de la LIVA, esto es, la importación de bienes que van a ser objeto de instalación y montaje antes de su puesta a disposición.
- Las importaciones temporales de bienes con exención parcial de los derechos de importación, cuando sean cedidos por su propietario mediante la realización de las prestaciones de servicios a que se re-

fiere el artículo 69.Dos.j) de la LIVA, que se encuentren sujetas y no exentas del impuesto. El artículo 69.Dos.j) de la LIVA se corresponde con los arrendamientos de bienes muebles corporales, exceptuados los medios de transporte y contenedores.

- Las importaciones de gas a través de una red de gas natural situada en el territorio de la Comunidad o de cualquier red conectada a dicha red, las entregas de electricidad o las entregas de calor o de frío a través de las redes de calefacción o de refrigeración, con independencia del lugar en el que deban considerarse efectuadas las entregas de dichos bienes. Igualmente será aplicable esta exención a las importaciones de gas natural realizadas a través de buques que lo transporten para su introducción en una red de distribución del mismo o en una red previa de gaseoductos.
- Las importaciones de bienes, cuando el IVA deba declararse en virtud del régimen especial previsto en el título IX, capítulo XI, sección 4.ª de la LIVA o la normativa equivalente aplicable en el Estado miembro de llegada de la expedición o transporte del bien y se haya aportado a la aduana el número de identificación individual asignado para la aplicación de dicho régimen especial, con arreglo a lo establecido en el artículo 163 septvicies de la LIVA, o la normativa aplicable en el Estado miembro de identificación, por el vendedor o por el intermediario que actúe por su cuenta, a más tardar en el momento de presentar la declaración aduanera de importación.

A TENER EN CUENTA. La exención de las operaciones a que se refiere este último punto se recoge en el número 4.º del artículo 66 de la LIVA, que fue introducido por el Real Decreto-ley 7/2021, de 27 de abril, con entrada en vigor el 1 de julio de 2021.

La aplicación de estas exenciones queda condicionada a que el importador acredite ante la aduana la concurrencia de los requisitos legales establecidos por cualquier medio de prueba admitido en derecho y, en particular, mediante el contrato relativo a las operaciones contempladas en el referido precepto legal.

La aduana podrá exigir garantía suficiente hasta que se acredite el pago del impuesto correspondiente a las entregas de bienes o prestaciones de servicios o la reexportación de los bienes comprendidos, respectivamente, en los números 1.º y 2.º del artículo 66 de la LIVA (que se corresponden con los dos primeros puntos de la enumeración anterior).

CUESTIÓN

¿Cómo tributa el arrendamiento de andamios, por un período de 10 meses, siendo el arrendador una empresa suiza y el arrendatario una empresa española que los traslada a España?

El arrendamiento de los andamios es una prestación de servicios sujeta y no exenta en España, ya que se entiende realizada donde radique el establecimiento del destinatario (arrendatario).

Las importaciones temporales de bienes con exención parcial de derechos de importación están exentas del IVA cuando dichos bienes son cedidos por su propietario mediante operaciones sujetas y no exentas del impuesto.

En este sentido, puede consultarse, por ejemplo, la consulta vinculante de la Dirección General de Tributos (V2650-21), de 3 de noviembre de 2021.

RESOLUCIÓN ADMINISTRATIVA

Consulta vinculante de la Dirección General de Tributos (V1822-22), de 1 de agosto de 2022

Asunto: aplicación de la exención prevista en el artículo 66.4.° de la LIVA.

«7.- Con respecto a las implicaciones a efectos del Impuesto sobre el Valor Añadido de la segunda operativa efectuada por las universidades españolas, esto es, la petición en préstamo de libros a universidades no comunitarias, se producirá, a priori, el hecho imponible importación a efectos del Impuesto sobre el Valor Añadido como consecuencia de la introducción de dichos bienes en el territorio de aplicación del Impuesto procedente de países o territorios terceros.

No obstante, cabe analizar, si sería posible aplicar alguna de las exenciones contenidas en los artículos 27 al 67 de la Ley del Impuesto.

Así, en primer lugar, y de la información suministrada en el escrito de consulta, parece deducirse que la exención que venían aplicando las universidades españolas en relación con la importación de los libros objeto de préstamo bibliotecario procedentes de universidades no comunitarias era la regulada en el artículo 34 de la Ley 37/1992 relativo a las importaciones de escaso valor.

No obstante, esta exención fue suprimida, con efectos 1 de julio de 2021, por el Real Decreto-ley 7/2021, de 27 de abril, (BOE del 28 de abril) por el que se transpone al ordenamiento interno las nuevas normas sobre comercio electrónico.

Sin perjuicio de lo anterior, de acuerdo con lo previsto en el artículo 66.4° de la Ley 37/1992:

(...)

El denominado régimen de importación previsto en la Sección 4ª del Capítulo XI del Título IX de la Ley del Impuesto comprende los artículos 163 quinvicies a 163 octovicies y es de aplicación desde el 1 de julio de 2021.

Este régimen es transposición de lo previsto en los artículos 369 terdecies a 369 quinvicies de la Directiva 2006/112/CE.

Este régimen permite a los empresarios o profesionales, establecidos o no en la Comunidad, que realicen ventas a distancia de bienes importados de países o territorios terceros en envíos cuyo valor intrínseco no exceda de 150 euros, con excepción de los productos que sean objeto de impuestos especiales, declarar y pagar el Impuesto sobre el Valor Añadido en cada uno de los Estados miembros a través de un sistema de ventanilla única de importación (IOSS, en su acrónimo inglés).

Este sistema de ventanilla única requiere la elección de un Estado miembro de identificación en donde presentar las declaraciones-liquidaciones.

No obstante, para los empresarios o profesionales que tengan su sede de actividad económica en el territorio de aplicación del impuesto, el artículo 163 quinvicies.Tres.a) de la Ley 37/1992, señala que el Reino de España será su Estado miembro de identificación.

En este sentido, el artículo 8, apartado Tres, número 2° de la Ley 37/1992 en su redacción dada por el Real Decreto-ley 7/2021, de 27 de abril (BOE de 28 de abril), con efectos desde el 1 de julio de 2021, define las ventas a distancia de bienes importados de países o territorios terceros (...)

De conformidad con lo anterior, y de acuerdo con la información suministrada, las universidades españolas que importan los libros procedentes de terceros países o territorios parece que no estarían realizando ventas a distancia de bienes importados toda vez que los libros que se importan no van a ser objeto de una operación de venta, entrega de bienes por el transmitente, sino que se importan con ocasión de la operación de préstamo bibliotecario. En consecuencia, no podría ser de aplicación la exención prevista en el artículo 66.4º de la Ley del Impuesto.

Con respecto al resto de exenciones previstas para las importaciones en la normativa del Impuesto, y de acuerdo con la información suministrada, parece que ninguna de ellas podría resultar de aplicación al supuesto objeto de consulta y sin perjuicio de lo que se expondrá en el apartado siguiente».

6.3. El devengo y la base imponible en las importaciones de bienes

¿Cuándo se produce el devengo del IVA en las importaciones de bienes?

El artículo 77 de la LIVA señala que, con carácter general, **el devengo del IVA a la importación de bienes se produce en el momento en que hubiera tenido lugar el devengo de los derechos de importación, de acuerdo con la legislación aduanera, independientemente de que dichas importaciones estén o no sujetas a los mencionados derechos de importación.**

El devengo de los derechos de importación se produce en el momento de la presentación y aceptación de la declaración aduanera.

Además, los artículos 77 y 79 del **Código Aduanero de la Unión** [Reglamento (UE) n.º 952/2013 del Parlamento Europeo y del Consejo, de 9 de octubre] establecen una **serie de reglas particulares:**

- El despacho a libre práctica e importación temporal con exención parcial de derechos de importación: la deuda aduanera se originará en el momento de la admisión de la declaración en aduana.
- Respecto de las mercancías sujetas a derechos de importación, nacerá una deuda aduanera de importación por incumplimiento de alguna de las siguientes circunstancias:
  - Una de las obligaciones establecidas en la legislación aduanera relativa a la introducción de mercancías no pertenecientes a la Unión en su territorio aduanero, a la retirada de estas de la vigilancia aduanera o a la circulación, transformación, depósito, depósito temporal, importación temporal o disposición de tales mercancías en ese territorio.
  - Una de las obligaciones establecidas en la legislación aduanera relativa al destino final de las mercancías dentro del territorio aduanero de la Unión.
  - Una condición que regule la inclusión de mercancías no pertenecientes a la Unión en un régimen aduanero o la concesión, en vir-

tud del destino final de las mercancías, de una exención de derechos o de una reducción del tipo de los derechos de importación.

- El momento en que nace la deuda aduanera en los supuestos anteriores será cualquiera de los siguientes:
  - » El momento en que no se cumpla o deje de cumplirse la obligación cuyo incumplimiento dé origen a la deuda aduanera.
  - » El momento en que se admita una declaración en aduana para que las mercancías se incluyan en un régimen aduanero, cuando posteriormente se compruebe que de hecho no se había cumplido una de las condiciones que regulan la inclusión de las mercancías en ese régimen o la concesión de una exención de derechos o una reducción del tipo de los derechos de importación en virtud del destino final de las mercancías.

Ahora bien, en el **supuesto de abandono del régimen de depósito distinto del aduanero, el devengo se producirá en el momento en el que tenga lugar el abandono** de dicho régimen.

En las **operaciones asimiladas a las importaciones** definidas en el artículo 19 de la LIVA, el devengo se producirá en el momento en el que tengan lugar las circunstancias que en el mismo se indican, esto es:

- Para los buques y compañías aéreas cuyas aeronaves realizan navegación internacional, en el momento en que se produce la desafectación de la navegación internacional de dichos buques o el incumplimiento de la dedicación esencial a la navegación aérea internacional de las aeronaves. La desafectación se entiende producida el último día del año de adquisición o importación, o del año siguiente, según estas se hubiesen realizado antes o después del día 1 de julio.
- En el momento en el que deje de cumplirse la afectación exclusiva de los buques a la pesca costera, salvamento o asistencia marítima.
- Cuando se produce la entrega de los bienes adquiridos al amparo de los beneficios de los regímenes diplomático, consular o de organismos internacionales.
- En el momento de producirse el cese de las situaciones de depósito temporal y otras reguladas en el artículo 23 de la LIVA o la ultimación de los regímenes aduaneros y fiscales del artículo 24 de la LIVA, en los términos y con las particularidades y excepciones que establece el precepto.

A TENER EN CUENTA. La consideración del cese de las situaciones previstas en el artículo 23 de la LIVA y la ultimación de los regímenes del artículo 24 de la LIVA como operación asimilada a la importación se recoge en el número 5.° del artículo 19 de la LIVA; precepto que ha sido objeto de recientes modificaciones. La Ley 7/2024, de 20 de diciembre, incorporó particularidades con respecto a los carburantes e introdujo un nuevo apartado undécimo al anexo de la LIVA, referido a las garantías del ingreso del IVA correspondiente a determinados carburantes que abandonan el régimen de depósito distinto del aduanero al que se refiere el artículo 19.5° de la LIVA, todo ello con entrada en vigor el 22/12/2024. Además, el RD-ley 9/2024, de 23 de diciembre, y su corrección de errores publicada en el BOE del 22/01/2025 también habían introducido pequeñas modificaciones tanto en ese precepto como en el apartado undécimo del anexo de la LIVA, con entrada en vigor el 25/12/2024; pero este RD-ley ha quedado derogado tras no haber sido convalidado por el Congreso en su sesión celebrada el 22/01/2025 (Resolución de 22 de enero de 2025, del Congreso de los Diputados, publicada en el BOE del 23/01/2025); por lo que en la exposición anterior ya no se incorporan los cambios que esa norma supuso. Finalmente, conviene destacar que, con carácter previo, la LPGE para 2023 ya había modificado también el artículo 19.5.° de la LIVA el apartado sexto del anexo, que regula la liquidación del IVA en tales supuestos, con efectos desde el 01/01/2023 y vigencia indefinida; en el ámbito de las operaciones asimiladas a las importaciones, la modificación supuso la eliminación de la referencia a la salida de áreas exentas como un espacio físico determinado.

RESOLUCIONES ADMINISTRATIVAS

Consulta vinculante de la Dirección General de Tributos (V0024-21), de 14 de enero de 2021

Asunto: devengo de las importaciones de bienes y de las prestaciones de servicios relacionados con ellas.

«6.- Por otra parte, el devengo de las importaciones de bienes se producirá, de conformidad con lo señalado en el artículo 77 de la Ley del impuesto, "en el momento en que hubiera tenido lugar el devengo de los derechos de importación, de acuerdo con la legislación aduanera, independientemente de que dichas importaciones estén o no sujetas a los mencionados derechos de importación.".

Por otra parte, el devengo de las prestaciones de servicios exentas derivadas por las comisiones de compra se devengarán de acuerdo con la regla general contenida en el artículo 75.Uno.2º, párrafo primero, de la Ley "cuando se presten, ejecuten o efectúen las operaciones gravadas" debiéndose entender efectuadas en el momento en que se devenga también la importación de cuya base imponible va a formar parte el importe de estas comisiones.

De esta forma, en relación con los anticipos efectuados por la consultante a las filiales deberá tenerse en cuenta que, en la medida de las comisiones forman parte de la base imponible de las importaciones, tanto el devengo del impuesto a la importación como el de las prestaciones de servicios exentas cuyo importe forma parte de la base imponible de la importación, se producirá cuando se devenguen los derechos de importación, de conformidad con la legislación aduanera.

Por otra parte, tal y como indica la consultante en su escrito, puede ocurrir que alguna de las operaciones realizadas por las filiales encaminadas a identificar productos y proveedores no concluyan con la celebración de contratos de adquisición por parte de la consultante y, por tanto, en la realización de importaciones de bienes por parte de esa última.

En este caso, estas prestaciones de servicios no van a quedar incluidas en la base imponible de las operaciones y no les resultará de aplicación la exención del artículo 64 de la Ley antes trascrito.

Esos servicios se devengarán de acuerdo con la regla general contenida en el referido artículo 75.Uno.2º, párrafo primero, de la LIVA, cuando se presten, ejecuten o efectúen las operaciones gravadas, debiéndose entenderse efectuadas en el momento de la última actuación efectuada por las filiales no relacionada con una operación de importación por parte de la consultante o desde el momento en que se tenga constancia de que los mismos no van a dar lugar a una operación de importación, en relación con los pagos anticipados percibidos, en su caso, por las filiales».

Resolución del Tribunal Económico Administrativo Central n.º 7/2010, de 25 de noviembre de 2011

Asunto: devengo del IVA asimilado a la importación de hidrocarburos.

«(...) el devengo del IVA asimilado a la Importación se ha producido por el autoconsumo de los hidrocarburos que están en régimen suspensivo como materias primas, en usos distintos de carburante y combustible, independientemente de que dicha operación esté o no sujeta al Impuesto Especial, a pesar de la opinión del intensado en sentido contrario, siendo además irrelevante su destino, incluso aunque éste sea la exportación, que se realizará, en todo caso, fuera del régimen suspensivo, por no ser el ánhídrido ftálico objeto del Impuesto sobre Hidrocarburos».

Resolución del Tribunal Económico Administrativo Central n.º 6617/1997, de 9 de junio de 2000

«(...) unificando el criterio en el sentido de considerar que, con arreglo a la legislación vigente en el año 1.993, en las operaciones asimiladas a la importación previstas en el artículo 19.5 de la Ley 37/1 992 del Impuesto sobre el Valor Añadido, por abandono de! régimen de depósito distinto del aduanero de bienes procedentes del interior del país que han sido objeto de una entrega para ser vinculados a este régimen, la base imponible del impuesto debe configurarse integrando en ella el impuesto especial que recaiga sobre esos bienes y que resulte exigible por dicho abandono (...)».

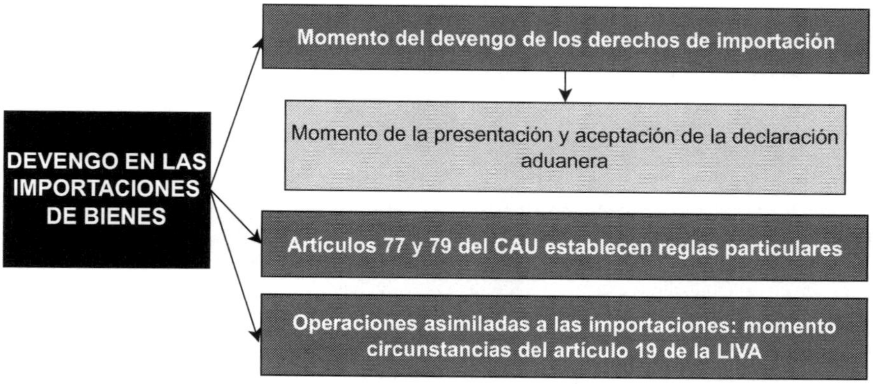

¿Cuál será la base imponible del IVA en las importaciones de bienes?

Conforme al artículo 83 de la LIVA, la base imponible de las importaciones de bienes resulta de **adicionar al valor en aduanas otros conceptos**. El valor en aduanas en un concepto propio de la legislación aduanera, que es el principal componente de la base imponible de los derechos de importación exigibles en función del valor de las mercancías a importar.

|| ¿Cómo se determina el valor en aduana?

El **artículo 70 del Código Aduanero de la Unión** establece que **la base principal para determinar el valor en aduana de las mercancías será el valor de transacción, que es el precio realmente pagado o por pagar por ellas cuando se vendan para su exportación al territorio aduanero de la Unión, ajustado, en su caso.**

El **precio realmente pagado o por pagar** será el pago total que el comprador haya efectuado o deba efectuar al vendedor o a un tercero en favor del vendedor, por las mercancías importadas, e incluirá todos los pagos efectuados o por efectuar como condición de la venta de esas mercancías.

El **valor de transacción** se aplicará siempre que se cumplan todas las condiciones siguientes:

- Que no existan más restricciones para la utilización o disposición de las mercancías por parte del comprador que las siguientes:
  - Restricciones impuestas o exigidas por las normas o por las autoridades públicas en la unión.
  - Limitaciones de la zona geográfica en la que las mercancías puedan ser objeto de reventa.
  - Restricciones que no afecten sustancialmente al valor en aduana de las mercancías.
- Que ni la venta ni el precio estén sujetos a condiciones o consideraciones que impidan determinar el valor de las mercancías que deban valorarse.
- Que ninguno de los beneficios derivados de la reventa, cesión o utilización posterior de las mercancías por el comprador repercuta directa o indirectamente en el vendedor, salvo que el valor pueda ajustarse convenientemente.
- Que no exista vinculación entre comprador y vendedor o la vinculación no tenga influencia en el precio.

Al determinar el valor en aduana, conforme al artículo 71 del Código Aduanero de la Unión, el **precio realmente pagado o por pagar por las mercancías importadas se completará** con:

- Los siguientes elementos, en la medida en que los soporte el comprador y no estén incluidos en el precio realmente pagado o que debe pagarse por las mercancías:
  - Las comisiones y los gastos de corretaje, salvo las comisiones de compra.
  - El coste de los envases que, a efectos aduaneros, se considere que forman un todo con la mercancía.
  - El coste de embalaje, tanto por la mano de obra como por los materiales.
- El valor, imputado de forma adecuada, de los bienes y servicios que se indican a continuación, cuando hayan sido suministrados directa o indirectamente por el comprador, gratuitamente o a precios reducidos, y utilizados en la producción y venta para la exportación de las mercancías importadas, en la medida en que dicho valor no esté incluido en el precio realmente pagado o por pagar:
  - Materiales, componentes, partes y elementos similares incorporados a las mercancías importadas.
  - Herramientas, matrices, moldes y objetos similares utilizados en la producción de las mercancías importadas.

- Materiales consumidos en la producción de las mercancías importadas.
- Trabajos de ingeniería, de desarrollo, artísticos y de diseño, planos y croquis, realizados fuera de la unión y necesarios para la producción de las mercancías importadas.

– Los cánones y derechos de licencia relacionados con las mercancías objeto de valoración que el comprador esté obligado a pagar, directa o indirectamente, como condición de la venta de dichas mercancías, en la medida en que los mencionados cánones y derechos no estén incluidos en el precio realmente pagado o por pagar.

– El valor de cualquier parte del producto de una posterior reventa, cesión o utilización de las mercancías importadas, que revierta directa o indirectamente al vendedor.

– Los siguientes costes hasta el lugar por donde se introducen las mercancías en el territorio aduanero de la unión:

- Los gastos de transporte y de seguro de las mercancías importadas.
- Los gastos de carga y de manipulación asociados al transporte de las mercancías importadas.

Sin embargo, **no se incluirán en el valor de aduanas** los siguientes elementos:

– Los gastos de transporte de las mercancías importadas después de su entrada en el territorio aduanero de la Unión.

– Los gastos de construcción, instalación, montaje, mantenimiento o asistencia técnica, realizados después de la entrada en el territorio aduanero de la Unión de las mercancías importadas, tales como instalaciones, máquinas o material industrial.

– Los importes de los intereses derivados de un acuerdo de financiación contraído por el comprador, relativo a la compra de las mercancías importadas, independientemente de que la financiación corra a cargo del vendedor o de otra persona, siempre que el acuerdo de financiación conste por escrito y, si así se requiere, que el comprador pueda demostrar que se cumplen las siguientes condiciones:

- Que tales mercancías se venden efectivamente al precio declarado como realmente pagado o por pagar.
- Que el tipo de interés exigido no excede del aplicado corrientemente a tales transacciones en el país y en el momento en que se haya proporcionado la financiación.

– Derechos de reproducción en la Unión de las mercancías importadas.

– Comisiones de compra.

– Derechos de importación y otros gravámenes pagaderos en la Unión como consecuencia de la importación o la venta de las mercancías.

– Los pagos que efectúe el comprador por el derecho de distribución o reventa de las mercancías importadas, cuando no constituyan una condición de la venta de dichas mercancías para su exportación a la Unión.

Regla general para determinar la base imponible del IVA en la importación de bienes

El artículo 83.Uno de la LIVA establece que para determinar la base imponible del IVA en la importación de bienes debe adicionarse al valor de aduana los conceptos siguientes en cuanto no estén comprendidos en el mismo:

- Los impuestos, derechos, exacciones y demás gravámenes que se devenguen fuera del territorio de aplicación del impuesto, así como los que se devenguen con motivo de la importación, con excepción del IVA. Entre ellos se incluyen:
  - Los derechos de importación, por el importe efectivamente satisfecho.
  - Los impuestos especiales de fabricación y cualquier otro gravamen cuyo hecho imponible sea la importación.
- Los gastos accesorios, como las comisiones y los gastos de embalaje, transporte y seguro que se produzcan hasta el primer lugar de destino de los bienes en el interior de la Comunidad.

Se entenderá por «primer lugar de destino» aquel que figure en la carta de porte o en cualquier otro documento que ampare la entrada de los bienes en el interior de la Comunidad. De no existir esta indicación, se considerará que el primer lugar de destino es aquel en el que se produzca la primera desagregación de los bienes en el interior de la Comunidad.

CUESTIÓN

¿Los gastos de descarga se incluyen en la base imponible de la importación?

Sí. En la base imponible de las importaciones se incluyen los gastos que se hayan originado hasta el primer lugar de destino de los bienes importados, entre los cuales se incluirían los de descarga.

Si el importador justifica al prestador del servicio de descarga que dicho servicio ha sido incluido en la base imponible de la importación, el servicio estará exento del IVA. Para justificar que quien efectúa la importación ha incluido en la base imponible el servicio de descarga puede utilizarse el modelo aprobado por la Orden de 18 de julio de 1994 o bien copia del DUA y el CMR diligenciados por la Aduana.

En tal sentido, puede acudirse a la consulta no vinculante de la Dirección General de Tributos (1831-01), de 9 de octubre de 2001.

RESOLUCIONES ADMINISTRATIVAS

Consulta vinculante de la Dirección General de Tributos (V0302-22), de 17 de febrero de 2022

Asunto: base imponible de las importaciones de bienes efectuadas por una sociedad no establecida en el TAI, que se hace cargo del transporte de los productos desde el origen hasta el punto de entrada de la mercancía en la UE, identificándose en la factura expedida a dicha sociedad el destinatario de los bienes (que es otra sociedad del mismo grupo, sí establecida en el TAI).

«De los términos de la consulta se deduce que la sociedad A se hace cargo de los gastos de transporte desde el origen hasta el punto de entrada de la mercancía en la Unión Europea. Estos gastos de transporte habría que adicionarlos al valor en aduana,

conforme a lo establecido en el artículo 83 antecitado, para la liquidación del Impuesto sobre el Valor Añadido, en el caso que el importador de la mercancía fuera la sociedad consultante y se hubiera utilizado como valor en aduana la factura del proveedor no comunitario a la sociedad A.

Sin embargo, según lo previsto en el punto 2 de la presente contestación, si el importador es la sociedad consultante y el valor en aduana se ha determinado conforme a la factura que le expide la sociedad A, los gastos de transporte referidos anteriormente ya formarían parte del valor en aduana y, de ser así, no tendría que adicionarlos a efectos de liquidar el Impuesto sobre el Valor Añadido.

En cualquier caso, se comprenderían en la base imponible del IVA a la importación, los impuestos y demás gravámenes devengados fuera del territorio de aplicación del Impuesto como en la importación, exceptuando el propio Impuesto sobre el Valor Añadido».

Consulta vinculante de la Dirección General de Tributos (V1691-24), de 10 de julio de 2024

Asunto: Inclusión de los servicios de transporte y los servicios accesorios en la base imponible

«De acuerdo con lo anterior, tal y como ha manifestado este Centro directivo, entre otras, en la contestación vinculante de 14 de mayo de 2020, número V1433-20, las prestaciones de servicios de transporte y los servicios accesorios a las mismas efectuadas por la consultante que se hubieran efectuado con anterioridad a la llegada de los bienes al primer punto, dentro del territorio de aplicación del impuesto, en el que se produzca la desagregación de la mercancía, estarán sujetos al Impuesto, aunque exentos, siempre y cuando el importe de dichos servicios se incluya efectivamente en la base imponible del hecho imponible importación».

Reglas especiales para determinar la base imponible del IVA en la importación de bienes

El artículo 83.Dos de la LIVA establece unas **reglas especiales para determinar la base imponible de determinadas operaciones, como son:**

- Las reimportaciones de bienes exportados temporalmente fuera de la Comunidad para ser objeto de ciertos trabajos.
- Las operaciones asimiladas a las importaciones de los números 1.º, 2.º y 3.º del artículo 19 de la LIVA.
- Las importaciones de bienes previstas en los apartados dos y tres del artículo 18 de la LIVA.
- El abandono del régimen de depósito distinto del aduanero que no determine el hecho imponible importación en virtud del artículo 18.Tres de la LIVA, sino una operación asimilada a una importación.
- Las demás operaciones asimiladas a importaciones de bienes del artículo 19.5.º de la LIVA.
- Las importaciones de productos informáticos normalizados.

A TENER EN CUENTA. El apartado Dos del artículo 83 de la LIVA fue modificado por la Ley 13/2023, de 24 de mayo, con efectos desde el 01/01/2023, para realizar un ajuste técnico como consecuencia de la modificación del artículo 18.3 de la LIVA efectuada por la misma norma (en virtud de la cual se estableció que, en los casos de abandono del régimen de depósito distinto del aduanero de los bienes objeto de impuestos especiales, se realizará una operación asimilada a una importación y no una importación de bienes, cualquiera que sea su procedencia). Con carácter previo, la Ley 31/2022, de 23 de diciembre, de Presupuestos Generales del Estado para el año 2023, con efectos desde el 01/01/2023 y vigencia indefinida también había modificado ese precepto; incidiendo, fundamentalmente, sobre las reglas aplicables en los casos de operaciones asimiladas a las importaciones e incorporando como novedad el modo en que se ha de determinar la base imponible en el caso de bienes que abandonen el régimen de depósito distinto del aduanero y ello suponga la producción del hecho imponible importación, tal y como se prevé en los apartados dos y tres del artículo 18 de la LIVA, según la redacción que les dio la misma LPGE para 2023 (en concreto, y en lo que aquí interesa, afectó a las reglas recogidas en las letras c), d) y e) siguientes, quedando el régimen como se desarrolla a continuación).

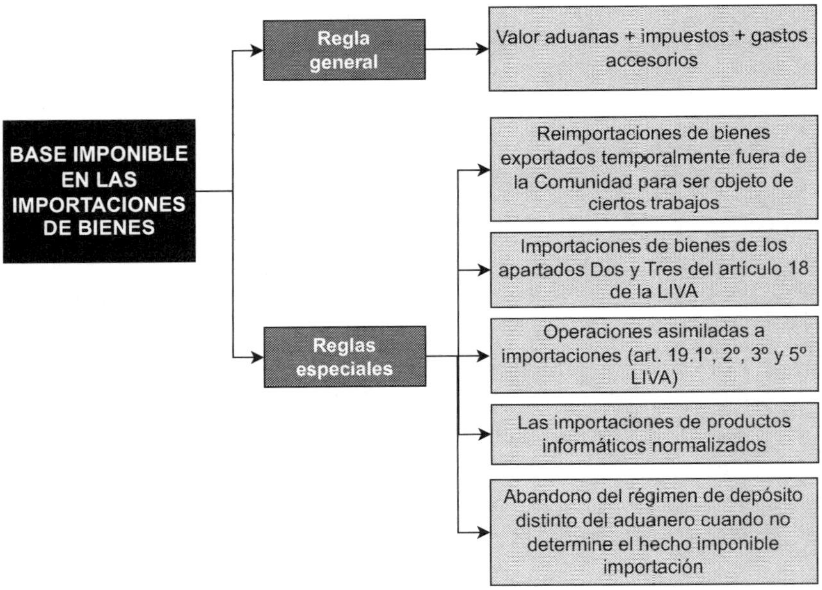

a) Base imponible de las reimportaciones de bienes exportados temporalmente fuera de la Comunidad para ser objeto de ciertos trabajos

La base imponible de las reimportaciones de bienes exportados temporalmente fuera de la Comunidad para ser objeto de trabajos de reparación, transformación, adaptación o trabajos por encargo será la contraprestación de los referidos trabajos determinada de conformidad con las reglas generales de determinación de la base imponible.

Además, dicha base imponible también comprenderá los conceptos indicados a continuación, cuando no estén incluidos en la contraprestación:

- Los impuestos, derechos, exacciones y demás gravámenes que se devenguen fuera del TAI, así como los que se devenguen con motivo de la importación, con excepción del IVA.

- Los gastos accesorios, como las comisiones y los gastos de embalaje, transporte y seguro que se produzcan hasta el primer lugar de destino de los bienes en el interior de la Comunidad.

b) Base imponible de las operaciones asimiladas a las importaciones de los números 1.º, 2.º y 3.º del artículo 19 de la LIVA

La base imponible de las **operaciones asimiladas a las importaciones a que se refieren los números 1.º, 2.º y 3.º del artículo 19 de la LIVA,** incluirá el **importe de la contraprestación de todas las operaciones relativas a los correspondientes medios de transporte, efectuadas con anterioridad a estas importaciones, que se hubiesen beneficiado de la exención** del impuesto.

c) Base imponible de las importaciones de bienes previstas en los apartados dos y tres del artículo 18 de la LIVA

En las importaciones de bienes a las que se refieren los apartados dos y tres del artículo 18 de la LIVA, cuando los bienes hubieran sido objeto de entregas o prestaciones de servicios exentas del IVA conforme a los artículos 23 o 24 de la LIVA, la base imponible será el resultado de adicionar a la contraprestación correspondiente los servicios que hubieran quedado exentos:

- El valor resultante de la aplicación de la regla general del artículo 83.Uno de la LIVA.
- O bien, en su caso, a la contraprestación de la última entrega realizada durante la vigencia de dichos regímenes aduaneros o fiscales, o durante la permanencia de los bienes en las situaciones reguladas en dicho precepto.

d) Base imponible del abandono del régimen de depósito distinto del aduanero cuando no determine el hecho imponible importación en virtud del artículo 18.Tres de la LIVA, sino una operación asimilada a una importación

Cuando los bienes abandonen el régimen de depósito distinto del aduanero y ello no determine el hecho imponible importación conforme al artículo 18.Tres de la LIVA, sino operación asimilada a una importación, la base imponible del impuesto será la siguiente:

- Para los **bienes procedentes de otro Estado miembro o de terceros países,** la que resulte de aplicar, respectivamente, las normas de los artículos 82 o del 83.Uno de la LIVA (regla general de determinación de la base imponible en las importaciones) o, en su caso, la que corresponda a la última entrega realizada en dicho depósito.
- Para los **bienes procedentes del interior del país,** la que corresponda a la última entrega de dichos bienes exenta del impuesto.
- Para los **bienes resultantes de procesos de incorporación o transformación de los bienes comprendidos en los puntos previos,** la suma de las bases imponibles que resulten de aplicar las reglas contenidas en ellos.
- En **todos los casos,** deberá comprender el importe de las contraprestaciones correspondientes a los servicios exentos del IVA prestados

después de la importación, adquisición intracomunitaria o, en su caso, última entrega de los bienes.

- En todos los supuestos de abandono del régimen de depósito distinto del aduanero, **se integrará, en su caso, en la base imponible, el impuesto especial exigible por el abandono de dicho régimen.**

e) Base imponible de las demás operaciones asimiladas a las importaciones a que se refiere el artículo 19.5.º de la LIVA

La base imponible de las demás operaciones asimiladas a las importaciones a que se refiere el artículo 19.5.º de la LIVA, será la **suma de las contraprestaciones de la última entrega o adquisición intracomunitaria de bienes y de los servicios prestados después de dicha entrega o adquisición, exentos todos ellos del impuesto**, determinadas de conformidad con lo dispuesto en la regla general.

f) Base imponible de las importaciones de productos informáticos normalizados

En las importaciones de productos informáticos normalizados, la base imponible será **la correspondiente al soporte y a los programas o informaciones incorporados** al mismo.

CUESTIÓN

En la base imponible de la importación de mercancías que se trasladan en tránsito hasta un depósito aduanero en el que se efectúa el despacho a libre práctica, ¿se incluyen los gastos de transporte, la comisión del agente de aduanas, los gastos de carga, etc.?

En la base imponible se incluyen los servicios que fueron prestados con exención por estar relacionados con mercancías destinadas a ser vinculadas o que estén vinculadas a alguno de los regímenes del artículo 24 de la LIVA, siempre que se deriven del transporte de las mercancías a un punto en el interior de la Comunidad, conocido en el momento del devengo.

Por tanto, forman parte de la base imponible los gastos de transporte hasta el depósito aduanero, la comisión del agente de aduanas que efectuó el tránsito, el almacenaje en el depósito, así como los de carga y descarga.

En tal sentido, puede acudirse a la consulta no vinculante de la Dirección General de Tributos (2014-03), de 26 de noviembre de 2003.

RESOLUCIONES ADMINISTRATIVAS

Consulta vinculante de la Dirección General de Tributos (V0547-21), de 10 de marzo de 2021

Asunto: aplicación de la regla especial de determinación de la base imponible en las importaciones de bienes contenida en el artículo 83.Dos.1.ª de la LIVA (reimportaciones de bienes exportados temporalmente fuera de la Comunidad para ser objeto de trabajos de reparación, transformación, adaptación o trabajos por encargo).

«(...) a las importaciones efectuadas por la consultante del producto terminado, le será de aplicación la regla especial contenida en el artículo 83.Dos.1ª de la Ley 37/1992, antes reproducido, por tratarse de bienes que han sido objeto de exportación, con carácter temporal, para ser objeto de un proceso de transformación y, posteriormente, ser nuevamente reintroducidos como producto terminado.

En esas circunstancias, la base imponible de dichas importaciones vendrá determinada por la base imponible de las prestaciones de servicios efectuadas por el empresario marroquí a favor de la consultante, determinada de conformidad con las reglas generales del impuesto, contenidas en el artículo 78 de la Ley 37/1992, y que para las prestaciones de servicios determinan que deberá estarse a "el importe total de la contraprestación de las operaciones sujetas al mismo procedente del destinatario o de terceras personas", así como a lo dispuesto en el apartado dos de dicho precepto (...)

En cualquier caso, el importe de la contraprestación total de la prestación de servicios de fabricación, deberá incrementarse, si procede, con los conceptos a los que hace referencia el artículo 83.Uno de la Ley del impuesto, antes reproducido».

Consulta vinculante de la Dirección General de Tributos (V1470-20), de 19 de mayo de 2020

Asunto: base imponible del IVA cuando una entidad realiza compras y ventas de sidra en régimen suspensivo según el artículo 24.1.e) de la LIVA.

«De los antecedentes de hecho contenidos en el escrito de la consulta parece inferirse que la sidra adquirida por la consultante se encuentra vinculada al régimen de depósito distinto de los aduaneros en el momento de su adquisición.

En ese caso, puede concluirse que las entregas de sidra efectuadas a favor de la consultante estarán sujetas aunque exentas en virtud del artículo 24 de la Ley 37/1992 por encontrarse, en el momento de la puesta a disposición, en régimen suspensivo.

Cuando, con posterioridad se produzca, de conformidad con la normativa reguladora de los Impuestos Especiales, la ultimación de dicho régimen, se produciría el devengo del impuesto en concepto de operación asimilada a una importación de acuerdo con el artículo 19.5º de la Ley 37/1992, sin perjuicio de que, tal y como se prevé en el párrafo tercero de dicho precepto, no proceda el devengo del impuesto por ese concepto cuando la consultante realice una entrega intracomunitaria de bienes exenta en virtud del artículo 25 de la Ley 37/1992, una exportación exenta en virtud del artículo 21 de la misma Ley o algunas de las operaciones exentas en virtud del artículo 22 de dicha Ley».

|| Normas comunes a ambas reglas

Las normas relativas a la modificación de la base imponible, contenidas en el artículo 80 de la LIVA, serán también aplicables, cuando proceda, a la determinación de la base imponible de las importaciones.

Cuando los elementos determinantes de la base imponible se hubiesen fijado en **moneda o divisa distintas de las españolas**, el tipo de cambio se determinará de acuerdo con las disposiciones comunitarias en vigor para calcular el valor de aduana.

6.4. El sujeto pasivo en las importaciones de bienes

¿Quién es el sujeto pasivo en las importaciones de bienes en el IVA?

De conformidad con el artículo 86 de la LIVA, los **sujetos pasivos del IVA en las importaciones de bienes** son **quienes realicen las importaciones**.

A efectos de este impuesto, **se considerarán importadores**, siempre que se cumplan en cada caso los requisitos previstos en la legislación aduanera:

- Los destinatarios de los bienes importados, sean adquirentes, cesionarios o propietarios de los mismos o bien consignatarios que actúen en nombre propio en la importación de dichos bienes.
- Los viajeros, para los bienes que conduzcan al entrar en el territorio de aplicación del impuesto.
- Los propietarios de los bienes en los casos no contemplados en los apartados anteriores.
- Los adquirentes o, en su caso, los propietarios, los arrendatarios o fletadores de los bienes objeto de las operaciones asimiladas a las importaciones, de acuerdo con lo establecido en el artículo 19 de la LIVA.

En particular, en las **operaciones asimiladas a las importaciones**, el sujeto pasivo será:

- El adquirente, propietario, importador, fletador o arrendatario de los buques o aeronaves que incumplan los requisitos de la afectación a la navegación internacional o de la afectación exclusiva a la pesca costera, salvamento o asistencia marítima, o que incumplen los requisitos que determinan la dedicación especial a la navegación aérea internacional de las compañías que realicen actividades comerciales.
- El adquirente de los bienes vendidos por quien previamente los adquirió al amparo de los regímenes diplomáticos, consular o de órganos internacionales.
- El adquirente o propietario de los bienes que se encuentran en las situaciones o regímenes a que se refieren los artículos 23 y 24 de la LIVA que decide la salida de dichas situaciones o regímenes.

Sin perjuicio de lo dispuesto anteriormente, cuando se trate de las importaciones de bienes cuya expedición o transporte tenga como punto de llegada un lugar situado en otro Estado miembro, siempre que la entrega ulterior de dichos bienes efectuada por el importador o su representante fiscal estuviese exenta en virtud de lo dispuesto en el artículo 25 de la LIVA, y el importador actúe mediante representante fiscal, este último quedará obligado al cumplimiento de las obligaciones materiales y formales derivadas de dichas importaciones en los términos que se establezcan reglamentariamente.

RESOLUCIONES ADMINISTRATIVAS

Consulta vinculante de la Dirección General de Tributos (V3206-19), de 19 de noviembre de 2019

Asunto: sujeto pasivo del IVA en caso de importaciones de bienes.

«(...) debe indicarse, como reiteradamente ha hecho este Centro directivo (por todas, la contestación vinculante de 29 de abril del 2013 y V1497-13), que el Código Aduanero de la Unión no define la figura del importador sino del declarante de forma que "será importador, la persona que pueda presentar, y así lo haga, la declaración de importación ya que se encuentra en condiciones de presentar o disponer que se

presente al servicio de aduanas competente la mercancía de que se trate y todos aquellos documentos cuya presentación sean necesarios y, en particular, será aquella persona que conste como consignataria en los títulos de transporte. Los pactos entre las partes sobre el pago material de los derechos arancelarios o del IVA no son relevantes cuando se trata de determinar quién es el deudor de las deudas tributarias."».

Consulta vinculante de la Dirección General de Tributos (V1962-24), de 17 de septiembre de 2024

Asunto: criterio de la DGT sobre el concepto de importador.

«En este sentido, cabe destacar el criterio manifestado por este Centro directivo en la contestación vinculante de 16 de julio de 2018, número V2097-18, relativa a la importación por parte de una entidad de unas materias primas para la fabricación, en régimen de maquila, de unos medicamentos, siendo otra entidad del grupo la propietaria de dichas materias primas:

"Así, de forma paralela a la normativa aduanera, a efectos del Impuesto sobre el Valor Añadido será importador y, como tal, sujeto pasivo del impuesto el destinatario de los bienes importados sea éste adquirente, cesionario o propietario de los bienes.

También será importador y sujeto pasivo del impuesto el consignatario de los bienes importados cuando actúe en nombre propio en dicha importación así como también, en defecto de los anteriores, el propietario de los bienes.

A este respecto, debe recordarse que el consignatario es aquella persona mencionada en el título de transporte que ampara la introducción de las mercancías en el territorio de aplicación del impuesto y designada para recibir en consigna los bienes en cuestión y que tendrá la consideración de sujeto pasivo en la operación de importación aun cuando no sea el adquirente, cesionario ni propietario de la mercancía, siempre que actúe en nombre propio respecto de los bienes importados.".

En el mismo sentido, sendas contestaciones vinculantes de 16 de abril de 2019, número V0824-19 y de 1 de agosto de 2022, número V1819-22».

Resolución del Tribunal Económico-Administrativo Central n.º 1516/2017, de 28 de septiembre de 2017

Asunto: el IVA de la importación debe liquidarse en la aduana por parte del adquiriente de la mercancía, pero es posible acogerse a la opción de liquidación prevista en el artículo 167.2 de la LIVA.

«La normativa transcrita es, por tanto, a juicio de este Tribunal Central, muy clara al respecto y no permite sostener la tesis del TEAR. Así, en efecto, de ella se infiere con nitidez:

· Que la opción del artículo 167.Dos de la LIVA supone un diferimiento del ingreso de la cuota de IVA a la importación liquidada por la Aduana, es decir, de una deuda tributaria de un importe concreto y determinado. Se permite pagar en un momento posterior una deuda tributaria ya cuantificada.

· El pago de la deuda tributaria diferida ha de hacerse con ocasión de la presentación de la declaración liquidación correspondiente al período en que se reciba el documento en el que conste la liquidación practicada, pago que se produce incluyendo la cuota del IVA a la importación en dicha declaración-liquidación como cantidad adeudada a la Hacienda Pública.

· En caso de no incluirse la deuda tributaria diferida, en tanto que cantidad que se adeuda a la Hacienda Pública, en la declaración-liquidación correspondiente, no se estaría satisfaciendo su importe en el plazo establecido por la norma, lo que determinaría el inicio del período ejecutivo.

(...)

Criterio:

En aquellos supuestos en los que resulte aplicable el régimen del IVA diferido a la importación previsto en el artículo 167.Dos de la Ley 37/1992 del Impuesto sobre el Valor Añadido, la falta de inclusión de una cuota de IVA a la importación liquidada por la Aduana en la declaración-liquidación correspondiente de IVA, supone el inicio del período ejecutivo de recaudación al día siguiente del vencimiento del plazo de ingreso voluntario de esa declaración-liquidación, sin que a ello obste el derecho del obligado tributario a la deducción del importe de dicha cuota».

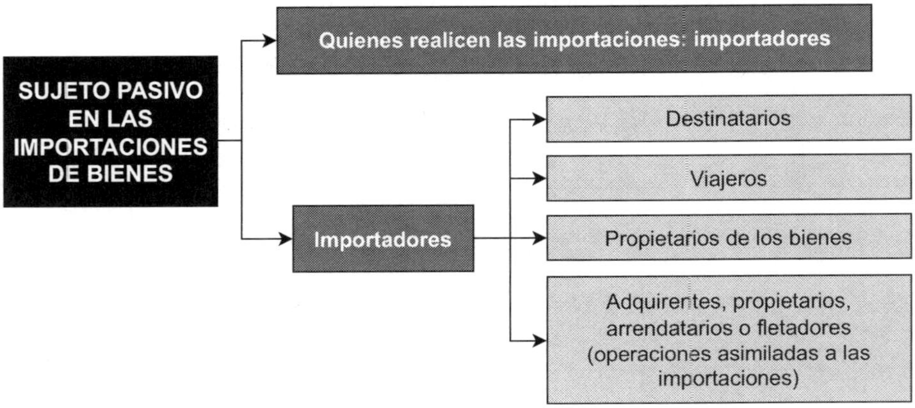

6.5. Régimen exterior de la Unión

El régimen especial aplicable a los servicios prestados por empresarios o profesionales no establecidos en la Comunidad a destinatarios que no sean empresarios o profesionales actuando como tales

Se denomina régimen exterior de la Unión al régimen especial aplicable a los servicios prestados por empresarios o profesionales no establecidos en la Comunidad a destinatarios que no tengan la condición de empresarios o profesionales actuando como tales. Este régimen se encuentra regulado en los artículos 163 octiesdecies a 163 vicies de la LIVA. Podrán acogerse al mismo, los empresarios o profesionales no establecidos en la Comunidad, que presten servicios a personas que no tengan la condición de empresario o profesional, actuando como tales, y que estén establecidas en la Comunidad o que tengan en ella su domicilio o residencia habitual.

El régimen especial se aplicará a todas las prestaciones de servicios que, de acuerdo con lo dispuesto en la LIVA, o sus equivalentes en las legislaciones de otros Estados miembros, deban entenderse efectuadas en la Comunidad.

A estos efectos, se considera:

- **Empresario o profesional no establecido en la Comunidad**: todo empresario o profesional que tenga la sede de su actividad económica fuera de la Comunidad y no posea un establecimiento permanente en el territorio de la Comunidad.
- **Estado miembro de identificación**: el Estado miembro por el que haya optado el empresario o profesional no establecido en la Comunidad para declarar el inicio de su actividad como tal empresario o profesional en el territorio de la Comunidad.
- **Estado miembro de consumo**: el Estado miembro en el que se considera que tiene lugar la prestación de los servicios conforme a lo dispuesto en la LIVA o sus equivalentes en las legislaciones de otros Estados miembros.

|| Obligaciones formales

En caso de que España sea el Estado miembro de identificación elegido por el empresario o profesional no establecido en la Comunidad, este quedará obligado a:

a) Disponer del NIF.

b) Declarar la fecha de inicio, modificación o cese de sus operaciones comprendidas en este régimen especial.

Dicha declaración se presentará por vía electrónica.

Si se trata de un **empresario o profesional no establecido en la Comunidad**, deberá incluir en la declaración de inicio de sus actividades los datos siguientes:

- Nombre, dirección postal y de correo electrónico.
- Direcciones electrónicas de los sitios de internet a través de los que opere en su caso.
- Número mediante el que esté identificado ante la Administración fiscal del territorio tercero en el que tenga su sede de actividad.
- Una declaración en la que manifieste que no ha situado la sede de su actividad económica en el territorio de la Comunidad y que no posee en él un establecimiento permanente.
- Cualquier modificación de esta información deberá ser también comunicada.

En el caso de **empresarios o profesionales establecidos en las Islas Canarias, Ceuta o Melilla**, la información a facilitar al declarar el inicio de sus actividades gravadas incluirá nombre, dirección postal y de correo electrónico y las direcciones electrónicas de los sitios de internet a través de los que opere y NIF asignado por la Administración tributaria española.

La Administración tributaria identificará al empresario o profesional no establecido en la Comunidad mediante un número individual que notificará al interesado por vía electrónica.

c) Presentar por vía electrónica una declaración-liquidación del IVA por cada trimestre natural.

Esto es independiente de que haya suministrado o no servicios sujetos a este régimen especial. La declaración-liquidación se presentará durante el mes siguiente al del período al que se refiere la misma. Esta declaración detallará:

- El número de identificación individual que le haya sido notificado por la Administración tributaria.
- Por cada Estado miembro de consumo en que se haya devengado el impuesto, el valor total, excluido el IVA que grave la operación, de los servicios cubiertos por este régimen durante el período al que se refiere la declaración.
- La cantidad global del impuesto correspondiente a cada Estado miembro desglosado por tipos impositivos.
- El importe total, resultante de la suma de todas estas, que debe ser ingresado en España.

Si el importe de la contraprestación de las operaciones se hubiera fijado en moneda distinta del euro, el mismo se convertirá a euros aplicando el tipo de cambio válido que corresponda al último día del período de liquidación. El cambio se realizará siguiendo los tipos de cambio publicados por el Banco Central Europeo para ese día o, si no hubiera publicación correspondiente a ese día, del día siguiente.

Cualquier modificación posterior de las cifras contenidas en las declaraciones presentadas, deberá efectuarse en el plazo máximo de tres años a partir de la fecha en que debía presentarse la declaración inicial.

d) Ingresar el impuesto correspondiente a cada declaración-liquidación.

Deberá hacerse referencia a la declaración específica a la que corresponde y el importe se ingresará en euros en la cuenta bancaria designada por la Administración tributaria, dentro del plazo de presentación de la declaración.

e) Mantener un registro de las operaciones incluidas en este régimen especial.

Este registro deberá llevarse con la precisión suficiente para que la Administración tributaria del Estado miembro de consumo pueda comprobar si la declaración-liquidación es correcta.

Este registro estará a disposición tanto del Estado miembro de identificación como del de consumo, en los términos previstos en el artículo 47 decies del Reglamento (UE) n.º 904/2010 del Consejo de 7 de octubre de 2010, relativo a la cooperación administrativa y la lucha contra el fraude en el ámbito del impuesto sobre el valor añadido.

El empresario o profesional no establecido deberá conservar este registro durante un período de 10 años desde el final del año en que se hubiera realizado la operación.

f) Expedir y entregar factura.

El empresario o profesional no establecido deberá expedir y entregar factura ajustada a lo que se determine reglamentariamente.

En caso de que el empresario o profesional no establecido en la Comunidad hubiera elegido cualquier otro Estado miembro distinto de España para presentar la declaración de inicio en este régimen especial, en relación con las operaciones que deban considerarse efectuadas en el TAI, el ingreso del impuesto correspondiente a las mismas deberá efectuarse al tiempo de la presentación en el Estado miembro de identificación de la declaración-liquidación.

|| Derecho a la deducción de cuotas soportadas

Los empresarios o profesionales no establecidos en la Comunidad que se acojan a este régimen especial no podrán deducir en la declaración-liquidación cantidad alguna de las cuotas soportadas en la adquisición o importación de bienes y servicios que, conforme a las reglas que resulten aplicables, se destinen a la prestación de los servicios a los que se refiere este régimen. No obstante, tendrán derecho a la devolución de las cuotas del IVA soportadas respecto de aquellas que deban entenderse realizadas en el Estado miembro de consumo conforme al procedimiento previsto en la normativa del Estado miembro de consumo. En concreto, aquellos sujetos a este régimen que estén establecidos en las Islas Canarias, Ceuta y Melilla podrán solicitar la devolución de las cuotas soportadas (excepto de las realizadas en el TAI), y esta solicitud se realizará a través del procedimiento previsto en el artículo 117 bis de la LIVA.

Cuando **España sea el Estado miembro de consumo**, los empresarios o profesionales no establecidos en la Comunidad que se acojan a este régimen especial tendrán derecho a la devolución de las cuotas del IVA soportadas en la adquisición o importación de bienes y servicios que deban entenderse realizadas en el TAI, siempre que dichos bienes y servicios se destinen a la prestación de los servicios a los que se refiere este régimen especial. El procedimiento para el ejercicio de este derecho será el previsto en el artículo 119 bis de la LIVA. En el caso de empresarios o profesionales establecidos en las Islas Canarias, Ceuta o Melilla, el procedimiento para el ejercicio del derecho a la devolución de las cuotas del IVA a que se refiere este apartado será el previsto en el artículo 119 de la LIVA.

Además, los empresarios o profesionales que se acojan a este régimen especial y realicen en el TAI operaciones a las que se refiere este régimen especial conjuntamente con otras distintas que determinen la obligación de registrarse y de presentar declaraciones-liquidaciones en dicho territorio deberán deducir las cuotas soportadas en la adquisición o importación de bienes y servicios que se entiendan realizadas en dicho territorio y que sean utilizados en la prestación de los servicios a que se refiere este régimen especial a través de las declaraciones-liquidaciones correspondientes que deban presentar en el TAI.

6.6. Régimen de importación

El régimen especial aplicable a las ventas a distancia de bienes importados de países o territorios terceros

El artículo décimo del **Real Decreto-ley 7/2021, de 27 de abril**, incorporó una serie de modificaciones en la LIVA en transposición de la Directiva (UE) 2017/2455 del Consejo, de 5 de diciembre de 2017, por la que se modifican la Directiva 2006/112/CE y la Directiva 2009/132/CE en lo referente a determinadas obligaciones respecto del impuesto sobre el valor añadido para las prestaciones de servicios y las ventas a distancia de bienes.

En particular, y a lo que aquí interesa, introdujo un régimen especial aplicable a las ventas a distancia de bienes importados de países o de territorios terceros, denominado «régimen de importación», al añadir una nueva sección 4.ª al capítulo XI del título IX de la LIVA (artículos 163 quinvicies a 163 octovicies), con **efectos desde el 1 de julio de 2021**. Reglamentariamente, su desarrollo se recoge en los artículos 61 duodecies a 61 septiesdecies del RIVA.

A nivel comunitario, este régimen se regula en los actuales artículos 369 ter a 369 quinvicies de la Directiva 2006/112/CE.

Se trataría de un régimen que permite a los empresarios o profesionales, establecidos o no en la Comunidad, que realicen ventas a distancia de bienes importados de países o territorios terceros en envíos cuyo valor intrínseco no exceda de 150 euros, con excepción de los productos objeto de impuestos especiales, declarar y pagar el IVA en cada uno de los Estados miembros a través de un **sistema de ventanilla única de importación**. Este sistema de ventanilla única exige la elección de un Estado miembro de identificación en donde presentar las declaraciones-liquidaciones, aunque para los empresarios o profesionales que tengan su sede de actividad en el TAI español, nuestra LIVA determina que España será su Estado miembro de identificación [consulta vinculante de la Dirección General de Tributos (V0446-24), de 19 de marzo de 2024].

Ámbito de aplicación del régimen de importación en el IVA

Podrán acogerse a este régimen especial los **empresarios o profesionales que realicen ventas a distancia de bienes importados de países o territorios terceros en envíos cuyo valor intrínseco no exceda de 150 euros**, a excepción de los productos que sean objeto de impuestos especiales, siempre que sean:

- Empresarios o profesionales establecidos en la Comunidad, Islas Canarias, Ceuta o Melilla.
- Empresarios o profesionales, establecidos o no en la Comunidad, que estén representados por un intermediario establecido en la Comunidad. A estos efectos, no será posible designar más de un intermediario a la vez.

- O bien empresarios o profesionales establecidos en un país tercero con el que la Unión Europea haya celebrado un acuerdo de asistencia mutua con un ámbito de aplicación similar al de la Directiva 2010/24/UE del Consejo, de 16 de marzo de 2010, sobre la asistencia mutua en materia de cobro de los créditos correspondientes a determinados impuestos, derechos y otras medidas, y al del Reglamento (UE) n.º 904/2010, y que realicen ventas a distancia de bienes procedentes de ese país tercero.

Este régimen de importación se aplicará a todas las ventas a distancia de bienes importados de países o territorios terceros efectuadas por el empresario o profesional.

A estos efectos y, con carácter general:

- Se considerará empresario o profesional no establecido en la Comunidad a aquel que tenga la sede de su actividad económica fuera de la Comunidad y no tenga en ella un establecimiento permanente.
- Será intermediario la persona establecida en la Comunidad a quien designe el empresario o profesional que realiza ventas a distancia de bienes importados de un país o territorio tercero y que, en nombre y por cuenta de este, quede obligado al cumplimiento de las obligaciones materiales y formales derivadas del régimen especial y sea titular de las relaciones jurídicas-tributarias derivadas del mismo.
- El **Estado miembro de identificación** será, según los casos, el siguiente:
  - Cuando el empresario o profesional no esté establecido en la Comunidad, el Estado miembro por el que opte. Cuando se trate de empresarios o profesionales cuya sede de actividad económica se encuentre en las Islas Canarias, Ceuta o Melilla, y no hayan designado a un intermediario establecido en la Comunidad, el Estado miembro de identificación será España.
  - Cuando el empresario o profesional no tenga establecida la sede de su actividad económica en la Comunidad, pero tenga en ella varios establecimientos permanentes, el Estado miembro en el que, teniendo un establecimiento permanente, indique que se acoge a este régimen especial. Esta opción por un Estado miembro vinculará al empresario o profesional en tanto no sea revocada por el mismo y tendrá una validez mínima del año natural a que se refiere la opción ejercitada y de los dos siguientes.
  - Cuando el empresario o profesional haya establecido la sede de su actividad económica en un Estado miembro o tenga exclusivamente uno o varios establecimientos permanentes en el mismo, dicho Estado miembro.
  - Cuando el intermediario haya establecido la sede de su actividad económica en un Estado miembro, dicho Estado miembro.
  - Cuando el intermediario no tenga establecida la sede de su actividad económica en la Comunidad, pero tenga en ella varios estable-

cimientos permanentes, el Estado miembro en el que, teniendo un establecimiento permanente, indique que se acoge a este régimen especial. La citada opción por un Estado miembro vinculará al empresario o profesional en tanto no sea revocada por el mismo y tendrá una validez mínima del año natural a que se refiere la opción ejercitada y de los dos siguientes.

- El **Estado miembro de consumo** será el Estado miembro de llegada de la expedición o transporte de los bienes con destino al cliente.

Ahora bien, **se considerará que España es el Estado miembro de identificación** en los supuestos que especifica el artículo 163 quinvicies.Tres de la LIVA:

- En todo caso, para los empresarios o profesionales o los intermediarios que tengan la sede de su actividad económica en el territorio de aplicación del impuesto, y aquellos que no tengan establecida la sede de su actividad económica en el territorio de la Comunidad, pero tengan exclusivamente en el territorio de aplicación del impuesto uno o varios establecimientos permanentes.
- Cuando se trate de empresarios o profesionales o intermediarios que no tengan la sede de su actividad económica en el territorio de la Comunidad y que teniendo más de un establecimiento permanente en el TAI y en algún otro Estado miembro hayan elegido a España como Estado miembro en el que se acogen para la aplicación de este régimen especial.
- Cuando el empresario o profesional no tenga su sede de actividad ni disponga de establecimiento permanente alguno en el territorio de la Comunidad, cuando haya elegido a España como Estado miembro en el que se acoge para la aplicación de este régimen especial, y, en todo caso, los empresarios o profesionales que tengan la sede de su actividad económica en las Islas Canaria, Ceuta o Melilla cuando no hayan designado a un intermediario establecido en la Comunidad.

CUESTIÓN

¿Qué requisitos son necesarios para actuar como intermediario en España en el régimen de importación?

Para que un operador pueda actuar en España como intermediario a los efectos de este régimen especial tendrá que cumplir las condiciones que especifica el artículo 61 septiesdecies del RIVA.

|| La opción, renuncia y exclusión del régimen de importación

La aplicación del régimen especial de importación exige que los empresarios o profesionales que cumplan los requisitos para ello opten por él, pero, una vez efectuada la opción, cabe la renuncia al mismo y también se regulan una serie de circunstancias que pueden conllevar que un empresario o profesional sea excluido del mismo.

Lo relativo a la opción, la renuncia y la exclusión de este régimen especial se contempla en los **artículos 61 terdecies y 61 quarterdecies del RIVA**.

La opción por el régimen de importación

El empresario o profesional que reúna los requisitos necesarios para la aplicación de este régimen especial podrá optar por el mismo mediante la **presentación, en el Estado miembro de identificación, de la correspondiente declaración de inicio**. La opción surtirá **efecto** desde el día en que se haya asignado al empresario o profesional, o al intermediario que actúe por su cuenta, el número individual de identificación a efectos del IVA para el régimen de importación.

> **A TENER EN CUENTA.** Si España es el Estado miembro de identificación, la declaración de inicio se presentará por vía electrónica, en los términos que determina el artículo 163 septvicies de la LIVA.

Ello sin perjuicio, por supuesto, de la facultad de la Administración tributaria del Estado miembro de identificación de denegar el registro al régimen especial cuando el empresario o profesional no cumpla las condiciones para acogerse a él.

La renuncia voluntaria al régimen de importación

El empresario o profesional acogido a este régimen especial podrá renunciar a él, de manera voluntaria, mediante la **presentación de la declaración de cese al Estado miembro de identificación**.

Deberá presentarla al menos 15 días antes del mes anterior a aquel en que vaya a dejar de utilizarse el régimen de importación y surtirá efecto a partir del primer día del mes siguiente a la presentación de la declaración de cese. En este caso, el empresario o profesional dejará de estar autorizado a utilizar este régimen especial para las entregas de bienes que realice a partir de esa fecha.

Por su parte, el **intermediario cuyo Estado miembro de identificación sea España**, que ponga fin a su actividad por cuenta de empresarios o profesionales acogidos al régimen de importación, deberá informar de su decisión a la AEAT, al menos 15 días antes de finalizar el mes natural anterior a aquel en el que se pretenda dejar de actuar como intermediario.

> **A TENER EN CUENTA.** Si España es el Estado miembro de identificación, la declaración de cese se presentará por vía electrónica, en los términos que determina el artículo 163 septvicies de la LIVA.

Cuando un empresario o profesional, o bien un intermediario que actúe por su cuenta, **traslade la sede de su actividad económica de un Estado miembro a otro o deje de estar establecido** en el Estado miembro de identificación, pero continúe establecido en la Comunidad y cumpla las condiciones para poder seguir acogido al régimen especial de importación, podrá presentar la declaración de cese en el Estado miembro de identificación en el que deje de estar establecido y una nueva declaración de inicio en un nuevo Estado miembro en la fecha en que se produzca el cambio de sede o de establecimiento permanente. El cambio de Estado miembro de identificación surtirá efecto desde la fecha en que se produzca, siempre y cuando se presente la declaración correspondiente a cada uno de los Estados miembros de identificación afectados en la que informe del cambio de Estado miembro de identificación a más tardar el décimo día del mes siguiente a aquel en que se haya producido el cambio de sede o de establecimiento permanente o, a partir de la fecha en que se deje de expedir o transportar bienes desde ese Estado miembro.

|| La exclusión del régimen de importación

Las **causas de exclusión** serán las siguientes:

- **De los empresarios o profesionales**:
  - La presentación de la declaración de cese de las operaciones comprendidas en dicho régimen especial.
  - La existencia de hechos que permitan presumir que las operaciones del empresario o profesional incluidas en este régimen especial han concluido.
  - El incumplimiento de los requisitos necesarios para acogerse a este régimen especial.
  - El incumplimiento reiterado de las obligaciones impuestas por la normativa de este régimen especial.
  - Para los empresarios o profesionales que operen a través de un intermediario, también será causa de exclusión que dicho intermediario notifique a la Administración tributaria que ha dejado de representarlos.
- **Del intermediario que actúe por cuenta de un empresario o profesional acogido al régimen de importación**:
  - La falta de actuación durante dos trimestres naturales como tal.
  - El incumplimiento de los requisitos necesarios para actuar como intermediario.
  - El incumplimiento reiterado de las obligaciones impuestas por la normativa de este régimen especial.

La **exclusión de un empresario o profesional** solo **se adoptará por el Estado miembro de identificación** y surtirá efecto a partir del primer día del mes siguiente a la fecha de la comunicación al empresario o profesional (por vía electrónica), salvo que la exclusión derive del incumplimiento reiterado de las normas de este régimen, en que surtirá efectos a partir del día siguiente a la fecha de dicha comunicación.

Cuando el empresario o profesional actúe con intermediario, el acuerdo de exclusión del intermediario supone la exclusión de los empresarios o profesionales acogidos al régimen especial por cuya cuenta actuaba dicho intermediario. La exclusión de los empresarios o profesionales por tal motivo se comunicará a cada uno de ellos y surtirá efectos a partir del primer día del mes siguiente a la fecha de la comunicación, cualquiera que haya sido la causa de exclusión del intermediario.

Ahora bien, cuando la exclusión traiga causa del cambio de sede de actividad económica o de establecimiento permanente o del lugar de inicio de la expedición o transporte de los bienes por parte del empresario o profesional, surtirá efecto a partir de la fecha de dicho cambio, siempre y cuando el empresario o profesional presente la declaración de modificación a cada uno de los dos Estados miembros de identificación afectados, en la que informe del cambio de Estado miembro de identificación a más tardar el décimo día del mes siguiente a aquel en que se haya producido el cambio de sede o de establecimiento permanente.

Por su parte, la **exclusión de un intermediario que actúe por cuenta de un empresario o profesional acogido al régimen de importación se adoptará exclusivamente por el Estado miembro de identificación**, cuya decisión deberá serle comunicada por vía electrónica y surtirá efecto a partir del primer día del mes siguiente a la fecha de la indicada comunicación. Sin embargo, cuando la exclusión se deba al cambio de sede de actividad económica o de establecimiento permanente, surtirá efecto a partir de la fecha de dicho cambio, siempre y cuando el intermediario presente la declaración de modificación a cada uno de los dos Estados miembros de identificación afectados, en la que informe del cambio de Estado miembro de identificación a más tardar el décimo día del mes siguiente a aquel en que se haya producido el cambio de sede o de establecimiento permanente; y si se deriva del incumplimiento reiterado de las normas del régimen, surtirá efectos a partir del día siguiente a la fecha de la comunicación.

|| El devengo del IVA en el régimen de importación

Según el artículo 163 sexvicies de la LIVA, cuando se trate de entregas de bienes que estén acogidas al régimen de importación, el devengo del IVA se producirá **en el momento de la entrega**, considerándose producida la misma con la aceptación del pago del cliente.

|| Obligaciones formales derivadas del régimen de importación

Cuando España sea el Estado miembro de identificación, el empresario o profesional acogido a este régimen especial, o el intermediario que actúe por su cuenta, quedarán obligados a (artículo 163 septvicies de la LIVA):

- **Disponer del número de identificación fiscal**.
- **Declarar la fecha de inicio, modificación o cese de sus operaciones comprendidas en este régimen especial**. La declaración se presentará por vía electrónica y deberán incluirse los siguientes datos del empresario o profesional acogido al régimen:
  - Nombre, dirección postal y de correo electrónico.
  - Direcciones electrónicas de los sitios de internet a través de los que opere.
  - Número de identificación a efectos del IVA o el NIF.
  - El intermediario, además, deberá comunicar estos mismos datos a la Administración tributaria, en relación con cada empresario o

profesional por cuyo nombre y cuenta actúa, antes del inicio de las actividades gravadas, así como el número de identificación fiscal que le haya sido asignado por el Estado miembro de identificación a efectos de este régimen especial.

A TENER EN CUENTA. A efectos de este régimen, la Administración tributaria identificará al empresario o profesional que se acoja al presente régimen especial mediante un número de identificación de uso exclusivo a efectos del régimen.

- Presentar por vía electrónica una **declaración-liquidación del IVA por cada mes natural**, independientemente de que se hayan realizado o no operaciones a las que se aplique este régimen especial. Se presentará durante el mes siguiente al del período al que se refiere la declaración y deberá incluir:
  - El número de identificación fiscal que le haya sido asignado por la Administración tributaria a efectos del régimen especial.
  - Por cada Estado miembro de consumo en que se haya devengado el impuesto, el valor total de las operaciones gravadas por este régimen, excluido el IVA que grave la operación, durante el período al que se refiere la misma.
  - La cantidad global del impuesto correspondiente a cada Estado miembro, desglosado por tipos impositivos.
  - El importe total que debe ser ingresado en España.
  - La modificación posterior de las cifras de las declaraciones-liquidaciones presentadas se debe efectuar a través de una declaración-liquidación periódica, en el plazo máximo de tres años a partir de la fecha en que debía presentarse la declaración-liquidación inicial.
- **Ingresar el impuesto correspondiente a cada declaración-liquidación**, especificando a qué declaración-liquidación corresponde. Debe ingresarse en euros en la cuenta designada por la Administración tributaria, dentro del plazo de presentación de la declaración-liquidación.
- **Mantener un registro de las operaciones incluidas en este régimen especial**. Tal registro debe llevarse de forma que permita comprobar que la declaración-liquidación es correcta y estará a disposición tanto del Estado miembro de identificación como del de consumo. Deberá conservarse durante 10 años desde el final del año en que se realizó la operación.
- **Expedir y entregar factura**.

El empresario o profesional que considere a España Estado de identificación debe presentar, exclusivamente en España, las declaraciones-liquidaciones e ingresar, en su caso, el importe del impuesto correspondiente a todas las operaciones a que se refiere este régimen especial realizadas en todos los Estados miembros de consumo.

CUESTIÓN

Si España es el Estado miembro de identificación, ¿conforme a qué norma habrá que expedir y entregar la factura?

En tal caso, la expedición y entrega de la factura tendrá que ajustarse a lo previsto en el Reglamento por el que se regulan las obligaciones de facturación, aprobado por el Real Decreto 1619/2012, de 30 de noviembre.

Derecho a la deducción de cuotas soportadas del IVA en el régimen de importación

Los empresarios o profesionales que se acojan a este régimen especial **no podrán deducir en la declaración-liquidación cantidad alguna por las cuotas soportadas en la adquisición o importación de bienes y servicios que, conforme a las reglas que resulten aplicables, se destinen a la realización de las operaciones a que se refiere este régimen.**

No obstante, tendrán derecho a la **devolución de las cuotas del IVA soportadas** en la adquisición o importación de bienes y servicios que se destinen a la realización de las operaciones a que se refiere este régimen especial que deban entenderse realizadas en el Estado miembro de consumo, conforme al procedimiento previsto en la normativa del Estado miembro de consumo; y en el caso de los establecidos en las Islas Canarias, Ceuta y Melilla, solicitarán la devolución de las cuotas soportadas, con excepción de las realizadas en el TAI, a través del procedimiento previsto en el artículo 117 bis de la LIVA.

Si **España fuese el Estado miembro de consumo**, los acogidos a este régimen especial tendrán derecho a la **devolución de las cuotas del IVA soportadas en la adquisición o importación de bienes y servicios que deban entenderse realizadas en el TAI**, siempre que dichos bienes y servicios se destinen a la realización de las operaciones a que se refiere el régimen especial. El procedimiento para ello será el previsto en el artículo 119 de la LIVA para los empresarios o profesionales establecidos en otro Estado miembro y para aquellos establecidos en las Islas Canarias, Ceuta o Melilla; y el del artículo 119 bis de la LIVA para los empresarios o profesionales no establecidos en la Comunidad. No se exigirá que esté reconocida la existencia de reciprocidad de trato a favor de los empresarios o profesionales establecidos en el TAI. Además, los que soliciten esta devolución no estarán obligados a nombrar representante ante la Administración tributaria a estos efectos.

Si **España fuese el Estado miembro de identificación**, los empresarios o profesionales establecidos en el TAI podrán **deducir las cuotas del IVA soportadas en la adquisición o importación de bienes y servicios utilizados en la realización de las operaciones acogidas a este régimen especial** conforme al régimen general del impuesto.

Si el empresario o profesional acogido a este régimen especial realiza en el TAI operaciones a las que se refiere este régimen conjuntamente con otras operaciones distintas por las que tenga que registrarse y presentar declaraciones-liquidaciones en dicho territorio, debe deducir las cuotas soportadas en la adquisición o importación de bienes y servicios que se entiendan realizadas en dicho territorio y sean utilizados en la realización de las operaciones a que se refiere el régimen especial a través de las declaraciones-liquidaciones correspondientes que deban presentar en el TAI.

RESOLUCIÓN ADMINISTRATIVA

Consulta vinculante de la Dirección General de Tributos (V0509-22), de 14 de marzo de 2022

Asunto: posibilidad de aplicar el procedimiento del artículo 167 bis de la LIVA (modalidad especial para la declaración y pago del IVA sobre las importaciones) si el empresario o profesional decide no acogerse al régimen especial de importación.

«Si el consultante no se acoge al régimen especial de importación anteriormente citado y las importaciones que se realizan son también inferiores a 150 euros podría ser de aplicación el procedimiento previsto en el artículo 167 bis de la Ley del Impuesto o, en su caso, el procedimiento especial de equivalente previsto en la legislación del Estado miembro de importación.

En este sentido el apartado Uno de dicho artículo 167 bis de la Ley establece lo siguiente:

"Uno. Cuando los empresarios o profesionales que realicen las operaciones a que se refiere el Título IX, Capítulo XI, Sección 4.ª de esta Ley, no opten por la aplicación del régimen especial previsto en esa sección, la persona que presente los bienes en la Aduana por cuenta del importador en el territorio de aplicación del impuesto podrá optar por una modalidad especial para la declaración y el pago del impuesto sobre el valor añadido correspondiente a la importación de los bienes en que concurran los siguientes requisitos:

a) que el valor intrínseco del envío no supere los 150 euros;

b) que se trate de bienes que no sean objeto de impuestos especiales; y

c) que el destino final de la expedición o transporte de los bienes sea el territorio de aplicación del impuesto.".

La aplicación de esta modalidad especial de declaración supondrá lo siguiente:

a) El destinatario de los bienes importados estará obligado al pago del impuesto sobre el valor añadido.

b) La persona que presente los bienes para su despacho ante la Aduana recaudará el impuesto sobre el valor añadido que recaiga sobre su importación del destinatario de los bienes importados y efectuará el pago del impuesto sobre el valor añadido recaudado.

A estos efectos, no será necesaria autorización expresa por parte del destinatario de los bienes importados para la utilización de la citada modalidad especial de declaración y pago.

De acuerdo con lo anterior, la no opción por el régimen especial de importación por la entidad consultante supondrá que la persona encargada de presentar los bienes en la Aduana, normalmente un operador postal, estará obligada a recaudar el Impuesto y efectuar el pago del mismo».

7.
EL IVA EN LAS EXPORTACIONES DE BIENES

7.1. El hecho imponible en las exportaciones de bienes

¿Cuál es el hecho imponible en las exportaciones de bienes?

La exportación es un régimen aduanero que habilita para la salida de mercancías comunitarias fuera del territorio de la Unión Europea. La exportación de una mercancía exige su inclusión en este régimen y se realiza mediante un procedimiento aduanero específico, que:

- Se inicia con la presentación de una declaración denominada «documento único administrativo» (DUA).
- Se continúa con el reconocimiento de la mercancía y, en su caso, el pago de los derechos de exportación.
- Se termina con la autorización de salida de la mercancía.

En materia fiscal, la **exportación es la salida de bienes del territorio del IVA de la Unión Europea, territorio que no coincide con el territorio aduanero de la propia Unión Europea.**

En España, el territorio del IVA no comprende Canarias, Ceuta y Melilla, mientras que el territorio aduanero no comprende Ceuta y Melilla, pero sí Canarias.

Las entregas de bienes que se destinan a la exportación y los servicios relacionados con estas exportaciones son operaciones exentas del IVA cuando se cumplen los requisitos establecidos en cada caso. Estas exenciones son plenas o totales, porque atribuyen el derecho a la deducción del impuesto soportado por la adquisición de los bienes o servicios que se utilizan en dichas operaciones.

En otro caso, se producirían sobreimposiciones, porque el IVA no deducido se incorporaría al precio y el adquirente soportaría así:

- La tributación en origen, incluida en el precio.
- La tributación en destino, exigida a la importación en el país de consumo de los bienes.

De conformidad con la normativa del IVA, **están exentas las siguientes operaciones de exportación o asimiladas:**

- Exenciones en las exportaciones de bienes. Entregas efectuadas fuera de la UE:
  - Entregas de bienes expedidos o transportados fuera de la Comunidad por los siguientes sujetos o por un tercero que actúa en nombre y por cuenta de los mismos: el transmitente, el adquirente no establecido en el TAI o quien tenga la condición de exportador, distinto de los anteriores.
  - Entrega de bienes a organismos humanitarios o educativos.
- Exenciones en prestaciones de servicios:
  - Trabajos sobre bienes muebles con destino a la expedición.
  - Prestaciones de servicios no exentas sobre bienes destinados a la exportación.
  - Prestaciones de servicios realizadas por intermediarios en operaciones exentas.
- Exenciones en las operaciones asimiladas a exportaciones:
  - Trabajos realizados sobre buques derivados de su mantenimiento, arrendamiento o flete.
  - Trabajos realizados sobre aeronaves derivados de su mantenimiento, arrendamiento o flete.
  - Operaciones realizadas sobre objetos que estén a bordo de las aeronaves.
  - Avituallamiento de aeronaves.
  - Prestaciones de servicios en aeronaves.
  - Entregas de bienes y prestaciones de servicios a organismos internacionales.
  - Entregas de bienes y prestaciones de servicios realizados por los Estados del Tratado del Atlántico Norte.
  - Entregas de oro al banco de España.
  - Transporte de viajeros a un puerto fuera de la Comunidad.
  - Prestaciones de servicios realizadas por intermediarios sobre operaciones exentas.

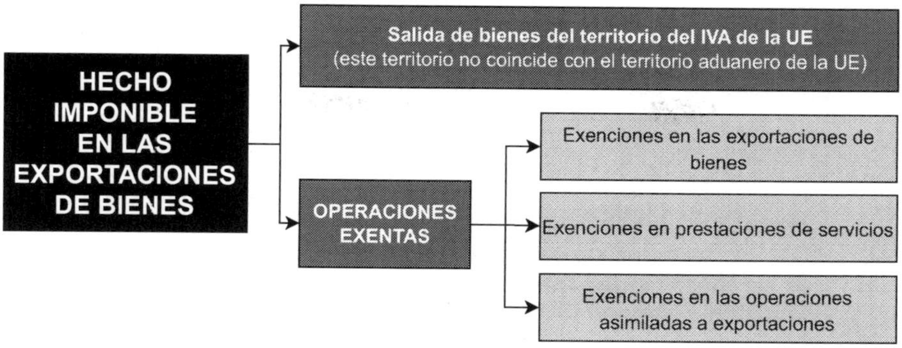

7.2. Exenciones en las entregas de bienes a otro Estado miembro

Regulación de la exención en el IVA en las entregas de bienes a otro Estado miembro

Las **salidas de bienes con destino a otros Estados miembros, en el mercado interior, no constituyen exportaciones, sino entregas intracomunitarias de bienes.**

De conformidad con lo dispuesto en el artículo 25 de la LIVA, **están exentas del IVA las siguientes operaciones:**

- Las entregas de bienes definidas en el artículo 8 de la LIVA, cuando:
  - Sean expedidos o transportados al territorio de otro Estado miembro.
  - El transporte lo realice el vendedor, el adquirente o un tercero en nombre y por cuenta de cualquiera de los anteriores. La expedición o transporte de los bienes al Estado miembro de destino se justificará, conforme al artículo 13 del RIVA, por cualquier medio de prueba admitido en derecho y, en particular, mediante los elementos de prueba establecidos en cada caso, por el artículo 45 bis del Reglamento de Ejecución (UE) n.º 282/2011 del Consejo, de 15 de marzo de 2011, por el que se establecen disposiciones de aplicación de la Directiva 2006/112/CE relativa al sistema común del impuesto sobre el valor añadido, según haya sido realizado por el vendedor, por el comprador o por cuenta de cualquiera de ellos.
  - El adquirente sea un empresario o profesional o una persona jurídica que no actúe como tal, que disponga de NIF a efectos del IVA asignado por un Estado miembro distinto de España, que haya comunicado dicho número de identificación fiscal al vendedor.
  - La aplicación de esta exención quedará condicionada a que el vendedor haya incluido dichas operaciones en la declaración recapitulativa

de operaciones intracomunitarias prevista en el artículo 164.Uno.5.º de la LIVA, en las condiciones que se establezcan reglamentariamente.

- La exención descrita no se aplicará a:
  - » Las entregas de bienes efectuadas para aquellas personas cuyas adquisiciones intracomunitarias de bienes no estén sujetas al IVA en el Estado miembro de destino en virtud de los criterios contenidos en el artículo 14.Uno y Dos de la LIVA.
  - » Las entregas de bienes acogidas al régimen especial de bienes usados, objetos de arte, antigüedades y objetos de colección, regulado en el capítulo IV del título IX de la LIVA.

– Las entregas de medios de transportes nuevos, efectuadas en las condiciones indicadas en el apartado previo, cuando los adquirentes en destino sean aquellas personas cuyas adquisiciones intracomunitarias de bienes no estén sujetas al IVA en el Estado miembro de destino en virtud de los criterios contenidos en el artículo 14.Uno y Dos de la LIVA o cualquiera otra persona que no tenga la condición de empresario o profesional.

– Las entregas de bienes comprendidas en el artículo 9.3.º de la LIVA a las que resultaría aplicable la exención del apartado primero si el destinatario fuese otro empresario o profesional y el empresario o profesional que realice dicha operación justifique:

- La expedición o transporte de los bienes al Estado miembro de destino (según lo antes indicado).
- El gravamen de las correspondientes adquisiciones intracomunitarias de bienes en el Estado miembro de destino.
- Que el Estado miembro de destino le ha atribuido un número de identificación a efectos del IVA.

– Las entregas de bienes efectuadas en el marco de un acuerdo de ventas de bienes en consigna en las condiciones previstas en el artículo 9 bis. Dos de la LIVA.

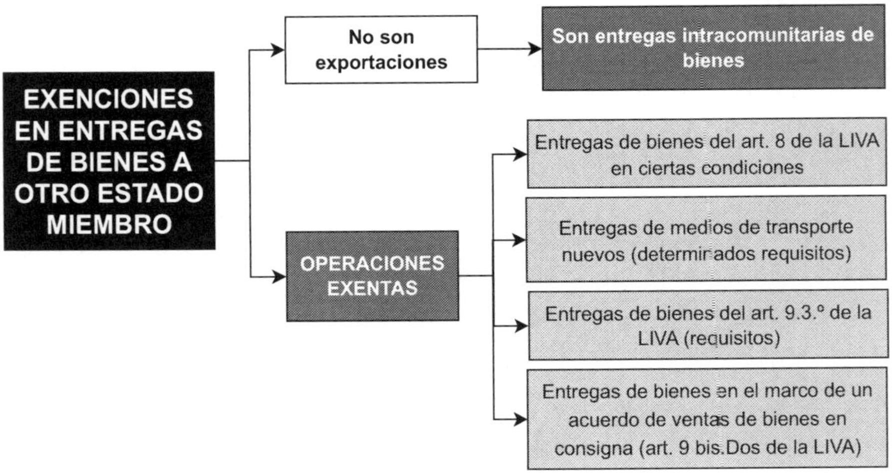

7.3. Exenciones en exportaciones de bienes. Entregas efectuadas fuera de la UE

Regulación de las exenciones en el IVA en las exportaciones de bienes. Entregas efectuadas fuera de la UE

Las mercancías que vayan a salir del territorio aduanero de la Unión irán amparadas por una declaración previa a la salida que se presentará en la aduana competente dentro de un plazo específico antes de que las mercancías salgan del territorio aduanero de la Unión.

Las mercancías de la Unión que vayan a salir del territorio aduanero de la Unión se incluirán en el régimen de exportación.

El artículo 21 de la LIVA recoge varias exenciones en las exportaciones de bienes, que se refieren a las siguientes operaciones:

- Entregas de bienes expedidos o transportados fuera de la Comunidad por los siguientes sujetos o por un tercero que actúe en nombre y por cuenta de los mismos:
  - El transmitente.
  - El adquirente no establecido en el TAI.
  - Quien tenga la condición de exportador, distinto de los anteriores.
- Entrega de bienes a organismos humanitarios o educativos.

Entregas de bienes expedidos o transportados fuera de la Comunidad por el transmitente (o un tercero en nombre y por cuenta del mismo)

El artículo 21.1.º de la LIVA establece que **están exentas del IVA las entregas de bienes expedidos o transportados fuera de la Comunidad por el transmitente o por un tercero que actúe en nombre y por cuenta de este.** Esto es, las exportaciones realizadas por el transmitente de los bienes.

Dicha exención queda **condicionada a** la salida efectiva de los bienes del territorio de la Comunidad, entendiéndose producida la misma cuando así resulte de la legislación aduanera.

A efectos de justificar la aplicación de la exención, el transmitente, esto es, el sujeto pasivo, debe conservar a disposición de la Administración, durante el plazo de prescripción del impuesto, los documentos acreditativos de la operación. En concreto: las copias de las facturas, los contratos o notas de pedidos, los documentos de transporte, los documentos acreditativos de la salida de los bienes (documento aduanero de exportación «DUA») y demás justificantes de la operación.

La salida de la Unión Europea puede hacerse por territorio español o bien por el de otro Estado miembro. En el segundo caso, debe haber un transporte único desde el origen hasta el destino fuera de la Unión Europea. La aduana de salida de la UE debe acreditar la salida de los bienes en el documento de exportación, tal y como establece el artículo 263 del CAU:

> «1. Las mercancías que vayan a salir del territorio aduanero de la Unión irán amparadas por una declaración previa a la salida que se presentará en la aduana competente dentro de un plazo específico antes de que las mercancías salgan del territorio aduanero de la Unión.
>
> 2. Se dispensará de la obligación mencionada en el párrafo primero:
>
> a) a los medios de transporte y las mercancías que se hallen en ellos que se limiten a atravesar las aguas territoriales o el espacio aéreo del territorio aduanero de la Unión sin efectuar ninguna parada en el mismo; o
>
> b) en otros casos específicos en los que resulte debidamente justificado por el tipo de mercancías o de tráfico o cuando así lo exijan acuerdos internacionales.
>
> 3. La declaración previa a la salida adoptará una de las siguientes formas:
>
> a) una declaración en aduana, en caso de que las mercancías que vayan a salir del territorio aduanero de la Unión estén incluidas en un régimen aduanero que requiera tal declaración;
>
> b) una declaración de reexportación de conformidad con el artículo 270;
>
> c) una declaración sumaria de salida de conformidad con el artículo 271.
>
> 4. La declaración previa a la salida contendrá los datos necesarios para el análisis de riesgos a efectos de seguridad y protección».

CUESTIÓN

Una empresa asturiana fabricante de muebles realiza una partida de muebles a una empresa establecida en Guinea, transportados por la empresa asturiana. ¿Qué tipo de operación es?

Se trata de una exportación exenta (directa), pues es el transmitente el que transporta los muebles fuera del territorio de la Unión Europea, de conformidad con el artículo 21.1.° de la LIVA.

Entregas de bienes expedidos o transportados fuera de la Comunidad por el adquirente no establecido en el TAI (o un tercero en nombre y por cuenta del mismo)

El artículo 21.2.° de la LIVA establece que están exentas del impuesto las entregas de bienes expedidos o transportados fuera de la Comunidad por el adquirente no establecido en el territorio de aplicación del impuesto o por un tercero que actúe en nombre y por cuenta de él. Son supuestos en los que los bienes se ponen a disposición del adquirente en el interior del país, siendo de su cuenta y riesgo el transporte al destino.

Se **excluyen** de lo anterior los bienes destinados al equipamiento o avituallamiento de embarcaciones deportivas o de recreo, de aviones de turismo o de cualquier medio de transporte de uso privado.

Dentro de estas exportaciones indirectas, conviene distinguir varios supuestos específicos:

- Las entregas en régimen comercial.
- Las entregas en régimen de viajeros.
- Las entregas de bienes en tiendas libres de impuestos.

a. Entregas en régimen comercial

En el caso de **entregas en régimen comercial**, esto es, cuando los bienes objeto de las entregas constituyan una expedición comercial, la exención quedará condicionada al cumplimiento de los siguientes **requisitos:**

- La salida efectiva de los bienes del territorio de la Comunidad, entendiéndose producida la misma cuando así resulte de la legislación aduanera.
- Los bienes deberán conducirse a la aduana en el plazo de 1 mes siguiente a su puesta a disposición, donde se presentará por el adquirente el correspondiente documento aduanero de exportación, sin perjuicio de lo dispuesto en la letra d) del párrafo cuarto del art. 9.1.3º del RIVA . En este documento se hará constar también el nombre del proveedor establecido en la Comunidad, a quien corresponde la condición de exportador, con su número de identificación fiscal y la referencia a la factura expedida por el mismo, debiendo el adquirente remitir a dicho proveedor una copia del documento diligenciada por la aduana de salida.

CUESTIONES

1. Una empresa asturiana fabricante de muebles realiza una partida de muebles a una empresa de Portugal, poniéndolos a su disposición en Oviedo; posteriormente la empresa portuguesa los vende y transporta a una empresa establecida en Angola. ¿Qué tipo de operación es?

Se trata de una exportación exenta (indirecta), pues el que transporta los muebles fuera de la UE es un adquirente no establecido en el TAI español, de conformidad con el artículo 21.2.º de la LIVA.

2. Una mercancía se envía desde una empresa de Bilbao a un cliente fuera de la UE. La facturación, no obstante, se hace a Dinamarca, ¿se trata de una operación intracomunitaria o de una exportación?

Es una exportación, pues se produce la salida de una mercancía comunitaria fuera del territorio aduanero de la Comunidad.

RESOLUCIÓN ADMINISTRATIVA

Consulta vinculante de la Dirección General de Tributos (V0723-22), de 4 abril de 2022

Asunto: posible exención en el IVA en caso de que una entidad establecida en el TAI venda mercancías a otra entidad establecida en Canarias, quién a su vez enviará las mercancías a una tercera entidad establecida fuera de la UE. La mercancía se transporta por cuenta de la primera sociedad a la aduana, en donde se producirá la puesta a disposición de la segunda, que procederá a realizar la exportación a la tercera.

«De acuerdo con lo anterior, existiendo en el supuesto objeto de consulta dos entregas de bienes diferenciadas, la efectuada por la entidad A a favor de la entidad B,

no establecida en el territorio de aplicación del Impuesto pero sí en las Islas Canarias, y la efectuada por la entidad B a favor de su cliente no comunitario (sociedad C), y produciéndose un único transporte internacional de los bienes fuera de la Comunidad, deberá determinarse a qué entrega se encuentra vinculado dicho transporte de forma que será esa entrega la única que, con el cumplimiento de resto de requisitos previstos en la Ley y el Reglamento del impuesto, podrá quedar exenta del Impuesto sobre el Valor Añadido.

En este sentido es importante señalar que, a estos efectos y tratándose de ventas en cadena, la Resolución de 11 de julio de 2014, del Departamento de Aduanas e Impuestos Especiales de la Agencia Estatal de Administración Tributaria, recoge las instrucciones para la formalización del documento único administrativo (DUA) (BOE de 17 de julio)

(...)

En consecuencia con todo lo anterior, ello implica que la exención prevista en el artículo 21 de la Ley, en concreto, la prevista en el apartado 2º, será de aplicación cuando las mercancías sean enviadas o exportadas fuera del territorio de la Comunidad por un adquirente que, no establecido en el territorio de aplicación del impuesto, esté establecido en algún otro territorio de la Comunidad, incluidas las Islas Canarias en el supuesto aquí analizado, en la medida en que se cumplan todas las condiciones establecidas en la Ley y Reglamento del impuesto respecto de los intervinientes en la operación, el transporte y las mercancías.

Debe aquí recordarse igualmente la necesidad de que el transporte por el cual se expiden las mercancías fuera del territorio de la Comunidad esté vinculado a la entrega de bienes que ha de quedar exenta del impuesto en virtud del artículo 21 de la Ley del impuesto pudiéndose probar este extremo por cualquier medio de prueba admitido en derecho y fundamentalmente atendiendo a la documentación aduanera de la exportación en la que deberá constar el primer adquirente no establecido como exportador de los bienes. Así ha sido reiteradamente sentado por este Centro Directivo (véase, por todas, la contestación dada a la consulta con número de referencia V0011-15, de 7 de enero).

Sin perjuicio de lo anterior, en caso que fuera el primer proveedor de la cadena, esto es, el consultante, el que figurara como exportador en nombre propio, podría ser igualmente de aplicación la exención relativa a las exportaciones si bien en virtud, en este caso, del artículo 21.1º de la Ley 37/1992, y siempre y cuando, una vez, el transporte que determina la salida de las mercancías fuera de la Comunidad se vinculase a dicha entrega».

b. Entregas en régimen de viajeros

Dentro de las exportaciones indirectas se comprenden las entregas de bienes en régimen de viajeros. Se aplicará la exención a dichas entregas siempre y cuando se cumplan los siguientes **requisitos**:

- La exención se hará efectiva mediante el reembolso del impuesto soportado en las adquisiciones.
- Que los viajeros tengan su residencia habitual fuera del territorio de la Comunidad. La residencia habitual de los viajeros se acreditará mediante el pasaporte, documento de identidad o cualquier otro medio de prueba admitido en derecho.
- Que los bienes adquiridos salgan efectivamente del territorio de la Comunidad en el plazo de los 3 meses siguientes a aquel en que se haya efectuado la entrega. A tal efecto, el viajero presentará los bienes

en la aduana de exportación, que acreditará la salida mediante el correspondiente visado en el documento electrónico de reembolso. Dicho visado se realizará por medios electrónicos cuando la aduana de exportación se encuentre situada en el territorio de aplicación del impuesto.

- Que el conjunto de los bienes adquiridos no constituya una expedición comercial. A los efectos de la LIVA, se considera que los bienes conducidos por los viajeros no constituyen una expedición comercial cuando se trate de bienes adquiridos ocasionalmente, que se destinen al uso personal o familiar de los viajeros o a ser ofrecidos como regalos y que, por su naturaleza y cantidad, no pueda presumirse que sean el objeto de una actividad comercial.
- Que el valor global de la entrega, incluido el IVA, es superior a la cantidad de 175 euros o a su contravalor en moneda nacional, determinado una vez al año, aplicando el tipo de conversión del primer día laborable del mes de octubre con efecto al 1 de enero del año siguiente. Este requisito lo establece el artículo 147 de la Directiva 2006/112/CE del Consejo, de 28 de noviembre de 2006, relativa al sistema común del impuesto sobre el valor añadido.

La exención solo se aplicará respecto de las entregas de bienes **documentadas en factura**.

El vendedor deberá expedir la correspondiente factura y el documento electrónico de reembolso disponible en la sede electrónica de la AEAT, en los que se consignarán los bienes adquiridos y, separadamente, el impuesto que corresponda. En el documento electrónico de reembolso deberá consignarse la identidad, fecha de nacimiento y número de pasaporte o, en su caso, el número del documento de identidad del viajero.

Por su parte, el viajero remitirá el documento electrónico de reembolso visado por la aduana al proveedor, quien le devolverá la cuota repercutida en el plazo de los 15 días siguientes mediante cheque, transferencia bancaria, abono en tarjeta de crédito u otro medio que permita acreditar el reembolso.

El reembolso del impuesto podrá efectuarse también a través de entidades colaboradoras, autorizadas por la AEAT, correspondiendo al ministro de Hacienda determinar las condiciones a las que se ajustará la operativa de dichas entidades y el importe de sus comisiones. Los viajeros presentarán los documentos electrónicos de reembolso visados por la aduana a dichas entidades, que abonarán el importe correspondiente, haciendo constar la conformidad del viajero. Posteriormente, las referidas entidades remitirán los documentos electrónicos de reembolso en formato electrónico a los proveedores, quienes estarán obligados a efectuar el correspondiente reembolso.

El proveedor o, en su caso, la entidad colaboradora deberá comprobar el visado del documento electrónico de reembolso en la sede electrónica de la AEAT haciendo constar electrónicamente que el reembolso se ha hecho efectivo.

CUESTIÓN

Un viajero residente en un territorio tercero se benefició de la exención del artículo 21.1º de la Ley del IVA (régimen de viajeros). Al resultar defectuoso el bien adquirido lo devuelve al vendedor dentro del período de garantía, recibiendo otro nuevo.

Las reimportaciones de bienes exportados definitivamente a terceros países no están exentas. Ahora bien, cuando las mercancías son rechazadas por ser defectuosas se produce una reimportación que estará exenta por no poder considerarse que ha estado precedida de una exportación definitiva.

Por tanto, deberá devolverse el importe correspondiente de la mercancía defectuosa.

La entrega del nuevo bien estará sujeta al IVA, pudiendo disfrutar de la exención si se cumplen los requisitos del artículo 21.2.º de la LIVA y 9 del RIVA.

En este sentido, puede resultar de interés la consulta no vinculante de la Dirección General de Tributos (1497-99), de 27 de agosto de 1999, o la más reciente consulta vinculante de la Dirección General de Tributos (V0754-20), de 7 de abril de 2020.

RESOLUCIÓN RELEVANTE

Sentencia del Tribunal Supremo n.º 1687/2022, de 19 de diciembre, ECLI:ES:TS:2022:4650

Asunto: insuficiencia del pasaporte para acreditar por sí solo la residencia a efectos de aplicar la exención del artículo 21.2.º.A) de la LIVA si en él no consta la residencia habitual o domicilio del receptor de las entregas de bienes.

«(...) para acreditar la residencia habitual del adquirente, a los efectos de aplicar la exención por exportación de bienes en régimen de viajeros prevista en el artículo 147.7 de la Directiva 2006/112/CE del Consejo, de 28 de noviembre de 2006 y 21.2º.A de la Ley 37/1992, del Impuesto sobre el Valor Añadido, no basta con la aportación del pasaporte, tal y como contempla el artículo 9.2º.B.b) del Real Decreto 1624/1992, de 29 de diciembre, que aprueba el Reglamento del Impuesto sobre el Valor Añadido, cuando en el mismo no conste la residencia habitual o domicilio del receptor de las entregas de bienes, siendo preciso en este caso, adicionalmente, presentar otros medios de prueba que acrediten la residencia habitual del viajero.

En todo caso, corresponde al vendedor o proveedor de las mercancías, sujeto pasivo del IVA, verificar si el documento presentado por el viajero para poder disfrutar de la exención contiene el dato de la residencia habitual o domicilio del viajero, pudiendo, en su caso, ser dicho documento, el pasaporte, el documento de identidad o cualquier otro medio de prueba admitido en derecho».

c. Entregas de bienes en tiendas libres de impuestos

Las compras en tiendas libres de impuestos son otro supuesto de exportaciones indirectas.

De conformidad con el artículo 21.2.º.B) de la LIVA, estarán exentas del impuesto las entregas de bienes efectuadas en las tiendas libres de impuestos que, bajo control aduanero, existen en los puertos y aeropuertos cuando los adquirentes sean personas que salgan inmediatamente con destino a territorios terceros, así como las **efectuadas a bordo de los buques o aeronaves**

que realicen navegaciones con destino a puertos o aeropuertos situados en territorios terceros.

La exención de estas entregas se condicionará a la **inmediata salida del viajero**, acreditada con el billete del transporte.

Dicha exención no tiene límites cuantitativos, pero el conjunto de los bienes adquiridos no puede constituir una expedición comercial (que los bienes se adquieran ocasionalmente para su uso personal o familiar, o para regalo y que, por su naturaleza y cantidad, pueda presumirse que no se destinen a una actividad comercial).

La exención se aplica aunque el viajero sea residente en la Unión Europea, siempre que salga inmediatamente con destino a un país o territorio tercero.

Entregas de bienes expedidos o transportados fuera de la Comunidad por quien sea exportador distinto de los anteriores (un tercero en nombre y por cuenta del mismo)

Tal y como prevé el artículo 21.7.° de la LIVA, se encontrarán exentas del impuesto las **entregas de bienes expedidos o transportados fuera de la Comunidad por quien ostente la condición de exportador conforme a la normativa aduanera, distinto del transmitente o el adquirente no establecido en el territorio de aplicación del impuesto**, o por un tercero que actúe en nombre y por cuenta del mismo.

A TENER EN CUENTA. Este número 7.° del artículo 21 de la LIVA fue añadido por la Ley 31/2022, de 23 de diciembre, de Presupuestos Generales del Estado para el año 2023, con efectos desde el 1 de enero de 2023 y vigencia indefinida. Esto supuso incluir un nuevo supuesto de exención en las exportaciones, para el caso de que los bienes sean transportados fuera de la Comunidad por quien no sea transmitente ni adquirente no establecido en el TAI, pero tenga la condición de exportador de conformidad con la normativa aduanera (o por un tercero en nombre y por cuenta del mismo).

Entrega de bienes a organismos humanitarios o educativos

De conformidad con el artículo 21.4.° de la LIVA están exentas del impuesto las entregas de bienes a organismos reconocidos que los exporten fuera del territorio de la Comunidad en el marco de sus actividades humanitarias, caritativas o educativas, previo reconocimiento del derecho a la exención.

A los efectos de esta exención, corresponderá al departamento de gestión de la AEAT el reconocimiento oficial de los organismos que ejerzan las actividades humanitarias, caritativas o educativas, a solicitud de los mismos y previo informe del departamento ministerial respectivo, en el que se acredite que dichos organismos actúan sin fin de lucro.

En estos casos la exención estará condicionada a:

- La salida efectiva de los bienes del territorio de la Comunidad, entendiéndose producida la misma cuando así resulte de la legislación aduanera.

- La exportación de los bienes fuera de la Comunidad deberá efectuarse en el plazo de los tres meses siguientes a la fecha de su adquisición o, previa solicitud, en un plazo superior autorizado por la AEAT.

El organismo autorizado quedará obligado a remitir al proveedor copia del documento de salida en el plazo de los 15 días siguientes a la fecha de su realización.

Cuando quien entregue los bienes sea un ente público o un establecimiento privado de carácter social, se podrá solicitar a la AEAT la devolución del impuesto soportado que no haya podido deducirse totalmente previa justificación de su importe en el plazo de tres meses desde que dichas entregas se realicen. La devolución debe solicitarse mediante la presentación del modelo 308, aprobado por medio de la Orden EHA/3786/2008, de 29 de diciembre.

CUESTIÓN

Unos grandes almacenes entregan a una ONG establecida en España la ropa sobrante de las últimas rebajas para paliar los efectos de una catástrofe ocurrida en un país africano. La ropa la pone a disposición de la ONG en un puerto español, quien de manera inmediata la envía al lugar del siniestro. ¿La entrega está exenta del IVA?

Se trata de una entrega exenta, puesto se produce una entrega de bienes a una ONG en el marco de una actividad humanitaria, de conformidad con el artículo 21.4.° de la LIVA, siempre que se cumplan los requisitos exigidos por este precepto y por el artículo 9 del RIVA.

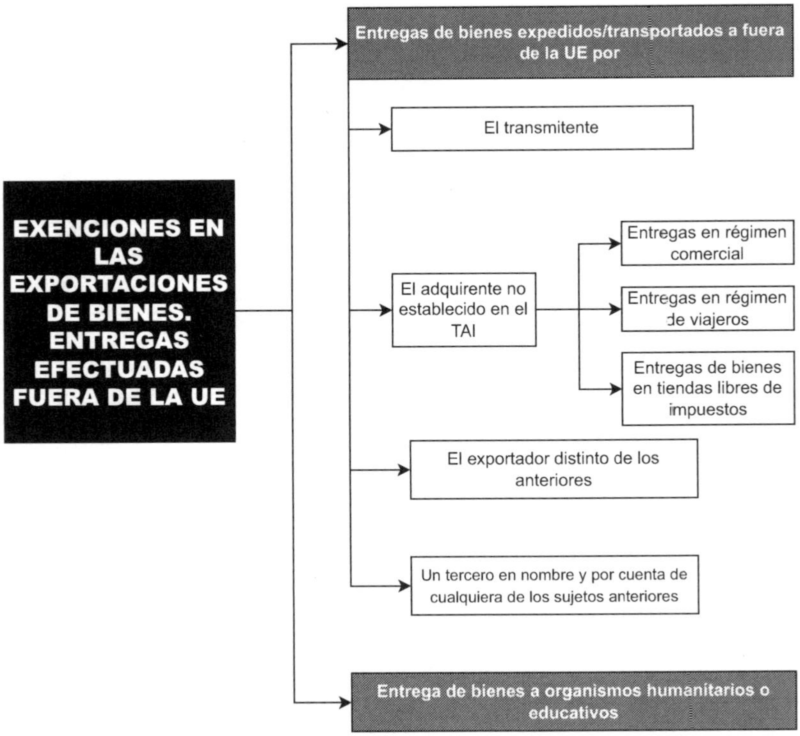

7.4. Exenciones en prestaciones de servicios

¿Cuáles son las exenciones en el IVA en prestaciones de servicios en este ámbito?

La exención para los bienes que van a ser exportados se complementa con una serie de exenciones para la prestación de servicios. En concreto, con respecto a las siguientes operaciones:

- Determinados trabajos realizados sobre bienes muebles con destino a la exportación fuera de la Comunidad.
- Prestaciones de servicios no exentas directamente relacionadas con las exportaciones.
- Prestaciones de servicios realizadas por intermediarios en operaciones exentas.

Trabajos sobre bienes muebles con destino a la expedición fuera de la Comunidad

El artículo 21.3.º de la LIVA establece que están **exentas las prestaciones de servicios que consistan en trabajos realizados sobre bienes muebles adquiridos o importados para ser objeto de dichos trabajos en el territorio de aplicación del impuesto y, seguidamente, expedidos o transportados fuera de la Comunidad**.

La **expedición o transporte debe realizarse por**:

- Quien ha efectuado los mencionados trabajos.
- El destinatario de los mismos no establecido en el territorio de aplicación del impuesto.
- Una persona distinta de las anteriores que ostente la condición de exportador de conformidad con la normativa aduanera.
- O bien otra persona que actúe en nombre y por cuenta de cualquiera de los anteriores.

A TENER EN CUENTA. El artículo 21.3.º de la LIVA fue modificado por la Ley 31/2022, de 23 de diciembre, de Presupuestos Generales del Estado para el año 2023, con efectos desde el 1 de enero de 2023 y vigencia indefinida. Esto supuso ampliar la exención a las prestaciones de servicios referidas a bienes muebles adquiridos o importados para ser objeto de esos trabajos en el TAI y, posteriormente, expedidos o transportados fuera de la Comunidad por una persona que tenga la condición de exportador según la normativa aduanera, pero no sea quien efectúe los trabajos ni su destinatario no establecido en el TAI. Es un cambio que se realizó en consonancia con la incorporación de un nuevo número 7.º al artículo 21 de la LIVA, para incluir como exentas las entregas de bienes expedidos o transportados fuera de la Comunidad por esos mismos sujetos o por terceros que actúen en nombre y por cuenta de ellos.

Los trabajos a los que se refiere esta exención podrán ser de perfeccionamiento, transformación, mantenimiento o reparación de los bienes, incluso mediante la incorporación a los mismos de otros bienes de cualquier origen y sin necesidad de que los bienes se vinculen a los regímenes aduaneros comprendidos en el artículo 24 de la LIVA.

Sin embargo, la exención no se extiende a los trabajos de reparación o mantenimiento de embarcaciones deportivas o de recreo, aviones de turismo o cualquier otro medio de transporte de uso privado introducidos en régimen de tránsito o de importación temporal. Tampoco comprende los trabajos efectuados sobre bienes que se encuentren al amparo de los regímenes aduaneros de importación temporal, con exención total o parcial de los derechos de importación, ni del régimen fiscal de importación temporal.

De conformidad con el artículo 9.1.3.º del RIVA, la exención de los trabajos está **condicionada al cumplimiento de los siguientes requisitos:**

- Los establecidos en el artículo 9.1.2.º del RIVA (relativos a la exención de las entregas de bienes exportados o enviados por el adquirente no establecido en el TAI o por un tercero que actúe en nombre y por cuenta de este), cumplimentados por parte del destinatario de los trabajos no establecido en el territorio de aplicación del impuesto o del prestador de los mismos, según proceda.
- Los bienes deberán ser adquiridos o importados por personas no establecidas en el territorio de aplicación del impuesto o por quienes actúen en nombre y por cuenta de dichas personas, con objeto de incorporar a ellos determinados trabajos.
- Los trabajos se prestarán por cuenta de los adquirentes o importadores no establecidos a efectos del IVA en el territorio de aplicación del impuesto.
- Los trabajos deberán efectuarse en el plazo de los seis meses siguientes a la recepción de los bienes por el prestador de los mismos, quien deberá remitir un acuse de recibo al adquirente de los bienes no establecido en el territorio de aplicación del impuesto o, en su caso, al proveedor. Este plazo podrá ser prorrogado a solicitud del interesado por el tiempo necesario para la realización de los trabajos. La solicitud se presentará en el departamento de aduanas e impuestos especiales de la AEAT, que lo autorizará cuando se justifique por la naturaleza de los trabajos a realizar, entendiéndose concedida la prórroga cuando la Administración no conteste en el plazo de un mes siguiente a la presentación de la solicitud.
- Una vez terminados los trabajos, los bienes deberán ser enviados en el plazo del mes siguiente a la aduana para su exportación. La exportación deberá efectuarse por el destinatario de los trabajos o por el prestador de los mismos, haciendo constar en el documento de exportación la identificación del proveedor establecido en la Comunidad y la referencia a la factura expedida por el mismo. También podrá efectuarse por un tercero en nombre y por cuenta del prestador o del destinatario de los trabajos.

– El destinatario no establecido o, en su caso, el prestador de los trabajos deberá remitir al proveedor de los bienes una copia del documento de exportación diligenciada por la aduana de salida.

CUESTIÓN

Una empresa establecida en Marruecos remite a una empresa establecida en Sevilla parte de sus equipos informáticos para su reparación. Una vez reparados son enviados nuevamente a Marruecos por la empresa sevillana. ¿Estarán exentos del IVA dichos trabajos?

Al tratarse de trabajos de reparación en territorio de aplicación del IVA y, posteriormente, ser objeto de exportación dichos bienes, están exentos de conformidad con los artículos 21.3.° de la LIVA y 9.1.3.° del RIVA.

RESOLUCIÓN ADMINISTRATIVA

Consulta vinculante de la Dirección General de Tributos (V2134-22), de 11 de octubre de 2022

Asunto: incumplimiento del límite temporal previsto en el artículo 9.1.3.° del RIVA para la exportación y posibilidad de aplicar, en su caso, la exención.

«(...) se pone de manifiesto que la salida de las aeronaves fuera de la Comunidad no tenga lugar de manera inmediata a su entrega, ni en el plazo reglamentario del mes, ya que tanto los trabajos sobre las aeronaves para su adaptación en tanqueros militares como la finalización del adiestramiento necesario para el manejo de los mismos pueden llegar a prolongarse hasta un año o incluso algo más desde su entrega.

Por tanto, y de acuerdo con la normativa reglamentaria transcrita, y en concreto, el artículo 9 del Reglamento del Impuesto, en caso que los bienes a exportar no fueran objeto de trabajos previos a su exportación, los mismos deberán conducirse a la aduana en el plazo de un mes siguiente a su puesta a disposición.

En caso que dichos bienes sean previamente objeto de prestaciones de servicios de acuerdo con lo previsto en el artículo 21.3° de la Ley y 9 del Reglamento, dichos trabajos deberían efectuarse en el plazo de los seis meses siguientes a la recepción de los bienes por el prestador de los mismos, sin perjuicio de la prorroga que pueda ser concedida por el Departamento de Aduanas e Impuestos Especiales de la Agencia Estatal de Administración Tributaria, a solicitud del interesado.

Una vez terminados los trabajos, los bienes deberán ser enviados en el plazo del mes siguiente a la Aduana para su exportación.

Pues bien, este Centro directivo ya ha establecido en la contestación vinculante de 3 de diciembre de 2014, número V3251-14, y en el mismo sentido en la de 11 de septiembre de 2019, número V2373-19, en cuanto al plazo para la exportación, la conclusión a la que llega el Comité IVA, previsto en el artículo 398 de la Directiva 2006/112/CE del Consejo de 28 de noviembre de 2006, relativa al sistema común del Impuesto sobre el Valor Añadido, en el documento de trabajo WP 784, de 21 de noviembre de 2013, según la cual la exención prevista en el artículo 146 de la Directiva resulta de aplicación de igual manera aunque el transporte de mercancías se lleve a cabo en un plazo posterior al momento en que se produce la entrega de los bienes, siempre que existan condiciones especiales que justifiquen la dilación y la intención del transmitente de proceder a su exportación.

No obstante, los términos se han precisado por el Tribunal de Justicia de la Unión Europea, en su sentencia de 19 de diciembre de 2013, asunto C-563/12, al señalar que: "Los artículos 146, apartado 1, y 131 de la Directiva 2006/112/CE del Consejo, de 28 de noviembre de 2006, relativa al sistema común del impuesto sobre el valor añadido, deben interpretarse en el sentido de que se oponen a una normativa nacional que exige que, en el marco de una entrega de bienes para la exportación, los bienes destinados a la exportación fuera de la Unión Europea abandonen el territorio de la Unión Europea dentro de un plazo fijo de tres meses o de 90 días a partir de la fecha de entrega, cuando la simple superación del plazo tenga por consecuencia privar definitivamente al sujeto pasivo de la exención de dicha entrega.".

El apartado 39 de la mencionada sentencia, aclara que el establecimiento de un límite "que supedita la exención de la exportación a un plazo de salida con el objetivo, en particular, de luchar contra la evasión y el fraude fiscales, sin permitir, no obstante, que los sujetos pasivos demuestren, para poder acogerse a la exención, que se ha cumplido el requisito de salida tras la expiración de dicho plazo y sin prever el derecho del sujeto pasivo a la devolución del IVA ya abonado por el incumplimiento del citado plazo cuando aporta la prueba de que la mercancía ha abandonado el territorio aduanero de la Unión, va más allá de lo necesario para alcanzar dicho objetivo.".

En consecuencia, la exportación de los bienes objeto de consulta fuera del límite temporal que prevén la Ley y el Reglamento del Impuesto no debe impedir la aplicación de la exención cuando se pruebe que se ha cumplido el requisito de salida de dichos bienes con posterioridad a dicho plazo y, siempre dentro del plazo de prescripción del Impuesto».

Prestaciones de servicios no exentas directamente relacionadas con las exportaciones

De conformidad con el artículo 21.5.º de la LIVA están exentas las prestaciones de servicios, incluidas las de transporte y operaciones accesorias, distintas de las que gocen de exención conforme al artículo 20 de la LIVA (esto es, exenciones en las operaciones interiores), cuando estén directamente relacionadas con las exportaciones de bienes fuera del territorio de la Comunidad.

Se consideran directamente relacionados con las mencionadas exportaciones los servicios respecto de los cuales **concurran las siguientes condiciones**:

- Que se presten a los exportadores, a los destinatarios de los bienes, a los intermediarios o representantes aduaneros, o a los transitarios y consignatarios que actúen en nombre y por cuenta de unos u otros.
- Que se lleven a cabo con ocasión de dichas exportaciones.
- Que se realicen a partir del momento en que los bienes se expidan directamente con destino a un punto situado fuera del territorio de la Comunidad o a un punto situado en zona portuaria, aeroportuaria o fronteriza en que se efectúen las operaciones de agregación o consolidación de las cargas para su inmediata expedición fuera de dicho territorio, aunque se realicen escalas intermedias en otros lugares. Esta condición no se exige en relación con los servicios de arrendamiento de medios de transporte, embalaje y acondicionamiento de la carga, reconocimiento de las mercancías por cuenta de los adquirentes y otros análogos cuya realización previa sea imprescindible para llevar a cabo el envío.

Las exenciones de los servicios directamente relacionados con las exportaciones están condicionadas, según lo establecido en el artículo 9.1.5.° del RIVA, a la concurrencia de los **requisitos** siguientes:

- La salida de los bienes de la Comunidad deberá realizarse en el plazo de los tres meses siguientes a la fecha de la prestación del servicio.
- La salida de los bienes se justificará con cualquier medio de prueba admitido en derecho.
- Los documentos que justifiquen la salida deberán ser remitidos, en su caso, al prestador del servicio, dentro de los tres meses siguientes a la fecha de salida de los bienes.

Según indica la letra C) del artículo 9.1.5.° del RIVA, entre los servicios directamente relacionados con las exportaciones a que se refiere esta exención se comprenden:

- El **transporte de los bienes**. Con respecto a la exención de esta prestación de servicios, pueden resultar interesantes las consultas vinculantes de la Dirección General de Tributos (V1662-22) de 11 de julio de 2022, (V0568-22) de 18 de marzo de 2022, y (V0876-24), de 23 de abril de 2024.
- La **carga, descarga y conservación**.
- La **custodia, almacenaje y embalaje**.
- El **alquiler de los medios de transporte, contenedores y materiales de protección** de las mercancías y otros análogos. En este ámbito, pueden considerarse, por ejemplo, las consultas no vinculantes de la Dirección General de Tributos (1381-02) de 24 de septiembre de 2002 o (1738-04) de 20 de septiembre de 2004.

CUESTIÓN

Una empresa asturiana fabricante de muebles, envía una partida a Argentina, para lo cual contrata con una empresa el transporte hasta un puerto español y con una naviera el fletamento de un buque para el transporte hasta Argentina. La empresa estibadora del puerto efectúa la carga de los muebles. ¿La operación estará exenta en el IVA?

Tanto el servicio de transporte desde la fábrica hasta el puerto, como los servicios de carga realizados por la empresa estibadora y el fletamento del buque para el transporte hasta Argentina, están exentos, dado que se han prestado al exportador, están directamente relacionados con la exportación a Argentina (artículo 21.5.° de la LIVA) y se han realizado a partir del momento en el que los muebles se expiden para la exportación, requisitos todos ellos establecidos en el artículo 9.1.5.° del RIVA.

En este sentido puede acudirse, por ejemplo, a la consulta vinculante de la Dirección General de Tributos (V0002-22), de 3 de enero de 2022.

RESOLUCIÓN ADMINISTRATIVA

Consulta vinculante de la Dirección General de Tributos (V1003-22), de 5 de mayo de 2022

Asunto: importancia de los transitarios, consignatarios y agentes de aduana en las operaciones de exportación y conceptos de los mismos.

«(...) es criterio reiterado de este Centro directivo, respecto de los servicios de transporte prestados con ocasión de operaciones de exportación, que éstos resul-

tarán exentos del Impuesto cuando los destinatarios del servicio de transporte sean quienes realicen las exportaciones o envíos de los bienes o los adquirentes de los mismos, así como "los transportes que se presten a los transitarios, consignatarios o agentes de aduana, aunque actúen en nombre propio, pero siempre que dichas personas actúen por cuenta del exportador o del adquirente, en el sentido de que el transporte se refiera a mercancías que efectivamente se exporten y que dichos exportador o adquirente encarguen a aquellas personas que contraten el referido transporte de las mercancías, sea en nombre propio (con facturación a tales personas), sea en nombre ajeno (con facturación al exportador o adquirente extranjero)" (Resolución no vinculante de 10 de junio de 1994) y, ello por "la especial función que dichos profesionales desempeñan en las operaciones de importación y de exportación de mercancías, pudiendo apreciarse una relación directa entre los servicios que se prestan a los citados profesionales y las operaciones de comercio exterior.

Esta circunstancia, sin embargo, no se da en los demás intermediarios y, además, por razones de gestión no es razonable extender la exención a estos intermediarios sin limitación alguna porque en esas circunstancias no sería posible comprobar en todos los casos la relación directa entre los servicios de transporte y las exportaciones" (Resolución no vinculante de 25 de enero de 1999).

Debe tenerse en cuenta que transitarios, consignatarios y agentes de aduanas son agentes fundamentales en las operaciones de exportación de los que se sirven los exportadores para la representación ante la aduana de la realización de las formalidades aduaneras de importación y exportación y la contratación de los transportes internacionales de mercancías.

La figura del transitario por su especial relevancia en relación con el transporte internacional de mercancías queda regulada de forma expresa, entre otras, en la Ley 9/2013, de 4 de julio (BOE de 5 de julio) cuyo artículo 121 los define como aquellas empresas especializadas en organizar, por cuenta ajena, transportes internacionales de mercancías, recibiendo mercancías como consignatarios o entregándolas a quienes hayan de transportarlas y, en su caso, realizando las gestiones administrativas, fiscales, aduaneras y logísticas inherentes a esa clase de transportes o intermediando en su contratación.

Por su parte, en relación con los transportes terrestres, el Real Decreto 1211/1990, de 28 de septiembre, por el que se aprueba el reglamento de la Ley de Ordenación de los Transportes Terrestres (BOE de 8 de octubre), establece en sus artículos 167 a 170 las funciones específicas de los transitarios y su especial cometido en la intermediación y organización de los transportes internacionales, así como, en el cumplimiento de las formalidades administrativas ligadas al transporte internacional o al régimen de tránsito aduanero precisando, para realizar sus funciones, estar en posesión de una autorización administrativa que habilite para las mismas.

Por último, la Ley 14/2014, de 24 de julio, de Navegación Marítima (BOE de 25 de julio), define en su artículo 278 las obligaciones del porteador contractual y el porteador efectivo en relación con los transportes marítimos internacionales asimilando a efectos de la responsabilidad en el transporte de forma solidaria tanto a quien se compromete a realizar el transporte como a quien lo realiza efectivamente con sus propios medios. En el primer caso estarán comprendidos los transitarios y demás personas que se comprometan con el cargador a realizar el transporte por medio de otros.

En esta misma Ley en sus artículos 319 a 322 regula la figura del contrato de consignación de buques, entendiendo por consignatario a la persona que por cuenta del armador o del naviero se ocupa de las gestiones materiales y jurídicas necesarias para el despacho y demás atenciones al buque en puerto, pudiendo el consignatario firmar por cuenta del armador o naviero los conocimientos de embarque de las mercancías cargadas en el buque, en cuyo caso deberá hacer constar el nombre y dirección de aquel. Si no lo hiciera, responderá del transporte solidariamente con el armador o naviero. La misma regla se seguirá cuando el consignatario firme los conocimientos por cuenta del porteador fletador, siendo responsable frente al armador o naviero de los daños causados por culpa propia.

Por otra parte, el consignatario del buque puede también actuar como transitario, cuando además de la consignación se lleven a cabo actuaciones como transitario, en cuyo caso asumirá, además, las obligaciones previstas para el consignatario».

Prestaciones de servicios realizadas por intermediarios en operaciones exentas

El artículo 21.6.° de la LIVA dispone que **estarán exentas las prestaciones de servicios realizadas por intermediarios que actúen en nombre y por cuenta de terceros cuando intervengan en las operaciones exentas descritas en el artículo 21 de la LIVA .**

Es decir, las operaciones en las que se encuentran exentos los servicios prestados por intermediarios son las exportaciones, directas o indirectas, las entregas de bienes a organismos reconocidos que los exporten, los trabajos sobre bienes muebles adquiridos o importados para ser objeto de ellos en el TAI y luego exportados, y las prestaciones de servicios directamente relacionadas con las exportaciones (supuestos que son objeto de análisis en los apartados precedentes).

CUESTIÓN

Un agente comercial por cuenta ajena, establecido en España, presta servicios de mediación para una empresa española, promoviendo las ventas en países no pertenecientes a la Unión Europea. ¿Se trata de una operación exenta de IVA?

La operación está exenta por consistir en prestaciones de servicios realizadas por un intermediario que actúa en nombre y por cuenta de un tercero, que interviene en entregas de bienes expedidos o transportados fuera de la Comunidad, de conformidad con el artículo 21.6.° de la LIVA, si se cumplen los requisitos para ello.

RESOLUCIÓN ADMINISTRATIVA

Consulta vinculante de la Dirección General de Tributos (V1029-24), de 16 de mayo de 2024

Asunto: naturaleza de los servicios de intermediación a los que resulta de aplicación la exención del artículo 21.6.° de la LIVA.

« Este Centro directivo ha manifestado, entre otras, en la contestación vinculante de 9 de febrero de 2015, número V0535-15, que el servicio de mediación está exento del Impuesto sobre el Valor Añadido cuando tenga lugar en relación con las operaciones de exportación que realice el destinatario de los servicios de mediación. Por el contrario, no estará exenta, en virtud de este precepto, cuando se refiera a otras operaciones diferentes de aquellas.

En relación con la naturaleza de los servicios de intermediación a los que resulta de aplicación esta exención, debe señalarse que la misma sólo resultará de aplicación a los servicios de intermediación en nombre ajeno en la venta de las mercancías, habiendo manifestado este Centro directivo en la contestación vinculante de 2 de diciembre de 2015, número V3817-15, en la que se recoge lo ya manifestado en la contestación de 12 de mayo de 1998, número 0799-98, lo siguiente:

"La exención prevista en el número 6º del artículo 21 de la Ley 37/1992 resulta aplicable a los servicios de intermediación en operaciones concretas de exportación de bienes, consistentes en poner en contacto al exportador español con el adquirente extranjero, prestados por la Sociedad consultante.

La referida exención no resulta aplicable a servicios distintos de los de intermediación, tales como los servicios de gestión o consultoría especializada en materia de comercio exterior a que se refiere el escrito de consulta (representación y apoyo logístico al exportador; colaboración en la preparación y presentación de los aspectos técnicos, comerciales, económicos y jurídicos de la oferta; seguimiento de los trámites oportunos hasta la aceptación de la oferta; asistencia durante la fase de contratación; asistencia en el seguimiento de la ejecución del contrato y colaboración en solucionar las incidencias que pudieran plantearse) y los servicios de carácter financiero o de gestión financiera mencionados también en dicho escrito, ni siquiera en el caso en que dichos servicios estén directamente relacionados con operaciones concretas de exportación de bienes.

(...).".

En este sentido, la consultante manifiesta que sus servicios de intermediación se concretan en la búsqueda de potenciales clientes para los productos fabricados por el laboratorio y una vez establecida la relación comercial promover la venta de estos productos para lo cual ha suscrito un contrato con una entidad argelina que actuará como mayorista-distribuidor en Argelia. Los productos son enviados directamente por el laboratorio al mayorista-distribuidor argelino, fijándose la comisión de la consultante en un porcentaje de las ventas efectuadas por el laboratorio a su cliente argelino.

En estas circunstancias, puede señalarse que a los servicios de intermediación que la consultante presta al laboratorio para la venta de sus productos que son exportados a Argelia les resultara de aplicación la exención prevista en el artículo 21.6º de la Ley 37/1992 cuando, como se ha señalado, dicha intermediación se realice en nombre y por cuenta del laboratorio exportador y se refieran a operaciones de exportación exentas del Impuesto, en los términos expuestos en el apartado anterior de esta contestación».

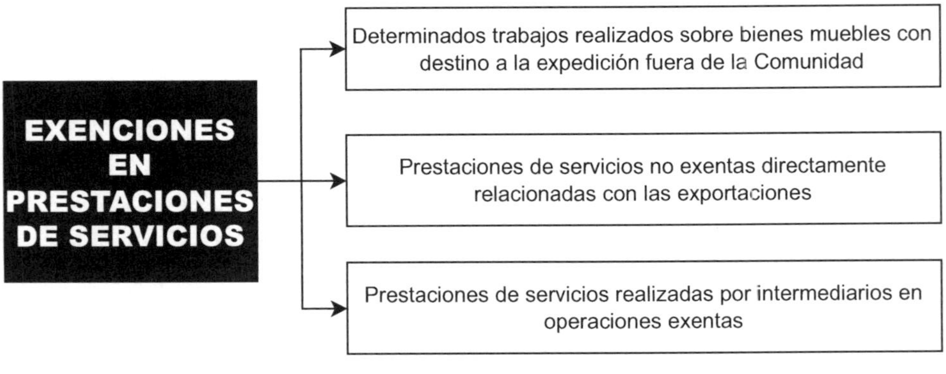

7.5. Exenciones en operaciones asimiladas a exportaciones

Regulación de las exenciones en el IVA en las operaciones asimiladas a exportaciones

El artículo 22 de la LIVA determina la **exención en el impuesto**, en las condiciones y con los requisitos establecidos reglamentariamente, **de una serie de operaciones asimiladas a las exportaciones**.

Dichas operaciones asimiladas a las exportaciones tienen, a efectos del IVA, el mismo tratamiento que las exportaciones, esto es, son operaciones exentas del impuesto que originan el derecho a la deducción.

Así las cosas, dicho precepto **recoge la exención de las siguientes operaciones**, en sus apartados Uno a Quince:

- Entregas y prestaciones de servicios relativas a buques afectos a determinados fines. En este supuesto se incluirían las exenciones relativas a:
  - Ciertas entregas y servicios sobre buques afectos a navegación internacional y otros fines.
  - Entregas, arrendamientos, reparaciones y mantenimiento de objetos incorporados o a bordo de buques.
  - Avituallamiento de buques.
  - Otras prestaciones de servicios para atender a las necesidades de los buques.
- Entregas y prestaciones de servicios relativas a aeronaves afectas a determinados fines. Dentro de esta categoría se distinguirían las exenciones referidas a:
  - Ciertas entregas y servicios sobre aeronaves afectas a navegación internacional y otros fines.
  - Entregas, arrendamientos, reparaciones y mantenimiento de objetos incorporados o a bordo de aeronaves.
  - Avituallamiento de aeronaves.
  - Otras prestaciones de servicios para atender a las necesidades de las aeronaves.
- Entregas de bienes y prestaciones de servicios en el marco de relaciones diplomáticas y consulares o destinadas a determinados organismos internacionales.
- Entregas de bienes y prestaciones de servicios en el marco de la OTAN o la política común de seguridad y defensa.
- Entregas de oro al Banco de España.

- Determinados transportes internacionales de viajeros o de bienes.
- Prestaciones de servicios realizadas por intermediarios sobre operaciones exentas.

Ahora bien, estas **operaciones exentas de conformidad con los apartados Uno a Quince del artículo 22 de la LIVA no comprenderán** las que gocen de exención conforme a los siguientes preceptos:

- El artículo 20 de la LIVA (exenciones en operaciones interiores).
- El artículo 20 bis de la LIVA (exención de las entregas de bienes facilitadas a través de una interfaz digital).
- El artículo 21 de la LIVA (exenciones en las exportaciones de bienes).
- El artículo 25 de la LIVA (exenciones en las entregas de bienes destinados a otro Estado miembro).

> **A TENER EN CUENTA.** Esta previsión fue introducida en el artículo 22.Dieciséis de la LIVA por la Ley 31/2022, de 23 de diciembre, de Presupuestos Generales del Estado para el año 2023, con efectos desde el 1 de enero de 2023 y vigencia indefinida.

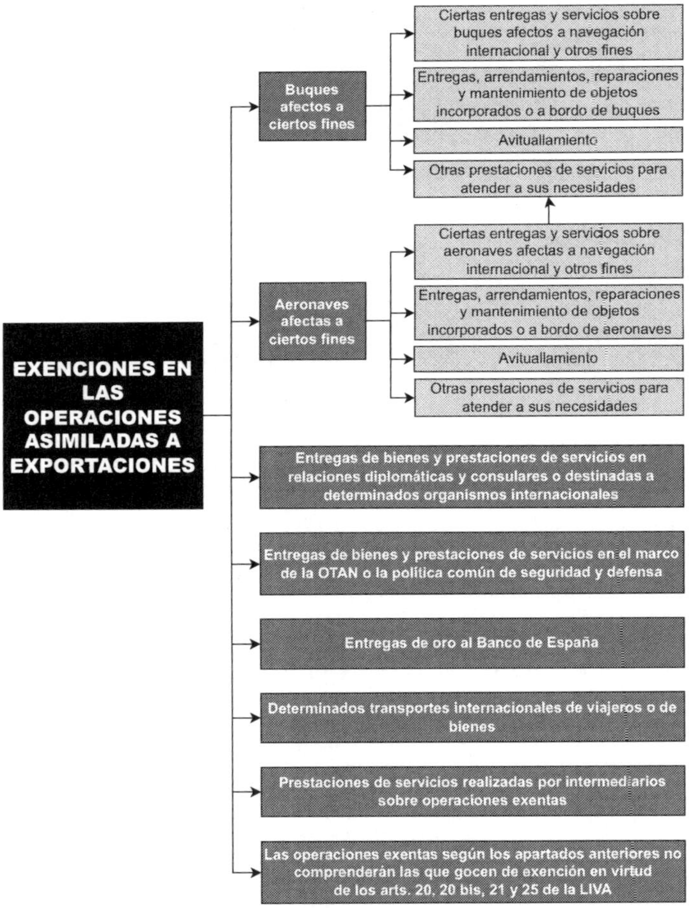

7.5.1. Exenciones en entregas y prestaciones de servicios relativas a buques afectos a determinados fines

Exención de ciertas entregas y servicios sobre buques afectos a navegación internacional y otros fines

El artículo 22.Uno de la LIVA dispone que se encuentran exentas del impuesto las **entregas, construcciones, transformaciones, reparaciones, mantenimiento, fletamento, total o parcial, y arrendamiento de los siguientes buques**:

- Los buques **aptos para navegar por alta mar que se afecten a la navegación marítima internacional en el ejercicio de actividades comerciales de transporte remunerado de mercancías o pasajeros**, incluidos los circuitos turísticos, o de actividades industriales o de pesca. La exención no se aplicará en ningún caso a los buques destinados a actividades deportivas, de recreo o, en general, de uso privado.
- Los buques **afectos exclusivamente al salvamento, a la asistencia marítima o a la pesca costera**. La desafectación de un buque de estas finalidades producirá efectos durante un plazo mínimo de un año, salvo en los casos de entrega posterior del mismo.
- Los buques **de guerra**.

Además, a tenor de lo dispuesto en el artículo 22.Uno de la LIVA y en el artículo 10.1 del RIVA, para que proceda la exención deben cumplirse varios **requisitos:**

- El adquirente de los bienes o destinatario de los servicios ha de ser la propia compañía que realiza las actividades mencionadas y utilice los buques en el desarrollo de dichas actividades o, en su caso, la propia entidad pública que utilice los buques en sus fines de defensa.
- El transmitente de los medios de transporte, el proveedor de los bienes o el prestador de los servicios debe tener en su poder, durante el plazo de prescripción del impuesto, el duplicado de la factura correspondiente y, en su caso, los contratos de fletamento o de arrendamiento y una copia autorizada de la inscripción del buque en el registro de matrícula que les habilite para su utilización en los fines indicados.
- El transmitente, proveedor o prestador de los servicios deberá exigir a los adquirentes de los bienes o destinatarios de los servicios una declaración suscrita por ellos, en la que hagan constar la afectación o el destino de los bienes que justifique la aplicación de la exención.
- Cuando se trate de la construcción del buque, la copia autorizada de su matriculación deberá ser entregada por el adquirente al transmitente en el plazo de un mes a partir de la fecha de su inscripción en el registro antes mencionado.

A TENER EN CUENTA. La construcción de un buque se entenderá realizada en el momento de su matriculación en el registro de matrícula que lo habilite para su utilización; y se considerará que un buque es objeto de transformación cuando la contraprestación de los trabajos efectuados en él excede del 50 % de su valor en el momento de su entrada en el astillero o taller con esa finalidad. Dicho valor se fijará conforme a las normas contenidas en la legislación aduanera para configurar el valor en aduana de las mercancías a importar.

A los efectos de esta exención, se considera **navegación marítima internacional**, la que se realice a través de las aguas marítimas en los siguientes supuestos:

- La que se inicie en un puerto situado en el ámbito espacial de aplicación del impuesto y termine o haga escala en otro puerto situado fuera de dicho ámbito espacial.
- La que se inicie en un puerto situado fuera del ámbito espacial de aplicación del impuesto y termine o haga escala en otro puerto situado dentro o fuera de dicho ámbito espacial. Esto no se aplicará a los buques que realicen actividades comerciales de transporte remunerado de personas o mercancías.
- La que se inicie y finalice en cualquier puerto, sin realizar escalas, cuando la permanencia en aguas situadas fuera del mar territorial del ámbito espacial de aplicación del impuesto exceda de 48 horas.

Además, en este concepto de navegación marítima internacional no se comprenderán las escalas técnicas realizadas para repostar, reparar o servicios análogos.

Por otra parte, se considera que un **buque está afecto a la navegación marítima internacional**, cuando sus recorridos en singladuras de dicha navegación representen más del 50 % del total recorrido efectuado durante los períodos de tiempo que se indican a continuación:

- El año natural anterior a la fecha en que se efectúen las correspondientes operaciones de reparación o mantenimiento, salvo lo dispuesto en el punto siguiente.
- En los supuestos de entrega, construcción, transformación, adquisición intracomunitaria, importación, fletamento, total o parcial, o arrendamiento del buque o en los de desafectación de los fines de salvamento, asistencia marítima o pesca costera, el año natural en que se efectúen dichas operaciones, a menos que tuviesen lugar después del primer semestre de dicho año, en cuyo caso el período a considerar comprenderá ese año natural y el siguiente. Este criterio se aplicará también con respecto a las operaciones incluidas en el punto anterior, cuando se realicen después de las citadas en este punto. Con respecto a esta regla, conviene tener en cuenta:
  - Que, si, transcurridos dichos períodos el buque no cumpliese los requisitos que determinan la afectación a la navegación marítima internacional, se regularizará su situación tributaria en relación con las operaciones de este apartado, de acuerdo con el artículo 19.1.º

de la LIVA (que considera como operación asimilada a las importaciones de bienes el incumplimiento de los requisitos determinantes de la afectación a la navegación marítima internacional de los buques que se hubiesen beneficiado de exención del impuesto en el caso del artículo 22.Uno.1.° de la LIVA) .

- Que, a estos efectos, se considerará que la construcción de un buque ha finalizado en el momento de su matriculación definitiva en el registro marítimo correspondiente.

RESOLUCIÓN ADMINISTRATIVA

Consulta vinculante de la Dirección General de Tributos (V2456-21), de 29 de septiembre de 2021

Asunto: concepto de actividades de salvamento y asistencia marítima a los efectos de la exención prevista en el artículo 22 de la LIVA.

«(...) según doctrina de esta Dirección General (por todas, las contestaciones de 18 de enero de 2002, número 0044-02 y la contestación de 22 de mayo de 2000, número 1149-00), las actividades de salvamento y asistencia marítima son las que tienen por objeto socorrer o auxiliar a personas, buques o embarcaciones en dificultades incluyéndose en ellas el salvamento de la tripulación, viajeros y sus equipajes o cargamentos de los buques, así como las operaciones de practicaje, remolque, amarre y desamarre de buques y embarcaciones. Contrariamente, no se comprenden en ella las operaciones de apoyo, colaboración, complemento o vigilancia de las actividades industriales o pesqueras realizadas por otros buques en el mar, o en general la asistencia en aguas interiores a otras embarcaciones».

CUESTIONES

1. ¿Está exento el fletamento de un buque destinado a ser utilizado en actividades de salvamento y en la lucha contra la contaminación marina?

Que un buque se destine solo en parte al salvamento o asistencia marítima no es suficiente para aplicar las exenciones correspondientes a las operaciones relativas a dichos buques, por lo que no cabe reconocer la exención prevista en el artículo 22 de la LIVA en el caso de buques que solo se utilizan parcialmente en la realización de esas actividades.

En este sentido se pronuncia la consulta vinculante de la Dirección General de Tributos (V1446-09), de 19 de junio de 2009.

2. ¿Está exenta la construcción de un buque remolcador que se destinará al salvamento y asistencia marítima?

Sí, la construcción de un buque remolcador está exenta de IVA cuando esté afecto exclusivamente al salvamento o a la asistencia marítima en los términos del artículo 22.Uno.1.° LIVA, siempre que se cumplan los requisitos necesarios para la exención.

Por otra parte, si el buque se desafecta de tales finalidades, la desafectación producirá efectos durante un plazo mínimo de un año, excepto en los supuestos de entrega posterior.

3. ¿Están exentos los gastos relacionados con la tripulación tales como traslado en taxi o alojamiento en hoteles?

No, ya que no se encuentran exentos los gastos que se presten a terceros (tripulación) tal como ha recogido la Dirección General de Tributos en la **consulta vinculante**

(V3050-23), de 23 de noviembre de 2023: «Como este Centro directivo ha determinado en reiteradas ocasiones, la exención contemplada en el artículo 22 de la Ley del Impuesto sólo es aplicable, entre otros requisitos, a los servicios que se prestan al titular de su explotación (armador del buque o al consignatario del mismo, como representante del buque en cada puerto), pero no a los servicios que se presten a un tercero (tripulación), aunque se refieran a buques afectos a la navegación marítima internacional».

Entregas, arrendamientos, reparaciones y mantenimiento de objetos incorporados o a bordo de buques

El artículo 22.Dos de la LIVA establece que están exentas del impuesto las entregas, arrendamientos, reparaciones y mantenimiento de los objetos, incluidos los equipos de pesca, que se incorporen o se encuentren a bordo de los **buques a que afectan las exenciones establecidas en el artículo 22.Uno de la LIVA,** siempre que **se realicen durante los períodos en que dichos beneficios fiscales resulten de aplicación**.

La exención se condiciona al cumplimiento de los siguientes **requisitos**:

- Que el destinatario directo de dichas operaciones sea el titular de la explotación del buque o, en su caso, su propietario.
- Que los objetos mencionados se utilicen o, en su caso, se destinen a ser utilizados exclusivamente en la explotación de dichos buques.
- Que las operaciones a que afecten las exenciones se efectúen después de la matriculación definitiva de los mencionados buques en el registro marítimo correspondiente.
- Además, conforme al artículo 10.1.5.° del RIVA, la incorporación de objetos a los buques deberá efectuarse en el plazo de los tres meses siguientes a su adquisición y se acreditará por el proveedor mediante el correspondiente documento aduanero de embarque, cuya copia deberá remitirse, en su caso, por el titular de la explotación de los medios de transporte al proveedor de los objetos, en el plazo de los 15 días siguientes a su incorporación. Estos plazos podrán prorrogarse, a solicitud del interesado, por razones de fuerza mayor o caso fortuito o por exigencias inherentes al proceso técnico de elaboración o transformación de los objetos.

Se comprenderán, entre los **objetos cuya incorporación a los buques puede beneficiarse de la exención**, todos los bienes, elementos o partes de los mismos, incluso los que formen parte indisoluble de ellos o se inmovilicen en ellos, que se utilicen normalmente o sean necesarios para su explotación. En particular, tendrán esta consideración los siguientes:

- Los aparejos e instrumentos de a bordo.
- Los que constituyan su utillaje.
- Los destinados a su amueblamiento o decoración.
- Los instrumentos, equipos, materiales y redes empleados en la pesca, tales como los cebos, anzuelos, sedales, cajas para embalaje del pescado y análogos.

En todo caso, estos objetos habrán de quedar efectivamente incorporados o situados a bordo de los buques o aeronaves y formar parte del inventario de sus pertenencias.

Por otra parte, los objetos cuya incorporación a los buques se hubiese beneficiado de la exención del impuesto **deberán permanecer a bordo de los mismos, salvo que se trasladen a otros que también se destinen a los fines** que justifican la exención de la incorporación de dichos objetos.

La exención solo se aplicará a los objetos que se incorporen a los después de su matriculación en el registro.

> **A TENER EN CUENTA.** El transmitente, proveedor o prestador de servicios deberá tener en su poder, durante el plazo de prescripción del impuesto, el duplicado de la factura correspondiente y, en su caso, los contratos de fletamento o arrendamiento y una copia autorizada de la inscripción del buque en el registro de matrícula que habilite para su utilización en los fines correspondientes. Además, estas personas deberán exigir al adquirente de los bienes o destinatario de los servicios una declaración suscrita por ellos en la que hagan constar la afectación o destino de los bienes que justifique la aplicación de la exención. Estas previsiones también resultan de aplicación en el resto de los supuestos de exención de operaciones relativas a los buques que se verán a continuación.

Avituallamiento de buques

Se encuentran exentas del IVA, conforme a lo dispuesto en el artículo 22.Tres de la LIVA, las entregas de productos de avituallamiento para los buques que se indican a continuación, **cuando se adquieran por los titulares de la explotación de dichos buques**:

- Los buques a que se refieren las exenciones de los números 1.° y 2.° del artículo 22.Uno de la LIVA, siempre que se realicen durante los períodos en que dichos beneficios fiscales resulten de aplicación. Dichos preceptos se refieren a la exención de los buques:
  - Aptos para navegar por alta mar que se afecten a la navegación marítima internacional en el ejercicio de actividades comerciales de transporte remunerado de mercancías o pasajeros, incluidos los circuitos turísticos, o de actividades industriales o de pesca.
  - Afectos exclusivamente al salvamento, a la asistencia marítima o a la pesca costera. No obstante, cuando se trate de buques afectos a la pesca costera, la exención no se extiende a las entregas de provisiones de a bordo.
- Los buques de guerra que realicen navegación marítima internacional en los términos descritos en el artículo 22. Uno de la LIVA.

Además, de acuerdo con el artículo 10.1.6.° del RIVA, la puesta de los productos de avituallamiento a bordo de los buques se acreditará por el proveedor mediante el correspondiente documento aduanero de embarque, cuya copia deberá remitirse, en su caso, por el titular de la explotación de los referidos medios de transporte al proveedor de dichos productos, en el plazo del mes siguiente a su entrega.

No obstante, el ministro de Hacienda podrá establecer procedimientos simplificados para acreditar el embarque de los productos de avituallamiento.

CUESTIÓN

¿Está exenta la entrega de combustible para embarcaciones que se desplazan a las bateas para el cultivo del mejillón?

Los buques que transportan moluscos y crustáceos desde las bateas al puerto no pueden ser considerados como afectos a la navegación marítima internacional ni destinados exclusivamente a la pesca costera, por lo que no están exentas las entregas de gasóleo con destino a estas embarcaciones.

En este sentido, la consulta vinculante de la Dirección General de Tributos (V1684-07), de 30 de julio de 2007.

RESOLUCIÓN ADMINISTRATIVA

Consulta vinculante de la Dirección General de Tributos (V0540-22), de 17 de marzo de 2022

Asunto: posibilidad de aplicar la exención del artículo 22 de la LIVA relativa al avituallamiento de buques en caso de entrega de combustible realizada a un intermediario.

«(...) para que apliquen las exenciones en operaciones asimiladas a las exportaciones del artículo 22 de la Ley 37/1992, es necesario que se den los siguientes requisitos:

- Que la embarcación sea un buque a efectos del Impuesto sobre el Valor Añadido.

- Que el buque sea apto para navegar por alta mar y afectado a la navegación marítima internacional en los términos definidos por la Ley 37/1992, en el ejercicio de actividades comerciales de transporte, industriales o de pesca (también se prevé otras posibles afectaciones no aplicables al caso consultado, como los buques de guerra, salvamento marítimo o pesca costera).

Los buques que cumplan estos requisitos serán los susceptibles de originar la aplicación de las exenciones contempladas en el artículo 22 de la Ley 37/1992. A los efectos de la presente contestación se parte de la premisa que el buque a la que la misma se refiere cumple con el requisito de afectación a la navegación marítima internacional toda vez que sus recorridos en singladuras de dicha navegación, en los términos previstos en la Ley del Impuesto, representan más del 50 por ciento del total recorrido efectuado durante los periodos previstos en la norma.

(...)

La exención del Impuesto en las operaciones de avituallamiento de combustible para buques a la que hace referencia el artículo 22.Uno de la Ley 37/1992 ha sido objeto de análisis de forma reiterada por este Centro directivo como con ocasión de la contestación vinculante de 10 de mayo de 2006, número V0919-06, en relación con la adquisición de combustible por parte de un provisionista de buques.

De acuerdo con dicha contestación, del artículo 22 de la Ley 37/1992 se deduce que "la exención en la entrega de los productos de avituallamiento se refiere, única y exclusivamente, a la entrega que tiene como destinatario al titular de la explotación del buque.

La entrega del titular del depósito al consultante no está, consiguientemente, exenta, al realizarse a persona distinta de quien es el titular de la explotación del buque.".

No obstante lo anterior, debe tenerse en cuenta que el artículo 22 de la Ley 37/1992 es transposición de lo dispuesto en el artículo 148 de la Directiva 2006/112/CE del Consejo, de 28 de noviembre (DOUE de 11 de diciembre, L 347).

(...)

En dicha sentencia se concluye que:

"53 Habida cuenta del conjunto de consideraciones expuestas, procede responder a la cuestión planteada que el artículo 148, letra a), de la Directiva 2006/112 debe interpretarse en el sentido de que la exención establecida en esta disposición no es aplicable, en principio, a las entregas a intermediarios que contratan en nombre propio de bienes destinados al avituallamiento, aunque en la fecha de la entrega se conozca y haya quedado debidamente acreditado el destino definitivo de esos bienes y se hayan presentado a la administración fiscal pruebas que lo confirmen, con arreglo a la normativa nacional. No obstante, en circunstancias como las del asunto examinado en el litigio principal, esta exención puede aplicarse si la transmisión a tales intermediarios de la propiedad de los bienes que se trata en las formas establecidas por el Derecho nacional aplicable se produjo no antes del momento en que los navieros que explotaban los buques afectados a la navegación en alta mar se vieron facultados para disponer de hecho de esos bienes como si fueran sus propietarios, circunstancia que corresponde verificar al órgano jurisdiccional remitente"».

Otras prestaciones de servicios para atender a las necesidades de los buques

Según dispone el artículo 22.Siete de la LIVA están exentas del impuesto las prestaciones de servicios, distintas de las relacionadas en los apartados anteriores, realizadas para atender las necesidades directas de los buques a los que corresponden las exenciones establecidas en los epígrafes anteriores, **o para atender las necesidades del cargamento de dichos buques**.

Estos servicios deberán tener por **destinatarios** a los titulares de la explotación de dichos buques. Sin embargo, y como excepción, también estarán exentos los servicios de carga, estiba, descarga, desestiba y transbordo, relacionados con las necesidades de cargamento de tales buques prestados por profesionales estibadores, en nombre propio, a favor de empresas estibadoras y utilizados por estas en los servicios prestados, a su vez, a los titulares de la explotación de dichos buques.

A TENER EN CUENTA. Lo previsto en el párrafo anterior fue incorporado al artículo 22.Siete de la LIVA por la Ley 31/2022, de 23 de diciembre, de Presupuestos Generales del Estado para el año 2023, con efectos desde el 1 de enero de 2023 y vigencia indefinida. Así, se estableció la exención de los servicios prestados por profesionales estibadores en nombre propio a favor de empresas estibadoras que, a su vez, los presten a los titulares de la explotación de los buques a los que corresponde la exención.

Por otra parte, y conforme al artículo 10.2 del RIVA, se entenderán comprendidos entre los **servicios realizados para atender las necesidades di-**

rectas de los buques destinados a los fines que justifican su exención los siguientes:

- En relación con los buques: los servicios de practicaje, remolque y amarre; utilización de las instalaciones portuarias; operaciones de conservación de buques y del material de a bordo, tales como desinfección, desinsectación, desratización y limpieza de las bodegas; servicios de guarda y de prevención de incendios; visitas de seguridad y peritajes técnicos; asistencia y salvamento del buque y operaciones efectuadas en el ejercicio de su profesión por los corredores e intérpretes marítimos, consignatarios y agentes marítimos.

- En relación con el cargamento de los buques: Las operaciones de carga y descarga del buque; alquiler de contenedores y de material de protección de las mercancías; custodia de las mercancías, estacionamiento y tracción de los vagones de mercancías sobre las vías del muelle; embarque y desembarque de los pasajeros y sus equipajes; alquileres de materiales, maquinaria y equipos utilizados para el embarque y desembarque de pasajeros y sus equipajes y reconocimientos veterinarios, fitosanitarios y del servicio oficial de inspección, vigilancia y regulación de las exportaciones.

CUESTIONES

1. ¿Está exenta del IVA la compraventa de derechos de pesca profesional?

La compraventa de los derechos de pesca profesional no se puede asimilar a la entrega de objetos que se incorporen a los buques de pesca ni a prestaciones de servicios realizadas para atender a las necesidades directas de dichos buques o a las necesidades de su cargamento.

Así lo entendió la Dirección General de Tributos en su consulta vinculante (V2393-21), de 23 de agosto de 2021, donde concluyó que «no quedando dentro del ámbito de aplicación de la exención del artículo 22 de la Ley 37/1992, las operaciones de compraventa de derechos de pesca profesional, cuando sean efectuados por empresarios o profesional en el ámbito de su actividad empresarial o profesional estarán sujetos y no exentos del Impuesto sobre el Valor Añadido, debiendo tributar al tipo general del 21 por ciento».

2. ¿Están exentos los servicios de atención de necesidades directas del barco, que el titular de la explotación subcontrata a un tercero?

No, ya que la exención del artículo 22 de la LIVA solo es aplicable a los servicios que se prestan al titular de la de la explotación, tal como ha señalado la Dirección General de Tributos en la **consulta vinculante (V0346-24), de 12 de marzo de 2024**: «De acuerdo con lo anterior, a los servicios objeto de consulta que va a adquirir la entidad consultante en nombre propio no les resultaría de aplicación la exención prevista en el artículo 22.Siete de la Ley del impuesto en la medida en que la misma no es la titular de la explotación de dichos buques en las condiciones señaladas».

7.5.2. Exenciones en entregas y prestaciones de servicios relativas a aeronaves afectas a determinados fines

Exenciones de ciertas entregas y servicios sobre aeronaves afectas a navegación internacional y otros fines

El artículo 22.Cuatro de la LIVA establece que estarán exentas del impuesto las **entregas, transformaciones, reparaciones, mantenimiento, fletamento total o arrendamiento de las siguientes aeronaves:**

- Las **utilizadas exclusivamente por compañías dedicadas esencialmente a la navegación aérea internacional en el ejercicio de actividades comerciales de transporte remunerado de mercancías o pasajeros**. A estos efectos, se entenderá cumplido el requisito de que las aeronaves se utilizan exclusivamente en actividades comerciales de transporte remunerado de mercancías o pasajeros, aunque se ceda su uso a terceros en arrendamiento o subarrendamiento por períodos de tiempo que, conjuntamente, no excedan de 30 días por año natural.
- Las **utilizadas por entidades públicas en el cumplimiento de sus funciones públicas**.

Dicha exención se aplica cuando se cumplan los siguientes **requisitos**:

- El adquirente de las aeronaves o el destinatario de los servicios debe ser la propia compañía que realice las actividades mencionadas y utilice las aeronaves en el desarrollo de dichas actividades o, en su caso, la propia entidad pública que utilice las aeronaves en las funciones públicas.
- El transmitente, el proveedor o el prestador de los servicios debe tener en su poder, durante el plazo de prescripción del impuesto, el duplicado de la factura correspondiente y, en su caso, los contratos de fletamento o de arrendamiento y una copia autorizada de la inscripción de la aeronave en el registro de matrícula que la habilite para su utilización en los fines correspondientes.
- El transmitente, el proveedor o el prestador de los servicios deberá exigir a los adquirentes de los bienes o destinatarios de los servicios una declaración suscrita por ellos, en la que hagan constar la afectación o el destino de los bienes que justifique la aplicación de la exención.
- Cuando se trate de la construcción de la aeronave, la copia autorizada de su matriculación deberá ser entregada por el adquirente al transmitente en el plazo de un mes a partir de la fecha de su inscripción en el registro antes mencionado.

A TENER EN CUENTA. La construcción de una aeronave se entenderá realizada en el momento de su matriculación en el registro de matrícula que lo habilite para su utilización; y se considerará que una aeronave es objeto de transformación cuando la contraprestación de los trabajos efectuados en él excede del 50 % de su valor en el momento de su entrada en el taller con esa finalidad. Dicho valor se fijará conforme a las normas contenidas en la legislación aduanera para configurar el valor en aduana de las mercancías a importar.

A los efectos de la LIVA, se considera **navegación aérea internacional**, la que se realice en los siguientes supuestos:

- La que se inicie en un aeropuerto situado en el ámbito espacial de aplicación del impuesto y termine o haga escala en otro aeropuerto situado fuera de dicho ámbito espacial.
- La que se inicie en un aeropuerto situado fuera del ámbito espacial del impuesto y termine o haga escala en otro aeropuerto situado dentro o fuera de dicho ámbito espacial.

En este concepto de navegación aérea internacional no se comprenderán las escalas técnicas realizadas para repostar, reparar o servicios análogos.

A su vez, se considera que **una compañía está dedicada esencialmente a la navegación aérea internacional** cuando corresponda a dicha navegación más del 50 % de la distancia total recorrida en los vuelos efectuados por todas las aeronaves utilizadas por dicha compañía durante los períodos de tiempo que se indican a continuación:

- El año natural anterior a la realización de las operaciones de reparación o mantenimiento, salvo lo dispuesto en el punto siguiente.
- En los supuestos de entrega, construcción, transformación, adquisición intracomunitaria, importación, fletamento total o arrendamiento de las aeronaves, el año natural en que se efectúen dichas operaciones, a menos que tuviesen lugar después del primer semestre de dicho año, en cuyo caso el período a considerar comprenderá ese año natural y el siguiente. Este criterio se aplicará también con respecto a las operaciones incluidas en el punto anterior, cuando se realicen después de las mencionadas en este punto. Por otra parte, si, transcurridos dichos períodos la compañía no cumpliese los requisitos que determinan su dedicación a la navegación aérea internacional, se regularizará su situación tributaria en relación con las operaciones de este apartado de acuerdo con el artículo 19.3.º de la LIVA (que considera como operación asimilada a las importaciones de bienes el incumplimiento de los requisitos que determinan la dedicación esencial a la navegación aérea internacional de las compañías que realicen actividades comerciales, en relación con las aeronaves cuya entrega, adquisición intracomunitaria o importación se hubiesen beneficiado de la exención conforme al propio artículo 22.Cuatro de la LIVA).

CUESTIÓN

¿Qué se entiende por arrendamiento o fletamento total de una aeronave a los efectos de la exención prevista en el artículo 22.Cuatro de la LIVA?

Según señala la Dirección General de Tributos en su consulta vinculante (V1428-20), de 14 de mayo de 2020:

«La Resolución de esta Dirección General de 20 de noviembre de 1998 (BOE de 4 de diciembre) señala que a tales efectos se entenderá:

a) Por arrendamiento, el contrato en virtud del cual el arrendador cede el arrendatario (el ente público) por un tiempo determinado la plena disponibilidad de la aeronave, trasladándole la titularidad de su explotación y la dirección técnica y comercial de la misma.

b) Por fletamento total, el contrato por el que el titular de una aeronave pone la totalidad de la misma a disposición del fletador comprometiéndose frente a este último a realizar, mediante precio, un transporte de mercancías o personas o cualesquiera otras actividades empresariales o profesionales, tales como la prevención y extinción de incendios, fumigación, vigilancia, salvamento y otras similares, en la forma y condiciones estipuladas».

RESOLUCIÓN ADMINISTRATIVA

Consulta vinculante de la Dirección General de Tributos (V2935-21), de 19 de noviembre de 2021

Asunto: aplicación de la exención del artículo 22.Cuatro de la LIVA cuando la aeronave se adquiere por quien no tiene la condición de compañía de navegación aérea dedicada esencialmente al tráfico internacional remunerado, pero para su uso exclusivo por parte de una entidad que sí tiene esa naturaleza.

«Este Centro directivo ha analizado la aplicación de la exención contemplada en el artículo 22.Cuatro de la Ley 37/1992 en reiteradas ocasiones, entre otras, en la contestación vinculante de 23 de noviembre del 2016, número V5080-16.

En la misma se analiza el contenido del artículo el artículo 148, letra f) de la Directiva 2006/112/CE y la interpretación que del mismo hace el Tribunal de Justicia de la Unión Europea en la sentencia 19 de julio de 2012, Asunto C-33/11 A Oy, referente a la aplicación de la exención a la entrega de una aeronave a un operador que no es él mismo una "compañía de navegación aérea que se dedica esencialmente al tráfico internacional remunerado" a efectos de esa disposición, sino que adquiere esa aeronave para su utilización exclusiva por una compañía que sí se dedica esencialmente a dicha actividad.

(...)

Del pronunciamiento del Tribunal resulta que la exención en la entrega de aeronaves utilizadas por compañías de navegación aérea que efectúen esencialmente un tráfico internacional remunerado, prevista en el artículo 22.Cuatro de la Ley del Impuesto, se aplica también aunque el adquirente sea un operador que no sea él mismo una "compañía de navegación aérea que se dedica esencialmente al tráfico internacional remunerado", sino que adquiere esa aeronave para su utilización exclusiva por una compañía de esa naturaleza.

3.- Asimismo, el Comité del IVA se ha pronunciado en su documento de trabajo nº 770 Addendum final de 24 de julio de 2014, sobre la interpretación del precepto contenido en el artículo 148, letra f) de la Directiva, a la luz de la referida Sentencia

A Oy del Tribunal de Justicia de la Unión Europea, señalando, casi por unanimidad, que la exención del artículo 148, letra f) de la Directiva se aplicará a la entrega de una aeronave a un empresario o profesional cuando dicha aeronave es adquirida por el sujeto pasivo con el objeto de permitir el uso exclusivo de la misma a una aerolínea, o varias aerolíneas, que se dedican esencialmente al tráfico internacional remunerado.

En consecuencia con lo expuesto, la entrega de la aeronave efectuada por el proveedor de la misma a favor de la consultante estará exenta del Impuesto sobre el Valor Añadido en virtud del artículo 22.Cuatro de la Ley 37/1992 siempre que el destino de la aeronave sea su utilización por una compañía dedicada esencialmente al transporte internacional remunerado, como así manifiesta la entidad consultante en su escrito».

Entregas, arrendamientos, reparaciones y mantenimiento de objetos incorporados o a bordo de aeronaves

Conforme a lo dispuesto en el artículo 22.Cinco de la LIVA, se hallan exentas del impuesto las **entregas, arrendamientos, reparaciones y mantenimiento de los objetos que se incorporen o se encuentren a bordo de las aeronaves a que se refieren las exenciones establecidas en el apartado anterior.**

La exención está condicionada a la concurrencia de los siguientes **requisitos**:

- Que el destinatario de dichas operaciones sea el titular de la explotación de la aeronave a que se refieran.
- Que los objetos mencionados se utilicen o, en su caso, se destinen a ser utilizados en la explotación de dichas aeronaves y a bordo de las mismas.
- Que las operaciones a que se refieren las exenciones se realicen después de la matriculación de las aeronaves en el registro de matrícula que se determine reglamentariamente.
- Además, conforme a lo dispuesto en el artículo 10.1.5.° del RIVA, la incorporación de objetos a las aeronaves deberá llevarse a cabo en el plazo de un año siguiente a la adquisición de dichos objetos y se acreditará por el proveedor mediante el correspondiente documento aduanero de embarque, cuya copia deberá remitirse, en su caso, por el titular de la explotación de los medios de transporte al proveedor de los objetos, en el plazo de los 15 días siguientes a su incorporación. Estos plazos podrán prorrogarse, a solicitud del interesado, por razones de fuerza mayor o caso fortuito o por exigencias inherentes al proceso técnico de elaboración o transformación de los objetos.

Entre los **objetos cuya incorporación a las aeronaves puede beneficiarse de la exención**, se comprenderán todos los bienes, elementos o partes de los mismos, incluso los que formen parte indisoluble de ellos o se inmovilicen en ellos, que se utilicen normalmente o sean necesarios para su explotación. En particular, conforme establece el art. 10. 1. 5.° del RIVA, tendrán esta consideración los siguientes: «los aparejos e instrumentos de a bordo, los que constituyan su utillaje, los destinados a su amueblamiento o decoración y los instrumentos, equipos, materiales y redes empleados en la pesca, tales como los cebos, anzuelos, sedales, cajas para embalaje del pescado y análogos».

En todo caso, estos objetos habrán de **quedar efectivamente incorporados o situados a bordo de las aeronaves** y formar parte del inventario de sus pertenencias.

Los objetos cuya incorporación a las aeronaves se hubiese beneficiado de la exención del impuesto **deberán permanecer a bordo de los mismos, salvo que se trasladen a otros que también se destinen a los fines** que justifican la exención de la incorporación de dichos objetos.

La exención solo se aplicará a los objetos que se incorporen a las aeronaves después de su matriculación en el registro.

A TENER EN CUENTA. El transmitente de los medios de transporte, proveedor de los bienes o prestador de los servicios deberá tener en su poder, durante el plazo de prescripción del impuesto, el duplicado de la factura correspondiente y, en su caso, los contratos de fletamento o arrendamiento y una copia autorizada de la inscripción de la aeronave en el registro de matrícula que habilite para su utilización en los fines correspondientes. Además, estas personas deberán exigir al adquirente de los bienes o destinatario de los servicios una declaración suscrita por ellos en la que hagan constar la afectación o destino de los bienes que justifique la aplicación de la exención. Estas previsiones también resultan de aplicación en el resto de los supuestos de exención de operaciones relativas a las aeronaves afectas a determinados fines que se verán a continuación.

RESOLUCIÓN ADMINISTRATIVA

Consulta vinculante de la Dirección General de Tributos (V2021-22), de 21 de septiembre de 2022

Asunto: posibilidad de exención en el IVA de las operaciones de suministro y actualización de documentación técnica de los sistemas de armas de una aeronave de uso militar para el ejército.

«(...) de acuerdo con la información suministrada y a falta de otros elementos probatorios, este Centro directivo le informa que:

- El suministro de documentación técnica relativa a las aeronaves, así como el servicio de actualización sería una operación de entrega de bienes que se acompañaría, de forma accesoria, de un servicio de actualización. La entrega de dicha documentación podría tener la consideración de objetos incorporados a las aeronaves correspondientes, siempre y cuando se cumpliesen los requisitos legales y reglamentarios analizados, en cuyo caso la operación de suministro de la misma y el servicio de actualización, en su conjunto, sería una operación exenta en virtud del artículo 22.Cinco de la Ley 37/1992».

Avituallamiento de aeronaves

El artículo 22.Seis de la LIVA señala que están exentas del impuesto las **entregas de productos de avituallamiento para las aeronaves a que se refieren las exenciones del artículo 22.Cuatro de la LIVA, cuando sean adquiridos por las compañías o entidades públicas titulares de la explotación de dichas aeronaves.**

A tenor del artículo 10.1.6º del RIVA, la puesta de los productos de avituallamiento a bordo de las aeronaves se acreditará por el proveedor mediante el correspondiente documento aduanero de embarque, cuya copia deberá remitirse, en su caso, por el titular de la explotación de los referidos medios de transporte al proveedor de dichos productos, en el plazo del mes siguiente a su entrega.

No obstante, el ministro de Hacienda podrá establecer procedimientos simplificados para acreditar el embarque de los productos de avituallamiento mencionados.

CUESTIÓN

¿Qué se entiende por productos de avituallamiento a los efectos de la LIVA?

Según el apartado Tercero del anexo de la LIVA, a los efectos de dicha norma se considerará por productos de avituallamiento las provisiones de a bordo, los combustibles, carburantes, lubricantes y demás aceites de uso técnico y los productos accesorios de a bordo. Y, a tales efectos, se entenderá por:

- Provisiones de a bordo: los productos destinados exclusivamente al consumo de la tripulación y de los pasajeros.
- Combustibles, carburantes, lubricantes y demás aceites de uso técnico: los productos destinados a la alimentación de los órganos de propulsión o al funcionamiento de las demás máquinas y aparatos de a bordo.
- Productos accesorios de a bordo: los de consumo para uso doméstico, los destinados a la alimentación de los animales transportados y los consumibles utilizados para la conservación, tratamiento y preparación a bordo de las mercancías transportadas.

Otras prestaciones de servicios para atender a las necesidades de las aeronaves

Se encuentran exentas del IVA, tal y como establece el artículo 22.Siete de la LIVA, las **prestaciones de servicios, distintas de las relacionadas en los apartados anteriores, realizadas para atender las necesidades directas de las aeronaves a las que corresponden las exenciones del artículo 22.Cuatro de la LIVA, o para atender las necesidades del cargamento de dichas aeronaves.** Los **destinatarios de estos servicios tendrán que ser las compañías o entidades públicas que utilizan las aeronaves**.

A TENER EN CUENTA. La **Ley 31/2022, de 23 de diciembre**, de Presupuestos Generales del Estado para el año 2023, **introdujo esta última precisión en el artículo 22.Siete de la LIVA, con efectos desde el 1 de enero de 2023** y vigencia indefinida, para fijar quiénes deben ser los destinatarios de los servicios exentos.

Según el artículo 10.2 del RIVA, se entenderán comprendidos entre los **servicios realizados para atender las necesidades directas de las aeronaves** destinadas a los fines que justifican su exención los siguientes:

- En relación con las aeronaves: los servicios relativos al aterrizaje y despegue; utilización de los servicios de alumbrado; estacionamiento, amarre y abrigo de las aeronaves; utilización de las instalaciones dispuestas para recibir pasajeros o mercancías; utilización de las instalaciones destinadas al avituallamiento de las aeronaves; limpieza, conservación y reparación de las aeronaves y de los materiales y equipos de a bordo; vigilancia y prevención para evitar incendios; visitas de seguridad y peritajes técnicos; salvamento de aeronaves y operaciones realizadas en el ejercicio de su profesión por los consignatarios y agentes de las aeronaves.

– En relación con el cargamento de las aeronaves: las operaciones de embarque y desembarque de pasajeros y sus equipajes; carga y descarga de las aeronaves; asistencia a los pasajeros; registro de pasajeros y equipajes; envío y recepción de señales de tráfico; traslado y tránsito de la correspondencia; alquiler de materiales y equipos necesarios para el tráfico aéreo y utilizados en los recintos de los aeropuertos; alquiler de contenedores y de materiales de protección de las mercancías; custodia de mercancías y reconocimientos veterinarios, fitosanitarios y del servicio oficial de inspección, vigilancia y regulación de las exportaciones.

CUESTIÓN

¿Están exentos del IVA los servicios de lavandería de la mantelería prestados a bordo de las aeronaves afectas a la navegación aérea internacional?

Dichos servicios, siempre que tengan por destinatarias a las compañías o entidades públicas que utilicen la aeronave, quedarán exentos del IVA cuando las aeronaves cumplan los requisitos que señala el artículo 22.Cuatro de la LIVA, en aplicación de la exención contemplada por el artículo 22.Siete de la LIVA, siempre que concurran el resto de condiciones necesarias para ello (incluidas las que establece el artículo 10 del RIVA) .

En este sentido, puede resultar interesante la consulta vinculante de la Dirección General de Tributos (V1204-20), de 4 de mayo de 2020.

RESOLUCIÓN ADMINISTRATIVA

Consulta vinculante de la Dirección General de Tributos (V2149-22), de 13 de octubre de 2022

Asunto: carácter no taxativo de la enumeración de servicios que recoge el artículo 10.2 del RIVA.

«(...) el Reglamento del Impuesto ofrece, a título ilustrativo, una lista de servicios que, en ningún caso es taxativa, por lo que habrá que ver caso por caso si son servicios realizados para atender las necesidades de una aeronave o no.

(...)

De acuerdo con todo lo anterior, el servicio de estacionamiento de las aeronaves objeto de consulta si bien se encuentra entre los servicios enumerados expresamente en el artículo 10.2, letra c) del Reglamento susceptibles de beneficiarse de la exención, ("servicios de estacionamiento, amarre y abrigo de las aeronaves"), únicamente podrán estar exentos si el adquirente de los mismos es la propia Compañía que realice la actividad de navegación aérea internacional».

7.5.3. Exenciones en entregas de bienes y prestaciones de servicios en relaciones diplomáticas o consulares, a organismos internacionales, en la OTAN o a FFAA

Las exenciones en el IVA de las entregas de bienes y prestaciones de servicio en relaciones diplomáticas y consulares o destinadas

El artículo 22 de la LIVA, en sus apartados Ocho y Nueve, señala que estarán exentas del IVA las **entregas de bienes y prestaciones de servicios**:

- **Realizadas en el marco de las relaciones diplomáticas y consulares**, en los casos y con los requisitos que se determinen reglamentariamente.
- **Destinadas a los organismos internacionales reconocidos por España o al personal de dichos organismos con estatuto diplomático**, dentro de los límites y en las condiciones fijadas en los convenios internacionales por los que se crean tales organismos o en los acuerdos de sede que sean aplicables en cada caso. En particular, se incluirán en este apartado:
  - Las entregas de bienes y las prestaciones de servicios destinadas a la Comunidad Europea, a la Comunidad Europea de la Energía Atómica, al Banco Central Europeo o al Banco Europeo de Inversiones, o a los organismos creados por las Comunidades a los que se aplica el Protocolo del 8 de abril de 1965 sobre los privilegios y las inmunidades de las Comunidades Europeas, dentro de los límites y conforme a las condiciones de dicho Protocolo y a los acuerdos para su aplicación o a los acuerdos de sede, siempre que con ello no se provoquen distorsiones en la competencia.
  - Las entregas de bienes y las prestaciones de servicios destinadas a la Comisión o a un órgano u organismo establecidos con arreglo al derecho de la Unión, cuando la Comisión o dicho órgano u organismo adquieran dichos bienes o servicios en el ejercicio de las tareas que les confiere el derecho de la Unión en respuesta a la pandemia de COVID-19, excepto en caso de que los bienes y servicios adquiridos se utilicen, inmediatamente o en una fecha posterior, para entregas ulteriores a título oneroso por parte de la Comisión o de dicho órgano u organismo.

> **A TENER EN CUENTA**. Esta última previsión, incorporada en el marco de la pandemia de COVID-19, fue introducida en el artículo 22.Nueve de la LIVA por el Real Decreto-ley 24/2021, de 2 de noviembre de 2021, con efectos desde el 1 de enero de 2021.

El **desarrollo reglamentario del artículo 22.Nueve de la LIVA se contiene en el Real Decreto 3485/2000, de 29 de diciembre**, que regula las franquicias y exenciones en régimen diplomático, consular y de los organismos internacionales. En particular, resulta de aplicación a las exenciones del IVA en las entregas de bienes, prestaciones de servicios y adquisiciones intracomunitarias de bienes en dichos regímenes.

Aspectos básicos de las exenciones previstas en el Real Decreto 3485/2000, de 29 de diciembre

Según el artículo 2 del Real Decreto 3485/2000, de 29 de diciembre, están exentas las operaciones relativas a:

- Bienes necesarios para uso oficial de las misiones diplomáticas acreditadas y residentes en España y de las oficinas consulares de carrera.
- Bienes necesarios para uso oficial de los organismos internacionales reconocidos por España, con los límites y en las condiciones fijadas por los convenios internacionales por los que se crean tales organismos o en los acuerdos de sede de los mismos.
- Bienes en las cantidades que se fijen por el ministro de Hacienda como necesarias para el uso y consumo personal de los agentes diplomáticos y los funcionarios consulares de carrera, así como de los miembros de su familia que formen parte de su casa, incluidos los efectos destinados a su instalación. Estos importes se fijan en la Orden de 24 de mayo de 2001, que aprueba las cantidades estipuladas para la exención de determinados productos como tabaco o carburantes, por ejemplo.
- Bienes para el uso y consumo de los miembros con estatuto diplomático de los organismos internacionales con sede u oficina en España. Los límites y condiciones para la aplicación de esta franquicia serán los mismos que los establecidos en el párrafo anterior, salvo cuando los respectivos convenios internacionales establezcan otros, que serán los aplicables.
- Mobiliario y efectos destinados al uso particular del personal administrativo y técnico de las misiones diplomáticas y de los organismos internacionales con sede u oficina en España y de los empleados consulares de las oficinas consulares de carrera, así como de los miembros de su familia que formen parte de su casa que no tengan la nacionalidad española ni residencia permanente en España, importados con motivo de su traslado a España para tomar posesión de su cargo. Las importaciones deberán efectuarse en el plazo de un año, a partir de la toma de posesión.

Asimismo, el artículo 3 del Real Decreto 3485/2000, de 29 de diciembre, prevé la exención del IVA de:

- Las entregas de bienes cuya importación hubiese estado exenta conforme a los cuatro primeros puntos anteriores.
- Las entregas y los arrendamientos de edificios o parte de los mismos y de los terrenos anejos, adquiridos o arrendados por Estados extranjeros para ser utilizados como sede de sus representaciones diplomáticas u oficinas consulares o como residencia del jefe de la misión

diplomática o de la oficina consular cuando, en este último caso, se trate de funcionarios consulares de carrera. Esta exención se extiende a las ejecuciones de obra, con o sin aportación de materiales, directamente formalizadas entre el correspondiente Estado extranjero y el contratista, que tengan por objeto la construcción, reforma, ampliación o rehabilitación de los edificios mencionados, así como a los trabajos de reparación o conservación de los mismos edificios cuando su importe, referido a cada operación aislada, exceda de 750 euros.

- Las entregas de material de oficina para uso oficial cuando el importe total de las documentadas en cada factura exceda de 300 euros.
- Los suministros de agua, gas, electricidad y combustibles, así como las prestaciones de servicios de telecomunicaciones, radiotelegrafía, de vigilancia y seguridad, efectuadas para los locales de las representaciones diplomáticas u oficinas consulares, así como de la residencia del jefe de la misión diplomática o de una oficina consular, cuando, en este último caso, se trate de un funcionario consular de carrera.
- Las siguientes prestaciones de servicios efectuadas para uso oficial de las representaciones diplomáticas u oficinas consulares:
  - La prestación de servicios de consultoría.
  - Los servicios de traducción, corrección o composición de textos y los prestados por intérpretes.
  - Los servicios de limpieza.

La mayoría de las exenciones anteriores quedan condicionadas a la existencia de reciprocidad y habrán de cumplirse los requisitos que especifica la norma reglamentaria.

Por otra parte, el artículo 12 del Real Decreto 3485/2000, de 29 de diciembre, también establece una serie de **disposiciones especiales para las exenciones** de toda clase de derechos e impuestos, la importación, entrega, arrendamiento con opción de compra o adquisición intracomunitaria **de los siguientes vehículos:**

- Automóviles que se importen, arrienden con opción de compra o adquieran:
  - Por el Estado extranjero correspondiente, que sean razonablemente precisos para las necesidades de la misión y de las oficinas consulares de carrera, dentro de los límites de aplicación del principio de reciprocidad. Estos automóviles deberán dedicarse exclusivamente al servicio oficial.
  - Por organismos internacionales con sede u oficina en España, dentro de los límites y con las condiciones fijadas en los respectivos convenios internacionales.
- Automóviles que se importen o adquieran:
  - En el número de unidades que se fije por el ministro de Hacienda, por los agentes diplomáticos y por los funcionarios consulares de carrera para su uso y el de su cónyuge e hijos, siempre que con-

vivan y dependan económicamente del titular, no ejerzan ninguna actividad lucrativa en España y estén debidamente acreditados y documentados por el Ministerio de Asuntos Exteriores y de Cooperación.

- Por los funcionarios con estatuto diplomático de los organismos internacionales con sede u oficina en España. Las condiciones para la aplicación de la franquicia serán las mismas que las previstas en el párrafo anterior, salvo cuando los acuerdos de sede establezcan otras condiciones, que serán las aplicables.
- En el número de unidades que se fije por el ministro de Hacienda, por los miembros del personal técnico-administrativo de las misiones diplomáticas acreditadas y residentes en España y de los organismos internacionales con sede u oficina en territorio español, así como por los empleados consulares de las oficinas consulares de carrera acreditadas y residentes en España siempre que, en todos los casos, no sean españoles ni tengan residencia permanente en España y estén debidamente aceptados y documentados por el Ministerio de Asuntos Exteriores y de Cooperación en las correspondientes categorías. No obstante, cuando los convenios internacionales por los que se crean los organismos internacionales o los acuerdos de sede de los mismos establezcan otros límites o requisitos, serán éstos los aplicables al personal técnico-administrativo de los organismos internacionales.

– Automóviles que se adquieran por las personas o entidades a que se refieren los puntos anteriores, acreditadas o con sede en otro Estado miembro y que justifiquen la concesión por las autoridades competentes del Estado de destino del derecho a adquirir los mencionados automóviles con exención.

Las **exenciones previstas en el artículo 2 del reglamento y la relativa a las entregas y arrendamientos de edificios o parte de los mismos y de los terrenos anejos prevista en el artículo 3**, se aplicarán **previo reconocimiento de su procedencia por el centro gestor**, con sujeción al siguiente **procedimiento:**

– Las peticiones de exención se presentarán ante el Ministerio de Asuntos Exteriores. Habrán de ser firmadas por el jefe de misión, de oficina consular, el secretario general o la persona que ostente la representación y dirección del organismo internacional, con indicación del nombre y cargo del destinatario y la declaración de que los artículos están destinados al uso oficial o al personal. Las solicitudes podrán abarcar los consumos de un año o los correspondientes al período de aplicación del beneficio, si fuera menor.

– El Ministerio trasladará dicha solicitud junto con su informe, en el que se hará referencia especial, si procede, a la existencia de reciprocidad, al centro gestor para su resolución.

– El centro gestor autorizará la exención por la cantidad solicitada y sin exceder, en su caso, la cuantía máxima del módulo correspondiente y la autorización será trasladada a los interesados a través del Ministerio de Asuntos Exteriores.

- Si venciera el plazo de 6 meses para la resolución, sin haberse dictado esta, la solicitud se entenderá desestimada.

El **resto de las exenciones antes enumeradas del artículo 3 del Real Decreto 3485/2000, de 29 de diciembre, se harán efectivas mediante el reembolso de las cuotas soportadas por repercusión, previa solicitud** del destinatario de las operaciones exentas, con sujeción al siguiente procedimiento:

- Las solicitudes de devolución deberán referirse a las cuotas soportadas en cada trimestre natural y se formularán en el plazo de los seis meses siguientes a la terminación del período a que correspondan. A las mismas se acompañarán las facturas o justificantes contables originales o una copia cotejada por la misión diplomática, oficina consular de carrera u organismo internacional correspondiente, que deberán cumplir los requisitos exigidos por el reglamento por el que se regulan las obligaciones de facturación.
- Las facturas o justificantes contables deberán ser devueltos a los interesados cuando así lo soliciten, una vez efectuadas las comprobaciones oportunas y haciendo constar sobre los mismos las expresiones «IVA reembolsado» o «IVA no reembolsable», según proceda.
- En lo demás, las peticiones de exención seguirán la tramitación antes indicada.

El Real Decreto 3485/2000, de 29 de diciembre, establece, además, una serie de particularidades para la aplicación de las exenciones a que se refiere su artículo 12 (las relativas a vehículos).

CUESTIÓN

¿Cuáles son las principales normas internacionales relativas a las relaciones diplomáticas y consulares?

Las principales serían:

- La Convención de Viena de 18 de abril de 1961, sobre relaciones diplomáticas.
- La Convención de Viena de 24 de abril de 1963, sobre relaciones consulares.

España es parte de estos tratados internacionales, que están incorporados a nuestro ordenamiento jurídico interno.

RESOLUCIÓN ADMINISTRATIVA

Consulta vinculante de la Dirección General de Tributos (V1435-20), de 14 de mayo de 2020

Asunto: la exención del artículo 22.Ocho de la LIVA no se condiciona, en caso de entrega de un vehículo, a que el mismo se matricule en régimen de matrícula diplomática.

«(...) la exención prevista estará condicionada a la obtención de un certificado acreditando el uso del vehículo y a su posterior reconocimiento por parte de la Agencia Estatal de Administración Tributaria, siendo en caso de no resolución el silencio con efectos estimatorios y no vinculándose en ningún caso a la necesidad de matricular el vehículo en régimen de matrícula diplomática».

Las exenciones en operaciones para las fuerzas armadas en el ámbito de la OTAN o de la política común de seguridad y defensa

De conformidad con el artículo 22.Diez de la LIVA, **están exentas del IVA las entregas de bienes y prestaciones de servicios realizadas para:**

- Las fuerzas de los demás Estados partes del Tratado del Atlántico Norte, en los términos establecidos en el Convenio entre los Estados partes de dicho tratado relativo al estatuto de sus fuerzas.
- Las fuerzas armadas de cualquier Estado miembro distinto de España, para uso de dichas fuerzas o del personal civil a su servicio, o para el abastecimiento de sus comedores o cantinas, siempre que dichas fuerzas estén afectadas a un esfuerzo de defensa realizado para llevar a cabo una actividad de la Unión en el ámbito de la política común de seguridad y defensa.

Asimismo, también estarán exentas las entregas de bienes y prestaciones **de servicios efectuadas con destino a otro Estado miembro y para las fuerzas armadas que especifica el artículo 22.Once de la LIVA:**

- Las fuerzas de cualquier Estado parte del Tratado del Atlántico Norte, distinto del propio Estado miembro de destino, en los términos establecidos en el Convenio entre los Estados partes de dicho tratado relativo al estatuto de sus fuerzas.
- Las fuerzas armadas de cualquier Estado miembro distinto del propio Estado miembro de destino, para uso de dichas fuerzas o del personal civil a su servicio, o para el abastecimiento de sus comedores o cantinas, siempre que dichas fuerzas estén afectadas a un esfuerzo de defensa realizado para llevar a cabo una actividad de la Unión en el ámbito de la política común de seguridad y defensa.

> **A TENER EN CUENTA.** Estos apartados Diez y Once del artículo 22 de la LIVA fueron modificados por la Ley 31/2022, de 23 de diciembre, de Presupuestos Generales del Estado para el año 2023, con efectos desde el 1 de julio de 2022, en transposición de la Directiva (UE) 2019/2235 del Consejo, de 16 de diciembre de 2019. Con carácter previo, dichos preceptos solo preveían exenciones para las entregas de bienes y prestaciones de servicios realizadas en el marco de la OTAN; sin embargo, tras la reforma se amplía el régimen de exenciones a las fuerzas armadas de los Estados miembros que participan en actividades en el marco de la política común de seguridad y defensa.

En el ámbito de la OTAN, debe tenerse presente el Real Decreto 160/2008, de 8 de febrero, por el que se aprueba el Reglamento **por el que se desarrollan las exenciones fiscales relativas a la Organización del Tratado del Atlántico Norte, a los Cuarteles Generales Internacionales de dicha Organización y a los Estados parte en dicho Tratado** y se establece el procedimiento para su aplicación. Según él, están **exentas del pago de derechos e impuestos a la importación las siguientes operaciones:**

- Las importaciones de carburantes, aceites y lubricantes destinados exclusivamente a ser utilizados por los vehículos, aeronaves y navíos oficiales de un cuartel general o de una fuerza de los Estados parte del Tratado del Atlántico Norte distintos de España o de las Fuerzas Armadas Españolas cuando actúen en nombre y por cuenta de las mismas.

- Las importaciones de bienes efectuadas por la OTAN para su uso oficial o por los cuarteles generales para su uso oficial en el ejercicio de las funciones autorizadas por el Acuerdo Complementario.
- Las importaciones de bienes efectuadas por las Fuerzas Armadas Españolas cuando actúen en nombre y por cuenta de la Organización del Tratado del Atlántico Norte para los fines autorizados en el Acuerdo Complementario.
- Las importaciones de bienes efectuadas por un contratista que ejecute un contrato para un cuartel general en el ejercicio de las funciones autorizadas en el Acuerdo Complementario, siempre que el contratista los adquiera en nombre del cuartel general aliado.
- Las importaciones de bienes que tengan como finalidad el suministro de los comedores, clubes, asociaciones, restaurantes, bares, cantinas, tiendas y economatos de los cuarteles generales.
- Las importaciones de vehículos a motor y motocicletas que se efectúen por los miembros de la fuerza y sus personas dependientes, siempre que se trate de sus vehículos particulares.
- Las importaciones de caravanas, remolques y embarcaciones de recreo con su equipo necesario, que se efectúen por los miembros de la fuerza por el tiempo que duren sus servicios.

El procedimiento para la aplicación de las exenciones relativas a las importaciones de bienes anteriormente indicadas es el siguiente:

- La aplicación de las exenciones en las importaciones de bienes reguladas en los tres primeros puntos anteriores se efectuará por la aduana, acreditándose ante esta su procedencia mediante la presentación, junto con los documentos exigidos por la legislación aduanera para su importación, de un certificado acreditativo del destino de los bienes, presentado por persona debidamente autorizada por la OTAN o por el Ministerio de Defensa.
- La aplicación de las exenciones en las importaciones de bienes reguladas en el resto de los puntos antes enumerados deberá ser autorizada y reconocida por el Departamento de Aduanas e Impuestos Especiales, como centro gestor, previa solicitud remitida por el Ministerio de Defensa con la acreditación del destinatario de las mismas.
- Respecto de bienes objeto de los impuestos especiales de fabricación cuya importación se realice en régimen suspensivo, la aplicación de la exención tendrá lugar, en cuanto a dichos impuestos, conforme al procedimiento específico que establece el artículo 8 del Real Decreto 160/2008, de 8 de febrero.

Por su parte, y en cuanto al ámbito objetivo de aplicación de la exención prevista para las operaciones efectuadas en el marco de la OTAN, también conviene tener en cuenta que el artículo 4 del Real Decreto 160/2008, de 8 de febrero, señala lo siguiente:

> «1. Estarán exentas del Impuesto sobre el Valor Añadido:
>
> a) Las entregas y adquisiciones intracomunitarias de bienes, así como las prestaciones de servicios, que se efectúen para la Organización del Tratado del Atlántico Norte y exclusivamente para su uso oficial cuya base imponible, a efectos del Impuesto sobre el Valor Añadido, sea igual o superior a 300 euros.
>
> b) Las entregas y adquisiciones intracomunitarias de bienes, así como las prestaciones de servicios, que tengan como destinatario a un Cuartel General Aliado y que se efectúen para fines oficiales en el ejercicio de las funciones autorizadas en el Acuerdo Complementario.
>
> c) Las entregas y adquisiciones intracomunitarias de bienes, así como las prestaciones de servicios, que tengan como destinatario a las Fuerzas Armadas españolas cuando actúen en nombre y por cuenta de la Organización del Tratado del Atlántico Norte para los fines autorizados en el Acuerdo Complementario.
>
> d) Las entregas y adquisiciones intracomunitarias de carburantes, aceites y lubricantes que se destinen a ser utilizados exclusivamente por vehículos, aeronaves y navíos afectos al uso oficial de un Cuartel General o de una fuerza de los Estados Partes del Tratado del Atlántico Norte distintos de España o de las Fuerzas Armadas Españolas cuando actúen en nombre y por cuenta de las mismas.
>
> 2. Estarán igualmente exentas del Impuesto sobre el Valor Añadido:
>
> a) Las entregas y adquisiciones intracomunitarias de bienes, así como las prestaciones de servicios, que tengan como destinatario un contratista que ejecute un contrato para un Cuartel General en el ejercicio de las funciones autorizadas en el Acuerdo Complementario, siempre que el contratista los adquiera en nombre del Cuartel General.
>
> b) Las entregas y adquisiciones intracomunitarias de bienes, así como las prestaciones de servicios, que tengan como finalidad el suministro de los comedores, clubes, asociaciones, restaurantes, bares, cantinas, tiendas y economatos de los Cuarteles Generales.
>
> c) Las entregas de bienes y prestaciones de servicios realizadas por los comedores, clubes, asociaciones, restaurantes, bares, cantinas, tiendas y economatos de los Cuarteles Generales, a favor de los miembros de la Fuerza, del elemento civil o de personas dependientes.
>
> d) Las entregas de bienes y prestaciones de servicios realizadas por los comedores, clubes y asociaciones, cantinas, bares y restaurantes, a favor del personal militar y civil español y los huéspedes oficiales del Cuartel General, exclusivamente para ser consumidos en estos locales.
>
> e) Las entregas de vehículos a motor y motocicletas que tengan por destinatario los miembros de la Fuerza y sus personas dependientes, siempre que se trate de su vehículo particular.
>
> f) Las entregas de caravanas/remolques y embarcaciones de recreo con su equipo necesario que tengan por destinatario a los miembros de la Fuerza por el tiempo que duren su servicios.
>
> 3. Las entregas de bienes y prestaciones de servicios exentas de acuerdo con lo previsto en el apartado anterior generarán para el sujeto pasivo que las realiza el derecho a la deducción de las cuotas del Impuesto sobre el Valor Añadido por él soportadas o satisfechas, en los términos previstos en el artículo 94.uno.1.° c) de la Ley 37/1992, del Impuesto sobre el Valor Añadido, de 28 de diciembre».

Dichas exenciones se aplicarán de conformidad con el procedimiento regulado en el artículo 5 del Real Decreto 160/2008, de 8 de febrero.

Asimismo, se encuentran también exentas del IVA y de toda clase de derechos a la importación:

- Las prestaciones de servicios y entregas de bienes accesorias de los mismos efectuadas por los servicios públicos postales a favor de los miembros de la fuerza y sus personas dependientes.
- La importación, entrega o adquisición intracomunitaria del alcohol, tabaco y carburantes por los miembros y las personas dependientes en las cantidades razonables convenidas en el canje de cartas.
- La importación, entrega o adquisición intracomunitaria de mobiliario y electrodomésticos por los miembros y las personas dependientes, siempre que el precio unitario exceda de un valor acordado entre SHAPE y el Ministerio de Defensa en el canje de cartas.

CUESTIONES

1. ¿Cómo tributa y, en su caso, cómo se recupera el IVA soportado por la compra de un ordenador de 1.800 euros por la OTAN, si es para uso oficial?

Según el artículo 4.1.a) del Real Decreto 160/2008, de 8 de febrero, están exentas de IVA las entregas y adquisiciones intracomunitarias de bienes efectuadas para la OTAN, exclusivamente para su uso oficial y cuya base imponible a efectos del IVA sea igual o mayor de 300 euros. La exención exige un previo reconocimiento por la AEAT, que surtirá efectos desde el momento de su solicitud. Transcurrido el plazo de tres meses desde la presentación de dicha solicitud sin que haya recaído resolución expresa, se entiende producido el reconocimiento de la procedencia de la exención.

2. ¿Cuál es el procedimiento para aplicar la exención en caso de entregas y adquisiciones intracomunitarias de bienes o prestaciones de servicios que tengan como destinatario a un cuartel general aliado y se efectúen para fines oficiales?

La entrega de bienes a un cuartel general aliado, para uso oficial en el ejercicio de las funciones autorizadas en el Acuerdo Complementario, está exenta del IVA, según el procedimiento regulado en el artículo 5.2 del Real Decreto 160/2008, de 8 de febrero:

- Operación de base imponible inferior a 300 euros: se repercutirá IVA, pero el destinatario de la entrega solicitará su reintegro a la AEAT en los seis meses siguientes a la terminación del período a que correspondan las cuotas.
- Operación de base imponible igual o superior a 300 euros: no se repercutirá IVA si hay un previo reconocimiento de la aplicación de la exención por la AEAT, produciendo efectos desde su solicitud si hay un reconocimiento expreso o si han transcurrido 3 meses desde la solicitud sin resolución expresa.

RESOLUCIÓN ADMINISTRATIVA

Consulta vinculante de la Dirección General de Tributos (V0796-19), de 15 de abril de 2019

Asunto: análisis de las exenciones de los apartados Diez y Once del artículo 22 de la LIVA y su forma de aplicación (debe tenerse en cuenta que la consulta es previa a la modificación operada en los apartados Diez y Once del artículo 22 de la LIVA por la Ley de Presupuestos Generales del Estado para 2023).

«2.- La Ley 37/1992 del Impuesto sobre el Valor Añadido contiene en su artículo 22, apartados Diez y Once, exenciones específicas relativas a operaciones realizadas para la Organización del Tratado del Atlántico Norte (OTAN) (...)

En cuanto a la forma de hacer efectiva esta exención a efectos del Impuesto sobre el Valor Añadido, salvo que exista una previsión específica en los Convenios aplicables, se estará a lo previsto en el Real Decreto 160/2008, de 8 de febrero (BOE del 29) por el que se aprueba el Reglamento por el que se desarrollan las exenciones fiscales relativas a la Organización del Tratado del Atlántico Norte, a los Cuarteles Generales de dicha Organización y a los Estados parte en dicho Tratado y se establece el procedimiento para su aplicación y Orden HAP/841/2016, de 30 de mayo, por la que se aprueban los modelos 364 «Impuesto sobre el Valor Añadido. Solicitud de reembolso de las cuotas tributarias soportadas relativas a la Organización del Tratado del Atlántico Norte, a los Cuarteles Generales Internacionales de dicha Organización y a los Estados parte en dicho Tratado» y 365 «Impuesto sobre el Valor Añadido. Solicitud de reconocimiento previo de las exenciones relativas a la Organización del Tratado del Atlántico Norte, a los Cuarteles Generales Internacionales de dicha Organización y a los Estados parte en dicho Tratado» y se establecen las condiciones generales y el procedimiento para su presentación electrónica, y se modifica la Orden EHA/789/2010, de 16 de marzo, así como otra normativa tributaria. (BOE del 2 de junio de 2016).

La Orden de EHA/1729/2009, de 25 de junio de 2009, aprueba el modelo de certificado de exención del Impuesto sobre el Valor Añadido y de los Impuestos Especiales».

7.5.4. Exenciones por entregas oro al Banco de España, determinados transportes internacionales de viajeros o bienes y prestaciones servicios por intermediarios

Exenciones en el IVA previstas en los apartados doce a quince del artículo 22 de la LIVA

Exenciones en el IVA por las entregas de oro al Banco de España

Están exentas del impuesto las **entregas de oro al Banco de España,** tal y como dispone el artículo 22.Doce de la LIVA

Exenciones en determinados transportes internacionales de viajeros o bienes

Conforme a lo dispuesto en los apartados Trece y Catorce del artículo 22 de la LIVA, estarán exentas del IVA **las siguientes operaciones:**

- Los **transportes de viajeros y sus equipajes por vía marítima o aérea procedentes de o con destino a un puerto o aeropuerto situado fuera del ámbito espacial del impuesto**. Se entienden incluidos los transportes por vía aérea amparados por un único título de transporte que incluya vuelos de conexión aérea.
- Las prestaciones de **transporte intracomunitario de bienes, definido en el artículo 72.Dos de la LIVA, con destino a las islas Azores o Madeira o procedentes** de dichas islas.

En particular, según establece el artículo 10.3 del RIVA, la exención de los transportes internacionales por vía marítima o aérea de viajeros y sus equipajes se ajustará a las siguientes condiciones:

- Se extenderá a los transportes de ida y vuelta con escala en los territorios situados fuera del ámbito territorial de aplicación del impuesto.
- Sin embargo, no alcanzará a los transportes de aquellos viajeros y sus equipajes que, habiendo iniciado el viaje en territorio peninsular o Islas Baleares, terminen en estos mismos territorios, aunque el buque o el avión continúen sus recorridos con destino a puertos o aeropuertos situados fuera de dichos territorios.

CUESTIÓN

¿Qué se entiende por transporte intracomunitario de bienes a estos efectos?

Según el artículo 72.Dos de la LIVA, a los efectos de esta norma se considera como transporte intracomunitario de bienes el transporte de bienes cuyos lugares de inicio y de llegada estén situados en los territorios de dos Estados miembros distintos. En tal sentido, será:

- Lugar de inicio, aquel en el que comience efectivamente el transporte de los bienes, sin tenerse en cuenta los trayectos realizados para llegar al lugar en el que se encuentren los bienes.
- Lugar de llegada, aquel otro en el que se termine de manera efectiva el transporte de los bienes.

RESOLUCIÓN ADMINISTRATIVA

Consulta vinculante de la Dirección General de Tributos (V0828-22), de 19 de abril de 2022

Asunto: exención del IVA en un vuelo internacional de Buenos Aires a Barcelona adquirido por una empresa y documento acreditativo que se debe expedir.

«(...) el vuelo consultado se refiere a transporte de pasajeros, en consecuencia, la prestación de un servicio de transporte de pasajeros, cualquiera que sea su destinatario, estará sujeto al Impuesto sobre el Valor Añadido español por la parte del trayecto que discurra por el territorio de aplicación del Impuesto.

No obstante, el artículo 22.Trece de la Ley 37/1992 declara la exención de:

"Los transportes de viajeros y sus equipajes por vía marítima o aérea procedentes de o con destino a un puerto o aeropuerto situado fuera del ámbito espacial del Impuesto.

Se entenderán incluidos en este apartado los transportes por vía aérea amparados por un único título de transporte que incluya vuelos de conexión aérea.".

En consecuencia, el servicio de transporte consultado, que tiene su origen o destino en un aeropuerto fuera del territorio de aplicación del impuesto sobre el valor añadido, como es Buenos Aires, estará sujeto pero exento del Impuesto sobre el Valor Añadido.

(...)

Por tanto, aunque las operaciones realizadas por la compañía aérea estén exentas del impuesto sobre el valor añadido, conforme al reglamento de facturación, existe obligación de emitir factura, en la medida en que la sociedad destinataria tenga la condición de empresario o profesional actuando como tal en las operaciones consultadas.

La factura expedida deberá ajustarse a las normas previstas en el Reglamento de facturación en caso de que la compañía aérea esté establecida en territorio de aplicación del impuesto.

En el caso de que la compañía aérea no estuviera establecida en territorio de aplicación del impuesto sobre el valor añadido y la consultante, como destinataria de la operación, sí lo esté, se produciría la inversión del sujeto pasivo conforme a lo previsto en el artículo 84.Uno.2° de la Ley 37/1992. En este caso, la factura solo debería expedirse conforme a las reglas previstas en el Reglamento de Facturación en caso de que existiese un acuerdo de facturación con el destinatario de la operación conforme al artículo 5 del reglamento de facturación.

Si la compañía aérea no estuviera establecida en territorio de aplicación del impuesto sobre el valor añadido, y se produjera la inversión del sujeto pasivo por estarlo la consultante, habría que distinguir: si la compañía aérea no está establecida en la Comunidad, la consultante como destinataria deberá conservar el justificante contable de la operación, según lo previsto en el artículo 97 de la Ley 37/1992; si la compañía aérea estuviera establecida en la Comunidad, la consultante tendría que estar en posesión de la factura original expedida por la compañía que deberá contener los requisitos recogidos en el artículo 226 de la Directiva 2006/112/CE, del Consejo, de 28 de noviembre de 2006».

Exenciones en el IVA por prestaciones de servicios realizadas por intermediarios sobre operaciones exentas

El artículo 22.Quince de la LIVA establece que están exentas del impuesto las **prestaciones de servicios realizadas por intermediarios que actúen en nombre y por cuenta de terceros cuando intervengan en las operaciones que estén exentas del impuesto en virtud de lo dispuesto en el artículo 22 de la LIVA** .

RESOLUCIÓN ADMINISTRATIVA

Consulta vinculante de la Dirección General de Tributos (V0563-20), de 9 de marzo de 2020

Asunto: posibilidad de exención en el IVA cuando una agencia de viajes vende billetes de ferry en nombre y por cuenta ajena de diversas navieras, a destinatarios algunas veces situados fuera de España, cobrando una comisión a cambio.

«Del escrito de consulta resulta que la consultante, entidad establecida en territorio de aplicación del Impuesto, presta servicios de intermediación en la venta de billetes de transporte en ferry en nombre y por cuenta de diversas empresas navieras. Tales servicios se entenderán realizados en territorio de aplicación del Impuesto cuando la naviera destinataria de los mismos tenga su sede de actividad económica o un establecimiento permanente en dicho territorio. Por el contrario, cuando se trate de entidades navieras no establecidas en territorio de aplicación del Impuesto los servicios de intermediación quedarán no sujetos al Impuesto sobre el Valor Añadido.

(...) en virtud de lo dispuesto en el apartado quince del artículo 22 de la Ley 37/1992, los servicios de mediación prestados por la consultante que estuviesen sujetos al Impuesto sobre el Valor Añadido español en aplicación de los criterios conteni-

dos en el apartado 1 anterior, estarían exentos de dicho Impuesto cuando los servicios de transporte de viajeros y de sus equipajes, a que tales servicios de mediación se refieren, estuviesen a su vez exentos del Impuesto en aplicación de lo previsto en el apartado trece del mismo artículo por estar situado el puerto de procedencia o de destino del transporte fuera del ámbito espacial de aplicación del referido Impuesto. Esta exención será igualmente aplicable cuando la consultante venda en nombre ajeno los billetes a una agencia de viajes que sea quién finalmente los venda en nombre y por cuenta de las navieras a los destinatarios finales.

Por el contrario, estarán sujetos y no exentos del Impuesto sobre el Valor Añadido, los servicios de mediación prestados por la consultante en la venta de billetes de transporte en ferry que discurran dentro del ámbito espacial del Impuesto en los que no se cumplan los requisitos previstos en el referido apartado trece del artículo 22 de la Ley del Impuesto».

8.
REGÍMENES ESPECIALES ADUANEROS

¿Dónde se regulan los regímenes especiales aduaneros y cuáles son?

Según el artículo 18 de la LIVA, tendrán la consideración de importación de bienes:

- La entrada en el interior del país de un bien que no cumpla las condiciones previstas en los artículos 9 y 10 del Tratado constitutivo de la Comunidad Económica Europea (en la actualidad, artículos 28 y 29 del Tratado de la Unión Europea) o, si se trata de un bien comprendido en el ámbito de aplicación del Tratado constitutivo de la Comunidad Europea del Carbón y del Acero, que no esté en libre práctica.
- La entrada en el interior del país de un bien procedente de un territorio tercero, distinto de los bienes a que se refiere el punto anterior.

Ahora bien, y sin perjuicio de ello, cuando alguno de dichos **bienes se coloque, desde su entrada en el territorio de aplicación del impuesto, en las situaciones a que se refiere el artículo 23 de la LIVA o se vincule a los regímenes comprendidos en el artículo 24 de la LIVA, con excepción del régimen de depósito distinto del aduanero, se producirá la importación de ese bien cuando cesen las situaciones o se ultimen los regímenes indicados en el territorio de aplicación del impuesto**. Con todo, esta previsión solo se aplicará cuando los bienes se coloquen en las citadas situaciones o se vinculen a los regímenes indicados con cumplimiento de la legislación que sea aplicable en cada caso y el incumplimiento de la legislación reguladora de dichas situaciones y regímenes determinará el hecho imponible importación de bienes.

Como **salvedad**, no constituirá importación el cese de las situaciones a que se refiere el artículo 23 de la LIVA o la ultimación de los regímenes comprendidos en el artículo 24 de la LIVA cuando determine una entrega de bienes a la que resulte aplicable las exenciones establecidas en los artículos 21, 22 o 25 de la LIVA. Tampoco constituirá importación el cese de las situaciones o la ultimación de los regímenes anteriores cuando determine un fletamento o un arrendamiento de buques o aeronaves, o bien un arrendamiento de los objetos que se incorporen a dichos buques y aeronaves, a los que resulte aplicable las exenciones previstas en los apartados uno, dos, cuatro y cinco del artículo 22 de la LIVA.

Por su parte, la **vinculación de mercancías importadas al régimen de depósito distinto del aduanero** se referirá exclusivamente a las referidas en el artículo 65 de la LIVA. La ultimación de este régimen aduanero de los bienes previamente importados y vinculados a él, a cuya importación se haya aplicado la exención del artículo 65 de la LIVA, determinará el hecho imponible importación de bienes a excepción de los bienes objeto de impuestos especiales a que se refiere la letra a) del apartado quinto del anexo de la LIVA, en cuyo caso la ultimación del régimen de depósito distinto del aduanero determinará la realización de una operación asimilada a una importación. Sin embargo, no constituirá importación ni operación asimilada a la importación la ultimación del régimen de depósito distinto del aduanero de los bienes previamente importados cuando aquella determine una entrega de bienes a la que resulte aplicable las exenciones de los artículos 21, 22 o 25 de la LIVA.

A TENER EN CUENTA. Lo reproducido en este último párrafo, que se recoge en el artículo 18.Tres de la LIVA, es fruto de la modificación introducida en él por parte de la Ley 13/2023, de 24 de mayo, con efectos desde el 01/01/2023. Con dicha reforma pasó a establecerse que, en los casos de abandono del régimen de depósito distinto del aduanero de los bienes objeto de impuestos especiales, se realizará una operación asimilada a una importación y no una importación de bienes, cualquiera que sea su procedencia.

Por su parte, el artículo 19.5.° de la LIVA considera como operación asimilada a la importación de bienes el cese de las situaciones o la ultimación de los regímenes a que se refieren los artículos 23 y 24 de la LIVA, de los bienes cuya entrega o adquisición intracomunitaria para ser colocados en las citadas situaciones o vinculados a dichos regímenes se hubiese beneficiado de la exención del impuesto en virtud de lo dispuesto en los mencionados artículos y en el artículo 26.Uno de la LIVA, o hubiesen sido objeto de entregas o prestaciones de servicios igualmente exentas por dichos preceptos. Como excepción, no constituirá operación asimilada a las importaciones el cese de las situaciones ni la ultimación de los regímenes indicados de los siguientes bienes: estaño (código NC 8001), cobre (códigos NC 7402, 7403, 7405 y 7408), zinc (código NC 7901), níquel (código NC 7502), aluminio (código NC 7601), plomo (código NC 7801), indio (códigos NC ex 811292 y ex 811299), plata (código NC 7106) y platino, paladio y rodio (códigos NC 71101100, 71102100 y 71103100). En estos casos, el cese de las situaciones o la ultimación de los regímenes mencionados dará lugar a la liquidación del impuesto en los términos establecidos en el apartado sexto del anexo de la LIVA.

Tratándose de gasolinas, gasóleos y biocarburantes destinados a ser usados como carburante comprendidos en los epígrafes 1.1, 1.2.1, 1.2.2, 1.3, 1.13 y 1.14 de la tarifa 1.ª del artículo 50.1 de la Ley 38/1992, de 28 de diciembre, de Impuestos Especiales, la ultimación del régimen de depósito distinto del aduanero a que se refiere el artículo 24.Uno.1.°, letra f), de la LIVA se entenderá realizada, en todo caso, por el último depositante del producto que se extraiga del depósito fiscal, al que se repercutirá el Impuesto sobre Hidrocarburos correspondiente y que estará obligado a liquidar el IVA por la operación asimilada a la importación, o por el titular del depósito fiscal en caso de que sea el propietario del producto. Asimismo, el último depositante del producto que se extraiga, o el titular del depósito fiscal en caso de que sea el propietario del producto, estará obligado a garantizar el ingreso del IVA correspondiente a la posterior entrega sujeta y no exenta del bien extraído del depósito fiscal, en la forma prevista en el apartado undécimo del anexo de la LIVA.

No obstante, no constituirá operación asimilada a las importaciones el cese de las situaciones a que se refiere el artículo 23 de la LIVA o la ultimación de los regímenes del artículo 24 de la LIVA cuando determine una entrega de bienes a la que resulte aplicable las exenciones establecidas en los artículos 21, 22 o 25 de la LIVA.

A TENER EN CUENTA. El n.º 5 del art. 19 de la LIVA ha sido objeto de recientes modificaciones. Así, la Ley 7/2024, de 20 de diciembre, incorporó lo señalado con respecto a los carburantes e introdujo un nuevo apartado undécimo al anexo de la LIVA, referido a las garantías del ingreso del IVA correspondiente a determinados carburantes que abandonan el régimen de depósito distinto del aduanero al que se refiere el artículo 19.5º de la LIVA, todo ello con entrada en vigor el 22/12/2024. Además, el RD-ley 9/2024, de 23 de diciembre, y su corrección de errores publicada en el BOE del 22/01/2025 también habían introducido pequeñas modificaciones tanto en ese precepto como en el apartado undécimo del anexo de la LIVA, con entrada en vigor el 25/12/2024; pero este RD-ley ha quedado derogado tras no haber sido convalidado por el Congreso en su sesión celebrada el 22/01/2025 (Resolución de 22 de enero de 2025, del Congreso de los Diputados, publicada en el BOE del 23/01/2025); por lo que en la exposición anterior ya no se incorporan los cambios que esa norma supuso. Finalmente, conviene destacar que, con carácter previo, la LPGE para 2023 ya había modificado también el artículo 19.5.º de la LIVA el apartado sexto del anexo, que regula la liquidación del IVA en tales supuestos, con efectos desde el 01/01/2023 y vigencia indefinida; en el ámbito de las operaciones asimiladas a las importaciones, la modificación supuso la eliminación de la referencia a la salida de áreas exentas como un espacio físico determinado.

Considerando, por tanto, los artículos 23 y 24 de la LIVA, dentro de los regímenes aduaneros especiales se comprenderían:

- Las situaciones de depósito temporal.
- Ciertas entregas de bienes y prestaciones de servicios para plataformas de perforación o explotación.
- El régimen de zona franca.
- El régimen aduanero de importación temporal.
- El régimen aduanero de perfeccionamiento activo.
- El régimen aduanero de perfeccionamiento pasivo.

- El régimen aduanero de destino final.
- El régimen de tránsito de las mercancías en la Unión Europea.

8.1. Situaciones de depósito temporal y otras situaciones

Regulación de las situaciones de depósito temporal y otras (art. 23 de la LIVA)

La regulación en este ámbito se contiene en el artículo 23 de la LIVA y artículo 11 del RIVA.

Estarán exentas del IVA, en las condiciones y con los requisitos que se establezcan reglamentariamente, las **siguientes operaciones**:

- Las **entregas de bienes que se encuentren en situación de depósito temporal**, así como las **prestaciones de servicios relacionadas directamente** con las entregas de bienes anteriores y las realizadas mientras los bienes se mantengan en dicha situación.
- Las **entregas de bienes que sean conducidos al mar territorial para incorporarlos a plataformas de perforación o de explotación** para su construcción, reparación, mantenimiento, transformación o equipamiento o para unir dichas plataformas al continente. Esta exención se extiende a las entregas de bienes destinados al avituallamiento de dichas plataformas.
- Las **prestaciones de servicios relacionadas directamente** con las entregas de bienes del punto anterior, así como con las **importaciones de bienes destinados a ser colocados en las situaciones** a que se refiere este apartado.
- Las **entregas de los bienes que se encuentren en la situación indicada en el punto segundo**, así como las prestaciones de servicios realizadas mientras los bienes se mantengan en dicha situación.

La situación de depósito temporal, así como la colocación de los bienes en situación de depósito temporal, se ajustarán a la definición, normas y requisitos establecidos por la legislación aduanera.

Por su parte, las prestaciones de servicios exentas no comprenderán las que gocen de exención por los artículos 20, 21 y 22 de la LIVA.

A TENER EN CUENTA. El artículo 23 de la LIVA, que recoge el régimen anterior, fue modificado por la Ley 31/2022, de 23 de diciembre, de Presupuestos Generales del Estado para el año 2023, con efectos desde el 1 de enero de 2023 y vigencia indefinida, con el objeto de armonizar y adaptar la legislación del IVA a la normativa aduanera comunitaria. Con ello, se prescinde en este artículo de la referencia a las zonas francas, cuya regulación se traslada al artículo 24 de la LIVA; y se establece que las exenciones relativas a las situaciones de depósito temporal y otras situaciones no comprenderán las exportaciones y operaciones asimiladas, así como las operaciones exentas por el artículo 20 de la LIVA.

Estas exenciones se condicionan, en todo caso, a los siguientes **requisitos**:

- Que los bienes a que se refieren no sean utilizados ni destinados a su consumo final en las situaciones indicadas.
- Que los bienes se introduzcan o coloquen en las situaciones indicadas, lo que se acreditará en la forma que se determine por la legislación aduanera.
- Que el transporte de los bienes se haga por el proveedor, el adquirente o por cuenta de cualquiera de ellos.
- Las entregas de los bienes que se encuentren en dichas situaciones, así como las prestaciones de servicios relativas a dichos bienes solo estarán exentas mientras los bienes, de conformidad con la legislación aduanera, permanezcan en situación de depósito temporal. Tal requisito se considerará cumplido cuando los bienes salgan de los lugares indicados para introducirse en otros de la misma naturaleza.
- Que el adquirente de los bienes o destinatario de los servicios entregue al transmitente o prestador de los servicios una declaración suscrita por él en la que manifieste la situación de los bienes que justifique la exención. A estos efectos, el adquirente o destinatario podrán utilizar el formulario disponible a tal efecto en la sede electrónica de la AEAT.

Depósito temporal: definición y funcionamiento

|| ¿Qué es el depósito temporal en este ámbito?

El CAU (Código Aduanero de la Unión) define el depósito temporal como aquella situación aduanera en la que mercancías no pertenecientes a la Unión se almacenan temporalmente bajo vigilancia aduanera en el período que media entre su presentación en aduana y su inclusión en un régimen aduanero o su reexportación [artículo 5.17) del CAU]. Su régimen se desarrolla en los artículos 144 y siguientes del CAU.

No en vano, las mercancías importadas deben presentarse en la aduana y permanecerán en los lugares autorizados por ella (depósitos temporales) hasta que reciban un destino aduanero, teniendo entre tanto el estatuto de mercancías en depósito temporal.

Mientras se encuentren en depósito temporal, las mercancías **solo podrán ser objeto de las manipulaciones dirigidas a garantizar su conservación** sin alteraciones y sin modificarse su presentación o sus condiciones técnicas. Si, por cualquier motivo, las mercancías no pueden mantenerse en depósito temporal, las autoridades aduaneras tomarán todas las medidas precisas para regularizar su situación sin demora.

Su funcionamiento

Según ya apuntamos, las mercancías no pertenecientes a la Unión se mantendrán en depósito temporal a partir del momento de su presentación en aduana (artículo 144 del CAU) .

Estas mercancías tendrán que ser objeto de una **declaración de depósito temporal**, que contendrá todos los datos necesarios para la aplicación de las disposiciones que regulan el depósito temporal y que será presentada a más tardar en el momento de la presentación de las mercancías en aduana. Además, también deberán facilitarse los documentos relativos a las mercancías en depósito temporal a las autoridades aduaneras, cuando lo exija la legislación europea o se considere necesario para el control aduanero.

Por lo demás, y salvo que se dispense de la obligación de presentar una declaración sumaria de entrada, la declaración de depósito temporal incluirá una referencia a toda declaración sumaria de entrada presentada para las mercancías presentadas en aduana, salvo si ya han estado en depósito temporal o han sido incluidas en un régimen aduanero y no han abandonado el territorio aduanero de la Unión.

Las autoridades aduaneras podrán aceptar que la declaración de depósito temporal adopte asimismo las siguientes formas:

- Una referencia a cualquier declaración sumaria de entrada presentada para las mercancías de que se trate, completada con los datos de una declaración de depósito temporal.
- Un manifiesto u otro documento de transporte, siempre que contenga los datos de una declaración de depósito temporal, incluida una referencia a cualquier declaración sumaria de entrada de las mercancías de que se trate.

Las autoridades aduaneras podrán aceptar que los sistemas de información comercial, portuaria o relativos al transporte se utilicen para presentar una declaración de depósito temporal siempre que contengan todos los datos necesarios para dicha declaración y se disponga de dichos datos.

La declaración de depósito temporal también podrá utilizarse a efectos de la notificación de la llegada y de la presentación de las mercancías en aduana, en la medida en que cumpla las condiciones establecidas al respecto.

Las autoridades aduaneras conservarán la declaración de depósito temporal, o tendrán acceso a ella, con objeto de verificar que las mercancías a que se refiere se incluyen posteriormente en un régimen aduanero o se reexporten.

No será necesario presentar una declaración de depósito temporal cuando, a más tardar en el momento de la presentación de las mercancías en aduana, se haya establecido que tienen el estatuto aduanero de mercancías de la Unión. Por otra parte, en el caso de mercancías no pertenecientes a la Unión, trasladadas en régimen de tránsito, que se presenten en una aduana de destino situada en el territorio aduanero de la Unión, se considerará que los datos de la operación de tránsito constituyen la declaración de depósito temporal, siempre que reúnan los requisitos para ello; aunque el titular de las mercancías podrá presentar tal declaración una vez terminado el régimen de tránsito.

Los almacenes de depósito temporal y las condiciones del depósito

Las mercancías en depósito temporal **solo se almacenarán en «almacenes de depósito temporal» o, en casos justificados, en otros lugares destinados o autorizados por las autoridades aduaneras**.

Para poder explotar un almacén de depósito temporal será necesario obtener autorización conforme al artículo 148 del CAU; que, sin embargo, no será necesaria si el operador del almacén es la propia autoridad aduanera. En el resto de los casos, en la autorización figurarán las condiciones en las que se autoriza la explotación del almacén de depósito temporal y solo se concederá a las personas que cumplan tres condiciones:

- Estar establecidos en el territorio aduanero de la Unión.
- Ofrecer la seguridad necesaria en lo que respecta a la buena ejecución de las operaciones, considerándose que los operadores económicos autorizados de simplificaciones aduaneras reúnen esta condición en la medida en que, en la autorización contemplada, se haya tenido en cuenta la explotación de almacenes de depósito temporal
- Constituir una garantía. Cuando se constituya una garantía global, el cumplimiento de las obligaciones inherentes a esa garantía se verificará mediante una auditoría adecuada.

Solo se concederá la autorización cuando las autoridades aduaneras puedan ejercer la vigilancia aduanera sin verse obligadas a poner en marcha un dispositivo administrativo que sea desproporcionado respecto de las necesidades económicas correspondientes.

Cuando una mercancía esté en un almacén de depósito temporal, el titular del mismo tendrá que:

- Llevar los registros de manera adecuada y conforme a lo establecido por la autoridad aduanera. Dichos registros contendrán la información y los datos que permitirán a las autoridades aduaneras supervisar la explotación del almacén de depósito temporal, particularmente en lo relativo a la identificación de las mercancías almacenadas, su estatuto aduanero y sus traslados.
- Asegurar que las mercancías no se sustraigan a la vigilancia aduanera.
- Cumplir las obligaciones derivadas del almacenamiento.

Por otra parte, las autoridades aduaneras podrán autorizar al titular de la autorización a trasladar mercancías en depósito temporal entre diferentes almacenes de depósito temporal a condición de que dichos traslados no aumenten el riesgo de fraude, de la manera siguiente:

- El traslado se efectúa bajo la responsabilidad de una autoridad aduanera.
- El traslado está amparado solamente por una autorización expedida a un operador económico autorizado de simplificaciones aduaneras.
- O bien en los demás casos de traslado.

A TENER EN CUENTA. Cuando exista una necesidad económica y ello no comprometa la vigilancia aduanera, las autoridades aduaneras podrán autorizar el almacenamiento de mercancías de la Unión en almacenes de depósito temporal. Sin embargo, dichas mercancías no se considerarán mercancías en depósito temporal.

Las mercancías no pertenecientes a la Unión que se encuentren en depósito temporal se incluirán en un régimen aduanero o se reexportarán antes de que transcurran 90 días. En este sentido, y salvo que se disponga lo contrario, el declarante podrá elegir libremente el régimen aduanero en el que incluirlas, bajo las condiciones de dicho régimen, independientemente de su naturaleza, cantidad y país de origen, envío o destino.

RESOLUCIÓN ADMINISTRATIVA

Consulta vinculante de la Dirección General de Tributos (V1469-19), de 19 de junio de 2019

Asunto: medios de prueba para la aplicación de la exención en caso de mercancías en depósito temporal.

«(...) las prestaciones de servicios que estuvieran sujetas al Impuesto sobre el Valor Añadido por entenderse realizadas en el territorio de aplicación del impuesto estarán exentas en virtud del artículo 23 de la Ley 37/1992 cuando estos se refieran a mercancías que se encuentren en depósito temporal, de conformidad con lo dispuesto en la normativa aduanera.

2.- En cuanto a la forma de acreditar la correcta aplicación de la exención, debe señalarse que ni en la Ley ni en el Reglamento del impuesto se mencionan los medios de prueba que acreditan los extremos anteriores por lo que deberá estarse a lo dispuesto en el artículo 106 de la Ley 58/2003, de 17 de diciembre, General Tributaria (BOE de 18 de diciembre), establece que en los procedimientos tributarios serán de aplicación las normas que sobre medios y valoración de pruebas se contienen en el Código Civil y en la Ley de Enjuiciamiento Civil, salvo que la Ley establezca otra cosa.

A estos efectos, debe tenerse en cuenta lo establecido en relación con la prueba en el Capítulo V del Título I del Libro IV del Código Civil aprobado por el Real Decreto de 24 de julio de 1889 (BOE del 25 de julio), así como lo dispuesto en los Capítulos V y VI del Título I del Libro II de la Ley1/2000, de 7 de enero, de Enjuiciamiento Civil (BOE del 8 de enero en cuyo artículo 299 de la Ley se enumeran los medios de prueba.

Por lo que se refiere a la valoración de las pruebas, hay que señalar que en nuestro ordenamiento jurídico rige el principio general de valoración libre y conjunta de todas las pruebas aportadas, quedando descartado como principio general el sistema de prueba legal o tasada.

En conclusión, la consultante deberá acreditar por cualquier medio de prueba válido en Derecho que los servicios se han prestado a los transitarios durante el período en que las mercancías han permanecido en depósito temporal y, en particular, estando en posesión de la documentación aduanera que ha amparado la entrada de las mercancías en el territorio aduanero de la Unión, así como aquella que legitima la estancia de la misma en el almacén de depósito temporal del que es titular la consultante.

En cualquier caso, la consultante deberá estar en posesión de una declaración suscrita por los transitarios, destinatarios de sus servicios, manifestando la situación en que se encuentran las mercancías.

Para ello se podrá utilizar el formulario aprobado a estos efectos mediante la Resolución de 13 de marzo de 2014, del Departamento de Aduanas e Impuestos Especiales de la Agencia Estatal de Administración Tributaria, por la que se aprueban los formularios a los que se refieren los artículos 11 y 12 del Reglamento del Impuesto».

Depósito aduanero: definición y funcionamiento

|| Concepto de depósito aduanero

Bajo el régimen de depósito aduanero, las mercancías no pertenecientes a la Unión podrán ser depositadas en instalaciones u otros lugares autorizados para este régimen por las autoridades aduaneras y bajo supervisión aduanera. Serían los denominados depósitos aduaneros. Se trata de un régimen que se desarrolla en los artículos 240 y siguientes del CAU.

Ahora bien, cuando exista una **necesidad económica y ello no comprometa la vigilancia aduanera,** las autoridades aduaneras podrán autorizar el almacenamiento de mercancías de la Unión en un almacén que sirva de depósito aduanero. Dichas mercancías no se considerarán incluidas en el régimen de depósito aduanero (artículo 237.3 del CAU) .

Por lo demás, el artículo 237 del CAU señala que, en el marco de un régimen de depósito, las mercancías no pertenecientes a la Unión podrán ser almacenadas en el territorio aduanero de la Unión sin estar sujetas:

- A derechos de importación.
- A otros gravámenes prescritos por otras disposiciones pertinentes en vigor.
- A medidas de política comercial en la medida en que no prohíban la entrada de mercancías en el territorio aduanero de la Unión o su salida de él.

Las mercancías de la Unión podrán incluirse en el régimen de depósito aduanero o de zona franca con arreglo a la legislación de la Unión reguladora de ámbitos específicos, o con el fin de beneficiarse de una decisión que conceda la devolución o condonación de los derechos de importación.

Finalmente, conviene apuntar que los **depósitos aduaneros pueden ser públicos o privados**:

- Los depósitos aduaneros públicos son aquellos que están a disposición de cualquier persona para el depósito aduanero de mercancías.
- Los depósitos aduaneros privados son, por el contrario, depósitos aduaneros para el almacenamiento de mercancías por el titular de una autorización de depósito aduanero.

| ¿Cómo funciona?

Las **mercancías incluidas en el régimen de depósito aduanero podrán ser temporalmente retiradas del depósito aduanero**, y, salvo en caso de fuerza mayor, esa retirada deberá ser autorizada previamente por las autoridades aduaneras.

De conformidad con la normativa aduanera, el titular de la autorización y el titular del régimen serán responsables de:

- Garantizar que las mercancías incluidas en el régimen de depósito aduanero no se sustraigan a la vigilancia aduanera.
- Cumplir las obligaciones que resulten del almacenamiento de las mercancías incluidas en el régimen de depósito aduanero.

No obstante, cuando la autorización se refiera a un depósito aduanero público, se podrá establecer que dichas responsabilidades incumban exclusivamente al titular del régimen. Además, en cualquier caso, el titular del régimen será responsable del cumplimiento de las obligaciones que resulten de la inclusión de las mercancías en el régimen de depósito aduanero.

Según lo ya apuntado, los depósitos aduaneros pueden ser públicos o privados, pero, a su vez, cabe distinguir varios tipos de depósitos aduaneros públicos en función del régimen de responsabilidad. A tal efecto, cabe acudir al artículo 203 del Reglamento Delegado (UE) 2015/2446 de la Comisión, de 28 de julio de 2015, por el que se completa el Reglamento (UE) n.º 952/2013 del Parlamento Europeo y del Consejo con normas de desarrollo relativas a determinadas disposiciones del Código Aduanero de la Unión. Dicho precepto indica que las autorizaciones para la explotación de instalaciones de almacenamiento para el depósito aduanero de mercancías tendrán que especificar cuál de los siguientes tipos de depósitos aduaneros se utilizará en el marco de cada autorización:

- **Depósito aduanero público de tipo I**. En él, la responsabilidad de garantizar que las mercancías no se sustraigan a la vigilancia aduanera y de cumplir las obligaciones que resulten del almacenamiento de las mercancías incluidas en el régimen de depósito aduanero recae sobre el titular de la autorización y el titular del régimen.
- **Depósito aduanero público de tipo II**. En este caso, las responsabilidades antes indicadas pesan exclusivamente sobre el titular del régimen.
- Depósito aduanero privado.

Además, el operador de la instalación de almacenamiento para el depósito aduanero de mercancías también podrá ser la propia autoridad aduanera, con lo que ya no sería necesaria la autorización de explotación de la instalación [artículo 211.1.b) del CAU]. Se trataría de otro tipo de depósito aduanero público.

Por lo demás, las autorizaciones para la explotación de instalaciones de almacenamiento para el depósito aduanero de mercancías se concederán a condición de que las instalaciones de almacenamiento no se utilicen para la venta al por menor, a menos que la venta al por menor de las mercancías se realice en cualquiera de las situaciones siguientes [artículo 201 del Reglamento Delegado (UE) 2015/2446 de la Comisión, de 28 de julio de 2015]:

- Con franquicia de los derechos de importación a los viajeros con destino a países o territorios situados fuera del territorio aduanero de la Unión o procedentes de los mismos.

- Con franquicia de los derechos de importación a los miembros de organizaciones internacionales.
- Con franquicia de los derechos de importación a las fuerzas de la OTAN.
- Con franquicia de los derechos de importación en virtud de acuerdos diplomáticos o consulares.
- A distancia, incluso a través de internet.

A TENER EN CUENTA. Cuando las mercancías supongan un peligro o puedan deteriorar las demás mercancías o, por otras razones, precisen instalaciones especiales, la autorización para la explotación de instalaciones de almacenamiento para el depósito aduanero de mercancías podrá especificar que las mercancías solo podrán almacenarse en instalaciones de almacenamiento especialmente equipadas para recibirlas.

Por otra parte, según prevé el artículo 241 del CAU, en los casos en los que exista una necesidad económica y ello no comprometa la vigilancia aduanera, las autoridades aduaneras podrán autorizar la realización del perfeccionamiento de mercancías en régimen de perfeccionamiento activo o de destino final dentro de un depósito aduanero, con sujeción a las condiciones que establecen dichos regímenes. Estas mercancías no se considerarán incluidas en el régimen de depósito aduanero.

Por lo que se refiere a la **duración del depósito**, el tiempo de permanencia de mercancías en un régimen de depósito no estará limitado. No obstante, en circunstancias excepcionales, las autoridades aduaneras podrán fijar un plazo máximo en el que deberá ultimarse el régimen de depósito; en particular, cuando, en caso de almacenamiento de larga duración, el tipo y la naturaleza de las mercancías pueda constituir una amenaza para la salud pública, la sanidad animal o la fitosanidad o para el medio ambiente (artículo 238 del CAU).

Las mercancías incluidas en un régimen de depósito aduanero podrán ser sometidas a las **manipulaciones usuales** destinadas a garantizar su conservación, mejorar su presentación o su calidad comercial o preparar su distribución o reventa. Y, en concreto, tales manipulaciones usuales autorizadas se prevén en el anexo 71-03 del Reglamento Delegado (UE) 2015/2446 de la Comisión, de 28 de julio de 2015 (artículos 220 del CAU y 180 del Reglamento Delegado que acaba de citarse).

CUESTIÓN

¿Cómo se ha de proceder si en un depósito aduanero se almacenan mercancías de la Unión junto con otras no pertenecientes a la Unión y resulta imposible o muy costoso identificar en todo momento cada tipo de mercancía?

A estos supuestos se refiere el artículo 177 del Reglamento Delegado (UE) 2015/2446 de la Comisión, de 28 de julio de 2015. De manera general, establece que cuando se almacenen ambos tipos de mercancías en una instalación de almacenamiento para el depósito aduanero y sea imposible, o solo sea posible a un coste desproporcionado, identificar en todo momento cada tipo de mercancía (almacenamiento común), la autorización de las autoridades aduaneras para la explotación de tales instalaciones deberá establecer que se proceda a una separación contable con respecto a cada tipo de mercancía, estatuto aduanero y, cuando proceda, origen de mercancías.

Además, la norma también establece que, en principio, las mercancías de la Unión almacenadas conjuntamente con mercancías no pertenecientes a la Unión en una instalación de almacenamiento en el sentido del apartado 1 compartirán el mismo código CN de ocho dígitos, la misma calidad comercial y las mismas características técnicas. Sin embargo, contempla ciertas excepciones a esta regla, aplicables en determinados supuestos.

RESOLUCIÓN ADMINISTRATIVA

Consulta vinculante de la Dirección General de Tributos (V3205-19), de 19 de noviembre de 2019

Asunto: tributación en el IVA de una operación en la que una empresa española adquiere mercancía industrial de un proveedor estadounidense para revenderla a un tercer adquirente establecido en el TAI. El bien se envía a la empresa española por el proveedor y se introduce en un depósito aduanero situado en el TAI, después el adquirente final desvincula el bien de dicho depósito aduanero.

«(...) la operación efectuada por las partes identificadas en el escrito de consulta no tiene la consideración de operación triangular.

Las operaciones triangulares responde a una operativa que se encuentra detalladamente descrita en el artículo 26.Tres de la Ley 37/1992 y que necesariamente implica, entre otras condiciones, un transporte intracomunitario entre Estados miembros, circunstancia que no concurre en el supuesto objeto de consulta.

Sí pueden identificarse, sin embargo, dos transacciones distintas que tienen por objeto a las mismas mercancías y que deben ser analizadas de forma independiente.

En primer lugar, la realizada por el proveedor estadounidense a favor de la consultante y, en segundo lugar, la realizada por la consultante a favor del adquirente final.

Ambas operaciones deben ser calificadas, con el artículo 8 de la ley 37/1992, como entregas de bienes.

La primera de ellas, no se entiende realizada en el territorio de aplicación del impuesto, pues el lugar de inicio de la expedición o transporte que introduce las mercancías en el territorio de aplicación del impuesto no se encuentra situado en el territorio de aplicación del impuesto, de acuerdo con la regla contenida en el artículo 68.Dos.1º de la Ley 37/1992.

La entrega efectuada por la consultante a favor del adquirente final, sí se encuentra sujeta al Impuesto sobre el Valor Añadido pues la puesta a disposición de la mercancía se produce sin transporte y estas se encuentran en el territorio de aplicación del impuesto cuando se ponen a disposición del adquirente final, de acuerdo con el artículo 68.Uno de la Ley del impuesto.

No obstante, a pesar de estar sujeta, dicha entrega estará exenta pues se efectúa, como parece inferirse del escrito de la consulta, durante la vigencia del régimen de depósito aduanero al que las mercancías están vinculadas, de acuerdo con el artículo 24 de la Ley 37/1992, antes traspuesto.

3.- Posteriormente, con el abandono de la mercancía del régimen de depósito aduanero, se devengará el Impuesto sobre el Valor Añadido correspondiente al hecho imponible de importación.

La ultimación del régimen de depósito aduanero se producirá cuando las mercancías en cuestión sean incluidas en cualquier otro régimen aduanero, de acuerdo con lo establecido en el artículo 215 del CAU, que establece que "se ultimará un régimen especial cuando las mercancías incluidas en dicho régimen, o los productos transformados, se incluyan en otro régimen aduanero posterior, hayan salido del territorio aduanero de la Unión, se hayan destruido sin producir residuos o se abandonen en favor del Estado, de conformidad con el artículo 199.".

(...)

De acuerdo con lo anterior, y teniendo en cuenta que la consultante transmite los bienes al adquirente final y que es éste el que ultima el régimen de depósito aduanero, corresponde a este último la condición de sujeto pasivo del impuesto».

Entregas de bienes y prestaciones de servicios para plataformas de perforación o explotación

¿Qué operaciones de entrega de bienes y prestación de servicios a estas plataformas están exentas de IVA?

De conformidad con el artículo 23.Uno de la LIVA (ordinales 2.°, 3.° y 4.°) **están exentas** del impuesto:

- Las **entregas de bienes que sean conducidos al mar territorial para incorporarlos a plataformas de perforación o de explotación** para su construcción, reparación, mantenimiento, transformación o equipamiento o para unir dichas plataformas al continente. La exención se extiende a las entregas de bienes destinados al avituallamiento de las plataformas.
- Las **prestaciones de servicios relacionadas directamente con las entregas de bienes descritas en el apartado anterior**, así como las importaciones de bienes destinados a ser colocados en esta situación.
- Las **entregas de los bienes que se encuentren en la situación descrita en el primer apartado**, así como las prestaciones de servicios realizadas mientras los bienes se mantengan en dicha situación.

Por tanto, las plataformas a las que se refiere esta previsión serán las de perforación o explotación, no necesariamente de hidrocarburos, que se encuentren situadas dentro de las 12 millas de aguas territoriales, definido en el artículo tercero de la Ley 10/1977, de 4 de enero, sobre mar territorial (artículo 3.Uno de la LIVA) .

Con respecto a este tipo de operaciones no existe una regulación especial fiscal que delimite las características básicas de estas plataformas ni las condiciones de funcionamiento, puesto que no se trata de un régimen aduanero.

RESOLUCIÓN ADMINISTRATIVA

Consulta vinculante de Dirección General de Tributos (V2254-10), de 20 de octubre de 2010

Asunto: necesidad de interpretación estricta de los preceptos que regulan las exenciones del IVA y aplicación de la exención prevista en el artículo 23.Uno.2° de la LIVA.

«La aplicación de las exenciones del artículo 23 y, en particular, la exención de la operación consultada, que tiene por objeto la entrega por parte de un intermedia-

rio de unas patas de una plataforma marítima de explotación de hidrocarburos a la empresa constructora de la misma, viene determinada por la exigencia de una relación directa con la operación en cuestión y sólo resultará exenta del Impuesto cuando dicha entrega tenga como destinataria la empresa constructora o la empresa que vaya a explotar las citadas instalaciones.

En efecto, es conocida la exigencia de una interpretación estricta en los preceptos legales que regulan de las exenciones del Impuesto. Este principio de interpretación estricta ha sido consagrado por la jurisprudencia del Tribunal de Justicia de la Unión Europea (en lo sucesivo, el Tribunal) en numerosas sentencias, entre las que se puede resaltar la de fecha 15 de junio de 1989, dictada en el asunto C-348/87, Stichting Uitvoering Financiële Acties, en la que el Tribunal disponía, en el apartado12, lo siguiente:

"12. En cuanto al alcance de las exenciones previstas de este modo, conviene recordar que este Tribunal de Justicia, en su sentencia de 11 de julio de 1985 (Comisión contra Alemania, 107/84, Rec. 1985, p. 2655), subrayó que si bien es cierto que estas exenciones benefician a actividades que persiguen determinados objetivos, la mayor parte de las disposiciones indican también los operadores económicos autorizados a realizar las prestaciones exentas y que estas prestaciones no se definen por referencia a conceptos puramente materiales o funcionales. En la citada sentencia, este Tribunal precisó también que el artículo 13 de la Sexta Directiva no excluía todas las actividades de interés general, sino únicamente las que se enumeran y describen de manera muy detallada."

Esta doctrina, restrictiva, del Tribunal Europeo es extensible a cualquier tipo de exenciones y tal como se determina de forma explícita en el apartado 12, antes transcrito, las exenciones no se definen por referencia a conceptos puramente materiales o funcionales. Todo ello supone que, en el supuesto planteado, no sería de aplicación automática la exención del artículo 23.2° de la Ley 37/1992 por el simple hecho de que el destino final de los bienes fuera el de ser utilizados en la construcción de una plataforma en el mar territorial.

Haciendo una interpretación conjunta y exhaustiva de las exenciones en las operaciones de importación, exportación, asimiladas y relativas a regímenes y zonas aduaneras y fiscales, cabe concluir que las exenciones para tales supuestos tienen como destinatario la persona que va a realizar, directamente, la operación a cuyo fin se une la exención, salvo en el supuesto de la regulada en los artículos 21.6° y 22. quince de la Ley del Impuesto, que eximen del mismo a intermediarios en operaciones de exportaciones de bienes pero recalcando que los servicios deberán prestarse en nombre y por cuenta de los intervinientes en las exportaciones, sin perjuicio de las que corresponden por encontrarse los bienes en áreas o regímenes ya determinados.

Por consiguiente, la entrega de las patas de la plataforma petrolífera de la empresa constructora a la empresa que, a su vez, la entregará a la constructora de la misma es una entrega sujeta y no exenta del Impuesto».

8.2. Exenciones relativas a regímenes aduaneros y fiscales

¿Cuáles son las exenciones relativas a regímenes aduaneros y fiscales?

De conformidad con los artículos 24 de la LIVA y 12 del RIVA, **están exentas del impuesto**, en las condiciones y con los requisitos que se establezcan reglamentariamente, las **siguientes operaciones:**

- Las **entregas de los bienes que se indican** a continuación:
  - Los destinados a ser vinculados al régimen de zona franca y los que estén vinculados a dicho régimen.
  - Los destinados a ser utilizados en los procesos efectuados al amparo de los regímenes aduanero y fiscal de perfeccionamiento activo, así como de los que estén vinculados a dichos regímenes, con excepción de la modalidad de exportación anticipada del perfeccionamiento activo.
  - Los que se encuentren vinculados al régimen de importación temporal con exención total de derechos de importación o de tránsito externo.
  - Los comprendidos en el artículo 18.Uno.2.º de la LIVA, que se encuentren al amparo del régimen fiscal de importación temporal o del régimen de tránsito interno.
  - Los destinados a ser vinculados al régimen de depósito aduanero y los que estén vinculados a dicho régimen.
  - Los destinados a ser vinculados a un régimen de depósito distinto del aduanero y de los que estén vinculados a dicho régimen.
- Las **prestaciones de servicios relacionadas directamente con las entregas antes descritas**.
- Las **prestaciones de servicios relacionadas directamente con las siguientes operaciones y bienes**:
  - Las importaciones de bienes que se vinculen al régimen de zona franca.
  - Las importaciones de bienes que se vinculen al régimen de tránsito externo.
  - Las importaciones de los bienes comprendidos en el artículo 18.Uno.2.º de la LIVA, que se coloquen al amparo del régimen fiscal de importación temporal o del tránsito interno.
  - Las importaciones de bienes que se vinculen a los regímenes aduanero y fiscal de perfeccionamiento activo.
  - Las importaciones de bienes que se vinculen al régimen de depósito aduanero.
  - Las importaciones de bienes que se vinculen al régimen de importación temporal con exención total.
  - Las importaciones de bienes que se vinculen a un régimen de depósito distinto del aduanero exentas conforme el artículo 65 de la LIVA.
  - Los bienes vinculados a los regímenes descritos anteriormente, a excepción del régimen de importación temporal con exención total.

Los regímenes a que se refiere el apartado anterior son los **definidos en la legislación aduanera** y su vinculación y permanencia en ellos se ajustarán a las normas y requisitos establecidos en dicha legislación. En concreto, el **régimen fiscal de perfeccionamiento activo** se autorizará respecto de los bienes que quedan excluidos del régimen aduanero de la misma denominación, con sujeción, en lo demás, a las mismas normas que regulan el mencionado régimen aduanero. El **régimen fiscal de importación temporal** se autorizará respecto de los bienes procedentes de los territorios comprendidos en el artículo 3.Dos.1.°.b) de la LIVA, cuya importación temporal se beneficie de exención total de derechos de importación o se beneficiaría de dicha exención si los bienes procediesen de terceros países. Finalmente, a los efectos de la LIVA, el régimen de depósito distinto de los aduaneros será el definido en el apartado quinto del anexo de la misma.

Estas exenciones se aplicarán mientras los bienes a que se refieren permanezcan vinculados a los regímenes indicados. Además, se condicionan, en todo caso, a que los bienes a que se refieren no sean utilizados ni destinados a su consumo final durante la vigencia de los mismos, sin perjuicio de los bienes incorporados a los procesos de transformación que se realicen al amparo de los regímenes aduanero y fiscal de perfeccionamiento activo.

Las prestaciones de servicios exentas conforme a lo indicado no comprenderán las que gocen de exención en virtud del artículo 20 de la LIVA.

A TENER EN CUENTA. El artículo 24 de la LIVA, que recoge el régimen anterior, fue modificado por la Ley 31/2022, de 23 de diciembre, de Presupuestos Generales del Estado para el año 2023, con efectos desde el 1 de enero de 2023 y vigencia indefinida, con el objeto de armonizar y adaptar la legislación del IVA a la normativa aduanera comunitaria. Con la reforma se eliminan las menciones al régimen de transformación en aduana y se incluye el régimen de zona franca en el precepto.

Por lo demás, las exenciones de las entregas de bienes y prestaciones de servicios relacionadas con los regímenes comprendidos en el artículo 24 de la LIVA, **excepción hecha del régimen de depósito distinto de los aduaneros**, quedan **condicionadas al cumplimiento de los siguientes requisitos**:

- Que las operaciones se refieran a los bienes que se destinen a ser utilizados en los procesos efectuados al amparo de los indicados regímenes aduaneros o fiscales o que se mantengan en dichos regímenes, de acuerdo con lo dispuesto en las legislaciones aduaneras o fiscales que específicamente sean aplicables en cada caso.
- Que el adquirente de los bienes o destinatario de los servicios entregue al transmitente o prestador de los servicios una declaración suscrita por él en la que manifieste la situación de los bienes que justifique la exención.

A estos efectos, el adquirente o el destinatario podrán utilizar el formulario disponible a tal efecto en la sede electrónica de la AEAT.

Por su parte, las **exenciones de las entregas de bienes y prestaciones de servicios relacionadas con el régimen de depósito distinto de los aduaneros** quedan condicionadas a que dichas operaciones se refieran a los bienes que se destinen a ser colocados o que se encuentren al amparo del citado régimen, de acuerdo con lo dispuesto en el artículo 24.Dos de la LIVA.

Finalmente, conviene tener en cuenta que el artículo 11 del RIVA precisa que las entregas de los bienes que se encuentren en la situación de depósito temporal, así como las prestaciones de servicios relativas a dichos bienes, estarán exentas mientras los bienes, de conformidad con la legislación aduanera, permanezcan en dicha situación. El adquirente de los bienes o destinatario de los servicios deberá entregar al transmitente o prestador de los servicios una declaración suscrita por él en la que manifieste la situación de los bienes que justifique la exención. A estos efectos, el adquirente o destinatario podrán utilizar el formulario disponible a tal efecto en la sede electrónica de la AEAT.

A TENER EN CUENTA. Este artículo 11 del RIVA fue modificado por el Real Decreto 1171/2023, de 27 de diciembre, con entrada en vigor el 1 de enero de 2024, quedando en los términos que acaban de exponerse. Básicamente, con esta reforma se adaptó su contenido a los cambios introducidos en la LIVA por parte de la LPGE para 2023.

Zonas francas: definición y funcionamiento

|| Definición de las zonas francas

El artículo 243 del Reglamento (UE) n.º 952/2013 del Parlamento Europeo y del Consejo, de 9 de octubre de 2013, por el que se establece el código aduanero de la Unión (en adelante, CAU), se limita a señalar lo siguiente:

- Los **Estados miembros podrán designar determinadas partes del territorio aduanero como zonas francas**, fijando el límite geográfico de cada zona y definiendo los puntos de acceso y de salida de ella.
- Los Estados miembros comunicarán a la Comisión información sobre las zonas francas en funcionamiento en sus respectivos territorios.
- Las zonas francas estarán cercadas y sus perímetros y puntos de acceso se encontrarán sometidos a **vigilancia aduanera**. Además, cualquier persona, mercancía o medio de transporte que entre o salga de ellas podrá ser sometida a controles aduaneros.

Por lo tanto, el CAU no ofrece un concepto expreso de zona franca. Sin embargo, siguiendo a la AEAT y lo previsto en el artículo 237 del CAU, las zonas francas pueden definirse como aquellas partes cerradas del territorio aduanero de la Unión, que se encuentran separadas del resto de él y en las que se pueden almacenar toda clase de mercancías no pertenecientes a la Unión, sin estar sujetas a derechos de importación u otros gravámenes prescritos por disposiciones en vigor ni a medidas de política comercial en cuanto no prohíban la entrada de mercancías en el territorio aduanero de la UE o su salida del mismo. También las mercancías de la Unión podrán incluirse en el régimen de zona franca conforme a la legislación de la UE reguladora de ámbitos específicos o para beneficiarse de una decisión que conceda la devolución o condonación de los derechos de importación.

A TENER EN CUENTA. La construcción de inmuebles y realización de actividades en las zonas francas requieren la oportuna autorización (artículo 244 del CAU) .

¿Cómo funcionan?

A la hora de abordar el funcionamiento de las zonas francas debe acudirse a los artículos 245 y siguientes del CAU, que determinan el régimen que veremos a continuación.

Inclusión de las mercancías en el régimen

Las mercancías introducidas en una zona franca se presentarán en aduana y se someterán a las formalidades aduaneras establecidas en cualquiera de los supuestos siguientes (artículo 245 del CAU):

- Que se introduzcan en la zona franca directamente desde fuera del territorio aduanero de la Unión.
- Que hayan sido incluidas en un régimen aduanero que finalice o se ultime al incluirlas en el régimen de zona franca.
- Que se incluyan en el régimen de zona franca con el fin de beneficiarse de una decisión por la que se conceda la devolución o la condonación de los derechos de importación.
- Que las formalidades se dispongan en legislación distinta de la aduanera.

Sin embargo, no se presentarán en aduana las mercancías introducidas en una zona franca en circunstancias distintas de las anteriores.

Sin perjuicio de lo que veremos a continuación, se considera que las mercancías introducidas en una zona franca están incluidas en el régimen de zona franca en el momento de:

- Su introducción en la zona franca, a menos que ya hayan sido incluidas en otro régimen aduanero.
- O bien cuando finalice un régimen de tránsito, salvo que se incluyan inmediatamente después en otro régimen aduanero.

Mercancías de la Unión en zonas francas

Las mercancías de la Unión podrán ser introducidas, almacenadas, trasladadas, utilizadas, transformadas o consumidas en una zona franca. En tales casos, las mercancías no se consideran incluidas en el régimen de zona franca.

Las autoridades aduaneras, previa solicitud de la persona interesada, determinarán el estatuto aduanero de mercancías de la Unión en los casos siguientes:

- Mercancías de la Unión que entren en una zona franca.
- Mercancías de la Unión que hayan sido objeto de operaciones de transformación dentro de una zona franca.
- Mercancías despachadas a libre práctica dentro de una zona franca.

Mercancías no pertenecientes a la Unión en zonas francas

Mientras permanezcan en una zona franca, las mercancías no pertenecientes a la Unión podrán ser despachadas a libre práctica o ser incluidas en el régimen de perfeccionamiento activo, de importación temporal o de destino final, en las condiciones establecidas para dichos regímenes. En tales casos, las mercancías no se considerarán incluidas en el régimen de zona franca.

Sin perjuicio de las disposiciones aplicables a los suministros o al almacenamiento para el avituallamiento, y en la medida en que lo permita el régimen correspondiente, lo previsto en el párrafo anterior no será obstáculo para la utilización o consumo de mercancías que, en caso de despacho a libre práctica o de inclusión en el régimen de importación temporal, no estarían sometidas a la aplicación de derechos de importación o a medidas de política agrícola o comercial común. En caso de esta utilización o consumo, no se requerirá ninguna declaración en aduana para el despacho a libre práctica o el régimen de importación temporal. No obstante, se exigirá tal declaración en caso de que dichas mercancías deban imputarse a un contingente arancelario o a un límite máximo.

|| Salida de las mercancías de una zona franca

Sin perjuicio de la legislación vigente en otros ámbitos distintos del aduanero, las mercancías que se encuentren en una zona franca podrán ser exportadas o reexportadas fuera del territorio aduanero de la Unión, o introducidas en otra parte de dicho territorio.

Las mercancías que salgan de una zona franca y se introduzcan en otra parte del territorio aduanero de la Unión o que se incluyan en un régimen aduanero se considerarán mercancías no pertenecientes a la Unión a menos que se demuestre su estatuto aduanero de mercancías de la Unión. Sin embargo, a los efectos de la aplicación de los derechos de exportación y de las licencias de exportación, así como de las medidas de control de exportaciones en el marco de la política comercial o agrícola común, dichas mercancías serán consideradas mercancías de la Unión, a menos que se establezca que no tienen el estatuto aduanero de tales.

CUESTIONES

1. ¿Qué se entiende por «mercancías de la Unión» y por «mercancías no pertenecientes a la Unión»?

El artículo 5 del CAU contiene las definiciones a los efectos del mismo y se refiere a estos conceptos en los apartados 23 y 24.

Así, las mercancías de la Unión serán aquellas que respondan a alguno de los siguientes criterios:

- Que se obtengan enteramente en el territorio aduanero de la Unión y no incorporen ninguna mercancía importada de países o territorios situados fuera del territorio aduanero de aquella.
- Que se introduzcan en el territorio aduanero de la Unión procedentes de países o territorios situados fuera de dicho territorio y se despachen a libre práctica.
- Que se obtengan o produzcan en el territorio aduanero de la Unión solo con las mercancías a las que se refiere el punto anterior o con mercancías que respondan a los criterios indicados en los dos puntos previos.

Por su parte, las **mercancías no pertenecientes a la Unión** se definen por exclusión, como aquellas no recogidas en la definición anterior o que hayan perdido su estatuto aduanero como mercancías de la Unión.

Además, conviene tener en cuenta que, según el artículo 153 del CAU, se presumirá que todas las mercancías que se hallan en el territorio aduanero de la Unión tienen el estatuto aduanero de mercancías de la Unión, salvo que se compruebe lo contrario. Cuando no se aplique esta presunción, será necesario aportar la prueba de ese estatuto aduanero de las mercancías. Por otro lado, en casos específicos, las mercancías enteramente obtenidas en el territorio aduanero de la UE no tendrán estatuto de mercancías de la Unión si se han obtenido a partir de mercancías que se encuentren en depósito temporal o que estén incluidas bajo un régimen de tránsito externo, de depósito, de importación temporal o de perfeccionamiento activo.

2. Un transitario adquiere una maquinaria a un proveedor chino y la introduce en una zona franca desde su llegada al territorio de aplicación del impuesto. Mientras se encuentra en la zona franca, la mercancía es transmitida a otro sujeto y, finalmente, vendida a un tercero fuera de la zona franca. ¿Están exentas de IVA dichas operaciones?

En principio, la introducción de la maquinaria procedente de China en el territorio de aplicación del IVA supone la realización de una importación de bienes. Sin embargo, dicha importación queda suspendida y no se devenga el hecho imponible importación mientras la máquina no salga de la zona franca en la que se introdujo al llegar al TAI, según lo previsto en el artículo 18.Dos de la LIVA.

Por otro lado, la transmisión de la mercancía mientras se encuentre en la zona franca supondrá la realización de una entrega de bienes sujeta y exentas del IVA conforme al artículo 23.Uno.4.° de la LIVA.

Finalmente, la salida de la maquinaria de la zona franca con destino al territorio de aplicación del impuesto supondrá el devengo del hecho imponible importación (artículo 18.Dos de la LIVA) y tendrá la condición de sujeto pasivo de la importación el propietario de la maquinaria en el momento del devengo del IVA (artículo 86.Dos.3.° de la LIVA) .

En este sentido, puede acudirse, por ejemplo, a la consulta vinculante de la Dirección General (V2751-17), de 25 de octubre de 2017.

RESOLUCIÓN ADMINISTRATIVA

Consulta vinculante de la Dirección General de Tributos (V1799-19), de 11 de julio de 2019

Asunto: posibilidad de exención en el IVA en caso de vinculación a una zona franca de bienes adquiridos en otro Estado miembro o en el TAI.

«(...) las entregas de bienes sujetas al Impuesto sobre el Valor Añadido estarán exentas del impuesto en la medida en que éstos estuvieran destinados a ser vinculados, en las condiciones establecidas en la normativa aduanera, al régimen de zona franca. En ese caso, por tanto, los operadores económicos autorizados para operar en una zona franca no vendrían obligados a soportar la repercusión del impuesto.

En cuanto a los bienes adquiridos en otro Estado miembro y transportados al territorio de aplicación del impuesto para ser vinculados al régimen de zona franca, debe indicarse que los operadores estarán efectuando adquisiciones intracomunitarias de bienes, tal y como se definen en el artículo 15 de la Ley 37/1992 (...)

Dichas adquisiciones intracomunitarias, sujetas al impuesto, podrían estar, no obstante, exentas, de conformidad con el artículo 26 de la ley 37/1992 que establece que:

"Estarán exentas del impuesto:

Uno. Las adquisiciones intracomunitarias de bienes cuya entrega en el territorio de aplicación del impuesto hubiera estado, en todo caso, no sujeta o exenta en virtud de lo dispuesto en los artículos 7, 20, 22, 23 y 24 de esta Ley.

(...).".

Por tanto, en la medida en que los bienes así adquiridos quedasen posteriormente vinculados al régimen de zona franca en los términos establecidos en la normativa comunitaria, dichas adquisiciones estarían igualmente exentas del impuesto en virtud del artículo 23 de la Ley 37/1992.

Respecto de los servicios de almacenamiento o de maquila que, realizados en el territorio de aplicación del impuesto, tuvieran por objeto bienes que no se encontrasen vinculados al régimen de zona franca, éstos estarán sujetos y no exentos de conformidad con lo dispuesto en el artículo 23.Uno.4º de la Ley 37/1992 (...)

Por último, en cuanto a la adquisición en el territorio de aplicación del impuesto de una maquinaria por parte de un operador autorizado para operar en la zona franca con el objeto de instalarla y utilizarla en sus instalaciones situadas en dicha zona franca, debe indicarse que la entrega efectuada por el proveedor de dicha maquinaria estará sujeta y exenta en los términos previstos en el artículo 23 de la Ley 37/1992 únicamente cuando, de conformidad con la normativa aduanera, pueda dicha maquinaria quedar efectivamente vinculada al régimen de zona franca».

¿En qué consiste el régimen de importación temporal?

El régimen aduanero de importación temporal se encuentra regulado en los artículos 250 y siguientes del CAU, que se complementan con lo previsto en el Reglamento Delegado (UE) 2015/2446 de la Comisión, de 28 de julio de 2015, y en el Reglamento de Ejecución (UE) 2015/2447 de la Comisión, de 24 de noviembre de 2015.

En el marco de este régimen, **las mercancías no pertenecientes a la Unión destinadas a la reexportación podrán ser objeto de un destino especial en el territorio aduanero de la Unión con exención total o parcial de derechos de importación y sin estar sometidas**:

- A **otros gravámenes** prescritos por otras disposiciones pertinentes en vigor.
- A **medidas de política comercial en la medida en que no prohíban la entrada de mercancías en el territorio aduanero de la Unión o su salida** de él.

El régimen de importación temporal se **utilizará cuando se cumplan las siguientes condiciones**:

- Que **no esté previsto que las mercancías sufran cambio alguno, a excepción de la depreciación normal causada por el uso** que se haga de ellas.
- Que **sea posible garantizar la identificación de las mercancías** incluidas en el régimen, salvo cuando, habida cuenta de la naturaleza de las mercancías o del destino previsto, la ausencia de medidas de identificación no pueda conducir a un abuso del régimen, o, en el

caso mencionado en el artículo 223 del CAU (que regula las mercancías equivalentes), cuando sea posible comprobar el cumplimiento de las condiciones estipuladas para las mercancías equivalentes.

- Que el **titular del régimen esté establecido fuera del territorio aduanero de la Unión**, salvo que se disponga lo contrario.
- Que **se cumplan las condiciones necesarias para la exención total o parcial** de derechos establecidas en la legislación aduanera.

Las **autoridades aduaneras fijarán el plazo** al término del cual las mercancías incluidas en el régimen de importación temporal deberán ser reexportadas o incluidas en un régimen aduanero posterior. Este plazo deberá ser suficiente para que se pueda alcanzar el objetivo del destino autorizado. Además, y salvo que se disponga lo contrario, el plazo máximo de permanencia de las mercancías en el régimen de importación temporal, para el mismo fin y bajo la responsabilidad del mismo titular de la autorización, será de 24 meses, aun cuando el régimen se hubiera ultimado por inclusión de las mercancías en otro régimen especial, a su vez seguido de una nueva inclusión en el régimen de importación temporal. Cuando, en circunstancias excepcionales, el fin autorizado no pueda alcanzarse dentro de los plazos indicados, las autoridades aduaneras podrán conceder una prórroga de dicho plazo por un tiempo razonable, previa solicitud debidamente justificada del titular de la autorización. Eso sí, el **tiempo total de permanencia de las mercancías en el régimen de importación temporal no será superior a 10 años**, salvo en caso de circunstancias imprevisibles.

Finalmente, conviene apuntar que el artículo 211.1.a) del CAU señala que se **requerirá autorización de las autoridades aduaneras para la utilización del régimen de importación temporal.** Las condiciones que debe cumplir el solicitante son las siguientes:

- Que esté establecido en el territorio aduanero de la Unión. No obstante, las autoridades aduaneras podrán ocasionalmente, cuando lo consideren justificado, conceder una autorización de destino final a personas establecidas fuera del territorio aduanero de la Unión
- Que ofrezca la seguridad necesaria en lo que respecta a la buena ejecución de las operaciones. Se considerará que los operadores económicos autorizados de simplificaciones aduaneras cumplen esta condición, en la medida en que en la autorización se tenga en cuenta la actividad perteneciente al régimen especial de que se trate.
- Que constituya una garantía de conformidad con el artículo 89 del CAU en los casos en los que pueda originarse una deuda aduanera u otros gravámenes.
- Que utilice o mande utilizar las mercancías.

Esta materia, por otra parte, se desarrolla en el Reglamento Delegado (UE) 2015/2446 de la Comisión, de 28 de julio de 2015, por el que se completa el Reglamento (UE) nº 952/2013 del Parlamento Europeo y del Consejo con normas de desarrollo relativas a determinadas disposiciones del Código Aduanero de la Unión (artículos 204 y siguientes de dicha norma). Del régimen que prevé esta norma, cabe destacar, a grandes rasgos, que, salvo disposición en contrario, dicha autorización se concederá a condición de que el estado de las mercancías incluidas en el régimen siga siendo el mismo. Sin embargo, se admitirán las operaciones de reparación y mantenimiento, incluidas la revisión y la puesta a punto de las mercancías o las medidas adoptadas con el fin de garantizar su conservación o su conformidad con los requisitos técnicos indispensables para permitir su utilización en el régimen.

Finalmente, a partir de todo lo anterior, se concluye la existencia de **dos modalidades de importación temporal:**

- La importación temporal con **exención total de derechos**, por la cual las mercancías autorizadas a su utilización son reexportadas sin que llegue a nacer la deuda aduanera. Según prevé el Reglamento Delegado (UE) 2015/2446 de la Comisión, de 28 de julio de 2015, en sus artículos 207 y siguientes, podrá concederse la exención total de derechos de importación a las siguientes mercancías, en las condiciones que en cada caso especifican dichos preceptos:
    - Medios de transporte, palés de carga y contenedores, incluidas sus piezas de recambio, accesorios y equipos.
    - Efectos personales y mercancías importadas por viajeros con fines deportivos.
    - Material de bienestar destinado a las gentes del mar.
    - Material destinado a combatir los efectos de las catástrofes.
    - Material médico-quirúrgico y de laboratorio.
    - Animales.
    - Mercancías destinadas a ser utilizadas en zonas fronterizas.
    - Soportes de sonido, imágenes o información y material publicitario.
    - Material profesional.
    - Material pedagógico y científico.
    - Envases.
    - Moldes, matrices, clichés, dibujos, proyectos, instrumentos de medida, control y verificación, y otros objetos similares.
    - Herramientas e instrumentos especiales.
    - Mercancías utilizadas para efectuar ensayos o someterse a ellos.
    - Muestras.
    - Medios de producción de sustitución.
    - Mercancías destinadas a actos o a la venta en determinadas situaciones.
    - Piezas de recambio, accesorios y equipos.
    - Mercancías que deben circular o utilizarse en el contexto de actividades militares.

- Otras mercancías.

– La importación temporal con **exención parcial de derechos**, caso en el que, en el momento de la reexportación, se deberá proceder a liquidar la parte de la deuda aduanera que se hubiera devengado. A este respecto:

  - La autorización de utilización del régimen de importación temporal con exención parcial de derechos de importación se concederá con respecto a las mercancías que no cumplan todos los requisitos necesarios para la exención total de derechos de importación establecidos en los artículos 209 a 216 y los artículos 219 a 236 del Reglamento Delegado (UE) 2015/2446 de la Comisión, de 28 de julio de 2015; y no se concederá para mercancías fungibles [artículo 206 del Reglamento Delegado (UE) 2015/2446 de la Comisión, de 28 de julio de 2015]. Además, dicha autorización se concederá a condición de que se abone el importe de los derechos de importación exigible cuando se haya ultimado el régimen.
  - El importe de los derechos de importación respecto de las mercancías incluidas en el régimen de importación temporal con exención parcial de esos derechos se fijará en el 3 % del importe del derecho de importación que habría sido exigible por dichas mercancías si hubieran sido despachadas a libre práctica en la fecha en que fueron incluidas en el régimen de importación temporal (artículo 252 del CAU):
    - » Dicho importe será exigible por cada mes o fracción de mes que las mercancías hayan estado incluidas en el régimen de importación temporal con exención parcial de los derechos de importación.
    - » El importe de los derechos de importación no excederá del que hubiese sido exigible en caso de despacho a libre práctica de las mercancías de que se trate en la fecha de su inclusión en el régimen de importación temporal.
    - » La deuda aduanera de importación nacerá al incluirse las mercancías no pertenecientes a la Unión sujetas a derechos de importaciónen la importación temporal con exención parcial de derechos de importación. La deuda aduanera se originará en el momento de la admisión de la declaración en aduana (artículo 77 del CAU).

CUESTIONES

1. Una empresa desea traer a España una maquinaria procedente de un país tercero (no UE) para una muestra comercial. ¿Cómo se solicita la importación temporal?

El procedimiento se inicia con la solicitud de autorización del régimen de importación temporal, en los términos que prevé el Reglamento Delegado (UE) 2015/2446 de la Comisión, de 28 de julio de 2015. A tal respecto, cabe destacar que podrá realizarse mediante declaración oral en aduana para ciertas mercancías conforme al artículo 136, mediante un acto de conformidad con el artículo 139 o bien a través de un cuaderno ATA o CPD en los términos que prevé el artículo 163 [todos ellos del Reglamento Delegado (UE) 2015/2446 de la Comisión, de 28 de julio de 2015].

La solicitud de autorización de importación temporal deberá presentarse a la autoridad aduanera competente del lugar donde las mercancías vayan a ser utilizadas por primera vez. Ahora bien, en caso de que una solicitud de autorización de importación temporal se efectúe por medio de una declaración en aduana oral, un acto de conformidad con el artículo 139 del Reglamento Delegado (UE) 2015/2446 de la Comisión, de 28 de julio de 2015, o un cuaderno ATA o CPD deberá realizarse en el lugar en que se presenten las mercancías y se declaren para el régimen de importación temporal [artículo 205 del Reglamento Delegado (UE) 2015/2446 de la Comisión, de 28 de julio de 2015].

2. En el supuesto anterior, ¿podrá obtenerse la exención total de derechos de importación?

Si se dan los requisitos para ello, sí. No en vano, el artículo 232 del Reglamento Delegado (UE) 2015/2446 de la Comisión, de 28 de julio de 2015, permite que se conceda la exención total de derechos de importación para las muestras que se utilicen con el único fin de ser presentadas o de ser objeto de una demostración en el territorio aduanero de la Unión, siempre que la cantidad de las muestras sea adecuada a ese uso. El solicitante y el titular del régimen podrán estar establecidos en el territorio aduanero de la Unión.

RESOLUCIÓN ADMINISTRATIVA

Consulta vinculante de la Dirección General de Tributos (V2281-22), de 28 de octubre de 2022

Asunto: necesidad de que el titular del régimen de importación temporal esté establecido fuera del territorio aduanero de la Unión para que pueda utilizarse dicho régimen.

«La primera cuestión a clarificar es si la importación desde un país tercero de la embarcación objeto de consulta puede realizarse en régimen de importación temporal.

El consultante, según su propia manifestación, va a solicitar una autorización de residencia temporal no lucrativa o un visado y permiso de residencia, por lo que una vez obtenida la autorización de residencia, el consultante pasará a tener la consideración de "persona establecida en el territorio aduanero de la Unión", por lo que a la vista de los preceptos legales transcritos, al no cumplir con todos los requisitos anteriormente enunciados, la embarcación no podrá entrar en régimen de importación temporal con exención total de derechos de importación.

En consecuencia, la entrada en España de la embarcación objeto de consulta matriculada en un país tercero, no podrá realizarse al amparo del régimen aduanero de importación temporal, puesto que el titular del régimen de importación temporal al ser "persona establecida" a efectos del régimen de importación temporal, está incumpliendo los requisitos establecidos en el artículo 250 del Código aduanero Comunitario».

El régimen aduanero de perfeccionamiento activo y su operativa básica

El régimen aduanero de perfeccionamiento activo se contempla en los artículos 256 y siguientes del CAU, así como en su desarrollo a través del Reglamento Delegado (UE) 2015/2446 de la Comisión, de 28 de julio de 2015, y del Reglamento de Ejecución (UE) 2015/2447 de la Comisión, de 24 de noviembre de 2015.

En el marco de este régimen, según prevé el primero de los preceptos mencionados, **las mercancías no pertenecientes a la Unión podrán ser utilizadas dentro del territorio aduanero de la Unión en una o más operaciones de transformación sin que tales mercancías estén sujetas**:

- A **derechos de importación**.
- A **otros gravámenes** prescritos por otras disposiciones pertinentes en vigor.
- A **medidas de política comercial en la medida en que no prohíban la entrada de mercancías en el territorio aduanero de la unión o su salida de él**.

A estos efectos, el artículo 5.37) del CAU establece que **son operaciones de transformación** cualquiera de las siguientes:

- La manipulación de mercancías, incluidos su montaje o ensamblaje o su incorporación a otras mercancías.
- La transformación de mercancías.
- La destrucción de mercancías.
- La reparación de mercancías, incluidas su restauración y su puesta a punto.
- El uso de mercancías que no formen parte del producto transformado pero que permitan o faciliten la producción de este, incluso aunque se consuman total o parcialmente en el proceso (ayudas a la producción).

El régimen de perfeccionamiento activo solo **podrá utilizarse** en casos distintos de la reparación y la destrucción cuando, sin perjuicio de la utilización de ayudas a la producción, las mercancías incluidas en el régimen puedan ser identificadas en los productos transformados. En el caso a que se refiere el artículo 223 del CAU (mercancías equivalentes), el régimen podrá emplearse cuando sea posible comprobar que se reúnen las condiciones establecidas para las mercancías equivalentes. A su vez, el régimen de perfeccionamiento activo también podrá aplicarse a cualquiera de las mercancías siguientes:

- Mercancías destinadas a ser objeto de operaciones para garantizar su conformidad con los requisitos técnicos establecidos para su despacho a libre práctica.
- Mercancías que deban ser objeto de manipulaciones usuales de conformidad con el artículo 220 del CAU.

Como en el caso del régimen de importación temporal, para la utilización del régimen de perfeccionamiento activo también **será necesaria autorización de las autoridades aduaneras** [artículo 211.1.a) del CAU]. Las **condiciones que debe cumplir** el solicitante son las siguientes:

- Que esté establecido en el territorio aduanero de la Unión. No obstante, las autoridades aduaneras podrán ocasionalmente, cuando lo consideren justificado, conceder una autorización para el régimen de perfeccionamiento activo a personas establecidas fuera del territorio aduanero de la Unión [artículo 161 del Reglamento Delegado (UE) 2015/2446 de la Comisión, de 28 de julio de 2015].

- Que ofrezca la seguridad necesaria en lo que respecta a la buena ejecución de las operaciones. Se considerará que los operadores económicos autorizados de simplificaciones aduaneras cumplen esta condición, en la medida en que en la autorización se tenga en cuenta la actividad perteneciente al régimen especial de que se trate.
- Que constituya una garantía de conformidad con el artículo 89 del CAU en los casos en los que pueda originarse una deuda aduanera u otros gravámenes.
- Que efectúe o mande efectuar las operaciones de transformación de las mercancías.

Como complemento de lo anterior, la autorización únicamente se concederá si se cumplen las siguientes condiciones [artículos 211.4 del CAU y 240.3 del Reglamento Delegado (UE) 2015/2446 de la Comisión, de 28 de julio de 2015]:

- Las autoridades aduaneras puedan ejercer la vigilancia aduanera sin verse obligadas a poner en marcha un dispositivo administrativo desproporcionado respecto de las necesidades económicas correspondientes.
- La autorización no perjudique los intereses esenciales de los productores de la Unión (condiciones económicas).
- La especie o el estado de las mercancías en el momento de su inclusión en el régimen no puede ser económicamente restablecido después de la transformación, salvo que el importe de la deuda aduanera que surja se determine de acuerdo con el artículo 86.3 del CAU.
- La utilización del régimen no puede ocasionar la elusión de las normas en materia de origen y de las restricciones cuantitativas aplicables a las mercancías importadas.

Por otra parte, el titular de la autorización, el titular del régimen y toda persona que ejerza una actividad de elaboración de mercancías deberán **llevar los registros adecuados**, que permitan a las autoridades aduaneras la vigilancia del régimen y deben contener los datos recogidos en el artículo 178 del Reglamento Delegado (UE) 2015/2446 de la Comisión, de 28 de julio de 2015 (artículo 214.1 del CAU) .

Las **autoridades aduaneras fijarán el plazo dentro del cual debe ultimarse el régimen de perfeccionamiento activo**. Dicho plazo empezará a contar a partir de la fecha en que las mercancías no pertenecientes a la Unión sean incluidas en el régimen y tendrá en cuenta el tiempo necesario para llevar a cabo las operaciones de transformación y de ultimación del régimen.

Con todo, las autoridades aduaneras podrán autorizar una **prórroga**, de una duración razonable, del plazo antes indicado, previa solicitud, debidamente justificada, del titular de la autorización. Además, la autorización podrá especificar que los plazos que se inicien en el curso de un mes, trimestre o semestre natural finalicen el último día de un mes, trimestre o semestre natural ulterior, respectivamente.

En los casos de exportación anticipada de conformidad con el artículo 223.2.c) del CAU, se especificará en la autorización el plazo dentro del cual las mercancías no pertenecientes a la Unión deban ser declaradas para el régimen de perfeccionamiento activo, atendiendo al plazo necesario para la adquisición y el transporte hasta el territorio aduanero de la Unión. Este plazo se estipulará en meses y no será superior a seis meses. Comenzará a contar a partir de la fecha de admisión de la declaración de exportación de los productos transformados obtenidos a partir de las mercancías equivalentes correspondientes. Ahora bien, a petición del titular de la autorización, el plazo de seis meses podrá prorrogarse incluso después de su vencimiento, a condición de que el plazo total no supere los 12 meses.

Por su parte, el artículo 258 del CAU prevé la posibilidad de **reexportación temporal para transformación ulterior**. Así, previa solicitud, las autoridades aduaneras podrán autorizar que la totalidad o parte de las mercancías incluidas en el régimen de perfeccionamiento activo, o los productos transformados, se reexporten temporalmente para ser objeto de transformación ulterior fuera del territorio aduanero de la Unión, de conformidad con las condiciones establecidas para el régimen de perfeccionamiento pasivo.

CUESTIONES

1. En un régimen de perfeccionamiento activo con uso de mercancías equivalentes, ¿es posible exportar previamente el producto transformado?

Sí. Las autoridades aduaneras pueden autorizar que los productos transformados obtenidos a partir de mercancías equivalentes se exporten fuera de la Unión antes de la importación de las mercancías a las que sustituyen [artículo 223.2.c) del CAU].

2. En el caso de que nazca una deuda aduanera para productos transformados resultantes del régimen de perfeccionamiento activo, ¿cómo se determinará el importe de los derechos de importación correspondientes a esa deuda?

Se determinará, según el artículo 86.3 del Reglamento Delegado (UE) 2015/2446 de la Comisión, de 28 de julio de 2015, a solicitud del declarante, sobre la base de la clasificación arancelaria, el valor en aduana, la cantidad, la naturaleza y el origen de las mercancías incluidas en el régimen de perfeccionamiento activo en el momento de la admisión de la declaración en aduana correspondiente a dichas mercancías. Ahora bien, en ciertos casos, dicho importe se determinará sin solicitud del declarante, para evitar que se eludan las medidas arancelarias (apartado 4 del mismo precepto).

RESOLUCIÓN ADMINISTRATIVA

Consulta vinculante de la Dirección General de Tributos (V1219-20), de 4 de mayo de 2020

Asunto: consecuencias de la ultimación del régimen de perfeccionamiento activo a los efectos del IVA en el caso de aeronaves.

«4.- Ultimado el régimen de perfeccionamiento activo de acuerdo con lo dispuesto en la normativa aduanera, pudiera ocurrir que dicha circunstancia no diera lugar al devengo del hecho imponible importación, de conformidad con lo dispuesto en el

artículo 18.dos de la Ley 37/1992, antes reproducido, así como lo dispuesto en los artículos 21, 22 y 25 de el mismo texto legal.

(...) en el caso en el que el producto transformado resultante de las operaciones efectuadas durante la vigencia del régimen de perfeccionamiento activo fuera una aeronave del tipo de las que se refiere el artículo 22.Cuatro de la Ley 37/1992, no se produciría el hecho imponible importación, como prevé el artículo 18.Dos de la Ley 37/1992, antes reproducido, prevaleciendo el destino real del bien en cuestión que es la realización de una operación asimilada a la exportación.

Por otra parte, en el caso en el que el producto transformado fuera objeto de una entrega con transporte al territorio de otro Estado miembro de la Comunidad en las condiciones a las que hace referencia el artículo 25 de la Ley 37/1992, tampoco se produciría el hecho imponible importación, de conformidad con lo dispuesto en el artículo 18.Dos de la Ley del impuesto.

Por último, tampoco se producirá la importación con ocasión de la ultimación del régimen de perfeccionamiento activo, si la aeronave resultante del proceso de fabricación es objeto de una entrega de bienes exenta, en virtud de lo dispuesto en los artículos 21 y 9 de la Ley y Reglamento del impuesto, respectivamente, antes reproducidos».

¿En qué consiste el régimen de perfeccionamiento pasivo?

Tal y como indica la AEAT, el régimen de perfeccionamiento pasivo es un régimen especial que permite exportar temporalmente mercancías de la Unión fuera del territorio aduanero de la misma para someterlas a operaciones de transformación y despachar a libre práctica, con exención total o parcial de los derechos de importación, los productos transformados que resulten de esas operaciones al entrar de nuevo en la UE. Se regula en los artículos 259 y siguientes del CAU.

En el marco del régimen de perfeccionamiento pasivo, las mercancías de la Unión podrán exportarse temporalmente fuera del territorio aduanero de la misma a fin de ser objeto de operaciones de transformación. Los productos transformados resultantes de dichas transformaciones podrán ser despachados a libre práctica con exención total o parcial de derechos de importación previa solicitud del titular de la autorización o de cualquier otra persona establecida en el territorio aduanero de la Unión y que haya obtenido el consentimiento del titular de la autorización, siempre que se cumplan las condiciones de la autorización.

No podrán acogerse al régimen de perfeccionamiento pasivo ninguna de las mercancías de la Unión:

- Cuya exportación dé lugar a una devolución o condonación de los derechos de importación.
- Que, con anterioridad a su exportación, se hubiesen despachado a libre práctica acogidas a una exención de derechos o a un tipo reducido de derechos en razón de su destino final, mientras los objetivos de ese destino final no se hayan cumplido, a menos que dichas mercancías deban ser sometidas a operaciones de reparación.
- Cuya exportación dé lugar a la concesión de restituciones por exportación.

- Por cuya exportación se conceda, en el marco de la política agrícola común, una ventaja financiera distinta de las mencionadas restituciones por exportación.

Las autoridades aduaneras fijarán el **plazo** dentro del cual las mercancías exportadas temporalmente deberán ser reimportadas en el territorio aduanero de la Unión en forma de productos transformados y despachadas a libre práctica para poder acogerse a la exención total o parcial de derechos de importación. Podrán conceder una ampliación del plazo por un tiempo razonable, previa solicitud, debidamente justificada, del titular de la autorización.

Cuando se demuestre, a satisfacción de las autoridades aduaneras, que la reparación de las mercancías se ha realizado de forma gratuita, bien por obligación contractual o legal derivada de una garantía, bien por la existencia de un defecto material o de fabricación, se les concederá una exención total de derechos de importación. Ahora bien, esto no será aplicable en caso de que el defecto material o de fabricación ya se hubiera tenido en cuenta en el momento del primer despacho a libre práctica de las mercancías.

Asimismo, también se concederá la exención total de derechos de importación a los productos transformados resultantes de las mercancías incluidas en el régimen de perfeccionamiento pasivo cuando se demuestre, a satisfacción de las autoridades aduaneras, que las mercancías han sido reparadas o modificadas en un país o territorio situado fuera del territorio aduanero de la Unión con el que la Unión haya celebrado un acuerdo internacional que prevea dicha exención, y se cumplan las condiciones para la exención de derechos de importación establecidas en dicho acuerdo. Con todo, esta previsión no será aplicable a los productos transformados resultantes de las mercancías equivalentes, ni a los productos de sustitución.

Para la utilización del régimen de perfeccionamiento pasivo, **se requerirá autorización de las autoridades aduaneras** [artículo 211.1.a) del CAU]. Para la obtención de la misma, el solicitante deberá cumplir los siguientes **requisitos** [artículos 211.3 del CAU y 11 del Reglamento Delegado (UE) 2015/2446 de la Comisión, de 28 de julio de 2015]:

- Que esté establecido en el territorio aduanero de la Unión.
- Que ofrezca la seguridad necesaria en lo que respecta a la buena ejecución de las operaciones. Se considera que los operadores económicos autorizados de simplificaciones aduaneras cumplen esta condición, en la medida en que en la autorización se tenga en cuenta la actividad perteneciente al régimen especial de que se trate.
- Que constituya una garantía de conformidad con el artículo 89 del CAU en los casos en los que pueda originarse una deuda aduanera u otros gravámenes.
- Que esté registrado, es decir, que disponga de EORI.
- Que la solicitud se presente ante la autoridad competente.
- Que la solicitud no se refiera a una decisión con la misma finalidad que una decisión anterior dirigida al mismo solicitante, que haya sido anulada o revocada, durante el período de un año que precede a la so-

licitud, por no haber cumplido el solicitante las obligaciones impuestas por dicha decisión (el plazo será de tres años cuando la decisión anterior haya sido anulada conforme al artículo 27.1 del CAU) .

Además de los requisitos exigidos al solicitante, y salvo disposición contraria, la autorización solo se concederá si se cumplen las siguientes condiciones (artículo 211.4 del CAU):

- Que las autoridades aduaneras puedan ejercer la vigilancia aduanera sin verse obligadas a poner en marcha un dispositivo administrativo desproporcionado respecto de las necesidades económicas del solicitante.
- Que la autorización no perjudique los intereses esenciales de los productores de la unión (condiciones económicas).

Por otra parte, de acuerdo con lo dispuesto en el artículo 214 del CAU, el titular de la autorización, el titular del régimen y toda persona que ejerza una actividad de elaboración o transformación de mercancías deberán llevar los **registros adecuados**, que permitan a las autoridades aduaneras la vigilancia del régimen. Estos registros deben contener los datos recogidos en el artículo 178.1 del Reglamento Delegado (UE) 2015/2446 de la Comisión, de 28 de julio de 2015.

El artículo 261 del CAU recoge el **sistema de intercambios estándar**, que constituye una de las modalidades del perfeccionamiento pasivo que permite que un producto importado (denominado producto de sustitución) pueda sustituir a un producto transformado. Las autoridades aduaneras permitirán el recurso al sistema de intercambios estándar, previa solicitud, cuando la operación de transformación consista en una reparación de mercancías de la Unión defectuosas distintas de las sujetas a la política agrícola común o a disposiciones específicas aplicables a determinadas mercancías resultantes de la transformación de productos agrícolas. Los productos de sustitución deben tener el mismo código de ocho dígitos de la nomenclatura combinada, ser de idéntica calidad comercial y poseer las mismas características técnicas que tendrían las mercancías defectuosas si hubieran sido objeto de la reparación prevista. Cuando las mercancías defectuosas hubiesen sido usadas antes de la exportación, los productos de sustitución deberán también haber sido usados. No obstante, las autoridades aduaneras podrán dispensar de esta norma cuando el producto de sustitución hubiera sido enviado gratuitamente como consecuencia de una obligación contractual o legal de garantía o de la existencia de un defecto material o de fabricación.

A TENER EN CUENTA. A los productos de sustitución se les aplicarán las mismas disposiciones que serían aplicables a los productos transformados.

Por su parte, el artículo 262 del CAU se refiere a las importaciones previas de los productos de sustitución, indicando que las autoridades aduaneras podrán permitir que los productos de sustitución se importen con anterioridad a la exportación de las mercancías defectuosas (**importación anticipada**). El plazo en el que deberá realizarse la exportación de las mercancías defectuosas será de dos meses contados a partir de la fecha de admisión por las autoridades aduaneras de la declaración de despacho a libre práctica de los productos de sustitución; aunque, cuando, por circunstancias excepcionales, las mercancías defectuosas no puedan exportarse dentro de ese plazo, las autoridades aduaneras podrán prorrogarlo por un tiempo razonable, previa solicitud del titular de la autorización. En todo caso, la importación previa de un producto de sustitución dará lugar a la constitución de una garantía que cubra la cuantía de los derechos de importación que sería exigible si las mercancías defectuosas no llegasen a exportarse.

RESOLUCIÓN ADMINISTRATIVA

Consulta vinculante de la Dirección General de Tributos (V1105-18), de 27 de abril de 2018

Asunto: vinculación de mercancías a un régimen de perfeccionamiento pasivo y su consideración a efectos del IVA.

«Por otra parte, en aquellos supuestos en los que sí se produzca una entrega de las mercancías y las mismas salgan de la Comunidad en régimen de perfeccionamiento pasivo para que la exención del artículo 21.5º resultara de aplicación sería necesario que la salida de los bienes con ocasión del citado régimen de perfeccionamiento pasivo pudiera ser calificada como exportación.

En este sentido, el artículo 269 del Reglamento 952/2013, de 9 de octubre, por el que se establece el código aduanero de la Unión (...)

Por lo tanto, tal y como ha manifestado este Centro directivo en la contestación vinculante a la consulta, de 5 de julio de 2006, con número de referencia V1376-06, que hacía referencia al artículo 161 del antiguo Código Aduanero Comunitario, cuyo contenido es similar al transcrito, se deduce que la salida de bienes del territorio comunitario en régimen de perfeccionamiento pasivo no puede ser calificada de operación de exportación y no disfruta de los beneficios fiscales aplicables a este tipo de operaciones, en particular, no le son aplicables las exenciones contempladas en el artículo 21 de la Ley 37/1992, con independencia de con quién se contraten los referidos servicios objeto de consulta.

4.- Por otra parte, debe tenerse en cuenta el artículo 22.Uno de la Ley del Impuesto (...)

Por lo tanto, si el consultante prestase alguno de los servicios a los que hace referencia el artículo 22 de la Ley 37/1992, transcrito anteriormente, y cumpliese los requisitos establecidos para ello, los mismos estarían exentos del Impuesto sobre el Valor Añadido, en las condiciones señaladas.

No obstante lo anterior, del escrito de consulta, y a falta de otros elementos de prueba, parece deducirse que el consultante no realiza ninguna de las operaciones que la Ley del Impuesto califica como asimiladas a las exportaciones».

Concepto y funcionamiento básico del régimen de destino final

El régimen de destino final es aquel régimen especial a través del cual las mercancías se pueden despachar a libre práctica, con exención de derechos o con un tipo reducido cuando van a ser utilizadas para un uso o destino específico. Conlleva una mayor vigilancia aduanera posterior a la importación y su regulación se contiene en el artículo 254 del CAU, así con en sus normas de desarrollo.

Así las cosas, en el marco de este régimen especial, las mercancías podrán ser despachadas a libre práctica con exención de derechos o con un tipo reducido de derechos atendiendo a su destino especial. Si las mercancías se encuentran en una fase de la producción que, desde una perspectiva económica, solo permita su uso para el destino final indicado, las autoridades aduaneras podrán establecer en la autorización las condiciones en que se considerará que las mercancías se han utilizado para los fines establecidos a efectos de la aplicación de la exención de derechos o del tipo reducido de derechos. Por otra parte, si las mercancías son aptas para un uso repetido y las autoridades aduaneras lo consideran oportuno con el fin de evitar abusos, la vigilancia aduanera se mantendrá durante un período no superior a dos años desde la fecha de su primera utilización para los fines establecidos para la aplicación de la exención de derechos o del tipo reducido de derechos.

La **vigilancia aduanera en el marco del régimen de destino final finalizará** en cualquiera de los siguientes supuestos:

- Que las mercancías se hayan destinado a los fines establecidos para la aplicación de la exención de derechos o del tipo reducido de derechos.
- Que las mercancías hayan salido del territorio aduanero de la Unión o se hayan destruido o abandonado en beneficio del Estado.
- Que las mercancías se hayan destinado a fines distintos de los establecidos para la aplicación de la exención de derechos o del tipo reducido de derechos y se hayan abonado los derechos de importación aplicables.

Cuando la normativa aplicable exija un coeficiente de rendimiento, el artículo 255 del CAU se aplicará al régimen de destino final.

Los desperdicios y desechos que resulten del proceso de elaboración o transformación de la mercancía con arreglo a un destino final establecido, así como las pérdidas de materia debidas a causas naturales, se considerarán mercancías asignadas al destino final establecido. Por su parte, los desperdicios y desechos derivados de la destrucción de mercancías incluidas en el régimen de destino final prescrito se considerarán incluidas en el régimen de depósito aduanero.

Según el artículo 211.1.a) del CAU, se **requerirá autorización de las autoridades aduaneras para la utilización del régimen de destino final**. Para obtener tal autorización, el solicitante deberá cumplir las siguientes condiciones [artículo 211.3 del CAU y artículos 161 y 239 del Reglamento Delegado (UE) 2015/2446 de la Comisión, de 28 de julio de 2015]:

- Que esté establecido en el territorio aduanero de la Unión. No obstante, las autoridades aduaneras podrán ocasionalmente, cuando lo consideren justificado, conceder una autorización para el régimen de destino final a personas establecidas fuera del territorio aduanero de la Unión.
- Que ofrezca la seguridad necesaria en lo que respecta a la buena ejecución de las operaciones. Se considera que los operadores económicos autorizados de simplificaciones aduaneras cumplen esta

condición, en la medida en que en la autorización se tenga en cuenta la actividad perteneciente al régimen especial de que se trate.

- Que constituya una garantía de conformidad con el artículo 89 del CAU en los casos en los que pueda originarse una deuda aduanera u otros gravámenes.
- Que se comprometa a cumplir una de las siguientes obligaciones:
  - Utilizar las mercancías para los fines establecidos para la aplicación de la exención de derechos o del tipo reducido de derechos.
  - Transferir la obligación anterior a otra persona en las condiciones establecidas por las autoridades aduaneras.

Como complemento a las condiciones que debe reunir el solicitante, la autorización solo se concederá si las autoridades aduaneras pueden ejercer la vigilancia aduanera sin verse obligadas a poner en marcha un dispositivo administrativo desproporcionado respecto de las necesidades económicas del solicitante.

Por otra parte, de acuerdo con lo dispuesto en el artículo 214 del CAU, el titular de la autorización, el titular del régimen y toda persona que ejerza una actividad de elaboración o transformación de mercancías deberán llevar los **registros adecuados**, que permitan a las autoridades aduaneras la vigilancia del régimen. Estos registros deben contener los datos recogidos en el artículo 178.1 del Reglamento Delegado (UE) 2015/2446 de la Comisión, de 28 de julio de 2015.

RESOLUCIÓN ADMINISTRATIVA

Consulta no vinculante de la Dirección General de Tributos (0030-18), de 28 de junio de 2018

Asunto: solicitud del régimen de destino final.

«(...) la presentación de la solicitud del régimen de destino final puede efectuarse al amparo de dos procedimientos:

a) Normal, cuando se solicite a través de la Sede Electrónica de la AEAT una autorización de destino final que abarque, durante un período determinado, todas o parte de las importaciones acogidas a destinos especiales o se solicite una autorización única de destino final (autorización en la que intervienen más de un Estado miembro).

b) Simplificada, cuando, en aquellos casos en que está permitido, se utilice una declaración de importación complementada con los elementos de datos adicionales de la columna 8f del Anexo A del Reglamento Delegado. La autorización se concede mediante el levante de las mercancías para el régimen solicitado. De acuerdo con el artículo 161.3.b) del Reglamento Delegado, se podrá recurrir al procedimiento simplificado de solicitud cuando el solicitante tenga la intención de asignar enteramente las mercancías al destino final prescrito y no se trate de los casos enumerados en el apartado 2 del citado artículo».

El régimen de tránsito de la Unión y sus modalidades

El régimen de tránsito es uno de los regímenes aduaneros especiales, tal y como contempla el artículo 210 del CAU, que **incluirá**:

- El **tránsito interno**.
- El **tránsito externo**.

Se trata de un régimen que, según apunta la AEAT en su sede electrónica, resulta de aplicación a las **operaciones de tránsito aduanero entre los Estados miembros de la UE (incluidos Andorra y San Marino)** y se utiliza, en general, para amparar:

- La circulación de mercancías no pertenecientes a la Unión sin estar sometidas a los derechos de aduanas y a otros gravámenes que en su caso pudieran corresponder, en el caso del régimen de tránsito externo.
- La circulación de mercancías de la Unión que, entre su punto de partida y su punto de destino en la UE, tienen que atravesar el territorio de un tercer país, en el supuesto del régimen de tránsito interno.

Su regulación básica se contiene en los artículos 226 y siguientes del CAU.

|| El tránsito externo

En el marco del régimen de tránsito externo, las **mercancías no pertenecientes a la Unión podrán circular de un punto a otro dentro del territorio aduanero de la Unión** sin estar sujetas a (artículo 226 del CAU):

- Derechos de importación.
- Otros gravámenes prescritos por otras disposiciones pertinentes en vigor.
- Medidas de política comercial en la medida en que no prohíban la entrada de mercancías en el territorio aduanero de la Unión o su salida de él.

En casos específicos, las mercancías de la Unión se incluirán en el régimen de tránsito externo.

La circulación antes mencionada podrá efectuarse de una de las siguientes maneras:

- Al amparo del régimen de tránsito externo de la Unión.
- De conformidad con el Convenio TIR, siempre que:
  - Haya comenzado o vaya a terminar fuera del territorio aduanero de la Unión.
  - Tenga lugar entre dos puntos del territorio aduanero de la Unión a través del territorio de un país o territorio situado fuera del territorio aduanero de la Unión.
- De conformidad con el Convenio ATA/Convenio de Estambul, cuando se trate de circulación de tránsito.
- Al amparo del Manifiesto Renano (artículo 9 del Convenio revisado para la navegación del Rin).
- Al amparo del impreso 302 establecido en el marco del Convenio entre los Estados parte del Tratado del Atlántico Norte relativo al Estatuto de sus Fuerzas, firmado en Londres el 19 de junio de 1951.

- Al amparo del sistema postal de conformidad con los actos de la Unión Postal Universal si las mercancías son transportadas por o para los titulares de derechos y obligaciones en virtud de dichos actos.

En caso de **garantía** global, si la información para determinar la parte del importe de referencia no está a disposición de la aduana de garantía, el importe fijo será de 10.000 euros por cada declaración [artículo 155.3 del Reglamento de Ejecución (UE) 2015/2447, de la Comisión, de 24 de noviembre de 2015]. En el marco del régimen de tránsito de la Unión, también podrá proporcionarse una garantía individual en forma de compromiso suscrito por el fiador mediante la emisión de títulos por el fiador a las personas que tienen la intención de convertirse en titulares del régimen, correspondiendo cada título a un importe de 10.000 euros por el que responderá el fiador (artículo 160 del mismo reglamento antes referido).

Con todo, existen una serie de supuestos en los que no será necesaria la exigencia de una garantía (artículo 89.8 del CAU):

- Mercancías transportadas por el Rin, las vías navegables del Rin, el Danubio o las vías navegables del Danubio.
- Mercancías transportadas mediante instalaciones de transporte fijas.
- En casos específicos en los que las mercancías se incluyen en el régimen de importación temporal.
- Mercancías incluidas en el régimen de tránsito de la Unión utilizando como simplificación un documento de transporte electrónico como declaración en aduana para incluir las mercancías en el régimen de tránsito de la Unión y transportadas por aire o por mar entre puertos o aeropuertos de la Unión.

|| Tránsito interno

Este régimen de tránsito interno permite la **circulación de mercancías de la Unión entre dos puntos del territorio aduanero de la Unión, pasando por un país o territorio no perteneciente a dicho territorio aduanero, en determinadas condiciones, sin que su estatuto aduanero se modifique**.

Dicha circulación podrá efectuarse de una de las siguientes maneras (artículo 227.2 del CAU):

- Al amparo del régimen de tránsito interno de la Unión, siempre que esté prevista tal posibilidad en un acuerdo internacional.
- De conformidad con el Convenio TIR.
- De conformidad con el Convenio ATA/Convenio de Estambul, cuando se trate de circulación de tránsito.
- Al amparo del Manifiesto Renano (artículo 9 del Convenio revisado relativo a la navegación por el Rin).
- Al amparo del impreso 302 establecido en el marco del Convenio entre los Estados parte del Tratado del Atlántico Norte relativo al Estatuto de sus Fuerzas, firmado en Londres el 19 de junio de 1951.

- Al amparo del sistema postal de conformidad con los actos de la Unión Postal Universal si las mercancías son transportadas por o para los titulares de derechos y obligaciones en virtud de dichos actos.

> **A TENER EN CUENTA.** Cuando las mercancías se transporten de un punto del territorio aduanero de la Unión a otro conforme al Convenio TIR, el Convenio ATA/Convenio de Estambul, el impreso 302 o el sistema postal, se considerará que, a efectos de dicho transporte, el territorio aduanero de la Unión constituye un territorio único.

|| Tránsito de la Unión

Tal y como prevé el artículo 233 del CAU, el **titular del régimen de tránsito de la Unión será responsable** de todo lo siguiente:

- Presentar las mercancías intactas y la información requerida en la aduana de destino, en el plazo señalado y habiendo respetado las medidas tomadas por las autoridades aduaneras para garantizar su identificación.
- Respetar las disposiciones aduaneras relativas al régimen.
- Salvo que la legislación aduanera disponga lo contrario, constituir una garantía con objeto de asegurar el pago del importe de los derechos de importación o de exportación correspondiente a la deuda aduanera y demás gravámenes que puedan nacer con respecto a las mercancías en virtud de otras disposiciones pertinentes en vigor.

Las obligaciones del titular del régimen se habrán satisfecho y el régimen de tránsito habrá finalizado cuando las mercancías incluidas en dicho régimen y la información requerida estén disponibles en la aduana de destino, de conformidad con la legislación aduanera.

Todo transportista o destinatario de mercancías que las acepte a sabiendas de que están incluidas en el régimen de tránsito de la Unión también será responsable de presentarlas intactas en la aduana de destino, en el plazo señalado y habiendo respetado las medidas tomadas por las autoridades aduaneras para garantizar su identificación.

Previa solicitud, las **autoridades aduaneras podrán autorizar cualquiera de las siguientes simplificaciones para la inclusión de las mercancías en el régimen de tránsito de la Unión o para poner fin al mismo**:

- El estatuto de expedidor autorizado, que permita al titular de la autorización incluir mercancías en el régimen de tránsito de la Unión sin presentarlas en aduana.
- El estatuto de destinatario autorizado, que permita al titular de la autorización para recibir mercancías que hayan circulado con arreglo al régimen de tránsito de la Unión hasta un lugar autorizado, poner fin a dicho régimen, de conformidad con el artículo 233.2 del CAU.
- El empleo de precintos especiales, cuando sea necesario el precintado para garantizar la identificación de las mercancías incluidas en el régimen de tránsito de la Unión.

- El empleo de una declaración en aduana con menos requisitos de datos para la inclusión de las mercancías en el régimen de tránsito de la Unión.
- El empleo de un documento de transporte electrónico como declaración en aduana para incluir las mercancías en el régimen de tránsito de la Unión, a condición de que contenga los datos de tal declaración y de que esos datos sean accesibles a las autoridades aduaneras en el momento de la salida de las mercancías, así como en el lugar de destino, permitiendo la vigilancia aduanera de las mercancías y la ultimación del régimen.

A este respecto, el artículo 191 del Reglamento Delegado (UE) 2015/2446, de la Comisión, de 28 de julio de 2015, especifica que las autorizaciones relativas a las simplificaciones referidas solo se concederán a los solicitantes que cumplan las condiciones siguientes:

- Que estén establecidos en el territorio aduanero de la Unión.
- Que declaren que van a utilizar regularmente el régimen de tránsito de la Unión.
- Que cumplan los criterios establecidos en las letras a), b) y d) del artículo 39 del CAU.

Dichas autorizaciones solo se concederán si la autoridad aduanera considera que está en condiciones de supervisar el régimen de tránsito de la Unión y efectuar controles sin un esfuerzo administrativo desproporcionado con respecto a las necesidades de la persona de que se trate.

Por otra parte, el **régimen de tránsito externo de la Unión se aplicará a las mercancías que circulen a través de un país o territorio situado fuera del territorio aduanero de la Unión** siempre que se cumpla una de las siguientes condiciones:

- Que un acuerdo internacional prevea dicha posibilidad.
- Que el paso a través de dicho país o territorio se efectúe al amparo de un título único de transporte, expedido en el territorio aduanero de la Unión.

En este caso, el efecto del régimen de tránsito externo de la Unión quedará suspendido mientras las mercancías se encuentren fuera del territorio aduanero de la Unión.

CUESTIONES

1. ¿Qué régimen de tránsito ampara la circulación de mercancías entre los Estados miembros de la UE y Reino Unido desde el 1 de enero de 2021?

Desde el 1 de enero de 2021, Reino Unido quedó fuera de la Unión Aduanera y del Mercado único de la UE, no resultándole de aplicación el régimen de tránsito de la Unión, sino el régimen de tránsito común.

Dicho régimen de tránsito común, conforme indica la AEAT, se utiliza para amparar la circulación de mercancías entre los Estados miembros de la UE, los países de la AELC (Islandia, Noruega, Liechtenstein y Suiza), Turquía (desde el 1 de diciembre de 2012), la República de Macedonia del Norte (desde el 1 de julio de 2015), Serbia (desde el 1 de febrero de 2016) y Reino Unido (desde el 1 de enero de 2021). Se trata de un procedimiento basado en el Convenio de 20 de mayo de 1987, relativo a un régimen común de tránsito, aunque las normas aplicables son parecidas a las establecidas para el régimen de tránsito de la Unión.

2. ¿Qué es el Convenio TIR?

Se trata del Convenio relativo al transporte internacional de mercancías al amparo de los cuadernos TIR de 14 de noviembre de 1975, cuyo ámbito de aplicación comprende *«los transportes de mercancías efectuados, sin manipulación intermedia de la carga, a través de una o varias fronteras, desde una Aduana de partida de una Parte Contratante hasta una Aduana de destino de otra o de la misma Parte Contratante en vehículos de transporte por carretera, conjuntos de vehículos o contenedores, siempre que parte del viaje entre el principio y el final del transporte TIR se efectúe por carretera»* (artículo 2 del convenio).

Así las cosas, se trataría de un acuerdo internacional que permite el transporte de mercancías desde la aduana de exportación de un país hasta la aduana de destino de otro, sin que tengan que realizarse en cada aduana trámites aduaneros distintos de los previstos en el convenio, en base a los denominados «cuadernos TIR». Tales cuadernos son declaraciones aduaneras que amparan esos transportes y que garantizan el pago de la deuda aduanera y tributaria de la mercancía transportada por las sociedades garantes.

8.3. Liquidación del IVA en la aduana

La liquidación del IVA en las importaciones y operaciones asimiladas: regla general

Las **operaciones de importación** sujetas al impuesto **se liquidarán simultáneamente con los derechos arancelarios** o cuando hubieran debido liquidarse estos de no mediar exención o no sujeción, con independencia de la liquidación que pudiera resultar procedente por cualesquiera otros gravámenes (artículos 167 de la LIVA y 73 del RIVA) . Asimismo, se liquidarán del mismo modo las **mercancías que abandonen las situaciones mencionadas en el artículo 23 de la LIVA** (situaciones de depósito temporal y otras situaciones) **o se desvinculen de los regímenes enumerados en el artículo 24 de la LIVA,** con excepción del régimen de depósito distinto de los aduaneros, siempre que la importación de dichas mercancías se produzca de conformidad con lo establecido en el artículo 18.Dos de la LIVA.

A estos efectos, los sujetos pasivos que realicen las operaciones de importación deberán presentar en la aduana la correspondiente declaración tributaria, con arreglo al modelo aprobado por el ministro de Economía y Hacienda, en los plazos y forma establecidos por la reglamentación aduanera. Así las cosas, y sobre la base de los datos declarados en el «Documento Único Administrativo» o DUA correspondiente a la operación, la aduana liquidará las cuotas que correspondan en el **modelo 031**. Posteriormente, ese IVA soportado por el importador será deducible en su declaración periódica de IVA correspondiente (modelos 303 o 322).

El adelanto de estas cuotas de IVA por parte del importador puede suponer un importante coste para él, motivo por el que se contempla la posibilidad de que, en ciertas condiciones, los empresarios o profesionales cuyo período de liquidación coincida con el mes natural puedan optar por incluir la cuota liquidada por las aduanas a la importación en la declaración-liquidación correspondiente al período en el que reciba la liquidación (modelo 303 o 322). Y, desde julio de 2021, también se prevé la posibilidad de que, en el ámbito de las ventas a distancia de bienes importados y bajo ciertas condiciones, pueda optarse por una modalidad especial de declaración, liquidación y pago del IVA, que se regula en el artículo 167 bis de la LIVA.

A TENER EN CUENTA. Cuando la declaración aduanera se presente en otro Estado miembro conforme a lo previsto en el artículo 179 del CAU (que regula el despacho centralizado y prevé la posibilidad de que una persona presente en la aduana competente del lugar en el que esté establecida una declaración en aduana relativa a mercancías que se presenten en otra aduana), la Administración liquidará el impuesto con base en la información recibida de la aduana del Estado miembro donde se haya presentado la declaración. Esta previsión fue incorporada al artículo 167.Dos de la LIVA por la Ley 31/2022, de 23 de diciembre, de Presupuestos Generales del Estado para el año 2023, con efectos desde el 1 de enero de 2023 y vigencia indefinida.

La liquidación de las **operaciones asimiladas a las importaciones** se efectuará por el sujeto pasivo en las declaraciones-liquidaciones y con arreglo al modelo que, a tal efecto, determine el ministro de Economía y Hacienda. Las cuotas de IVA devengadas por la realización de operaciones asimiladas a las importaciones serán deducibles en el propio modelo.

Los **plazos y períodos de liquidación** son los que se establecen a continuación:

- Las **operaciones comprendidas en los párrafos 1.°, 2.°, 3.° y 4.° del artículo 19 de la LIVA** se incluirán en una declaración-liquidación que se presentará, ante el órgano competente de la Administración tributaria correspondiente al domicilio fiscal del sujeto pasivo, directamente o a través de las entidades colaboradoras, en los siguientes plazos:
  - Cuando se trate de las operaciones a que se refieren los párrafos 1.°, 2.° y 3.° del artículo 19 de la LIVA, en los 30 primeros días del mes de enero siguientes al año natural en el que se haya devengado el impuesto.
  - Cuando se trate de las operaciones comprendidas en el párrafo 4.° del artículo 19 de la LIVA, producidas en cada trimestre natural, en los plazos previstos en el artículo 71.4 del RIVA.
- Las **operaciones descritas en el párrafo 5.° del artículo 19 de la LIVA**, realizadas en los períodos de liquidación a que se refiere el artículo 71.3 del RIVA, se incluirán en una declaración-liquidación que se presentará ante el órgano correspondiente de la Administración tributaria competente para el control del establecimiento, lugar, área o depósito respectivo, directamente o a través de las entidades colaboradoras, en los plazos señalados en el artículo 71.4 del RIVA.

– Las **operaciones del punto anterior se podrán consignar centralizadamente en una sola declaración-liquidación** que se presentará, en los mismos plazos y períodos, ante el órgano competente de la Administración tributaria correspondiente al domicilio fiscal del sujeto pasivo, directamente o a través de las entidades colaboradoras, en los casos que se indican a continuación:

- Cuando la suma de las bases imponibles de las operaciones asimiladas a las importaciones realizadas durante el año natural precedente hubiera excedido de 1.500.000 euros.
- Cuando lo autorice la Administración tributaria, a solicitud del interesado.

La recaudación e ingreso de las cuotas tributarias de IVA liquidadas por las aduanas en las importaciones de bienes se realizarán conforme a lo previsto en el Reglamento General de Recaudación, pero con las particularidades que determina el artículo 74 del RIVA, que desarrolla la posibilidad de que se opte por el diferimiento del IVA o por la modalidad especial de declaración y pago del IVA del artículo 167 bis de la LIVA.

La posibilidad de optar por el diferimiento del IVA a la importación

En el caso de que el importador sea un empresario o profesional que actúe como tal, y tenga un periodo de liquidación que coincida con el mes natural de acuerdo con lo dispuesto en el artículo 71.3 del RIVA, podrá optar por incluir la cuota liquidada por las aduanas en la declaración-liquidación correspondiente al período en que reciba el documento en el que conste dicha liquidación, en cuyo caso el plazo de ingreso de las cuotas liquidadas en las operaciones de importación se corresponderá con el previsto en el artículo 72 del RIVA (que es el que regula las normas generales de recaudación del impuesto). Esto es, quienes tengan derecho a aplicar este sistema tendrán que incluir las cantidades liquidadas en la declaración-liquidación de IVA (modelo 303 o 322) del período en el que se le notifique la liquidación.

A TENER EN CUENTA. Cuando se trate de sujetos pasivos que no tributen íntegramente en la Administración del Estado, la cuota liquidada por las aduanas se incluirá en su totalidad en la declaración-liquidación presentada a la Administración del Estado. Tratándose de sujetos pasivos que tributen exclusivamente ante una administración tributaria foral, se incluirá en su totalidad en una declaración-liquidación que presenten ante la Administración del Estado en el modelo, lugar, forma y plazos que establezca la persona titular del Ministerio de Hacienda.

Dicha opción deberá ejercerse mediante la presentación de una **declaración censal ante la AEAT durante el mes de noviembre anterior al inicio del año natural** en el que deba surtir efecto, entendiéndose prorrogada para los años siguientes en tanto no se produzca la renuncia a la misma o la exclusión. Por otra parte, la opción se referirá a todas las importaciones realizadas por el sujeto pasivo que deban ser incluidas en las declaraciones-liquidaciones periódicas.

Una vez ejercitada la opción, cabe la renuncia o exclusión de su aplicación:

- La **renuncia** se ejercerá mediante comunicación al órgano competente de la AEAT, a través de la presentación de la correspondiente declaración censal y se deberá formular en el mes de noviembre anterior al inicio del año natural en el que deba surtir efecto. La renuncia tendrá efectos para un periodo mínimo de tres años.
- Los sujetos pasivos que hayan ejercido la opción quedarán excluidos de su aplicación cuando su período de liquidación deje de coincidir con el mes natural, **exclusión** que producirá efectos desde la misma fecha en que se produzca el cese en la obligación de presentación de declaraciones-liquidaciones mensuales.

RESOLUCIÓN ADMINISTRATIVA

Consulta vinculante de la Dirección General de Tributos (V1492-22), de 22 de junio de 2022

Asunto: forma de liquidar el IVA devengado en una importación y modo de cumplimentar el modelo 303 en caso de que se opte por el diferimiento del pago.

«(...) el pago de las cuotas del impuesto en el caso de las importaciones deberá efectuarse en el plazo que corresponda según la liquidación efectuada por las autoridades aduaneras y su notificación al sujeto pasivo si bien, los sujetos pasivos del impuesto podrán optar, en las condiciones previstas en el artículo 74 del Reglamento del impuesto [actualmente, apartado 1.a) del precepto]*, por aplicar el régimen de diferimiento de pago de las cuotas del impuesto en cuyo caso deberán incluirlas en la declaración-liquidación mensual correspondiente al período en el que la consultante reciba el documento de liquidación girado por las autoridades aduaneras.*

En este sentido, la posibilidad de diferir el ingreso del IVA a la importación al momento de presentar la declaración-liquidación mensual del impuesto se contempla en la casilla 77 del "modelo 303 de declaración-liquidación periódica" regulado por la Orden HAP/2373/2014. Las "Instrucciones del Modelo 303" elaboradas por la Agencia Estatal de Administración Tributaria y disponibles a través de su sede electrónica, en relación con la citada casilla 77, dispone lo siguiente:

"77 IVA a la importación liquidado por la Aduana pendiente de ingreso: se hará constar el importe de las cuotas del Impuesto a la importación incluidas en los documentos en los que conste la liquidación practicada por la Administración recibidos en el periodo de liquidación".

A la vista de la normativa expuesta, el consultante tiene dos opciones frente a la liquidación practicada por la Aduana por el IVA a la importación por lo que respecta a la parte del IVA devengado: (i) satisfacer su importe cuando reciba el documento en que conste la liquidación de la Aduana en los términos y plazos regulados en el Reglamento General de Recaudación o (ii) diferir el pago al momento de presentación de la declaración-liquidación correspondiente al período en que reciba el documento en el que conste dicha liquidación, en cuyo caso debe haber optado expresamente por el régimen de diferimiento del pago en los términos expuestos.

Por tanto, la casilla 77 del modelo 303 solo debe ser cumplimentada por el consultante en caso de haberse acogido al régimen de diferimiento del pago del IVA a la importación cuando se den los requisitos del artículo 74 del Reglamento del Impuesto sobre el Valor Añadido».

La posibilidad de optar por la modalidad especial del artículo 167 bis de la LIVA

El artículo 167 bis de la LIVA, que contempla esta cuestión, fue modificado por el Real Decreto-ley 7/2021, de 27 de abril, con **entrada en vigor el 1 de julio de 2021**, dado el crecimiento exponencial del comercio electrónico y el aumento del número de pequeños envíos con un valor intrínseco que no excede de 150 euros importados en la Comunidad. Con ello, se estableció la posibilidad de aplicar una modalidad especial de declaración, liquidación y pago del IVA ante la aduana de estas importaciones en los casos en los que no se opte por el uso del régimen especial de ventanilla única previsto para las ventas a distancia de bienes importados desde países o territorios terceros.

Así, cuando los empresarios o profesionales realicen operaciones a que se refiere el régimen especial del título IX capítulo XI sección 4.ª de la LIVA, relativo a las ventas a distancia de bienes importados de países o territorios terceros, y no opten por la aplicación del régimen especial previsto en esa sección, la persona que presente los bienes en la aduana por cuenta del importador en el TAI podrá optar por una modalidad especial para la declaración y el pago del IVA correspondiente a la importación de los bienes en que concurran los siguientes requisitos:

- Que el valor intrínseco del envío no supere los 150 euros.
- Que se trate de bienes que no sean objeto de impuestos especiales.
- Y que el destino final de la expedición o transporte de los bienes sea el territorio de aplicación del impuesto.

Si se optase por la **modalidad especial de declaración y pago**, se establecen las siguientes **reglas:**

- El **destinatario de los bienes** importados estará **obligado al pago** del IVA.
- La persona que presente los bienes para su despacho ante la aduana recaudará el IVA que recaiga sobre su importación del destinatario de los bienes importados y efectuará el pago del impuesto recaudado.

A estos efectos, no será necesaria autorización expresa por parte del destinatario de los bienes importados para la utilización de dicha modalidad especial de declaración y pago.

No obstante lo dispuesto en el artículo 91 de la LIVA, será de aplicación el tipo impositivo general del impuesto a las importaciones de bienes que se declaren utilizando la modalidad especial de declaración y pago prevista en este precepto. La persona que presente los bienes para su despacho ante la aduana deberá tomar las medidas necesarias para garantizar que el destinatario de los bienes importados pague el IVA correspondiente a la importación.

Los empresarios o profesionales que utilicen la modalidad especial de declaración y pago deberán **presentar por vía electrónica una declaración mensual con el importe total del impuesto recaudado** correspondiente a las importaciones realizadas durante dicho mes natural al amparo de las mismas. En tal sentido, **se presumirá que el IVA** correspondiente a los bienes importados **ha sido recaudado**, salvo en los supuestos de reexpedición, destrucción o abandono.

> **A TENER EN CUENTA**. El importe del IVA correspondiente a cada declaración mensual se podrá pagar hasta el día 16 del segundo mes siguiente al mes de importación.

Los empresarios o profesionales deberán llevar un registro de las operaciones incluidas en la declaración presentada con arreglo a la modalidad especial de declaración y pago durante el plazo de 4 años.

CUESTIONES

1. ¿La aduana podrá exigir la constitución de garantía suficiente en determinadas operaciones de tráfico exterior?

Sí, podrá exigir que se constituya garantía suficiente en las operaciones de tráfico exterior que especifica el artículo 74.3 del RIVA.

- Aquellas en que la aplicación de exenciones o bonificaciones dependa del cumplimiento por el contribuyente de determinados requisitos.
- Cuando concurran circunstancias que así lo aconsejen.

La garantía tendrá por objeto asegurar el pago de la deuda en caso de incumplimiento de las condiciones o requisitos del beneficio fiscal aplicado, o de las especiales circunstancias que puedan darse en la operación.

2. En caso de que se haya ejercido la opción de diferir el pago del IVA, ¿será necesario indicarlo en las declaraciones de aduanas?

Según indica la AEAT, no será necesario consignarlo en las declaraciones de aduanas, puesto que el propio sistema de despacho será el que verificará si se ha ejercido o no dicha opción en el momento de la admisión del DUA.

RESOLUCIÓN ADMINISTRATIVA

Consulta vinculante de la Dirección General de Tributos (V1045-22), de 10 de mayo de 2022

Asunto: ámbito de aplicación y requisitos del régimen especial previsto en el artículo 167 bis de la LIVA.

«El régimen especial de declaración y pago de importaciones está previsto, con carácter opcional, como una simplificación para aquellos supuestos en los que el empresario que envía y vende los bienes cuyo valor intrínseco no supera los 150 euros, decide no acogerse al régimen especial de ventanilla única previsto en la Sección 4ª del Capítulo XI del Título IX de la Ley del Impuesto y que comprende los artículos 163 quinvicies a 163 octovicies de dicha Ley (...)

(...) este Centro directivo concluye lo siguiente:

- La aplicación del régimen especial de declaración y pago de bienes de escaso valor solo es posible cuando el empresario vendedor del producto no se ha acogido al régimen de Importación previsto en la Sección 4ª, Capítulo XI, Título IX de la Ley 37/1992. En tal caso, la no opción por el régimen especial de importación por dicho empresario supondrá que la persona encargada de presentar los bienes en la Aduana, normalmente un operador postal, estará obligada a recaudar el Impuesto y efectuar el pago del mismo.

- No es necesaria la autorización del consultante, destinatario de los bienes objeto de importación, para la aplicación del régimen especial de declaración y pago de la importación en las condiciones señaladas.

A estos efectos, debe tenerse en cuenta que la nueva regulación del comercio electrónico en el Impuesto sobre el Valor Añadido persigue una simplificación de los procedimientos y dar garantía al consumidor final que adquiere los bienes importados de que va a recaudarse el Impuesto sobre el Valor Añadido que, en su caso, recaiga sobre la importación.

De esta forma, el empresario o profesional podrá acogerse al régimen especial de ventanilla única previsto en la Sección 4ª del Capítulo XI del Título IX de la Ley del Impuesto, régimen de Importación, que es el régimen especial aplicable a las ventas a distancia de bienes importados de países o territorios terceros efectuadas a consumidores finales, cuando el valor intrínseco de los bienes no supere los 150 euros. En este caso, la importación realizada por el consumidor final quedará exenta, de conformidad con lo señalado en el artículo 66.4º de la Ley 37/1992, sin que dicho consumidor final pueda oponerse a la aplicación de dicha exención ni a que la venta a distancia de bienes importados de países o territorios terceros quede sujeta al Impuesto sobre el Valor Añadido.

Igualmente, cuando dicho empresario o profesional no opte por la aplicación del régimen especial de importación, la persona que presente los bienes en la Aduana por cuenta del importador podrá optar por aplicar la modalidad especial para la declaración y el pago del impuesto sobre el valor añadido sobre las importaciones que, en este caso, no estarán exentas del Impuesto sobre el Valor Añadido y que se entenderán realizadas por los consumidores finales».

9.
EL FRAUDE EN EL COMERCIO INTERNACIONAL A EFECTOS DEL IVA

Introducción al fraude en el IVA en el comercio internacional

No existe una definición normativa del fraude fiscal a nivel europeo, si bien en la Resolución del Consejo de 6 de diciembre de 1994 sobre la protección jurídica de los intereses financieros de las Comunidades (DOUE 14/12/1994) se indica que *«debería elaborarse una definición de fraude.* **Este debe referirse, sin perjuicio de las condiciones y términos que se determinen de forma más concreta, a los actos u omisiones intencionados, entre ellos y como mínimo, a las declaraciones inexactas y la ocultación de hechos, en incumplimiento de las obligaciones de notificación publica, que ocasionen perjuicio al presupuesto de las Comunidades o a los presupuestos administrados por estas o en nombre de estas y que supongan desvío, retención abusiva y aplicación indebida de fondos, por un lado, y disminución abusiva de ingresos, por otro».** Por su parte, la AEAT define fraude fiscal como el *«Comportamiento del contribuyente que oculta, disfraza o manipula su capacidad económica para no ingresar a la Hacienda Pública la cantidad de impuestos que está obligado a pagar según las leyes vigentes».*

Debido a la complejidad y vulnerabilidad del sistema del IVA al fraude —pues los escenarios fraudulentos cambian constantemente—, en el 2016 se publicó la *«Guía de cooperación entre los Estados Miembros y las empresas en materia de fraude fiscal en el IVA»* con el propósito de promover la cooperación administrativa entre las empresas y las administraciones tributarias y así prevenir el fraude del IVA sin complicar, de manera adicional, el sistema del IVA en la UE.

En la Resolución del Parlamento Europeo, de 10 de marzo de 2022, con recomendaciones destinadas a la Comisión sobre una fiscalidad equitativa y sencilla que apoye la estrategia de recuperación se señala que el actual sistema del IVA de la Unión sigue siendo demasiado complejo y vulnerable al fraude, y se indica que en los Estados miembros se adoptan medidas diferentes para combatir el fraude fiscal. En cifras, en la citada resolución se indica que el **importe de la brecha del IVA, estimado en unos 140.000 millones de euros en 2018, de los cuales 50.000 millones de euros están relacionados con la evasión y el fraude fiscales transfronterizos, y, según la evaluación de la Comisión, la brecha del IVA podría ascender a más de 160.000 millones de euros debido a la crisis de la COVID-19**. Por ello, señala el Parlamento Europeo, la lucha contra la brecha del IVA y el fraude fiscal debe ser una prioridad urgente para la Unión y los Estados miembros.

Muestra de esta lucha de la UE contra el fraude fiscal es la Directiva (UE) 2022/890 del Consejo de 3 de junio de 2022 por la que se modifica la Directiva 2006/112/CE en lo que respecta a la prórroga del período de aplicación del mecanismo opcional de inversión del sujeto pasivo en relación con determinadas entregas de bienes y prestaciones de servicios susceptibles de fraude, y del mecanismo de reacción rápida contra el fraude en el ámbito del IVA o la propuesta de la Directiva del Consejo 2022/0407/CNS, por la que se modifica la Directiva 2006/112/CE en lo que respecta a las normas del IVA en la era digital.

El problema del fraude fiscal viene de lejos e históricamente se viene combatiendo. Evidentemente los tiempos cambian, y los fraudes tributarios también, volviéndose más complejos y sofisticados. Así, surgen auténticas tramas organizadas constituidas para cometer fraude fiscal.

Por lo que se refiere al IVA, uno de los fraudes más habituales, y que genera gran preocupación, es el conocido como «fraude carrusel» o «fraude en cascada». Aunque, como veremos, existen otros fraudes del IVA que también se producen de forma habitual.

Tal y como está configurado el sistema del IVA, las operaciones interiores tributan en origen, sin embargo, las operaciones intracomunitarias lo hacen en destino. Así, las entregas de bienes interiores están sujetas al IVA, mientras que las intracomunitarias están exentas. Por tanto, en las operaciones intracomunitarias, los bienes entran en el país de destino sin haber satisfecho el IVA. El IVA se abona en cada transacción de la cadena de comercialización de los bienes, no obstante, dicho IVA es devuelto a través de su deducibilidad en todas las etapas, excepto la entrega al consumidor final.

En este sentido, en la Comunicación de la Comisión al Consejo y al Parlamento europeo sobre la estrategia para mejorar el funcionamiento del régimen del IVA en el marco del mercado interior, el Consejo señala que el Mercado interior funcionaría mejor, tanto en términos de simplicidad administrativa como de menor propensión al fraude fiscal, garantizando una mayor estabilidad de los ingresos fiscales, con un régimen de IVA basado en la tributación en el Estado miembro de origen. El objetivo de la Unión Europea a largo plazo consiste en el establecimiento de un régimen definitivo de imposición en el Estado miembro de origen de las operaciones que dan lugar a un consumo en la Comunidad.

9.1. El fraude en el IVA a través de tramas organizadas

Las tramas organizadas como forma de defraudar en el IVA

Como indicábamos, **el fraude fiscal en el IVA se comete normalmente a través de una trama organizada**, compuesta por un entramado de sociedades. Entre estas sociedades podemos distinguir principalmente:

- Sociedades trucha o missing trader.
- Sociedades pantalla o buffer.
- Sociedades distribuidoras o broker.

|| Trucha o missing trader

El nombre por el que se conoce a este tipo de sociedades es muy descriptivo, *missing trader,* es decir, comerciante desaparecido. Igualmente, resulta descriptivo el de «trucha», pues hace alusión a su carácter escurridizo.

Se trata de sociedades cuya función principal es realizar adquisiciones intracomunitarias de bienes, sin soportar el IVA, para posteriormente vendérselo a otra sociedad, habitualmente a una sociedad pantalla, y desaparecer antes de presentar y liquidar el IVA y, por tanto, sin abonar el impuesto.

Este tipo de sociedades suele estar vinculado a un entramado más complejo dedicado a cometer «fraude carrusel» del IVA.

| Estructura

Normalmente se crea solo para cometer el fraude. Se suelen caracterizar por no tener una estructura empresarial real, generalmente no tienen empleados ni ningún tipo de infraestructura o bienes para desarrollar actividad alguna. Se suelen registrar a nombre de testaferros, personas que en muchos casos ni siquiera conocen que forman parte de esa sociedad. En los últimos tiempos, es habitual descubrir que están a nombre de personas sin hogar, sin recursos, o con problemas mentales, de los que estas tramas organizadas se aprovechan para eludir cualquier responsabilidad.

Tienen una vida efímera. Como señalamos, se crean para realizar gran volumen de adquisiciones intracomunitarias de bienes, para rápidamente venderlas a otra sociedad, y desaparecer antes de que les corresponda presentar la declaración y liquidación del IVA; es decir, existen durante un período muy corto de tiempo.

| Funcionamiento

Como ya expusimos, en las operaciones intracomunitarias, el adquiriente de la mercancía compra sin IVA, debiendo autorrepercutirse el impuesto en su liquidación trimestral. A diferencia de lo que ocurre con las importaciones, donde los importadores deben declarar y pagar el IVA en la aduana, en las operaciones intracomunitarias los bienes acceden al Estado miembro sin abonar el IVA y sin ser revisados. Este escenario es el caldo de cultivo de estas sociedades.

Así, las sociedades trucha adquieren gran volumen de bienes sin abonar IVA e inmediatamente se los venden a sociedades pantalla, a precios reducidos, repercutiéndoles en la factura el correspondiente IVA. En este punto, la sociedad a la que le venden tiene una factura con IVA soportado que puede deducir, y la sociedad trucha debe declarar y liquidar el impuesto, sin embargo, desaparece antes de hacerlo, por lo que esas cantidades no se ingresan en las arcas públicas.

Por tanto, el beneficio que obtienen estas sociedades es el resultado de multiplicar el tipo impositivo aplicable a esos bienes por el valor por el que los transmite, por ello suelen ser grandes volúmenes, para obtener un amplio beneficio en el mínimo tiempo que pueda existir esta sociedad, generando a su vez grandes pérdidas de ingresos tributarios a los Estados y distorsiones en el mercado, al vender habitualmente esos bienes a un precio muy inferior al real de mercado.

A TENER EN CUENTA. El fraude MTIC (Missing Trader Intra Community) en relación con el IVA es una de las prioridades del EMPACT 2022-2025. Tiene como objetivo interrumpir la capacidad de las redes y empresarios criminales individuales involucrados en el fraude de missing traders en la Comunidad.

|| Pantalla intermedia o *buffer*

Este tipo de sociedades aparecen habitualmente en el «fraude carrusel», situadas en la cadena del fraude entre la sociedad trucha u otra sociedad pantalla y la sociedad distribuidora. Estas sociedades adquieren a las empresas trucha bienes en adquisiciones interiores, habitualmente a precios muy inferiores a los de mercado, para transmitirlos de forma inmediata a una sociedad distribuidora.

Se ha de tener en cuenta respecto a estas sociedades la propuesta de Directiva del Consejo 2021/0434/CNS, de 22 de diciembre de 2021 —también conocida como ATAD 3—, que establece una serie de indicadores para identificar qué entidades pueden considerarse «pantalla», bien sea por la composición de sus ingresos o bien por su sustancia.

La sociedad que encaje en el concepto de «sociedad riesgo» en virtud del artículo 6 de la propuesta de Directiva del Consejo y a la que no se le apliquen los supuestos de exención previstos en el artículo 8 la misma, debe declarar estos 3 indicadores en su declaración tributaria anual, para cada ejercicio fiscal en aras de acreditar que cuenta con sustancia mínima a efectos fiscales:

- Que la empresa dispone de instalaciones propias o de instalaciones para su uso exclusivo en el Estado miembro.
- Que tiene, al menos, una cuenta bancaria propia y activa en la UE.

– Que tiene uno o varios directores de la empresa o, que la mayoría de los trabajadores equivalentes a jornada completa de dicha empresa residen a efectos fiscales en el Estado miembro de la empresa o a una distancia razonable de este.

Se presume que las empresas que declaren cumplir los requisitos anteriormente mencionados y que presenten los documentos justificativos que lo corroboren, tienen sustancia mínima para el ejercicio fiscal, en caso contrario, no tienen una sustancia mínima para el ejercicio fiscal. En el supuesto de que la sociedad no cuente con sustancia mínima estaríamos ante una sociedad pantalla.

Por su parte, los Estados miembros adoptarán medidas para que aquellas empresas que presuntamente no tienen sustancia mínima en virtud de lo dispuesto anteriormente puedan refutar esa presunción aportando cualquier otra prueba que corrobore las actividades que llevan a cabo para generar las rentas pertinentes.

A TENER EN CUENTA. La propuesta de Directiva ATAD 3 tenía prevista su entrada en vigor a partir del 1 de enero de 2024 una vez adoptada como Directiva, pero su procedimiento todavía se encuentra en curso.

Estructura

Habitualmente estas sociedades sí cumplen con sus obligaciones fiscales y contables. Presentan y liquidan sus impuestos con apariencia de normalidad. Están en posesión de las facturas soportadas por las adquisiciones a la sociedad trucha y, por tanto, fiscalmente pueden deducirse ese IVA, incluso frente a una inspección cuentan con la documentación oportuna para justificar, *a priori*, esa deducción. Por ello, con el fin de detectar el fraude, la inspección ha de comprobar más parámetros, como puede ser el transporte efectivo de los bienes.

Estas sociedades con frecuencia se presentan con algo de infraestructura, como podría ser un local u oficina, aunque generalmente sin ser en propiedad, suelen carecer de bienes, y pueden tener algún personal contratado. *A priori,* pueden dar la apariencia de sociedades regulares. Sin embargo, no asumen el riesgo típico del negocio, pues se limitan a adquirir de sociedad o sociedades trucha para, de forma inmediata, transmitir a sociedades distribuidoras.

Funcionamiento

Las sociedades pantalla adquieren a una o varias sociedades trucha situadas en su mismo Estado miembro de establecimiento, soportando el IVA, para en un breve lapso de tiempo vender los bienes a una o varias sociedades distribuidoras, repercutiéndoles el IVA.

Se suelen crear con la intención de dificultar las investigaciones fiscales, ya que se interponen en la relación de la sociedad trucha y la sociedad distribuidora.

Su beneficio suele provenir del margen de beneficios que obtiene entre la adquisición a la sociedad trucha, habitualmente a precios muy inferiores a los de mercado, y la venta a la sociedad distribuidora. Los beneficios de estas sociedades podrían ser amplios, pues tienen capacidad para transmitir con un amplio margen de beneficios, pero habitualmente los beneficios que obtiene son residuales, al utilizar márgenes escasos, con el objetivo de que puedan obtener mayores beneficios la sociedad o sociedades distribuidoras.

Suelen tener una mayor duración en el tiempo, ya que se pueden utilizar con diferentes sociedades trucha y sociedades distribuidoras, y al tener visos de sociedad regular es más difícil detectarlas.

|| Distribuidora o broker

Son sociedades que suelen estar al final de la cadena en la trama de fraude, venden a minoristas o particulares.

| Estructura

Al igual que las sociedades pantalla, son sociedades que cumplen aparentemente con sus obligaciones fiscales y contables.

Suelen tener infraestructura como almacenes, oficinas, etc.; pueden tener empleados y la mayoría operan normalmente, pues realizan la venta a terceros.

| Funcionamiento

Las sociedades distribuidoras pueden adquirir los bienes directamente a la empresa trucha, en cuyo caso estarán establecidas en el mismo Estado miembro que la sociedad trucha, o bien adquirirlos de las sociedades pantalla, en cuyo caso puede, estar establecidas en otro Estado miembro, dificultando las investigaciones.

La distribuidora puede actuar de dos maneras:

- Como una empresa regular, vendiendo los bienes, pero obteniendo amplios beneficios, dado que ha adquirido los bienes a un precio muy inferior, al no haber tributado realmente la operación de adquisición intracomunitaria.
- Vendiendo los bienes a sociedades o particulares de otro Estado miembro o tercer país, y por tanto sin repercutir IVA en ellas, y solicitando la devolución del IVA soportado, pero que en ningún momento se ha llegado a ingresar a la hacienda pública.

En cualquier caso, contará con una factura con el IVA soportado que se podrá deducir y obtendrá beneficios al haber adquirido los bienes a un precio inferior al de mercado. Normalmente, suele vender los bienes a empresas de otro Estado miembro o tercer país y, por tanto, sin repercutir IVA en ellas, y solicita la devolución del IVA soportado, pero que en ningún momento se ha llegado a ingresar a la hacienda pública.

9.2. Tipos de fraude a través de tramas

¿Cuáles son los tipos de fraude a través de tramas más habituales en el IVA?

Existen diferentes tipos de fraude en el IVA. Al margen del fraude habitual de realizar las operaciones «en negro», sin emitir factura y sin repercutir ni ingresar el correspondiente IVA, los fraudes que con más asiduidad nos encontramos son:

- Fraude en las adquisiciones.
- Fraude en las entregas.
- Fraude carrusel.

Como se indica en la Instrucción 3/2007, de 30 de marzo, sobre la actuación del Ministerio Fiscal en la persecución de los delitos de defraudación tributaria cometidos por grupos organizados en relación con las operaciones intracomunitarias del Impuesto sobre el Valor Añadido, el fraude se comete mediante el empleo de sociedades mercantiles cuya apariencia es cumplir una función en el proceso económico de producción y comercialización de bienes pero su finalidad real es lograr que, quien ha realizado una adquisición intracomunitaria, evada el pago del impuesto correspondiente u obtenga su devolución, lo que lleva a la existencia de distintas modalidades de fraude.

|| Fraude del IVA en las adquisiciones

Es el fraude básico. Es el que comete la sociedad trucha, esto es, una sociedad adquiere bienes en un Estado miembro distinto de su Estado de establecimiento, es decir, realiza una adquisición intracomunitaria de bienes, por la que no soporta IVA en origen, y procede a la venta posterior de esos bienes repercutiendo el correspondiente IVA. La empresa trucha no declara la adquisición en destino ni las ventas posteriores y, por tanto, no ingresa el IVA correspondiente a esas operaciones.

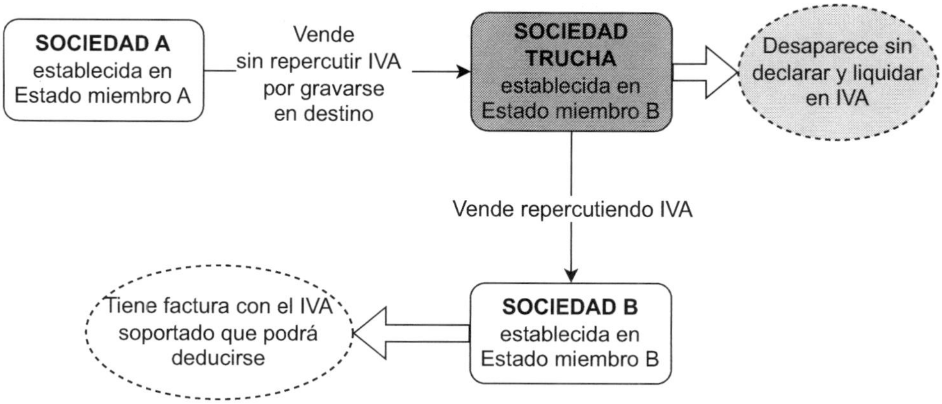

Fraude del IVA en las entregas

En este fraude un operador va a simular realizar una entrega intracomunitaria de mercancías cuando en realidad está realizando una operación interior. En esta trama, la sociedad simuladora realiza la documentación como si entregase los bienes a un operador establecido en otro Estado miembro distinto del suyo y solicita la correspondiente devolución del IVA que hubiese soportado por la adquisición que hizo, pero realmente se los transmite «en negro», por tanto, sin factura ni IVA, a un operador o particular establecido en su mismo Estado miembro.

Por tanto, como consecuencia de esa supuesta operación intracomunitaria, el operador simulador va a obtener una devolución indebida de IVA.

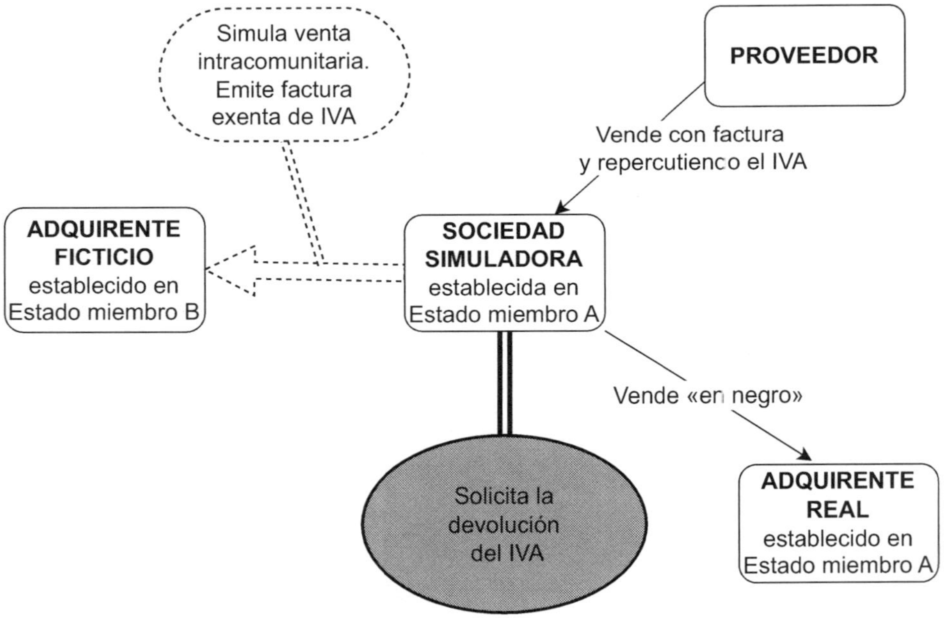

Fraude carrusel (IVA)

El fraude carrusel se da cuando se produce el fraude en las adquisiciones y continúa la cadena del fraude a través de una o varias sociedades pantalla, para que finalmente la distribuidora los transmita a una sociedad en el Estado miembro de donde provenían los bienes, pudiendo perpetuarse la cadena como un auténtico carrusel.

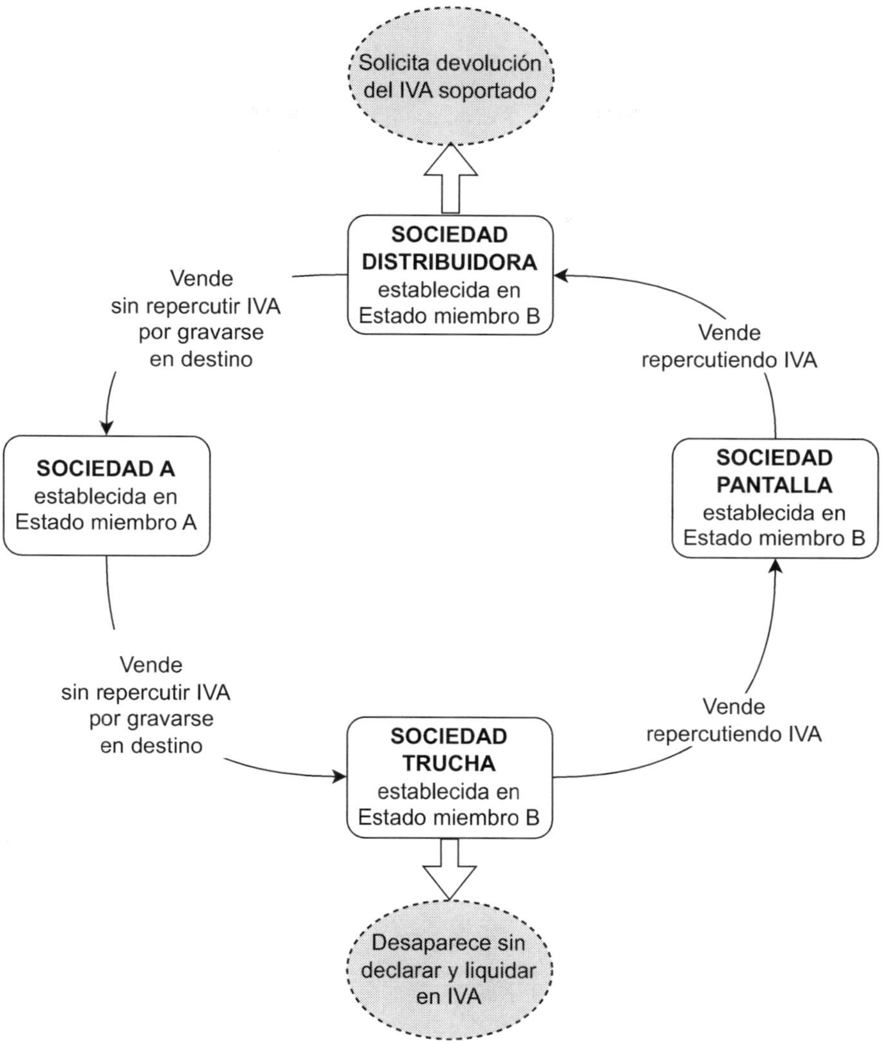

Se trata de un fraude complejo en el que el entramado societario está bien organizado. Dado que los Estados ponen medios para detectarlo y realizar una ardua lucha contra este tipo de fraude, las organizaciones cada vez son más complejas, con numerosos operadores ubicados en diferentes Estados, para dificultar las investigaciones.

Así, podemos encontrarnos con entramados con múltiples empresas trucha en diferentes Estados miembros, con varias sociedades pantalla, que pueden actuar en paralelo o en cadena, y pueden estar también en diferentes Estados miembros, y con varias distribuidoras en diferentes Estados.

Dentro de este fraude **se dan diferentes modalidades**. Entre ellas, el **carrusel documental**, caracterizado porque la entrega y transporte de mercancías es ficticia, simplemente se realizan las adquisiciones y ventas a nivel documental, pero realmente no se mueven los bienes. Esta simulación puede ser total o parcial:

- Simulación total: cuando los bienes objeto de entrega y transporte no existen, pero se finge su entrega y transporte mediante la falsificación de los documentos de transporte.
- Simulación parcial: cuando se afirma comercializar con una determinada clase de bienes, pero en realidad los bienes que son objeto de entrega y transporte tienen un valor ínfimo o nulo.

Es habitual que para detectar este tipo de fraude la inspección tributaria requiera a las sociedades que aporten la documentación acreditativa del transporte. Ante esta petición habitual, las tramas han optado por varias opciones: falsificar la documentación de transporte; el envío de cajas vacías o el envío de mercancías defectuosas sin valor, o valor residual, dificultando así la labor de investigación, pues documentalmente estará todo correcto.

En otras modalidades, las sociedades pantalla compatibilizan la actividad de fraude con actividad normal, es decir, la empresa pantalla tiene estructura y en parte realiza una actividad real y normal en el mercado, dificultando nuevamente su investigación o, en otras, los bienes son transportados desde el Estado de origen a un almacén, donde el operador de transporte los distribuye al cliente final.

En este tipo de fraude, **los entramados societarios utilizan todo tipo de argucias para simular la veracidad de las operaciones,** desde justificantes de cobro y pago, a documentos de transporte. Sin embargo, es habitual que si se revisan sus cuentas bancarias se observe que no hacen los pagos habituales en cualquier sociedad como podrían ser las nóminas o los suministros, o si los hay son por consumos residuales. Ello no es óbice para que las tramas cada vez compliquen más la actividad investigadora y den de alta a trabajadores a los que abonan la nómina a través de la cuenta bancaria, pero que realmente no realizan actividad alguna, y un amplio etcétera.

En múltiples ocasiones nos encontramos con sociedades o empresarios o profesionales que participan en la cadena del fraude carrusel sin tener conocimiento de ello. Simplemente, adquieren a una sociedad trucha sin saber que lo es, o bien al distribuidor final, o incluso pueden llegar a ser intermediarios sin tener conocimiento efectivo del fraude. Ello supone un doble problema, para el que no quiere cometer ni participar en el fraude, que se ve envuelto en una investigación tributaria y en ocasiones penal, y otro para las autoridades en materia tributaria, al dificultarse las investigaciones.

RESOLUCIÓN RELEVANTE

Sentencia del Tribunal de Justicia de la Unión Europea n.º C-537/22, de 11 de enero de 2024

Asunto: la mera demostración de una cadena de facturación circular es insuficiente para probar el fraude de tipo «carrusel» en el IVA.

«(...) si bien la existencia de una cadena de facturación circular es un indicio serio de la existencia de un fraude, que debe tenerse en cuenta en la apreciación global de todos los elementos y circunstancias de hecho del caso de que se trate, no cabe admitir que la Administración tributaria pueda limitarse, a efectos de probar la existencia

de un fraude de tipo «carrusel», a demostrar que la operación en cuestión forma parte de una cadena de facturación circular (véase, en este sentido, la sentencia de 1 de diciembre de 2022, Aquila Part Prod Com, C-512/21, EU:C:2022:950, apartado 35)».

9.3. La lucha contra el fraude en el IVA

Los esfuerzos de las Administraciones para perseguir el fraude

La lucha contra el fraude es tan histórica como el fraude en sí mismo. Las distintas Administraciones han luchado contra el fraude y la evasión fiscal. En los últimos tiempos, se han tenido que redoblar esfuerzos en esta materia, pues los defraudadores cada vez utilizan sistemas más complejos para conseguir sus objetivos.

En este apartado nos centraremos en algunas de las medidas adoptadas específicamente para la luchar contra el fraude en el IVA.

9.3.1. Medidas adoptadas por la UE

¿Qué medidas ha adoptado la Unión Europea para perseguir el fraude en el IVA?

El artículo 310.6 del Tratado de Funcionamiento de la Unión Europea señala que, tanto la Unión Europea como los Estados miembros, han de combatir el fraude y cualquier otra actividad ilegal que perjudique a los intereses financieros de la Unión. De igual modo, el artículo 325 indica que las medidas adoptadas para ello han de tener carácter disuasorio y ser capaces de ofrecer una protección eficaz tanto en los Estados miembros como en las instituciones, órganos y organismos de la Unión Europea.

El fraude fiscal en el ámbito del IVA provoca pérdidas presupuestarias considerables y afecta al funcionamiento del mercado interior de la Unión Europea. Para evitar el mismo, en el marco de la Unión Europea se han adoptado medidas de muy diversa índole, algunas de las cuales analizamos a continuación.

La asistencia mutua

En el ámbito de la fiscalidad, por asistencia mutua debe entenderse toda actuación de los Estados dirigida a la cooperación de las Administraciones tributarias para la aplicación de los tributos en un sentido amplio. En particular, se incluyen en la asistencia mutua las actuaciones dirigidas al intercambio de información entre Administraciones tributarias, a la asistencia en la recaudación de créditos, así como a otros fines previstos en la normativa reguladora de la asistencia mutua, como, por ejemplo, la asistencia en actuaciones de notificación. La cooperación administrativa tributaria internacional es un elemento clave para la lucha contra el fraude y la evasión fiscal. Esta cooperación se encuentra más desarrollada en el ámbito del intercambio de información. No obstante, se pueden distinguir los siguientes tipos de asistencia mutua entre las Administraciones tributarias:

- El intercambio de información previa solicitud.
- El intercambio automático de información.
- El intercambio espontáneo de información.
- Los controles simultáneos.
- La presencia y, en su caso, actuación de los funcionarios de un Estado en el extranjero.
- La asistencia en la notificación.
- La asistencia en la recaudación.

En esta materia, en el ámbito comunitario, destacan dos directivas:

- Por un lado, la **Directiva 2011/16/UE del Consejo, de 15 de febrero de 2011, relativa a la cooperación administrativa en el ámbito de la fiscalidad** y por la que se deroga la Directiva 77/799/CEE, la cual entró en vigor el 11 de marzo de 2011. Entre las modalidades de cooperación administrativa regula el intercambio previa solicitud, el intercambio espontáneo de información y el intercambio automático de información, así como otras posibilidades de asistencia mutua como la asistencia en la notificación, la presencia de funcionarios extranjeros o los controles simultáneos de varias Administraciones tributarias.
- Por otro lado, está la **Directiva 2010/24/UE del Consejo, de 16 de marzo de 2010, sobre la asistencia mutua en materia de cobro de los créditos correspondientes a determinados impuestos, derechos y otras medidas**.

Ambas directivas están integradas en nuestro derecho interno a través del Real Decreto-ley 20/2011, de 30 de diciembre, de medidas urgentes en materia presupuestaria, tributaria y financiera para la corrección del déficit público, con efectos desde el 1 de enero de 2012, y del Real Decreto 1558/2012, de 15 de noviembre, por el que se adaptan las normas de desarrollo de la Ley 58/2003, de 17 de diciembre, General Tributaria, a la normativa comunitaria e internacional en materia de asistencia mutua, se establecen obligaciones de información sobre bienes y derechos situados en el extranjero, y se modifica el reglamento de procedimientos amistosos en materia de imposición directa, aprobado por Real Decreto 1794/2008, de 3 de noviembre.

Control de los operadores intracomunitarios

Otra de las medidas antifraude es el control de que operadores pueden realizar operaciones intracomunitarias, y que, por tanto, reúnen los requisitos para poder realizar operaciones exentas en origen. Este control se realiza de dos maneras: por un lado, registrando a los operadores en el momento que se les otorga en NIF-IVA, y, por otro, con un censo que permite comprobar que el operador con el que va a realizar la operación tiene los requisitos para que la operación esté sujeta en destino.

– **Registro de Operadores Intracomunitarios (ROI)**

El Registro de Operadores Intracomunitarios (ROI) es un registro donde se inscriben las empresas y profesionales para obtener el NIF intracomunitario y así poder operar, comerciar y facturar con empresas de otros países de la Unión Europea. En España lo gestiona la Agencia tributaria.

Todos los autónomos y empresas que realizan negocios con clientes o proveedores de otros países de la Unión Europea deben tramitar su alta en el Registro de Operadores Intracomunitarios (ROI). Al hacerlo, se obtiene un NIF-IVA que habilita para comerciar siguiendo la normativa del IVA intracomunitario.

– **Sistema de Intercambio de Información sobre el IVA (VIES)**

El Sistema de Intercambio de Información sobre el IVA (VIES) constituye un censo que recoge todas las empresas, profesionales y autónomos que tienen expedido un NIF-IVA. Así, una vez se está de alta en el ROI se pasa a formar parte del censo VIES. Este sistema electrónico o herramienta europea permite realizar búsquedas para saber si un profesional o empresa cumple con la normativa para que una operación intracomunitaria pueda estar exenta de IVA.

Si no se tiene NIF-IVA a través de la inscripción en el ROI no se figurará en el VIES y, por tanto, las operaciones intracomunitarias estarán sujetas como si de un consumidor final se tratase.

Con este sistema se pretende tener un mayor control de las operaciones intracomunitarias.

Inversión del sujeto pasivo

El **artículo 199** de la Directiva 2006/112/CE del Consejo, de 28 de noviembre de 2006, relativa al sistema común del Impuesto sobre el Valor Añadido, establece la posibilidad de que los Estados miembros dispongan que el sujeto pasivo y deudor del IVA sea la persona destinataria en las siguientes operaciones:

- La prestación de servicios de construcción, incluidos los servicios de reparación, limpieza, mantenimiento, modificación o demolición relacionados con bienes inmuebles, así como la entrega de obras en inmuebles considerada entrega de bienes conforme al artículo 14.3 de la Directiva 2006/112/CE, así como la puesta a disposición de personal que desempeñe estas actividades.
- La entrega de bienes inmuebles, prevista en el artículo 135.1.j) y k) de la Directiva 2006/112/CE, cuando el proveedor haya optado por la imposición de la entrega.
- La entrega de material usado, material usado no reutilizable en el estado en que se encuentra, desechos, residuos industriales y no in-

dustriales, residuos reciclables, residuos parcialmente transformados y determinados bienes y servicios, con arreglo a la lista que figura en el anexo VI de la Directiva 2006/112/CE.

- La entrega de bienes entregados como garantía por un sujeto pasivo a otro en ejecución de dicha garantía.
- La entrega de bienes a raíz de la cesión de la reserva de propiedad a un cesionario, en el ejercicio de este derecho por parte del mismo.
- La entrega de bienes inmuebles vendidos por el deudor judicial en un procedimiento obligatorio de liquidación.

Sin embargo, esta medida era insuficiente, por lo que en 2010 el Consejo, dada la gravedad del fraude al IVA, procedió a permitir a los Estados miembros que aplicasen, con carácter temporal hasta junio de 2015, un mecanismo en virtud del cual la obligación de pagar el IVA se traspasase a la persona destinataria. Así, se introduce el artículo 199 bis en la Directiva 2006/112/CE, para que los Estados pudiesen regular la inversión del sujeto pasivo en la transferencia de derechos de emisión de gases de efecto invernadero. En estos años se ha procedido a ampliar, tanto el plazo, siendo actualmente hasta 31 de diciembre de 2026, como el catálogo de supuestos en los que se puede regular la inversión del sujeto pasivo. Así, actualmente el artículo **199 bis permite a los Estados miembros regular que el deudor del IVA sea el sujeto pasivo destinatario** de cualquiera de los **siguientes bienes y servicios:**

- La transferencia de derechos de emisión de gases de efecto invernadero tal como se definen en el artículo 3 de la Directiva 2003/87/CE del Parlamento Europeo y del Consejo, de 13 de octubre de 2003, por la que se establece un régimen para el comercio de derechos de emisión de gases de efecto invernadero en la Comunidad, transferibles de conformidad con su artículo 12.
- La transferencia de otras unidades que puedan utilizar los operadores en cumplimiento de la misma Directiva.
- Entregas de teléfonos móviles, consistentes en dispositivos concebidos o adaptados para ser utilizados en conexión con una red autorizada, y que funcionen en determinadas frecuencias, tengan o no otro uso.
- Entregas de dispositivos de circuitos integrados, tales como microprocesadores y unidades centrales de proceso, en un estadio anterior a su integración en productos de consumo final.
- Entregas de gas y electricidad a un sujeto pasivo revendedor tal como se define en el artículo 38.2 de la Directiva 2006/112/CE.
- Entregas de certificados de gas y electricidad.
- Prestación de servicios de telecomunicaciones.
- Entregas de consolas de videojuegos, ordenadores portátiles y tabletas digitales.
- Cereales y cultivos industriales, como las semillas oleaginosas y la remolacha azucarera, que no se utilizan habitualmente en estado inalterado para el consumo final.

- Metales en bruto y metales semiacabados, incluidos los metales preciosos, cuando no estén incluidos en virtud de otras disposiciones en el ámbito de aplicación del artículo 199.1.d) de la Directiva 2006/112/CE, en el régimen especial aplicable a los bienes de ocasión, objetos de arte, antigüedades y objetos de colección o en el régimen especial aplicable al oro de inversión.

Por otro lado, en 2013, el Consejo, al detectar que cada vez se producen modalidades específicas de fraude fiscal repentino y masivo, y que las medidas sobre inversión del sujeto pasivo, recogidas en los artículos 199 y 199 bis de la Directiva 2006/112/CE no ofrecían la flexibilidad necesaria para responder con rapidez a los fraudes repentinos y masivos en relación con categorías de bienes y servicios excluidos del ámbito de aplicación de dichos artículos, se establecieron medidas específicas que permitiesen a los Estados adoptar esas medidas necesarias. Así, se introdujo el artículo **199 ter en la Directiva 2006/112/CE, que permite a los Estados miembros, en casos de urgencia imperiosa, designar al destinatario de determinadas entregas de bienes o prestaciones de servicios como deudor del IVA que grave las mismas, previa comunicación a la Comisión.** Así, el Estado miembro que quiera establecer esta medida, enviará una notificación a la Comisión empleando el formulario normalizado y remitiendo dicha notificación simultáneamente a los demás Estados miembros. De igual forma, debe aportar además información relativa al sector afectado, el tipo y las características del fraude observado, la existencia de motivos imperiosos de urgencia, el carácter repentino y masivo del fraude y sus consecuencias en cuanto a la generación de pérdidas económicas significativas e irreparables. Se trata de una medida especial de instauración de un mecanismo de reacción rápida para combatir modalidades de fraude repentino y masivo que puedan generar pérdidas económicas significativas e irreparables, previa comunicación a la Comisión. La Directiva 2022/890 del Consejo, de 3 de junio de 2022, ha prorrogado esta medida de inversión del sujeto pasivo hasta el 31 de diciembre de 2026.

|| Lucha contra el fraude del IVA en el comercio electrónico

El crecimiento del comercio electrónico facilita la venta transfronteriza de bienes y servicios a los consumidores finales en los Estados miembros. Las tramas organizadas del IVA aprovechan las oportunidades que brinda el comercio electrónico para obtener ventajas comerciales desleales mediante la elusión de sus obligaciones en materia de IVA. Por lo que resulta necesaria la lucha contra el fraude transfronterizo del IVA provocado por la conducta fraudulenta de algunas empresas en el ámbito del comercio electrónico transfronterizo. Con esta intención se dicta la Directiva 2020/284 del Consejo, de 18 de febrero de 2020, por la que se modifica la Directiva 2006/112/CE en lo que respecta a la introducción de determinados requisitos para los proveedores de servicios de pago.

En dicha directiva se señala que, en la **gran mayoría de las compras en línea realizadas por los consumidores en la Unión, los pagos se ejecutan a través de proveedores de servicios de pago. A fin de ofrecer servicios de pago, el proveedor de servicios de pago dispone de información específica**

para identificar al destinatario o beneficiario de dicho pago, también de datos relativos a la fecha, al importe y al Estado miembro de origen del pago, así como información sobre si el pago se inició en los locales físicos del comerciante. Dicha información específica es importante, en particular, en el contexto de un pago transfronterizo cuando el ordenante está ubicado en un Estado miembro y el beneficiario en otro Estado miembro, en un tercer territorio o en un tercer país. Se requiere dicha información para que las autoridades tributarias de los Estados miembros desempeñen sus tareas básicas de detección de las empresas fraudulentas y de control de las obligaciones en materia de IVA. **Así pues, es necesario que los proveedores de servicios de pago pongan dicha información a disposición de las autoridades tributarias para ayudarles a detectar y combatir el fraude del IVA**. Así, se introducen los artículos 243 bis a 243 quinquies en la Directiva 2006/112/CE.

Los Estados miembros tenían de plazo hasta el 31 de diciembre de 2023 para la adopción y publicación de las disposiciones legales, reglamentarias y administrativas necesarias para dar cumplimiento a lo establecido en la misma, y la aplicación de dichas disposiciones surte efecto desde el 1 de enero de 2024.

|| Plan de acción ViDA (VAT in the Digital Age)

Más recientemente, el 5 de noviembre de 2024, el Consejo Europeo aprobó el nuevo paquete de medidas del Proyecto ViDA (*VAT in the Digital Age*), que tiene como objetivo la modernización normativa europea del IVA. Los pilares fundamentales son:

- Facturación electrónica y DRR (Digital Reporting Requirements): Se introducen los informes digitales en tiempo real para el comercio transfronterizo basados en la facturación electrónica, proporcionando así a los Estados miembros información para la lucha contra el fraude fiscal del IVA, en especial el fraude carrusel.
- Economía de plataformas: Se proponen medidas para asegurar que las plataformas digitales informan sobre las transacciones sujetas al IVA y lo repercutan para su posterior ingreso en la Administración tributaria.
- Ampliación del sistema de ventanilla única: Se amplía su ámbito de aplicación a otras operaciones, simplificando el proceso para aquellas empresas que operan en varios países de la UE. Su objetivo es reducir las obligaciones de registro de los operadores en Estados miembros donde realizan ventas sin estar establecidos.

Con este nuevo paquete de medidas se espera, entre otras, la reducción del fraude fiscal en el IVA y consecuentemente, un aumento en la recaudación del impuesto.

|| Red Eurofisc

Eurofisc es una red descentralizada sin personalidad jurídica de funcionarios de enlace de los 27 Estados miembros y Noruega lanzada en 2010 para luchar contra el fraude transfronterizo del IVA. Permite a los Estados miembros tratar de manera conjunta los datos sobre el IVA, así como intercambiar alertas tempranas sobre empresas que sean sospechosas de estar involucradas en fraude del IVA. Como se indica en el apartado segundo del artículo 33 del Reglamento (UE) n.º 904/2010 del Consejo, de 7 de octubre de 2010, relativo a la cooperación administrativa y la lucha contra el fraude en el ámbito del impuesto sobre el valor añadido:

> «En el marco de Eurofisc, los Estados miembros:
>
> a) establecerán un mecanismo multilateral de alerta temprana para combatir el fraude en el IVA;
>
> b) coordinarán el intercambio rápido de información selectiva en las áreas temáticas en las que será operativo Eurofisc (denominadas en lo sucesivo «ámbitos de trabajo de Eurofisc»);
>
> c) coordinarán el trabajo de los funcionarios de enlace de Eurofisc de los Estados miembros participantes en respuesta a las alertas recibidas».

Desde 2019 emplea TNA —una herramienta de análisis de redes de transacciones— para el intercambio rápido y procesamiento de los datos del IVA, que le permite la detección precoz de redes sospechosas, así como de una manera más eficiente.

9.3.1. Medidas adoptadas por España

¿Qué medidas ha adoptado España para perseguir el fraude en el IVA?

En la sentencia del Tribunal Constitucional n.º 76/1990, de 26 de abril, ECLI:ES:TC:1990:76, se señala que la «lucha contra el fraude fiscal es un fin y un mandato que la Constitución impone a todos los poderes públicos, singularmente al legislador y a los órganos de la Administración tributaria». Por tanto, «no es, pues, una opción que quede a la libre disponibilidad del legislador y de la Administración, sino que, por el contrario, es una exigencia inherente a "un sistema tributario justo" como el que la Constitución propugna en el art. 31.1». Partiendo de ese mandato constitucional, el legislador español ha buscado combatir el fraude fiscal tanto desde el marco punitivo, de forma administrativa, e incluso penalmente, como también trabajando en la prevención del mismo.

A nivel administrativo, la Ley 58/2003, de 17 de diciembre, General Tributaria (LGT) contiene un catálogo de obligaciones, infracciones y sanciones, que pretenden evitar, con carácter general, el incumplimiento de las obligaciones tributarias.

Por su parte, la Agencia Tributaria tiene establecidos como objetivos estratégicos fundamentales y permanentes desde su creación tanto la prevención como la lucha contra el fraude fiscal. En este marco, elabora planes estratégicos, en los que desarrolla dos líneas principales de actuación: por una parte, la prevención del fraude mediante la prestación de servicios de información y asistencia al contribuyente para facilitar y minimizar los costes indirectos asociados al cumplimiento de las obligaciones tributarias conjuntamente con el desarrollo de otras actuaciones preventivas; y, por otra parte, la detección, regularización y, en su caso, sanción de los incumplimientos tributarios mediante actuaciones de control. Actualmente está vigente el Plan Estratégico de la Agencia Tributaria 2024-2027 y, en desarrollo del mismo, la Resolución de 27 de febrero de 2025, de la Dirección General de la Agencia Estatal de Administración Tributaria, por la que se aprueban las directrices generales del Plan Anual de Control Tributario y Aduanero de 2025.

El **Plan Anual de Control Tributario y Aduanero de 2025** (en virtud de lo dispuesto en la Resolución de 27 de febrero de 2025 —última publicada a fecha de cierre— por la que se aprueban sus directrices), en relación con el control del fraude del IVA, indica que:

- La Administración tributaria continuará verificando el cumplimiento de la obligación de los sujetos pasivos acogidos al sistema SII, tanto obligatoria como voluntariamente, de enviar registros del SII.
- Será objeto de seguimiento por la Administración tributaria la utilización de personas jurídicas con la finalidad de acceder al derecho a la deducción de cuotas del IVA soportadas, especialmente cuando estas estén relacionadas con entidades cuyas actividades no generan derecho a dicha deducción, en aquellos casos en que se considere que las conductas o estructuras creadas son claramente abusivas y su única o principal finalidad es una minoración de la tributación.
- Se seguirá impulsando la coordinación y gestión del control de tramas de fraude organizado en relación con el IVA a nivel nacional, respecto a su prevención y represión.

  La estrategia nacional de lucha contra tramas incluye como objeto de especial seguimiento medidas de control preventivo del Registro de Operadores Intracomunitarios, mayor control del censo de entidades, el control de fraude del IVA en operaciones intracomunitarias así como en las directamente vinculadas a las primeras entregas posteriores a las importaciones referidas al material y componentes electrónicos no amparados por la inversión del sujeto pasivo. Adicionalmente se atenderá a los servicios transmisibles, como los minutos de telefonía. En relación con estos sectores, se procederá a la detección temprana de los operadores instrumentales destinados a la ocultación de ventas reales a clientes finales, empleando para ello los procedimientos previstos en la normativa de la Unión, así como los análisis de información y herramientas propias, como la herramienta TNA.
- Se incluye el control sobre tramas de fraude al IVA intracomunitario que operan en el sector de vehículos, reforzando en especial las vías preventivas mediante la supervisión del trámite de matriculación en vehículos usados procedentes de la UE y el control de los profesionales que colaboran con las tramas.
- Se prevé la continuidad del control de los servicios de investigación de las Dependencias Regionales a la defraudación organizada en la comercialización de hidrocarburos, motivado por los altos precios de los combustibles.
- Se seguirán llevando los casos investigados a las autoridades judiciales o del Ministerio Fiscal competentes, se acentuará la coordinación

entre los servicios de la Inspección de los Tributos y los de Vigilancia Aduanera y se continuará con la colaboración y apoyo a las Fuerzas y Cuerpos de Seguridad del Estado.

- La Agencia Tributaria tiene como objetivo la prevención de la defraudación mediante técnicas de anticipación que permitan conocer en tiempo real los movimientos de las organizaciones criminales, para detener la defraudación tan pronto comience. En 2024, con la completa implementación del Registro de Extractores de Depósito Fiscal, se exigirá el máximo rigor para evitar que operadores previamente involucrados en fraudes accedan a este registro o utilicen depósitos fiscales de manera indebida. La colaboración entre los servicios de Aduanas, Gestión Tributaria e Inspección Financiera y Tributaria resulta crucial para detener el fraude millonario al IVA en el sector.
- Se realizarán actuaciones de control con el objetivo de verificar que, tras una solicitud de devolución del IVA por la construcción o adquisición de bienes de inversión, no se produce un cambio de afectación o destino del bien que determine la improcedencia de la deducción aplicada o deba ser objeto el bien de inversión de regularización. También se realizarán actuaciones destinadas a corregir las situaciones en las que la adquisición o construcción de bienes de inversión se interponen sociedades cuyo único propósito es lograr la plena deducción de las cuotas soportadas cuando el usuario efectivo de los bienes no habría tenido en cambio derecho a su deducción plena.
- Se realizarán actuaciones de comprobación e investigación dirigidas al control del abuso en el empleo del tipo reducido de IVA en aquellas prestaciones de servicios que conllevan una aportación relevante de suministros por parte de quien ejecuta dichos servicios.
- Incremento de la atención sobre la economía de las plataformas, debido al crecimiento de las transacciones realizadas a través de plataformas en los últimos años y a la constatación de la presencia de personas y entidades no establecidas en el TAI que, por aplicación de la normativa europea, están obligadas a satisfacer el IVA en España.
- Continuará la coordinación de las distintas áreas funcionales de la Agencia Tributaria en organizaciones que aúnen la lucha contra el fraude aduanero o de IIEE y medioambientales y la defraudación en otros tributos, particularmente en el contexto de tramas de IVA en sectores sujetos también a tributos sobre el comercio exterior, IIEE y medioambientales.

Si bien el catálogo de medidas antifraude es extenso, en este apartado nos centraremos en algunas de las medidas adoptadas para evitar el fraude en el IVA. Así, se han ido incorporando diversas medidas antielusión a la propia LIVA. Las principales, además de las diferentes obligaciones formales, son la inversión del sujeto pasivo y un régimen de responsabilidad.

|| Inversión del sujeto pasivo

Una de las medidas que ha mostrado más eficacia a la hora de que la Administración tributaria consiga recaudar de forma efectiva el impuesto ha sido la inversión del sujeto pasivo. Pues muchos de los fraudes se basan en la desaparición o insolvencia del sujeto pasivo original conforme a la norma general.

En este sentido, el artículo 84 de la LIVA establece una norma general por la que los sujetos pasivos del IVA son los empresarios o profesionales que realicen las entregas de bienes o presten los servicios sujetos al impuesto. Pero también configura un catálogo de supuestos (que con los años ha ido aumentando) en el que se produce la inversión. Así, este artículo establece que **serán sujetos pasivos del IVA los empresarios o profesionales para quienes se realicen las operaciones sujetas en los siguientes supuestos:**

- Cuando las operaciones las realicen personas o entidades no establecidas en el TAI, con las siguientes excepciones:
  - Las prestaciones de servicios en las que el destinatario tampoco esté establecido en el TAI, salvo las prestaciones de servicios comprendidas en el artículo 69.Uno.1.º de la LIVA.
  - Cuando se trate de las entregas de bienes a que se refiere el artículo 68, apartados Tres y Cinco de la LIVA.
  - Cuando se trate de entregas de bienes que estén exentas del impuesto por aplicación de lo previsto en los artículos 20 bis, 21, números 1.º, 2.º y 7.º, o 25 de la LIVA, así como de entregas de bienes referidas en este último artículo que estén sujetas y no exentas del impuesto.
  - Cuando se trate de prestaciones de servicios de arrendamientos de bienes inmuebles que estén sujetas y no exentas del impuesto.
  - Cuando se trate de prestaciones de servicios de intermediación en el arrendamiento de bienes inmuebles.
- Cuando se trate de entregas de oro sin elaborar o de productos semielaborados de oro, de ley igual o superior a 325 milésimas.
- Cuando se trate de entregas de desechos nuevos de la industria, desperdicios y desechos de fundición, residuos y demás materiales de recuperación constituidos por metales férricos y no férricos, sus aleaciones, escorias, cenizas y residuos de la industria que contengan metales o sus aleaciones o las operaciones de selección, corte, fragmentación y prensado que se efectúen de estos productos.
- Cuando se trate de entregas de desperdicios o desechos de papel, cartón o vidrio.
- Cuando se trate de entregas de desechos, desperdicios o recortes de plástico.
- Cuando se trate de entregas de desperdicios o artículos inservibles de trapos, cordeles, cuerdas o cordajes.
- Cuando se trate de entregas de productos semielaborados resultantes de la transformación, elaboración o fundición de los metales no férricos, con excepción de los compuestos por níquel. En particular, se considerarán productos semielaborados los lingotes, bloques, placas, barras, grano, granalla y alambrón.

- Cuando se trate de prestaciones de servicios que tengan por objeto derechos de emisión, reducciones certificadas de emisiones y unidades de reducción de emisiones de gases de efecto invernadero.
- Cuando se trate de las siguientes entregas de bienes inmuebles:
  - Las entregas efectuadas como consecuencia de un proceso concursal.
  - Las entregas exentas a que se refieren los apartados 20.º y 22.º del artículo 20.Uno de la LIVA en las que el sujeto pasivo hubiera renunciado a la exención.
  - Las entregas efectuadas en ejecución de la garantía constituida sobre los bienes inmuebles, entendiéndose, asimismo, que se ejecuta la garantía cuando se transmite el inmueble a cambio de la extinción total o parcial de la deuda garantizada o de la obligación de extinguir la referida deuda por el adquirente.
- Cuando se trate de ejecuciones de obra, con o sin aportación de materiales, así como las cesiones de personal para su realización, consecuencia de contratos directamente formalizados entre el promotor y el contratista que tengan por objeto la urbanización de terrenos o la construcción o rehabilitación de edificaciones. También cuando los destinatarios de las operaciones sean a su vez el contratista principal u otros subcontratistas en las condiciones señaladas.
- Cuando se trate de entregas de plata, platino y paladio, en bruto, en polvo o semilabrado. Se asimilan a los mismos las entregas que tengan por objeto dichos metales resultantes de la realización de actividades de transformación por el empresario o profesional adquirente. En todo caso ha de tratarse de productos que no estén incluidos en el ámbito de aplicación del régimen especial aplicable a los bienes usados, objetos de arte, antigüedades y objetos de colección.
- Cuando se trate de entregas de los siguientes productos:
  - Teléfonos móviles.
  - Consolas de videojuegos, ordenadores portátiles y tabletas digitales.

    Esta inversión del sujeto pasivo solo se aplicará cuando el destinatario sea un empresario o profesional revendedor de estos bienes, cualquiera que sea el importe de la entrega, o un empresario o profesional que no sea revendedor, cuando el importe total de las entregas de dichos bienes, documentadas en la misma factura, exceda de 10.000 euros, excluido el IVA.

Igualmente, serán sujetos pasivos del IVA **las personas jurídicas que no actúen como empresarios o profesionales, pero sean destinatarias de las siguientes operaciones** sujetas al IVA realizadas por empresarios o profesionales no establecidos en el TAI:

- Las entregas subsiguientes a las adquisiciones intracomunitaria a que se refiere el artículo 26.Tres de la LIVA, cuando hayan comunicado al empresario o profesional que las realiza el NIF-IVA que tengan asignado por la Administración española.

- Las prestaciones de servicios a que se refieren los artículos 69 y 70 de la LIVA.

Por otro lado, serán sujetos pasivos del IVA los empresarios o profesionales y las personas jurídicas que no actúen como empresarios o profesionales que sean destinatarios de entregas de gas y electricidad o las entregas de calor o de frío a través de las redes de calefacción o de refrigeración que se entiendan realizadas en el TAI, siempre que la entrega la efectúe un empresario o profesional no establecido en el citado TAI y le hayan comunicado el NIF-IVA asignado por la Administración española.

|| Régimen de responsabilidad del pago del IVA

Otra de las medidas que se han adoptado para combatir el fraude de las tramas en el IVA es **derivar la responsabilidad del pago del impuesto a personas diferentes del sujeto pasivo**, no son supuestos de inversión, sino que en estos casos responden del impuesto también otras personas. Así, el legislador español ha introducido la regulación de la responsabilidad en materia de IVA en el artículo 87 de la LIVA.

El artículo 87.Uno de la LIVA señala:

> «Uno. Serán responsables solidarios de la deuda tributaria que corresponda satisfacer al sujeto pasivo, los destinatarios de las operaciones que, mediante acción u omisión culposa o dolosa, eludan la correcta repercusión del impuesto.
>
> A estos efectos, la responsabilidad alcanzará a la sanción que pueda proceder».

Como vemos, se **convierte en responsables solidarios a los destinatarios de las operaciones** si con su actuación o carencia de esta, intencionada o no, se elude la repercusión del impuesto. Con esto se pretende fundamentalmente luchar contra la economía sumergida, de forma tal que el adquirente de un bien o a quien le prestan un servicio sin repercutirte el IVA pasa a ser responsable del abono de ese IVA, y no solo el proveedor que no lo repercutió. Se trata de una responsabilidad solidaria, por tanto, la Administración podrá requerir el pago a cualquiera de ellos o a ambos.

El artículo 87 de la LIVA también establece para el caso de las **importaciones de bienes la responsabilidad solidaria** del pago del impuesto de:

- Las asociaciones garantes en los casos determinados en los convenios internacionales.
- La RENFE, cuando actúe en nombre de terceros en virtud de convenios internacionales.
- Las personas o entidades que actúen en nombre propio y por cuenta de los importadores.

De igual forma, serán responsables subsidiarios del pago del impuesto, es decir, en caso de que no lo abonase el sujeto pasivo, las personas o entidades que actúen en nombre y por cuenta del importador.

A TENER EN CUENTA. Con efectos 11 de julio de 2021, el artículo 8.Uno de la Ley 11/2021, de 9 de julio, de medidas de prevención y lucha contra el fraude fiscal, de transposición de la Directiva (UE) 2016/1164, del Consejo, de 12 de julio de 2016, por la que se establecen normas contra las prácticas de elusión fiscal que inciden directamente en el funcionamiento del mercado interior, de modificación de diversas normas tributarias y en materia de regulación del juego, actualizó el supuesto de responsabilidad subsidiaria del pago del impuesto, que antes se refería a los agentes de aduanas, y que ahora es de aplicación a las personas o entidades que actúen en nombre y por cuenta del importador. De esta forma, se alinea la normativa del IVA con las modificaciones establecidas en el ámbito de la representación aduanera y a la figura del representante aduanero.

Además, se convierte en responsable subsidiario de las cuotas tributarias correspondientes a los empresarios o profesionales que sean destinatarios de las operaciones «que debieran razonablemente presumir que el Impuesto repercutido o que hubiera debido repercutirse por el empresario o profesional que las realiza, o por cualquiera de los que hubieran efectuado la adquisición y entrega de los bienes de que se trate, no haya sido ni va a ser objeto de declaración e ingreso». E incluye una presunción: que el empresario o profesional que adquiere un producto a un precio notoriamente anómalo debía presumir que no sería objeto de declaración e ingreso.

A estos efectos, el artículo 87 de la LIVA señala que se entenderá por **precio notoriamente anómalo:**

- El que sea sensiblemente inferior al correspondiente a dichos bienes en las condiciones en que se ha realizado la operación o al satisfecho en adquisiciones anteriores de bienes idénticos.
- El que sea sensiblemente inferior al precio de adquisición de dichos bienes por parte de quien ha efectuado su entrega.

Para la calificación del precio de la operación como notoriamente anómalo, la Administración tributaria estudiará la documentación de que disponga, así como la aportada por los destinatarios, y valorará, cuando sea posible, otras operaciones realizadas en el mismo sector económico que guarden un alto grado de similitud con la analizada, con objeto de cuantificar el valor normal de mercado de los bienes existente en el momento de realización de la operación.

Si se justifica, por la existencia de factores económicos distintos de la aplicación del IVA, el precio no se considerará como precio notoriamente anómalo.

No obstante, para exigir esta responsabilidad, la Administración tributaria debe acreditar la existencia de un impuesto repercutido o que debería haberse repercutido y que no ha sido objeto de declaración e ingreso.

9.3.3. Jurisprudencia derivada del fraude en el IVA

La doctrina del TJUE en torno a la devolución del IVA

Una de las medidas que más habitualmente adoptan las administraciones tributarias, ante la duda de que se haya producido fraude en relación con el IVA, es la denegación de la devolución del IVA. La jurisprudencia europea ha ido perfilando en qué casos se podrá denegar la devolución y en cuáles no.

Así, de la sentencia del Tribunal de Justicia de la UE dictada en el asunto **C-512/21, de 1 de diciembre de 2022, ECLI:EU:C:2022:950, se extraen las siguientes conclusiones** en relación con la Directiva 2006/112/CE:

- La autoridad tributaria no pude denegar a un sujeto pasivo el derecho a la deducción del IVA soportado limitándose a acreditar que esa operación forma parte de una cadena de facturación circular, sino que **debe ser la autoridad tributaria la que caracterice con precisión los elementos constitutivos del fraude y pruebe las actuaciones fraudulentas y, por otro lado, la autoridad tributaria debe acreditar que el sujeto pasivo participó activamente en dicho fraude o que sabía o debería haber sabido que la operación invocada para fundamentar ese derecho formaba parte del referido fraude, lo que no implica necesariamente identificar a todos los actores que participaron en él y sus respectivas actuaciones.**
- La autoridad tributaria **puede denegar el derecho a deducción del IVA por considerar que el sujeto pasivo ha participado activamente en un fraude del IVA fundamentando la decisión, con carácter complementario o subsidiario, en elementos de prueba que no acreditan tal participación, sino que acreditan que dicho sujeto pasivo habría podido saber, empleando toda la diligencia debida, que la operación en cuestión formaba parte de tal fraude. Pero el mero hecho de que los miembros de la cadena de entregas, de la que forma parte esa operación, se conocieran no constituye un elemento suficiente para acreditar la participación del sujeto pasivo en el fraude.**
- **Se puede exigir al sujeto pasivo, cuando existan indicios que permitan sospechar la existencia de irregularidades o de un fraude, que actúe con mayor diligencia para cerciorarse de que la operación que lleva a cabo no le conduce a participar en un fraude. Pero no se le puede exigir que lleve a cabo comprobaciones complejas y exhaustivas** como las que puede realizar la Administración tributaria. Correspondiendo al órgano jurisdiccional nacional apreciar si, habida cuenta de todas las circunstancias del caso, el sujeto pasivo ha actuado con la suficiente diligencia y ha adoptado las medidas que se le pueden exigir razonablemente en tales circunstancias.
- La autoridad tributaria **no puede denegar a un sujeto pasivo el ejercicio del derecho a la deducción del IVA por el único motivo de que no haya cumplido las obligaciones derivadas de las disposiciones**

nacionales o del Derecho de la Unión en materia de seguridad de la cadena alimentaria, pero el incumplimiento de estas obligaciones puede constituir un elemento entre otros con el que la autoridad tributaria puede acreditar tanto la existencia de un fraude del IVA como la participación de dicho sujeto pasivo en ese fraude.

- Cualesquiera que sean las normas nacionales que regulan el contrato de agencia y las estipulaciones del contrato de agencia mediante el cual **el sujeto pasivo encomendó a un tercero la realización de las operaciones gravadas, el sujeto pasivo no puede eximirse frente al Tesoro Público de dicha responsabilidad amparándose en la existencia de un contrato de agencia**, en las normas nacionales que lo regulan o en las estipulaciones de dicho contrato y alegando que ignoraba los hechos constitutivos del fraude del IVA conocidos por su agente. En efecto, admitir que el sujeto pasivo pueda actuar de este modo facilitaría el fraude y sería, por tanto, contrario al objetivo de luchar contra el fraude del IVA.

Por otro lado, la sentencia del TJUE en el asunto C-430/19, de 4 de junio de 2020, ECLI:EU:C:2020:429, señala que los principios que regulan la aplicación del régimen común del IVA se oponen a que, ante meras sospechas de la Administración tributaria, carentes de pruebas, sobre la realización efectiva de las operaciones económicas que dieron lugar a la emisión de una factura fiscal, se deniegue al sujeto pasivo destinatario de la factura fiscal el derecho a la deducción del IVA cuando no pueda aportar, además de dicha factura, otras pruebas de la realidad de las operaciones económicas realizadas. **Por tanto, si se quiere denegar la devolución, la Administración se ha de fundar en algo más que meras sospechas y cargar la prueba de la veracidad de las operaciones en el sujeto pasivo.**

En el mismo sentido, en la sentencia dictada en el asunto C-531/17, de 14 de febrero de 2019, ECLI:EU:C:2019:114, el TJUE indicó que **no debe negarse la devolución al importador** cuando el destinatario de la transferencia intracomunitaria consecutiva a esta importación comete un fraude en una operación posterior, y que no está vinculada, **si no hay datos que acrediten que el importador sabía o debería haber sabido que tal operación posterior estaba implicada en un fraude cometido por el destinatario.** De forma similar, la sentencia del TJUE en el asunto C-80/11, de 21 de junio de 2012, ECLI:EU:C:2012:373, señala que **es contraria a la normativa europea la norma nacional en virtud de la cual la autoridad tributaria deniega a un sujeto pasivo el derecho a deducir del importe del IVA por el motivo de que el emisor de la factura relativa a dichos servicios, o uno de los prestadores de servicios de este, ha cometido irregularidades, sin que dicha autoridad acredite, mediante datos objetivos, que el sujeto pasivo en cuestión sabía o debía haber sabido que la operación en la que se basa el derecho a deducción formaba parte de un fraude cometido por dicho emisor o por otro operador anterior en la cadena de prestaciones.**

En el caso de ulteriores adquirentes, la sentencia del TJUE en el asunto C-596/21, de 24 de noviembre de 2022, ECLI:EU:C:2022:921, señala que «*puede denegarse al segundo adquirente de un bien la deducción del impues-*

to sobre el valor añadido (IVA) soportado, basándose para ello en que sabía o debería haber sabido que el vendedor inicial cometía un fraude del IVA en el momento de la primera enajenación, cuando también el primer adquirente sabía que el vendedor inicial cometía un fraude del IVA en el momento de la primera enajenación». Por tanto, **debe denegársele íntegramente el derecho a la deducción del IVA soportado al segundo adquirente de un bien que, en una fase anterior a dicha adquisición fue objeto de una operación fraudulenta relativa a la cuota del IVA, cuando dicho segundo adquirente sabía o debería haber sabido que dicha adquisición estaba vinculada con un fraude.**

También sobre ulteriores adquirentes, el TJUE estableció en la sentencia en el asunto C-273/18, de 10 de julio de 2019, ECLI:EU:C:2019:588, que para denegar el derecho a deducir el IVA soportado «*la circunstancia de que una adquisición de bienes se produjera tras una cadena de operaciones de venta sucesivas entre varias personas y de que el sujeto pasivo adquiriera la posesión de los bienes de que se trata en las instalaciones de una persona implicada en dicha cadena, distinta de la que se indica en la factura como proveedor, no es por sí misma suficiente para constatar la existencia de una práctica abusiva por parte del sujeto pasivo o de las demás personas implicadas en dicha cadena, ya que la autoridad tributaria competente está obligada a demostrar la existencia de una ventaja fiscal indebida de la que se disfrutaron el sujeto pasivo o esas otras personas*». Por tanto, **uno de los criterios fundamentales para denegar la devolución es que la autoridad tributaria demuestre la existencia de una ventaja fiscal indebida.**

Por otro lado, cuando la Administración tributaria detecta que faltan los datos necesarios para identificar al verdadero proveedor o se acredita que sabía o debería saber que la operación formaba parte de un fraude, no habrá lugar a deducción del impuesto. Así, la sentencia del TJUE dictada en el asunto C-281/20, de 11 de noviembre de 2021, ECLI:EU:C:2021:910, señala «*que **debe denegarse a un sujeto pasivo el ejercicio del derecho a la deducción del impuesto sobre el valor añadido correspondiente a la adquisición de bienes que le han sido entregados, cuando dicho sujeto pasivo ha indicado deliberadamente un proveedor ficticio en la factura que él mismo ha expedido para dicha operación al aplicar el régimen de inversión del sujeto pasivo**, si, habida cuenta de las circunstancias fácticas y de los elementos aportados por dicho sujeto pasivo, **faltan los datos necesarios para comprobar que el verdadero proveedor tenía la condición de sujeto pasivo o si se acredita suficientemente con arreglo a Derecho que el citado sujeto pasivo cometió un fraude en el IVA o sabía o debería haber sabido que la operación invocada para fundamentar el derecho a deducción formaba parte de un fraude de este tipo***».

También se ha establecido que **no se podrá deducir el IVA y obtener la correspondiente devolución, si el sujeto pasivo no tiene la pertinente factura. En este sentido, se entiende que no existe factura si aun existiendo documento el mismo no contiene los datos necesarios para fundamentar la solicitud de devolución. En este sentido se pronuncia la** sentencia del TJUE en el asunto C-80/20, de 21 de octubre de 2021, ECLI:EU:C:2021:870, que señala:

«(...) el derecho a la devolución del impuesto sobre el valor añadido (IVA) que haya gravado una entrega de bienes no puede ser ejercido por un sujeto pasivo que no esté establecido en el Estado miembro de devolución, pero que sí lo esté en otro Estado miembro, si ese sujeto pasivo no posee una factura, en el sentido de la Directiva 2006/112, en su versión modificada por la Directiva 2010/45, relativa a la adquisición de los bienes de que se trate. Solo si un documento adolece de vicios tales que privan a la Administración tributaria nacional de los datos necesarios para fundamentar una solicitud de devolución es posible considerar que tal documento no constituye una «factura» en el sentido de la Directiva 2006/112, en su versión modificada por la Directiva 2010/45».

Por último, el TJUE indica en su sentencia dictada en el asunto C-537/22, de 11 de enero de 2024, ECLI:EU:C:2024:6, que **las normas en materia probatoria del derecho nacional no pueden menoscabar la eficacia del derecho de la Unión** y que ***«la diligencia que se requiere del sujeto pasivo*** *y las medidas que se le pueden exigir razonablemente para cerciorarse de que, mediante su adquisición, no participa en una operación que forma parte de un fraude cometido por un operador anterior* ***dependen de las circunstancias del caso y, en particular, de si existen o no indicios que permitan al sujeto pasivo, en el momento de la adquisición que realiza, sospechar la existencia de irregularidades o de un fraude».***

Made in United States
Orlando, FL
04 November 2026

90204440R00188